전통의료 구술자료 집성(III)

-원로 한의사들의 의업(醫業)과 삶-

박경용 朴敬庸

경남 남해군 창선도에서 농부의 아들로 태어났다. 창선초·중학교와 진주고등학교를 졸업하고 경북대학교 고고인류학과에서 학부와 대학원(석사)을 마쳤다. 박사학위는 영남대학교 문화인류학과에서 사회인류학 전공으로 취득했다. 대구의 약령시한의약박물관과 영남대학교 한국학부, 인문과학연구소, 민족문화연구소 등에서 연구원과 연구교수로 일하면서 20세기민중생활사, 특히 전통의료의 생활사를 연구했다. 전북대학교 20세기민중생활사연구소에서는 전통지식 연구에 몰두하였으며, 지금은 대구대학교 교수로 재직하면서 재외한인의 디아스포라 생활사에 주목하고 있다. 최근의 주요 논저로는 "사찰 민간의료 전승 양상"(2010), "도서지방 나물과 약초의 생태민속학적 연구"(2009), 『대구의 축제 민속지』(2010), 『한국 전통의료의 민속지 I 』(2009), 『전통의료 구술자료 집성 I 』(2011), 『사할린 한인 디아스포라 구술생애사』(2014) 등이 있다.

전통의료 구술자료 집성(III)

초판 1쇄 인쇄 ┃ 2016년 10월 21일
초판 1쇄 발행 ┃ 2016년 10월 28일

저 자 ┃ 박경용
발행인 ┃ 한정희
발행처 ┃ 경인문화사
주 소 ┃ 경기도 파주시 회동길 445-1 경인빌딩 B동 4층
전화: 031-955-9300, 팩스: 031-955-9310
이메일: kyungin@kyunginp.co.kr
홈페이지: http://www.kyunginp.co.kr
등록번호 ┃ 제406-1973-000003호(1973.11.8)

ISBN : 978-89-499-4238-4 93380
정가 : 30,000원

전통의료 구술자료 집성(III)

-원로 한의사들의 의업(醫業)과 삶-

박경용

景仁文化社

글머리에

Ⅰ

　한의약 '전통'은 한민족의 자연관과 우주관, 인체관, 세계관을 포함하
는 민족과학의 중요한 지적자산일 뿐만 아니라, 의료생활문화의 집적체
이기도 하다. 광복 이후 전문화가 이뤄지고 임상과 학술 양면에서 괄목할
만한 성과가 나옴으로써 한의약은 이제 표준화와 과학화, 세계화의 기초
를 닦는 데 주력하고 있다. 그럼에도 불구하고, 평생을 오로지 의약업에
몸담아오면서 전통의약의 지속과 변화의 전 과정을 일상의 경험과 기억
을 통해 전승해온 원로 한의약업인들의 의약업과 생활문화에 대한 학술
적 관심은 희소한 실정이다.
　이러한 상황에서 한약업사와 한의사, 침구사 등 원로 한의약업인의 구
술생애사 연구가 필요한 이유는 다음과 같다. 첫째, 원로 한의약업인의
주체적인 문화적 실천과 경험에 주목으로써 근대성과 전통성, 과학주
의 등의 거대 담론과 문헌, 제도와 정책 위주의 기존의 근현대 전통의약
에 대한 연구의 외연을 확장시킬 것이다. 둘째, 전통의약을 평생 동안 전
승해온 주체인 한의약 전문인의 생애사를 중심으로 그 지속과 변화를 새
로운 각도에서 조망해볼 필요가 있다. 셋째, 일제강점과 광복, 6.25전쟁
과 분단 등과 같은 역사의 격변기를 살아온 원로 한의약업인의 의약업과
일상적 삶의 양상들을 더 늦기 전에 생생하게 증언 받을 필요가 있다. 넷
째, '전통'의 보존과 재구성, 현대적 활용 차원에서 근현대 전통의약의 일
상적 담론과 경험을 포함하는 생활문화 자료들을 발굴, 수집, 정리, 보존
할 필요가 있다. 전통의약 전문인들의 경험과 기억을 포함하는 이러한 생

활의 물증(物證)들은 전승 주체의 자연 사멸과 함께 대부분 멸실되어 버리므로 이에 대한 사실 발견적(heuristic) 작업이 시급하다.

이에 연구자는 <한의약업인의 구술생애사를 통해 본 한국 전통의약의 지속과 변화-한약업사·한의사·침구사를 중심으로->라는 연구 과제를 수행하였다. 2006년 1월부터 2008년 12월까지 3년간 사람의 자연 사멸과 함께 차츰 인멸되어가는 전통의료의 문화적 사상들(cultural things)을 수집, 기록하기 위해 80세 전후의 원로 침구사(침술원), 한의사(한의원), 한약업사(한약방) 등을 직접 찾아다녔다. 그리하여 영남과 서울, 경기 등지의 침구사 8명(맹인침술사 1명 포함)과 한의사 13명, 한약업사 17명(계승자 3명 포함) 등 총 38명의 전통의료 전문인들을 만나 면담하고 의료 실천 현장을 관찰할 수 있었다. 때로는 연구자 스스로가 환자가 되거나 가족이나 지인들의 진료와 시술 과정을 참관함으로써 라포(rapport)를 형성하고 관련 구술과 소장 문서, 물증 자료들을 수집했다.

기 연구가 종료된 2009년에는 이상의 연구과정에서 생산된 자료를 분석한 한약업사 관련 논문들을 한데 묶어 『한국 전통의료의 민속지 1-원로 한약업사의 삶과 약업 생활문화-』(2009, 경인문화사)를 간행했다. 원자료(raw data)를 정치하게 분석, 가공한 논문과 저술로는 현지조사 과정에서 수집된 다양한 형태의 관련 자료들을 모두 엮어내기가 어렵다. 논문에는 특정의 제한된 주제와 관련된 자료들만 취사선택되므로 전승 주체의 시각이나 인식, 경험, 기억, 지식 등 전통의료의 다양한 나머지 자료들(특히 구술자료)은 '자료 창고' 속에 고스란히 남게 된다.

따라서 연구과정에서 생산된 많은 원자료들은 저장 매체에 잠든 채 방치되므로 이들을 집성하는 연구도 필요하다. 이는 텍스트 성격의 구술자료 집성을 지향할 수도 있지만, 한편으로는 해설이나 주석이 가미된 저술 형식을 띨 수도 있다. 이들은 교양 및 전문 연구서로 뿐만 아니라 담론 분석과 해석을 위한 연구 텍스트로서의 의의도 갖는다. 특히 생산된 여러 부류의 자료들을 논문을 통해 모두 담아내기 어려운 한계를 보완해준다는 점이 가장 큰 장점으로 꼽힌다.

II

원로 침구사, 한의사, 한약업사들이 평생에 걸쳐 환자를 치료하고 연구해오면서 축적, 전승해온 지식과 기술은 전통의료 경험지(experimental knowledges)이자 소중한 무형문화유산이기도 하다. 전통의료 전문인들의 의약업과 생애를 스스로의 시선으로 풀어나가는 이야기는 질병에 대한 인식과 사유, 치유 경험과 기술, 양생(養生) 등에 대한 전통적인 지식을 포함하고 있으므로 관련 분야의 학술적 가치 외에 건강을 도모하기 위한 정보로서의 가치도 적지 않다.

이들의 구술과 증언은 광복을 전후한 과도기 의료제도와 환경, 전통의료에 대한 인식과 생활문화사까지 보여줌으로써 그간 이 분야 연구를 등한시해온 한의학, 의사학(醫史學), 인류학, 민속학, 보건학 등의 학술분야에도 귀중한 자료가 될 것이다. 전통의료의 변화와 지속에 대한 기존의 연구들은 분석의 틀이 너무 거시적이고 설명방식 또한 사변적이어서 전통의약을 담지해온 주체들의 경험과 인식을 제대로 반영하지 못해왔다.

전통의료 전문인에 대한 일부 연구들도 제도사의 맥락과 역사적 인물의 일대기, 주요 임상적 성취 등에 한정되어 전통의료의 생활문화에 대한 생생하고도 총체적인 이해에는 이르지 못한다. 이런 점에서 원로 전통의료 전문인들(한의약업인)의 의약업에 대한 구술자료 집성은 한의학과 의사학(醫史學), 인류학, 민속학 분야의 연구를 크게 보완해줄 것이다. 특히 각 저술서에 포함되는 한의약업인들은 1912년생의 최고령자를 포함하여 1920년대 출생자가 대부분이어서 이제 어느 누구로부터도 채록하기 힘든 관련 경험과 기억들을 포함하고 있다.

연구자는 2014년도 한국연구재단의 '저술성과확산지원' 사업의 일환으로 <한국 전통의료 구술자료 집성-한약업사·한의사·침구사를 중심으로->라는 주제의 연구를 진행하였다. 2년의 저술 편찬 기간 동안 기 연구과제의 수행과정에서 생산된 원자료들을 '원로 한약업사', '원로 한의사', '원로 침구사' 등의 구술자별로 분류하여 3권의 단행본으로 묶어보았다. 각 권은 구술자별로 어린 시절 성장과정과 가족관계, 전통의료 입문 동기와 과정, 의료지식과 기술 습득, 자격증(혹은 면허증) 취득과 의료제도, 업소 개업과 운영을 통한 의료실천, 주요 치료 사례와 비방(秘方), 전통의료 지식과 기능, 전통의료에 대한 인식과 발전방향, 관련 물증 등의 주제로 나누어 정리하였다.

각 권에는 한의약인 6-14명의 의약업과 삶에 대한 구술 자료들을 수록하되, 각 구술자마다 연보(年譜)와 인터뷰 후기 등을 첨부하고 생애 주기별로 내용을 정리함으로써 독자들의 이해를 돕고자 하였다. 각 장의 절과 항의 핵심 주제들은 명사구나 구술 문장 형식의 소제목으로 제시함으로써 구술의 흐름이 이어질 수 있도록 하였다. 본문의 특정 내용에 대해서는 각주를 붙이고, 저술의 마지막에는 색인을 달아 독자의 편의를 도모하였다.

각 권의 제목은 『전통의료 구술자료 집성 ② - 원로 한약업들사의 약업(藥業)과 삶 -』, 『전통의료 구술자료 집성 ③ - 원로 한의사들의 의업(醫業)과 삶 -』, 『전통의료 구술자료 집성 ④ - 원로 침구사들의 침구업(鍼灸業)과 삶 -』 등이다. 저술서 2~4권의 제목은 대구약령시의 한의사와 한약업사 6명을 대상으로 2011년에 간행된 제1권(『전통의료 구술자료 집성 ① - 대구약령시 원로 한의약업인 6인의 의약업과 삶 -』)의 연속 간행물임을 나타낸다.

제2권에 수록되는 원로 한약업사들은 1917년생 이기인(대구), 1919년생 홍준희(대구), 1921년생 조우현(대구), 오대준(경남), 1922년생 류경희(대구), 조덕식(부산), 1923년생 박기택(대구), 1924년생 양명주(대구), 김희정(부산), 1925년생 이시호(부산), 1926년생 박경열(경북), 1928년생 조한제(경남) 등 12명이다. 한약업사 자격증은 취득하지 못했지만, 오랫동안 선대의 한약방에서 수종하며 가업을 계승해오고 있는 1948년생 김종식(대구), 1942년생 박유홍(경남) 등 2명도 포함하였다.

제3권에 수록되는 원로 한의사들은 1912년생 윤판경(대구), 1919년생 신상호(대구), 1922년생 조경제(대구), 1924년생 김천호(대구), 1925년생 정태호(경북), 1926년생 배만근(대구), 1928년생 최종식(경북), 1931년생 서남수(대구), 1932년생 변정환(대구), 1937년생 조의제(경북) 등 10명이다.

제4권에는 1921년생 최영조(대구), 1924년생 진기업(대구), 성낙도(대구), 박정규(부산), 1926년생 최태암(서울), 1937년생 박외식(경북) 등 원로 침구사 6명의 침구 관련 경험과 기억, 인식 등이 수록되었다.

연구자가 만났던 전통의료 전문인들은 광복을 전후한 과도기에 해당 분야에 입문하여 의료 지식과 기술을 습득하고, 면허를 취득해서 전통의료 문화를 전승해왔다. 이들 대부분은 구술 채록 당시 80세를 넘겼으므로 8~10년이 지난 지금 상당수는 이미 고인이 되었다. 특히 면허를 지닌 침구사는 대부분 자연 사멸하여 전국적으로도 거의 찾아보기 어려운 상황이다.

연구자는 전통의료 자료 집성의 필요성에서 '대구약령시 원로 한의약업인' 외에 '원로 한약업사', '원로 한의사', '원로 침구사' 등을 중심으로 4권의 연계되는 자료집을 차례로 간행할 계획이었지만, 이러저러한 사정으로 자꾸만 미루어 왔다. 이런 와중에서 애써 수집한 1천여 장의 사진자료들이 관리 소홀로 인해 몽땅 유실되기도 했다. 남아 있는 구술 자료나마 한국연구재단의 '저술성과확산지원' 사업으로 세상에 남길 수 있게 되어 다행이다.

Ⅲ

본서는 평생 동안 한의업(韓醫業)에 종사해온 원로 한의사 10명의 의료 경험과 기억을 집성한 것이다. 정치한 분석보다는 원로 한의사들의 구술을 통해 한국 전통의료의 역사와 문화상을 이해하고, 이를 바탕으로 전통의료의 지속과 변화를 유추해볼 수 있도록 기획되었다. 구술 내용을 여과 없이 가능한 그대로 전달하려 한 것도 이 때문이다.

당초에는 연구의 편의상 연구자가 거주하는 대구지역에 한정하여 구술자를 선정할 계획이었다. 하지만 연구의 신뢰도를 높이고 '긴급한 제보자'를 가능한 1명이라도 더 확보할 필요성에서 경북지역(영천)으로 확대하였다.

본서에서 소개하는 원로 한의사 10명은 면담 시점인 2007년을 기준으로 모두 70~80대에 이르는 연로자들로 한 시대의 증언자들이다. 이들은 일제 강점과 광복, 6.25전쟁 등 근현대의 격랑을 몸소 부딪으며 살아왔다. 평생 동안 한 길을 걸어온 전통의료의 장인들이자 관련 문화를 전승해오면서 국민 건강에 일익을 담당해온 건강 복음의 전도자들이다. 이들은 대구와 경북에서 붙박이로 한평생을 보냈다. 일부는 정규 대학에서 수학했지만, 대부분은 어린 시절부터 한방업소에 들어가 근무사사 방법으로 전통의료 지식과 기술을 습득했다.

연구자가 연구과정에서 만난 원로 한의사는 대구 10명과 경북 3명 등 총 13명이었다. 이들의 연령은 2007년 당시 70대 5명, 80대 8명이었다. 이들 중 대구약령시에 소재한 3명(신성균, 장영상, 서정학)은 이미 다른 지면(제1권)을 통해 소개되었다. 따라서 본서에서는 아래 <표>의 '구술자 개요'에서처럼, 이들 3명을 제외한 10명(대구 7, 경북 3)의 구술 내용을 수록하였다.

이들은 한의사제도가 정비되는 1954년부터 시작하여 1961년 사이에 한의사 면허를 취득했다. 6명은 공식적인 교육과정을 거치지 않은 상태에서 이른바 검정고시를 통해 한의사 자격을 취득한 반면, 4명은 초기 4년제 한의과대학을 마쳤다. 이러한 상이한 면허 취득 시스템은 한의사 지위 규정과 교육체계의 구축 등으로 한의학의 전문화가 이뤄지는 과도기 양상을 잘 보여준다.

〈구술자 개요〉

성명	출생 년도	한의원 명칭	업소 소재지	면허 발급년도	출신	계승 여부
윤판경	1912	동광	대구시 중구	1954	검정고시	-
신상호	1919	인교	대구시 중구	1959	검정고시	-
조경제	1922	홍생	대구시 달서구	1954	검정고시	부 : 한약중상 자 : 한의사
김천호	1924	일맥	대구시 달서구	1956	한의대	부 : 한의사 자 : 미국한의사
정태호	1925	제일	경북 영천시	1961	검정고시	-
배만근	1926	삼성	대구시 달서구	1954	검정고시	-
최종호	1928	영천	경북 영천시	1959	한의대	조부, 부모, 장남: 한의사 *4대 계승
서남수	1931	동인	대구시 중구	1957	검정고시	-
변정환	1932	제한	대구시 중구	1959	한의대	조부 : 한의사 자녀 2 : 한의사
조의제	1937	성림	경북 영천시	1961	한의대	조부, 부 : 한의사

※ 자료 : 대구광역시한의사회(2004: 255-323), 대한한의사협회(2004: 199-199, 401)

IV

본서가 갖는 의의는 다음과 같은 몇 가지로 정리 가능하다. 첫째, 이 책에 소개된 원로 한의사들의 삶은 파란만장했던 지난 20세기의 지역 미시사와 전통의료 문화사 그 자체이다. 이들이 겪어온 생활의 역사를 '기억의 재현'을 통해 조망해봄으로써 근현대 전통의료의 지속과 변화를 엿

볼 수 있다.

둘째, 구술자들은 어려서부터 입문하여 수 십 년씩 한의업(韓醫業)에 종사해 왔다. 따라서 이들의 인술 실천의 궤적을 더듬어봄으로써 근현대 한국 전통의료의 역사와 문화를 유추해 볼 수 있다. 실제로 10인의 구술 내용과 소장 문서, 물증 속에는 전통의료 지식과 기술 및 생활문화의 지속과 변화를 비롯하여 그 전승양상과 관련되는 사회문화적 정보들이 녹아있다.

셋째, 구술자들의 전통의료 경험과 인식을 그들의 시선으로 말하게 하고 이를 가능한 그대로 풀어서 엮어냄으로써 무형의 전통의료 경험지를 집성하였다. 이를 통해 전통의료 경험지의 문화사적 가치와 의의를 환기시키고, 향후 보다 포괄적이고 체계적인 자료 집성과 활용방안을 도출할 수 있는 계기가 될 것이다. 나아가 전통의료의 지속과 변화를 정치하게 분석할 수 있는 텍스트로서의 역할도 가능할 것이다.

넷째, 의식주를 비롯한 물건·물질, 우주·자연, 감각·기술 등 다양한 분야의 전통지식을 망라하여 이를 집성하기 위한 단초를 제공한다. 전통지식은 일상적인 삶 속에서 축적, 전승되므로 개인의 생애사적 맥락에서 조망될 필요가 있다. 따라서 전승 주체의 경험과 인식을 비롯하여 그들이 남긴 물증들도 함께 고려되어야 한다. 이 책은 이런 점에서 전통지식을 더욱 깊이 있게 연구하기 위한 시론적 작업으로 향후 여러 방면의 새로운 연구과정에 시사를 줄 것이다.

다섯째, 전통의료 경험지는 의료 지식과 기술의 집적체로서 무형의 민족문화유산이자 살아있는 의료 박물지(博物誌)로서의 가치를 지닌다. 동시에 지역의 전통지식체계이자 건강과 질병의 사유체계로서 인체관과 우주관, 질병관, 자연관을 엿보게 해준다. 활용 여하에 따라서는 현대적 재해석을 통해 의료 발전 및 국민보건 향상의 견인차가 될 수도 있다.

여섯째, 전통의료 경험지는 한의사나 한약업사, 침구사 등 공식적인 의료체계에 한정되지 않는다. 채약자나 민속치료사, 민중의술사를 비롯한 반가(班家)와 사찰의 비전(秘傳) 및 일반인의 민간의료 분야도 포괄한다. 향후 이들을 포함하는 보다 광범위한 영역에서 전통의료 경험지를 집성해나가는 지침이 될 것이다.

원로 한의사 10인의 한의업(韓醫業) 활동상과 삶을 수록한 본서는 '대구약령시 한의약업인 6인'과 '한약업사 14인'에 이어 세 번째로 세상에 나오게 되었다. 침구사의 구술 자료도 제4권으로 함께 집성됨으로써 이른바 제도권에 속한 전통의료 전승자들의 의약업과 생활상이 구술자료 중심으로 시리즈로 엮어지게 된 셈이다. 이로써 사라져가는 전통의 한 귀퉁이라도 후세에 남겨둘 수 있게 되었다. 향후 여력이 생긴다면 한약업사와 한의사, 침구사 등의 제도권 전문인 외에 채약인이나 약초 재배자, 민간요법 전문인, 산중의술(사찰 민간의료) 전승자 등 비제도권에 속하는 다양한 부류의 전통의료 전승자들의 구술 자료들도 다른 지면을 통해 차례로 소개하고자 한다. 아무튼 본서가 관련 연구들이 지속적으로 이어지도록 하는 데 조그마한 디딤돌이 되었으면 하는 바람이다.

이 책이 나오기까지는 여러 사람들의 도움과 격려가 있었다. 우선 연구자를 맞이하여 자신의 의약업과 삶을 담담하게 구술해주신 10명의 원로 한의사들께 감사드린다. 이 연구가 원만하게 이루어질 수 있었던 것은 당시 연구자가 몸담고 있던 영남대학교 민족문화연구소의 이동순, 이형우 전 소장님과 동료 소원들의 아낌없는 지지가 있었기에 가능했다. 컴퓨터 속에 잠자고 있던 귀중한 자료들이 세상에 나올 수 있도록 연구비를 지원해준 한국연구재단에 감사드린다. 본서가 제대로 된 모양을 갖출 수 있도록 지원해준 경인문화사의 한정희 사장님을 비롯하여 편집 및 교정을 도와준 여러 분들께도 고마움을 표한다.

2016년 10월
박경용 씀

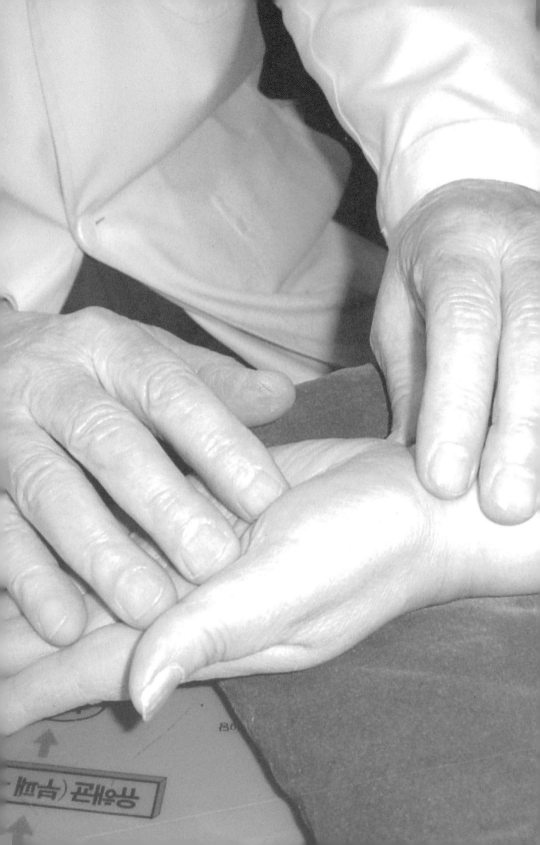

차 례

.

.

글머리에

.

대구시한의사회 회장을 세 번씩이나 연임한 동인한의원 서남수

대구한의과대학을 설립한 제한한의원 변정환

- 제2부 -

경북지역 원로 한의사들의 의업(醫業)과 삶

중풍 치료 전문의, 제일한의원 정태호

4대에 걸친 사상체질의학 전문의, 영천한의원 최종식

3대 한의(韓醫) 가업 계승자, 성림한의원 조의제

일러두기

- 본서에 수록된 구술자료는 2007년도에 수행된 원로 한의사들에 대한 인터뷰 내용을 바탕으로 하였다. 따라서 구술 내용 중의 나이 및 사건이나 행위 등을 나타내는 연도는 구술채록 시점을 기준으로 한다.
- 본문 내용 중 생략된 말은 [ ]로 표시했다. 그리고 사투리나 간단한 보충 설명을 비롯하여 구술자의 행위, 느낌 등은 ( )로 나타냈다.
- 본문 내용은 구술자의 언어 중심으로 엮었으며, 연구자의 설명과 해석은 가능한 최소화했다.
- 구술 내용과 현지조사 과정을 생생하게 전달하기 위해 각 글의 서두마다 '인터뷰 후기'를 개관했다.
- 구술자의 한의업의 일상과 경험지식을 각자의 생애사적 맥락 속에서 이해하기 위해 '출생과 성장', '한의학 지식·기술 습득', '한의업의 실천과 후대 전승', '일상생활과 물질전승' 등으로 암묵적으로 나누어 엮었다.

대구지역의 원로 한의사들의 의업(醫業)과 삶

일구이침삼약(一灸二鍼三藥)을 실천해온 동강한의원 윤판경

사상체질(四象體質)의학의 전승자, 인교한의원 신상호

가족사박물관인 '혜산관'을 설립한 홍생한의원 조경제

인술 실천으로 세상의 밑알이 된 일맥한의원 김천호

의사와 한의사 면허를 겸비한 삼성한의원 배만근

대구시한의사회 회장을 세 번씩이나 연임한 동인한의원 서남수

대구한의과대학을 설립한 제한한의원 변정환

일구이침삼약(一灸二鍼三藥)을
실천해온 동강한의원 윤판경

−1912년 생−

．
．
．

◆ 인터뷰 후기
40세 넘어 한의학 입문
'동강한의원'으로 알려졌지만…
일구이침삼약(一灸二鍼三藥), 뛰어난 침구술
의업(醫業) 풍경과 인술 실천의 장
동강한의원의 한의업 관련 물증

인터뷰 후기

.

.

1954년 한의사 면허를 취득한 후 평생 동안 개업하지 않은 채 찾아오는 환자를 상대로 의술을 펼쳤던 윤판경은 1912년 대구시 남구 대명동에서 1남 3녀 중 장남으로 태어났다. 그는 일제 강점기 일본인 건축사무소에 다니며 일을 배워가지고 자기 일을 시작했다. 상당한 돈을 벌어 6.25 전쟁 이후부터는 건축 일을 그만두고 한의학 공부를 시작했다. 그의 나이가 40세를 갓 넘던 시기였다.

당시에는 의약이 발달하지 못해 홍진(紅疹) 등으로 어린 아이들이 많이 희생을 당하였다. 그가 한의학에 관심을 갖게 된 동기 중의 하나도 조경제 한의사의 사례처럼 자녀들을 병으로부터 지켜내기 위한 데 있다. 실제로 그는 5남매(4녀 1남)를 키우는 과정에서 병원 한번 보내지 않았다. 아이들이 아프면 집에서 손수 침을 놓고 뜸을 뜨고 해서 치료했다. 그는 한의사 면허증을 취득한 후 한 번도 한의원 간판을 달지 않은 채 가정집에서 찾아오는 환자를 상대로 의술을 펼쳐왔다.

윤판경은 2007년 현재 우리나라 나이로 96세로 생존 한의사로는 대구에서 최고령자다. 그런 만큼 거동이 불편하고 기억력도 약하고 표현력도 부족하다. 구술자의 현재 건강 상태는 평생의 의업과 생활경험을 이야기해주기 힘들 정도였다. 연구자는 건강이 좋지 않아 대화가 어려우리라는 구술자 부인의 '면담 거부' 의사에도 불구하고, 선생의 집을 찾아갔다. 장영상 한의사와 두 번째 면담을 마치고 난 2007년 4월 18일이었다.

그는 연로하여 10여 년 전부터 한의업을 그만두고 자택에서 소일해 오던 터였다. 비록 정상적인 면담이 어려워 아무런 연구 자료를 받아낼 수가 없을지라도, 연구자로서는 지역의 최고 연장자 한의사를 만나는 것만으로도 가슴 벅찬 일이었다. 그래서 "그냥 문안 인사 한번 드리러 가겠다."는 말로 우기다시피 해서 구술자의 집을 찾았다.

연구자를 맞아주기는 하되, 그의 시선은 강건하지 못했다. 청력도 많이 떨어져 연구자의 질문조차 제대로 수용하지 못했다. 예상은 하고 갔지만, 최고령 한의사로부터 당대 한의업의 실천과 생활과정에 대한 이야기를 자세히 들을 수 없음이 아쉽고 안타까웠다. 연구자는 가능한 과거 기억을 떠올려 보려고 함께 모임을 가졌던 과거의 동료 한의사 이름과 관련 공간 및 일어난 일들을 거론해 보기도 했다. 하지만 이들에 대한 단속적인 기억과 반응 뿐 유효한 사실적 구술은 기대하기 어려웠다.

약 2시간가량 동안 줄곧 구술자의 부인(85세)이 옆에서 아는 대로 대신 답해주었다. 채록 내용은 이와 같은 면담과정을 정리한 것이다. 실제로 구술자 윤판경의 입을 통해 나온 이야기는 몇 마디 되지 않는다. 그럼에도 불구하고, 그를 만났다는 사실만으로도 커다란 만족이었다. 다행스럽게도 구술자 부인의 도움으로 대구 동양의학전문학원 졸업증서와 한의사 1, 2단계 국가 검정시험 및 본 시험 합격증서 등의 문서자료들을 살펴볼 수 있었다.

오래 전 폐업함으로써 다른 관련 물증들은 이미 사라져버렸지만, 이러한 증서들은 한데 포개져 두루마리로 포장된 채 온전히 남겨져 있었다. 특히 처음으로 접하는 1, 2단계 국가 검정시험 합격 증서를 접하는 순간에는 일종의 '전율' 같은 감동이 일었다. 이들에 대해 사진을 촬영하고 내용은 노트에 기록했다. 굳이 마다하는 구술자의 초상을 디지털카메라에 남기고 인고의 세월을 견뎌오며 수많은 환자들의 고통을 어루만졌을 그의 두 손을 잡으며 집을 나왔다. 선생의 건강이 호전되길 바라는 마음과 함께.

연보
- 1912년 - 대구시 남구 대명동 출생
- 1921년 - 일본인 건축사무소 입사
- 1945년 - 건축사업 시작
- 1950년 - 결혼
- 1953년 - 한의학 입문
- 1954년 - 3월 25일, 대구동양의학전문학원 졸업
- 1954년 - 7월 7일, 한의사 검정시험 1부 합격
- 1954년 - 7월 16일, 한의사 검정시험 2부 합격
- 1954년 - 7월 28일, 한의사 국가시험 합격
- 1954년 - 12월, 한의사 면허 취득(제302호), 동강한의원 개원
- 2001년 - 한의업 은퇴
- 2007년 - 최장수 한의사, 대구광역시 중구 남산1동 거주

■ 40세 넘어 한의학 입문

구술자 윤판경은 2007년 현재 96세로서 노환으로 기억력이 쇠퇴함은 물론 거동조차 불편하여 대구시 남구 대명동 청운맨션 자택에 은둔하고 있다. 청력조차 잃어 정상적인 면담이 불가능하다. 약 2시간의 면담 시간 내내 그의 아내가 대부분의 이야기를 이끌어 나갔다. 특이한 사실은 한의사 면허증을 취득한 이후에도 줄곧 자택에서 간판도 없이 소문을 듣고 찾아오는 사람을 상대로 인술을 펼친 점이다. 스스로는 '동강한의원'이라고 칭하지만, 평생 동안 그를 지켜봐온 아내는 50여 년 동안 단 한 번도 한의원 간판을 내걸지 않았다고 말한다. 또 한 가지 특징은 다른 한의원에서는 냄새도 나고 시간도 많이 걸리는 등 시술하기가 귀찮다고 꺼려하는 '뜸' 시술을 많이 해왔다는 점이다. 다음 구술 내용의 상당 부분은 그의 아내 박씨 부인(85세)이 부연 설명해준 것이다.

(출생지와 어린 시절에 대한 이야기를 해달라고 하자) 대구시 대명동에서 태어났어요. (한마디 외에 더 이상 이야기를 하지 않자, 그의 부인이 이야기를 이으며) 아니, 성당동이지요. 큰 아들이 52세인데, 얘가 아주 어린 세 살 때부터 한의학을 시작했어요. 오래되었지요. 기억력이 좋았는데, 아파가지고 안 좋아졌어요. 나는 85세입니다. 나하고 재혼했으므로 나이 차이가 좀 많아요. 당시 38세이고 나는 27세에 결혼했어요. 지금 자식들과는 따로 살고 있어요. (남편을 지칭하며) 할아버지 공부하실 때 같이 한의사 국가고시 시험 쳤던 분이 35명쯤 되었을 걸요. 그분들이 이제 거의 다 돌아가시고 없을 거예요. 지금 계시는 분 중 외출 못하는 분들도 계실 걸요.

(박씨 부인의 말을 듣고 있다가) 조경제와는 나하고 시험 동기지요.[1]

---

1 대구광역시 달서구 감삼동에서 흥생한의원을 경영해온 조경제 원장을 일컫는다. 대구에서는 그를 비롯하여 삼성한의원 배만근, 영주한의원 허일, 김천한의원 김형

(박씨 부인이 다시 말을 이으며) 달성군 화원에 사는 배만근 씨하고 같이 했을 겁니다. 현재 큰아들이 52세인데, 아이를 무릎 위에 올려놓고 한의학 공부를 했으니까요. 때로는 등에다 업고서도 공부를 하고요. 두 돌이 안 지났을 때지요.

(연구자가 "언제부터 한의학 공부를 시작했습니까?"라고 묻자, 구술자는 가물거리는 기억을 표현하기 힘든지 그냥 미소로만 답했다. 옆에 있던 그의 부인이 다시 대답했다.) 큰 아들 위에 누나가 있거든요. 그러니까 42세나 43세 정도 되어 한의학 공부를 시작했을 거예요.[2] 아이들을 키우려고 하면 한의학 공부를 하는 게 좋겠다고 생각했지 싶어요. 아이들을 여럿 키워도 병원에 가지 않고 집에서 침을 놓고 뜸을 놓고요. 병원에는 한 번도 안 갔어요. 건강하게 모두들 자랐는데……간혹 아이들이 아플 때도 있었는데 이때마다 침을 놓고, 체해도 침을 놓고 뜸을 놓고. 병원에는 한 번도 안 갔어요. 저도 40세가 넘어 디스크가 와 상당히 힘들었거든요. 그래서 침과 뜸 시술을 받고 한약 달여 먹고 그렇게 해서 나았지요. 수개월 동안이나 몸소 치료해 주었지요.

■ '동강한의원'으로 알려졌지만…

상호는 없어요. '동강'은 한의원 간판 이름이지요. 잠깐 동안 걸었어요. 조금 걸다가 치았어요(그만두었어요). 나는 그걸 걸었던 기억이 없어요. 안 걸었어요. 딴 생각 하는가 봐요. 남산동 우리 집 도로 건너편에 시누이 남편이 병원 했어요. 의사였어요. 도립병원, 대학병원에 있으면서 야

기 등이 같은 해(1954. 12)에 한의사 자격을 취득했다. 2007년 현재 배만근 선생만 생존하였다.
2 54~55년 전이므로 한의학 공부를 시작한 시기가 1952~1953년쯤으로 추정된다.

간에 일했거든요. 그때 골목 입구에다가 시누이 남편이 '동강의원'이라는 간판 걸어놓고 영업했거든요. 남성한약방에서는 '동강한의원'이라고 그냥 부르더라고요. 시누이 남편이 '동강병원'이라고 걸어놓았어요.

[업계에서 부르는 상호] '동강'은 어떻게 지었는지 몰라요. 그렇게 그냥 부르데요. 다른 선생들이……남성한약방에서도 '동강한의원' 하면 통했어요. 간판을 내놓지는 않아도요. 이분들이 그렇게 알고 있어요. 예전에는 그냥 집에 계시니까 휴일이나 평일이나 또 저녁에라도 누구나 찾아오면 병을 봐 주었지요.

(남편을 지칭하며) 선생님은 아직까지 개업을 한 번도 안했어요. 한의사 면허만 땄지, 그냥 가정집 안에서……손님들이 소문 듣고 찾아오지요. 침을 한번 맞고, 두 번 맞고 갔던 사람들이 이야기를 해주어서요. "그 집에 가봐라. 남산동 어디어디 가면 침 잘 놓는 할아버지 계신다."라는 소문 듣고 와가지고요. 많이 도와주었지요. 개업은 한 번도 안했어요. 이름만 '동강한의원'이라고 업계에 알려져 있을 뿐이었지요. 다른 업을 한 거는 아니고, 집에서 한의업을 했지만 간판은 내걸지 않았지요. 대신 집에는 약장까지 모두 구비해 두었어요. 약전골목 건재방(乾材房)에 가서 약을 사가지고 집에서 썰어가지고 한약 짓고 싶은 사람에게 약을 지어주고요. 내가 많이 도와주었지요. 집에서도 약을 달여 먹기도 하고요.

이전에는 남산파출소 옆에 집이 있었어요. (현 거주지인 봉산동을 가리키며) 이쪽으로 온 것은 2개월밖에 안돼요. 거기 재개발한다고 이리로 왔지요. [대구 남산동] 남문시장 네거리 파출소에 바로 붙은 집이지요. 거기서 60여 년간 계속 살아왔어요. (남편을 지칭하며) 10년 전만 해도 기억이 좋았는데……거기 집은 인도변이지만 좀 들어가야 돼요.

간판은 걸어놓지 않아도 먼 데서도 소문 듣고 환자들이 찾아오기도 했어요. 10년 전만 해도 이야기를 많이 들을 수 있었을 텐데……한의학 책도 많이 있어요. 아들은 의대 나와서 양의사입니다. 처음부터 아들을 의사 시킬라고 했어요. 요즘은 침 놓는 방법이 다르데요. 옛날 할아버지 하는 방법과 달라요. 옛날에는 그림(경혈도)대로 침을 찔러가지고 빼고 찔러가 빼고 그렇게 했는데, 지금은 한자리에다 한참 동안 꽂아놓고 있고, 이상한 종이 같은 것도 붙이고 그러데요.

한의원 간판 한번 내걸지 않고 그저 찾아오는 환자들을 치료했던 것으로 미루어 보아 한의업을 영업이라 생각하지 않았던 것 같아요. 가족들 아프면 자가 치료하려고 시작한 게 아닌가 생각돼요. 한의업을 업으로 안 해도 먹고 살만큼 되니까요. 그래서인지는 몰라도 50여 년 동안 한 번도 한의원 간판을 내걸지 않았거든요. 집에 늘 계시기는 하지만, 그렇다고 환자 받기 위해 집에 계시는 거는 아니지요. 6.25전쟁 후에는 건축 일에 손 때고부터는 집에 늘 계세요. 볼 일 있으면 잠깐 외출하셨다가 오시고요. 지금까지 늘 집에 계시지요. 왕진 같은 거는 잘 안하고요. 찾아오는 환자들은 봐주셨지요. 단골보다는 이 사람 저 사람 입을 통해 찾아오는 사람들을 치료해 주지요. 치료 받아 괜찮으니까 나중에 아프면 또 다시 오고, 이 사람들이 다른 사람에게 소개해서 또 찾아오고 그렇지요. 뒷동네 어느 아줌마는 조금만 몸이 안 좋으면 자주 찾아오곤 했어요. 나이가 들어 이제 침을 못 놓는다고 하니까, "할아버지 기술이 아깝다."고 말하기도 해요.

■ 일구이침삼약(一灸二鍼三藥), 뛰어난 침구술

당시 침 공부는 책 보고 했어요. 선생들이 침놓는 것을 때로는 보기도 했지요. 돈을 주고 배우지는 안했는데, 또 성격상 그럴 수도 없어요. 혼자 했어요. 6.25전쟁 중에는 건축업을 했어요. 6.25 끝나고는 거기서 손을 뗐어요. 그 후에 또 소일거리도 없고 집에서 아이들도 봐주다가……위에 딸이 둘이 있는데 아들 태어나고부터는 한의학 공부를 하던데요. 누가 권유해서 한의학 공부를 한 것이 아닌 것 같아요. 의지가 참 강했던 것 같아요.

처음에는 내당동 거기 살다가 아이들 교육 문제로 대구시내 쪽으로 나온 것 같아요. 그래가지고 일본사람 건축사무실에 다녔는가 봐요. 거기서 일을 배워가지고 어느 때부터 자기 일을 시작했는가 봐요. 내가 결혼할 때는 해방되고 난 뒤 6.25전쟁 나기 전입니다. 선생님 형제는 위에 누나 2명, 밑에 여동생 한분이 있고 남자형제는 없어요. 혼자입니다.

종업원 없이 혼자 한의업을 했어요. 대신 내가 조금씩 도와드렸지요. 약쑥 사가지고 집에서 맷돌에다가 아주 부드럽게 갈아가지고 가늘게 비벼가지고 뜸자리에다 얹어가지고 옛날에는 그렇게 했거든요. 지금도 그때 쓰던 쑥이 집에 많이 남아 있어요. 오던 손님들은 모두 효과를 보았어요. 병원에서 1년 동안 치료해도 안 나아가지고 소문 듣고 찾아오는 손님들도 있고요. 그러니 아깝지요. 개업 안하고 그냥 집에서 찾아오는 손님만 봐주었으니까요. 또 내가 할아버지 뜸을 많이 떠주었어요. 혈압이 좀 안 좋아가지고요. 뜸을 뜨는 자리를 일러 주면, 다리와 등 여러 부분에 내가 떠드렸지요. 침구는 누구에게 배웠다기보다는 자가 공부해가지고 한 것 같아요. 남의 집에 들어가서 수종하며 공부하고 그런 일도 없었지요.

옛날 중풍환자들이 많이 왔고요. 엄마들이 "병원 다녀도 안 나아서 데리고 왔어요." 카면서도 오고요. 아이들은 체해도 오고 또 설사해서 병원에 가도 낫지 않는다고 해서 왔는데, 그런 때는 침 두 번 정도만 맞아도 낫곤 했어요. 이웃에서도 [의술을] 인정을 해주었지요. "나이 들어 이제 침 못 놓는다."고 하면, "참 아깝다." 캐요. 환자들 치료에 대해서는 때론 동정심으로 그냥 치료해 주기도 했고요.

한의업 해서 생활하는 데는 불편하지 않을 정도였어요. 간판 걸지 않고 해도요. 소문 듣고 찾아오는 환자들 위주로 해도요. 또 식구가 많으니까 아프면 모두 침을 놓고요. 친구 분들이 한 번씩 찾아와도 모두 간판 내걸고 했는데 할아버지 혼자 그렇게 했지요. 본질적으로 불편 없으니까 그냥 좋은 일 한다는 생각으로 그렇게 했지요. 맥도 짚어보고 이야기만 듣고 침놓고, 뜸 뜨야 할 사람에게는 뜸을 떠주는데 주로 침을 많이 두었어요. 약쑥은 건재(乾材)방3에서 사왔는데, 짚으로 엮어놓은 상태로 된 그런 것을 사와서 맷돌에다가 갈았지요. 잘 갈려요. 파란 거는 다 떨어져 나가고 노란 것만 남아요. 내가 이 일을 많이 했어요. 예전에는 쑥을 환부에다 직접 놓고 떴지요. 뜨겁다 싶으면 눌러서 꺼버려요. 뜸쑥을 조그만 하게 만들어 놓아요. 그런데 며칠 동안 뜨면 덜 뜨거워요. 그러니 시원하지요.

어떤 분은 아들이 중풍 환자를 엎고 들어와 가지고……병원에서는 일주일이나 열흘이나 있어도 낫지 않아서 어떻게 소문 듣고 왔는지 와 가지고 치료받고 난 후 걸어서 나갔어요. 그런 적도 있지요. 어떤 아줌마는 병원에 가려니 돈도 없고, 치료 받으려면 하루 이틀에 안 되거든요. 그 아주머니도 어디서 우리 집 소문 듣고 왔는지 와 가지고 또 나숫고 나갔어요. 할아버지는 이걸 당연하다고 생각해요. 그렇게 도와주는 거는 금전을 바라기보다는 어려운 사람 도와주는 거는 당연하다고 생각해요. 약재는 대부분이 약전골목 건재방에서 사와가지고 석두로 썰어 깨끗이 해가지고 약을 지어주기도 하고 지어 먹기도 했지요.

우리 집에는 꼭 뜸을 뜨요. 침놓고 약도 중요하지만, 주로 뜸을 많이 했어요. 침도 놓고요. 그러면 효과가 빨라요. 이걸 '일구이침삼약'(一灸二鍼三藥)이라 했어요. 약재 구입은 손수 건재방을 방문해서 해오셨어요. 약전골목 남성한약방 거기 단골로 다녔어요. 옛날 돌가루 종이로 봉지 만들어가지고 거기에 담아 필요한 만큼씩 사오셨지요. 당귀 한 봉지, 숙지황, 한 봉지 등 봉지 봉지 담아 왔지요.

---

3 도매 한약방

화원의 배만근 선생도 할아버지한테 침 치료를 받았어요. 술을 좋아해 가지고 술병이 나서요. 자기가 자기한테 침을 못 놓으니까요. 뜸도 했는데, 뜨겁다고 안 할라고 해서 왕진 안 했거든요. 옛날에는 남산동에 가까이 살았어요. 그 뒤에 화원으로 갔는데, 돈 많이 벌었어요.

■ 의업(醫業) 풍경과 인술 실천의 장

예전에는 첩약을 지어주었는데, 약 싸는 것도 내가 많이 했지요. 때로는 저울 위에다가 약을 얹어 달기도 하고요. 처방전에다 써놓은 내용을 보고 '뭐 몇 돈(錢)'씩 적어놓은 것을 보고 그대로 약을 작근해서 지었지요. 약재 창고는 갖추지 않았어요. 필요한 것만큼만 수시로 약을 사왔기 때문이지요. 예전에는 약장이 크지 않았어요. (거실 안의 책장을 가리키며) 저기 우리 집 책장과 비교하면 높이는 ⅔정도이고 크기는 ½정도밖에 안됐어요. 여름 되면 약에 따라서 벌레가 생기는 게 있잖아요? 당귀(當歸) 같은 약이 그렇지요. 그런 것은 약 봉지에다 넣고 기둥 같은 데다 매달아 놓아요. 또 어떤 것은 죽담에 늘어 말리기도 하곤 했지요. 아이들 때문에 그랬는 것 같아요. 크게 돈을 벌려고 했기보다는요. 아이들은 5남맨데, 비교적 건강하게 자랐어요.

약재를 볶는 법제는 했지만, 찌는 일은 안했어요. 약을 썰어 줄이 생기는 약재는 불에다 볶았어요. 약 한 첩 지으면요, 열 가지는 더 들어가지요. '뭐는 몇 돈', '뭐는 몇 돈'씩 양에 맞게 넣지요. 처음에는 책을 보고 처방을 내었지만, 오랫동안 하니까 그냥 처방을 내어요. 좀 어려운 거는 책을 펼쳐놓고 참고하기도 하고요. 한의업을 그만둔 지는 오래 되었어요. 아이들도 다 컸으니까요. 10년까지는 안 됐을 거고, 5~6년 전부터 안한 것 같아요. 건강이 안 좋으니까요.

한의사 면허시험에 떨어지지는 않은 것 같아요. (웃으면서) 머리는 좀 좋아가지고 "공부해가지고 하면 대통령까지는 했을 것이다."라는 말도 했어요. 이런 말씀을 하기도 했어요. TV뉴스 보고 "내가 대통령 되면 저 정도는 하겠다."고요. 볼 일 있으면 보기도 하고요. 또 집에 늘 계시니까 손님 오면 봐주기도 하고요. 예전에는 한약보다는 주로 침과 뜸 치료 받으러 왔어요. 사정이 어려운 사람들은 돈 안 받고 그냥 치료해 주기도 했어요. 북구 검단동 시골에서도 환자가 찾아오기도 했어요. 조금만 건강이 안 좋으면 내가 뜸을 떠드리기도 해요. 그리고 손수 자기 몸에, 다리나 등에 침을 놓기도 해요. 의사들이 자기 스스로 침을 놓지 않는다고 하던 데…….

예전에는 검정시험 쳐서 한의사 면허 딴 분들 계(契)가 있었거든요. 항시 30여 명씩 한 달에 한 번씩 가정집으로 돌아가면서 모였거든요. 행우회(杏友會)라고 했던가요. 평소에는 영업을 하므로 만날 시간이 없어서 한 달에 한 번씩 만났는데, 때로는 봄, 가을, 여름에 경치 좋은 데 놀러가기도 했어요. 회원들끼리만……부인들은 동반하지 않고요. 이들 중 할아버지만큼 연세가 많은 사람도 거의 없어요. 이들이 모두 세상 뜨고, 또 멀리 이사 간 사람도 있고……. 그래서 도중에 계모임을 없애버렸어요. 연로하고 죽기도 하고 해서 많이 나오지 못해서 몇 년 전에 그냥 모임을 없애버렸지요.

검정고시 한의사 모임 외에 다른 모임은 없었어요. 부부동반으로는 안 모였지만, 일본여행 갈 때는 부부동반으로 다녀왔지요. 달성군 화원 배만근 선생은 자기 집에다 약초를 재배해 가지고 그걸 캐어서 집에서 직접 쓰기도 하고 그랬대요. 그러니까 사모님이 고생을 많이 했지요. 거기 사모님이 돌아갔어요.

(구술자 아내 박씨 부인이 살아나온 이야기를 질문하자) 나는 일본에서 태어나 해방되고 나와서 5년 정도 지난 뒤에 할아버지와 만났어요. 22세

에 한국으로 나왔어요. 아버지는 토목건설, 도로공사를 떼 내어 가지고 일을 하곤 했지요. 일본에서는 여러 곳으로 다니면서 했어요. 공사 맡아 끝나면 또 다른 일거리 찾아서 옮기곤 했어요. 팔도강산 다 다녔어요. 도시보다는 시골로 많이 다니면서 도로 만들고, 굴을 뚫고 그런 일을 많이 하셨지요. 한국 인부를 데리고 일을 했어요. 그러므로 여러 곳을 다니느라 공부를 옳게 못했어요. 해방 당시 한국 사람들은 [일본에서] 나가야 된다는 분위기에서 나왔지요. 밤중에 몰래 '야메(やみ) 배'⁴를 타고 귀국했어요. 귀국 후에는 고향인 경남 합천으로 갔어요. 5년 전에만 왔어도 할아버지한테 이야기를 듣고 좋았을 건데……봄, 가을로 회원들 하고 놀러 다니면서 찍은 사진도 많아요.

■ 동강한의원의 한의업 관련 물증

(면허증을 보여주라고 요청하자) 한의사 면허증을 둘둘 말아두었는데, 그걸 여러 개 모아가지고요. 어디 있는가 모르겠어요. 일기 같은 거 기록하고 그런 거는 없어요. 그런 데는 신경 안 쓰고요. 일에 손 떼고 난 후에는 내도록 영어 공부를 했어요.

옛날 사용하던 침하고 쑥을 갈던 맷돌은 보관하고 있어요. 약연(藥碾)은 없고요. 뜸을 뜨는 데는 특별한 기구가 필요 없었어요. 옛날 침은 여러 가지가 있어요. 조금 굵은 것도 있고, 조금 가늘은 것도 있고요. 이걸 손수 못한 지가 몇 년 돼요. (연구자가 면허증이 있느냐고 재차 묻자) 면허증은 어디 갔는지 모르겠어요. (그의 아내가 방으로 들어가서 몇 장의 증서를 둘둘 말은 종이뭉치를 가지고 나오면서) 이거는 면허증은 아니고,

---

4 금지된 상태에서 몰래 운항하는 배.

무슨 합격증이네요. 내가 이렇게 챙겨놓았지, 할아버지는 그런 것 챙겨둘 성질이 못 되지요. 그 전에도 면허증을 어디 두었는지 못 찾았어요. 면허증이 어디 갔는지 모르겠어요.

두루마리로 한데 싸놓은 4장의 문서는 '대구 동양의학전문학원 졸업증서', '1부 검정시험 합격증서', '2부 검정시험 합격증서', '국가고시 합격증서' 등이었다. 연구자가 이 중 한의사 검정시험 합격증을 낭독하자, 구술자는 과거 생각이 나는지 '허허!' 하며 소리 내어 웃었다. 구술자는 한의사 면허시험에 대비하여 독습과 더불어 체계적인 공부를 위해 당시 약전골목에 운영 중이던 대구 동양의학전문학원 특과 과정까지 2년 반 동안 다녔다.

연구자는 이들 증서들을 디지털 카메라로 접사했다. 동시에 증서 내용을 일일이 기록할 수가 없어 낭독하여 음성을 녹음시키는 방법으로 기록했다. 증서 내용은 모두 세로 형식으로 활자화 되어 있지만, 여기서는 편의상 가로 형태로 재구성해 보았다.

▶ **대구동양의학전문학원**(大邱東洋醫學專門學院) **'졸업증서'**

卒業證書

本籍 慶北   第二二號
姓名 尹國康
檀紀 四二四六年 十月 二日生

右者는 本學院 所定의 特科 全科程을 卒業하였기
玆에 本證을 授與함

檀紀 四二八七年 三月二五日

大邱東洋醫學專門學院
院長 呂 元 鉉

* '윤국강(尹國康)'은 윤판경의
일제 강점기 이름

대구 동양의학전문학원
'졸업증서'(윤판경 소장, 1954.3.25)

위 <그림>은 윤판경이 1954년 3월 25일 졸업한 대구 동양의학전문학원 제22호 '졸업증서'이다. 그는 이곳에서 2년 반 동안 '특과' 과정을 공부한 것으로 보아 독학으로는 한계를 느낀 게 분명했다. 특과 과정은 2년 동안 생리학, 해부학, 진단학, 침구학, 약물학, 의서 독해, 상한론, 오행학, 약사법규 등 한방의 전 과목을 포함한다.

대구 감삼동에서 홍생한의원을 운영하는 원로 한의사 조경제의 말처럼, 당시 대구 동양의학전문학원은 약전골목에서 대남한의원을 운영 중이던 여원현(呂元鉉)이 중심이 되어 한의학을 전승하기 위해 1949년에 만들어진 사설 교육기관이다. 이는 1952년 한의사법의 제정과 더불어 검정시험을 통한 한의사 양성을 목표로 만들어졌다.[5]

윤판경은 당시 30여 명의 수강생과 함께 학원을 다녔는데, 이 무렵 한의사 검정시험을 보았던 많은 이들이 이곳을 거쳤다. 구술자의 한 사람인 조경제는 그보다 9번이 빠른 동일한 '특과' 과정의 13호 졸업증서를 보유하고 있다.

윤판경은 현재 96세의 고령으로서 과거의 기억을 회상하는 데 어려움이 많다. 의사소통조차 어려워 그의 부인이 전해주는 이야기에 의하면, 전문학원 수강 외에는 거의 독습으로 한의학 공부를 했다. 몇 마디 되지 않는 대답 중에는 침구 공부도 책을 보고 독습했으며, 간혹 의자(醫子)들의 시술 장면을 목격했다고 한다. 그는 다른 한의사와는 달리 침구 전문으로서 탕약은 보조적으로 활용했으며, 평생 동안 한의원 간판을 달지 않은 채 가정에서 환자들을 보살폈다. 연구자는 구술자의 기억을 상기시키기 위해 동양의학전문학원 졸업증서를 내보이며 대화를 시도했다.

---

5 1962년과 1963년에 실시된 경북지역 한약업사 시험에 대비해서는 백인기(白仁基, 선일한약방) 등이 중심이 되어 동양의약전문학원이 다시 개원됨으로써 한약 전문인의 인력 양성을 위한 중요한 역할을 했다.

연구자 : 대구 동양의학전문학원도 다녔어요? 이거 약전골목에 있
　　　　었던 거 아닙니까?

구술자 : 와(왜) 아이라요.

부인 : 그래요. 이야기를 안 하시니까 이거는 모르고 있었어요. '윤
　　　국강(尹國康)' 그거는 일제시대 이름입니다. 동인(同人)입니
　　　다. 바뀌가지고 '판경'으로 되어 있어요.

연구자 : '윤국강'은 누구입니까?

구술자 : 그건 내요.

연구자 : 왜 이름이 다릅니까?

구술자 : 그건 일본식으로 모두 바꾸라고 해서 바꾸었지요.

▶ 한의사 국가시험 응시자격 검정시험 '1부 합격증서'

合格證書

本籍　慶尙北道　　　　　　　　　　　　第一九七號

姓名　尹板敬

檀紀　四二四六年　十月　二日生

右者는　檀紀　四二八七年　六月에　實施한　韓醫師　國家試驗

應試　資格檢定試驗　第壹部에　合格하였음을　證함

檀紀　四二八七年　七月　七日

保健部長官　崔在裕

▶ 한의사 국가시험 응시자격 검정시험 '2부 합격증서'

合格證書

本籍 慶尙北道　　　　　　　　　　　　　第170號

姓名 尹板敬

檀紀 四二四六年 十月 二日生

右者는 檀紀 四二八七年 七月에 實施한 韓醫師 國家試驗 應試
資格檢定試驗 第二部에 合格하였음을 證함

　　　　　　　檀紀 四二八七年 七月一六日

　　　　　保健部長官 崔在裕

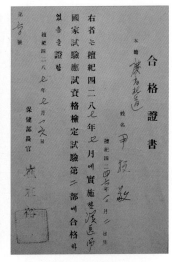

한의사 검정시험 1부　　　　　한의사 검정시험 2부
합격증서(1954.7.7)　　　　　합격증서(1954.7.16)

▶ 제4회 한의사 국가시험 합격증서

合格證書

本籍 慶尙北道   第四一二號

姓名 尹○○

檀紀 四二四六年 十月 二日生

右者는 檀紀 四二八七年 七月 實行第四會 韓醫
師 國家試驗에 合格하였음을 證함

檀紀 四二八七年 七月二十八日

保健部長官 崔在裕

한의사 국가시험
합격증서(1954.7.28)

위의 '합격증서' 내용으로 보아 당시 한의사 면허시험은 3단계에 걸쳐
실력을 검증받는 형식이었다. 한의과대학을 나오지 못한 독학자들의 경
우에는 한의사 국가시험 응시자격을 2단계에 걸쳐 '검정' 받았음을 알 수
있다. 검정시험 2단계와 본 시험 등 3종류의 한의사 면허 국가시험이 다
음의 <표 1> '한의사 면허시험 일정표'에서처럼, 7월 한 달 안에 실시
되어 합격자 발표까지 이어졌다.

〈표 1〉 한의사 면허시험 일정

단계	종류	응시 연월	합격자 발표일	증서 일련번호
1	1부 자격검정시험	1954. 7	1954. 7. 7	197호
2	2부 자격검증시험	1954. 7	1954 7. 16	170호
3	본 시험	1954. 7	1954. 7. 28	412호

영남한의원을 운영하다가 작고한 정화식(1927년생)은 제1회 한의사 면
허시험 합격자다. 그의 한의사 면허 취득일은 1952년 9월이고, 면허번호

는 제44호다. 또 제8회 합격자인 서정학(경일한의원, 1932년생)은 1958년 9월에 면허를 취득했으며 면허번호는 804호다. 정화식, 윤관경, 서정학 등 원로 한의사 3인의 '면허' 관련 내용을 비교하면 아래 <표 2>와 같다.

〈표 2〉 원로 한의사 3인의 '면허' 관련 내용 비교

이름	출생연도	상호	시험기수	면허취득일	면허번호
정화식	1927년	영남한의원	1기	1952. 9	44호
윤관경	1913년	동강한의원	4기	1954. 12	302호
서정학	1932년	경일한의원	8기	1958. 9	804호

위 <표 2>를 보면, 1952년부터 1954년까지 3년 동안 4회의 한의사 면허시험이 실시되었다. 이후부터는 년 1회씩 실시되었다. 한의사 검정시험은 1965년 6년제 한의학제(경희대 한의대)가 설치되기까지 14회 실시되었다. 구술자 중 신상호(1921년생, 인교한의원)는 1964년 12월 면허를 취득함으로써 검정고시 마지막 응시자에 해당한다.

사상체질(四象體質)의학의 전승자,
인교한의원 신상호

−1919년 생−

·
·
·

인터뷰 후기

 .

 .

　1919년생인 신상호 한의사는 2007년 현재 89세로 구술자 중 두 번째로 나이가 많고, 최고령 현업자에 속한다. 그는 일제 강점기 대구부(大邱府) 수정(竪町)에서 지주의 5남 3녀 중 세 번째 아들로 태어난 대구 토박이다. 그는 수창학교와 계성학교를 차례로 마친 후 일본으로 건너가 명치대학에서 법학을 공부하였다. 일본 유학 후에는 늑막염이 폐결핵으로 발전하여 사경을 헤매기도 했는데, 자신의 병을 한의학(특히 사상체질의학)으로 치료하는 과정에서 이에 차츰 매료되어 입문하게 되었다.

　그의 생업공간인 한의원과 집은 태어나서 자라온 중구 수창동(水昌洞)의 같은 자리다. 전화로 소재를 확인한 후 북성로와 수창초등학교를 기준으로 인교한의원을 찾았다. 2007년 4월 7일이었다. 고령에다 감기 탓으로 기력이 많이 쇠해지고 과거 기억도 온전하지 못했다. 연구자와 면담하기에도 힘에 겨운 듯 몸을 소파에 묻은 채 목소리에도 힘이 없었다. 두 차례의 면담 때마다 항시 그의 부인(1930년생)이 동참하여 면담과정을 지켜보면서 기억을 되살려 주거나 적절한 선에서 면담을 통제하기도 했다. 구술자 부인의 면담 동참은 한편으로는 구술자의 기억 회상과 사실 보완을 위해 도움이 되기도 했지만, 다른 한편으로는 구술자의 대답을 앞서 나감으로써 오히려 구술자의 기억 회상을 방해했다. 80분의 1차면담에서는 생애약사를 중심으로 한의학 입문 동기 및 학습과정, 가족관계, 사상체질의학 공부, 한의사 면허 취득 및 개원, 치료 사례 등에 대한 이야기를 들었다.

　구술자의 기억은 흐릿하고 그의 부인이 어김없이 면담과정에 참여하여 이야기를 주도하는 상황에서 구술 내용이 상당 부분 명확하게 정리되기 어려웠다. 2007년 6월 26일(화) 실시된 2차면담은 1차면담의 내용을 확인하고 보완하는 방향에서 진행될 필요가 있었다. 하지만 1차면담 때와 유사한 상황이 전개됨으로써 원활한 조사가 어려웠다. 특히 구술자의 건강 문제로 인해 면담 시점을 잘 조율할 필요가 있었다. 이 때문에 2차면담 전 한번은 구술자의 처소 문전까지 갔다가 발길을 돌리기도 했다. 윤판경 한의사의 사례와 마찬가지로 좀 더 일찍 면담 기회를 갖지 못한 아쉬움이 컸다. 주어진 현재 환경에서 특히 사상체질의학의 전승과 실천에 대한 이야기를 소상하게 들을 수 있기를 바랐다. 신상호는 여러 구술자들 중 영천의 최종식(1928년생, 영천한의원)와 함께 사상의학을 평생 동안 연구하고 이를 치료과정에서 실천해온 한의사다.

연보
・1919년 - 대구시 중구 인교동(당시 대구부 수정) 출생
・1923년 - 수창공립보통학교(6년) 졸업
・1937년 - 계성학교(5년) 졸업
・1942년 - 일본 명치대학 법과 졸업(3년제)
・1943년 - 1945년 8월까지 금융조합(현 농협) 근무
　　　　　 폐결핵에 걸려 퇴사 후 병을 고쳐가는 과정에서 한의학 입문
・1950년대 초 - 6.25전쟁 피난민 한영순, 김이목 선생에게 사상의학 사사
・1952년 - 34세 결혼(1남 5녀 생산)
・1959년 - 3월, 한의사 면허 취득(면허번호 806호), 인교한의원 개원
・2007년 - 대구광역시 중구 수창동 인교한의원 운영 중

■ 대구 수창동 출생과 공부과정

나는 1919년도에 바로 이 동네에서 태어났어요. 일제시대는 이곳을 '수정'(竪町)이라 했어요. 이조시대에는 '정'(町)이나 '동'(洞)이 없었어요. 일제시대 때는 '세울 수'(竪) 자 해가지고 '수정'이지요. 그때 '수창동'(水昌洞)은 없었고, 여기하고 저 앞쪽하고 합쳐서 '인교동'(仁橋洞) 1, 2구입니다. 해방 뒤에 '인교동'이 되었지요. 그때는 대구 중심이 지금의 중구경찰서 근처지요. 성(城)[6] 안이지요. 이곳은 성 밖이고요. 동문, 서문, 남문, 북문[7] 4개가 있었고요. 남문은 저기 남문시장 근처에 있었어요. 나는 일제시대 수창학교 18회 졸업했어요. 그 다음에는 계성학교 5년제 졸업했어요. 5년제 계성중학교지요.

(구술자의 부인이 덧붙이며) 우리는 여기가 3대 살아온 터전입니다. 뒤에 우리 한옥이 있어요. 이거는 길이 나가지고 새로 지었어요. 제가 [경북] 경산에서 시집오니까 초가집이었어요. 그래서 '대구에도 초가집이 있구나.'라고 생각했어요. 저 안에 집은 아들 돌 때 춘양목으로 한옥을 새로 지었어요. 예전에는 시조모님이 "한옥 짓지 마라." 캤어요. 미신이 있어가지고요. 하지만 우리는 기독교 믿으므로 [집을] 새로 지어도 상관없어요. 여기는 옛날부터 약방 했어요. 여기 문 열면 약방이 있었어요. 지금은 헐어버리고 새로 지은 거지요. 옛날에는 좀 높은 문턱 있는 방에 장판 깔고 했지요. 아들이 쥐 띠므로 약 40년 되지요. 새로 지은 지가요. 그때는 아이가 조금 걸어 다녔어요. 우리 할머니나 어머니는 옛날 사람들이 되어가지고 살던 집 뜯지 말라고 했어요. 우리는 하나님 믿으니까 [집] 지

---

6 대구읍성(大邱邑城). 1591년(선조25)에는 토성으로 그리고 1736년(영조12)에는 석성으로 각각 축조되었으나, 1906~7년 사이 일제에 의해 헐리고 말았다.
7 대구읍성의 4개 성문으로서, 각각 진동문(鎭東門), 달서문(達西門), 영남제일관(嶺南第一關), 공북문(拱北門) 등으로 일컬어졌다.

어도 괜찮아요.

한학은 선고에게서도 배우고 학교 다니면서도 배웠어요. (부인이 말을 받으며) 아주버님들은 때린다고 글을 안 배울라고 하더래요. 옛날 우리 시삼촌들은요. 할아버님은 돈도 있고 가르칠라 캐도 안하니까, "이 놈아! 너는 장사나 해라." 캤대요. 성냥 장사를요. 성냥을 옛말로는 '당황'이라 캤대요. 그랬더니 시삼촌이 실제로 낮에 "당황 사이소." 카고 다녔대요. (크게 웃으면서) 아주 어릴 때지요. 많이 웃었지요. 할아버지가 "야, 이놈 아! 나를 사란 말이냐?" 카면서 많이 웃었대요. 그런 시삼촌은 꽤 오래 사셨어요. 우리 아버님은 부잣집 둘째 아들이지요. 유산도 많이 받고요. 지주였지요. 아침나절에 어머님이 인삼 달여 드리면 잡숫고 주무시다가 밖에 나가서 하루 종일 술 드시고 놀다가 저녁에 들어오시거든요. 이런 식으로 매일처럼 인삼을 너무 많이 드셔서 병을 얻었대요. 뇌막염이 왔다 고 해요. 그래가지고 오래 못 사셨대요. 아버님 얼굴이 하도 희어서 목욕 탕에 가면 '백새'라 할 정도였대요. 아버님은 장수 못 하셨지요. 이 무렵 은 선생님이 한의원 하기 전입니다. 만일 했다면, 약을 그렇게 못 잡숫게 했겠지요. 돈이 없으면 못 잡숫지요. 그 시절에는 녹용 한 냥 하고 인삼 한 통 하고 광목 한 필, 쌀 얼마 하고 돈이 똑 같았대요.

그때 인삼 한 통이 ○○원이었어요. 광목 한 통, 벼 한 섬, 녹용 한 냥 이 시세가 비슷했어요. 당시가 6.25전쟁 나기 이전입니다. 한방의 좋은 점은 병을 잘 낫게 하는 점이지요. 안 좋은 점은 없어요.

(기독교를 언제쯤 믿게 되었느냐고 묻자, 구술자의 부인이 대답하며) 어려서 주일학교 안 가본 사람이 있습니까? 여기(시댁)도 시아버지가 편 찮아가지고요. 인제병원 했던 그분이 주치의인데, 손인식 씨라고요. 그분 이 기독교 신자래요. 장로지요. 그분 영향을 받았지요. 병원에 입원을 했 는데요. 자꾸 우리말로 '객증'(客症)이 드는 기라요. 수술할라 카면 자꾸 오한(惡寒)이 들어 "안 되겠다." 카면서, "객증이 들었다."고 하면서 수술

을 못했지요. 그러니까 "아이고! 영감님, 안되겠습니다. 그만 예수 믿읍시더." 하더래요. 그래서 아버님도 죽게 되고 하니까, "그럼, 그렇게 하자."고 해서 수용했지요. 시아버님이 그때 30대였대요.

하지만 중간에는 또 안 믿었어요. 초상이 나니까, 우리 조모님이 세상을 떠났는데 기독교를 안 믿는 식으로 하는 기라요. 빈소 차리고 절도 하고요. 집안사람들이 모두 믿는 게 아니니까요. 그러니까 할머니가 교회에 못 나가시는 기라요. (웃으면서) 목사들이 오니까, 시어머님이 "담배 한대 피우고 가이소. 술 한 잔 드시고 가이소." 카지요. 초상을 그렇게 쳐놓으니까요. 그래 내가 결혼해가 오니까……옛날부터 종교계에서는 [신도들이 집으로] 자꾸 오지 않습니까? 그래가지고 내가 "교회 가면 안 되겠습니까?"라고 하니, 어머님이 "교회 갈 생각 있으면 가도 된다." 캐요. 옛날에 주일학교 다니던 것도 있고 해서 그냥 "예." 카고 따라나섰지요. 그래가지고 이후부터 계속 다니기 시작했고, 우리 아이들도 모두 교회에 다녔지요. 아이들도요. 우리는 제사는 안 모십니다. 큰집에는 교회 다니라 해도 안 가요. 큰댁에서는 제사 지내지요. 우리는 제사에 참석 잘 안해요. 어떤 때는 제사 때 가서 절은 안 해도 참여했다가 오곤 했어요. 아주버님 계실 때는 제삿날 항시 가보고 했어요.

■ 광복 전후 시기의 대구 교육환경

수창학교 18회, 계성학교 24회 졸업했어요. 당시 수창학교는 2층 기와집이었어요. 뒤에 이 집은 불타고 새로 지었어요. 내가 불 난 것 알지요. 미국 사람이 설립했어요. 그때 공립학교는 수창학교, 달성학교, 덕산학교, 삼덕학교 그밖에 없었어요. 기생 출신 울산 할머니는 복명학교도 지었어요. 희도학교는 기독교 재단이고요. 당시 담임선생도 기억나요. 그 시절 수창학교 선생님들이요. 선생들은 성적 좋은 사람들을 시내에 배치했으므로 우수했지요. 그런 기억나요. 한국사람, 일본 사람 반반씩이었어요. 난 한국 사람이 담임했어요. 한 학급이 60명인데, 한 학년 당 3학급 해서 모두 18학급이었어요. 덕산 하고 수창이 가장 컸어요. 국사는 1주일에 한 시간 정도 배웠고, 학교에서는 일본말로 공부했어요. 우리 댕길 때도 일본말로 공부했지요. 1920년대~1930년대에 수창, 계성까지 다닌 셈이지요.

그때 돈 좀 있는 사람들은 경북중학교(대구고보) 지원했어요. 나도 거기 지원했지만, 실패해서 실업학교 안 가고 계성학교로 갔어요. 당시 우수한 학생만 1차로 갔어요. 그렇지 않으면 학교에서 지원 원서를 안 내어 주었어요. 그때 우리 반에서 3명이 지원해서 1명만 합격되었어요. 더 우수한 학생들은 대구사범학교로 갔어요. 거기는 교사로 곧바로 취직이 되었으니까요. 경제사정이 안되니까 곧바로 취직을 하려고요. 명예도 있었지요.

계성학교는 아담스(Adams) 선교사가 설립했어요. 신명학교 등 기독교 학교이지요. 계성학교 시절에는 운동을 모두 다 했어요. 학교 대표선수는 안되었지만, 취미로 두루 했어요. 계성학교 좋은 학교예요. 거기 댕길 때 자유사상 배운 거 많이 기억에 남지요. 수창학교는 황국신민(皇國臣民) 만들었지요. 일본 국민을 맨들라고 했지요. 황실 위주로 그렇게 교육시키지요. 신사참배도 했어요. 안 할 도리가 없지요. 달성공원 신사(神社)로 갔지요. 행사 있을 때마다 갔지요. 일본 국경일 등 그런 날이지요. 달성공원, 지금의 호수 있는 데 바로 거기에 신사가 있었지요. 신사 참배 하면 모자 벗고 절 해야지요.

그때 실업 쪽으로는 대구상업, 대구농림학교가 있었어요. 거기도 실력이 경북중학 비슷했어요. 거기 떨어지면 계성학교로 오기도 했어요. 공립학교에서 황국신민 쪽으로 좀 더 치중했어요. 사촌형들도 경북중학, 농림학교 등에 다녔어요. 대구고보 졸업하면, 교사 바로 안 줍니다. 사범학교

가 있으니까요. 시험 쳐야 교사할 수 있어요. 수창학교는 공립보통학교지
요. 6년제이고요. 계성학교는 5년제고요. 대구고등보통학교 3년제 이런
식이지요.

■ 일본 명치대(明治大) 유학과 동문들

  계성학교 마치고는 1년 놀다가 서울 가서 일본으로 유학 갔어요. 돈이
없으면 못가거든요. 그 시대 내 갈 때는 사범학교 졸업하고 초등학교 선
생이 제일 좋은 자리였어요. 월 초급이 사십 몇 원이었어요. 대구고보나
대구사범학교 졸업하고 취직하면 월 삼십 몇 원이었으니까요. 우대해 주
었어요. 우수한 학생들을 뽑아갔으니까요. 해방 후에도 그런 추세가 지속
되었어요. 하지만 뜻이 있고 돈 있는 사람들은 대개 대구고보(경북중학
교)로 갔지요. 대학 진학 할라고요. 그때는 공부 좀 해보려고 일본 유학
맘먹었지요. (웃으면서) 법률가를 지망해 볼라고도 했는데, 그게 어디 뜻
대로 됩니까?
  그 시대는 돈 있는 사람들의 경우, 서울에서 공부하거나 일본으로 가
곤 했지요. 서울대학교 전신인 경성제국대학이나 사범학교 등은 일본사
람들이 인정했어요. 서울 경성사범학교, 경성농림학교 그런 데 졸업하면
100% 취직이 되었거든요. 당시 고교에서 대학 진학자들이 한 반에서 ½이
안 되었을 겁니다. 모두 가난했거든요. 일본 유학은 몇 안 되었어요. 돈이
있어야 되니까요. 당시 아버지는 몇 백석 지주였어요. 지방으로 여러 곳
에 토지가 있었는데, 해방되고 토지개혁 할 때 모두 갈라 주어버렸으니까
요. 그때 이승만 정부 시대인데, 모두 뺏어다가 줘버렸어요. 돈은 무
슨……돈을 받고 그랬겠어요? 이승만 대통령은 안 그랬는데. 당시 대구
에도 서상일 등 몇몇이 그런 사상을 가진 사람들이 좀 있었어요.

스무 살 넘어 일본으로 유학 갔어요. 거기서 몇 년 했으니까. 스물 너덧 되어가지고 3년 공부 마치고 나왔지요. 내 병은 일본에서 공부 마치고 나와서 해방된 후에 났던 거지요. 일본에는 대학제도가 둘입니다. 좀 여유 있는 사람들도 예과 2년, 본과 3년 해서 5년이거든요. 집이 넉넉하지 못한 사람들은 전문학교 수준의 예과 안 거치는 3년제 했지요. 이들은 곧바로 취직했지요. 한국 사람들은 주로 3년짜리 했어요. 나도 3년 했어요. 저기 약전골목 신성균 씨[8]가 공부했던 입명관(立命館)대학은 경도에 있었어요. 3, 4류 대학에 속합니다. 그때는 동경대학 제외하고는 6대학이거든요. 와세다, 게이오, 경응, 명치, 입교(立敎), 법정대학 그렇지요. 그 밑에 뭐 학교가 많지요. 조도전대학은 학교 좋지요. 사립대학 중에서는 가장 좋아요.

약전골목 신명균 씨는 내하고 1년 선배지간입니다. 명치대학 동문입니다. 명치는 와세다, 게이오 그 다음쯤 갔을 거예요. 입교대학 하고 비슷할 거예요. 유학생들은 마음대로 하숙도 하고 아파트 얻어 있기도 하고요. 공부 도중 해마다 방학 때는 1, 2회 정도씩 한국에 나왔어요. 동경서 동해도선 기차 타고 시모노세키(下關)까지 꼬박 하루 걸리지요. 거기서 배타고 부산까지 꼬박 반나절 왔어요. 더 걸릴까? 부산에서는 대구까지 기차 타고 오면 되고요. 그때도 돈 있는 사람들은 특급 좋은 기차도 탔지요.

우리가 일본에서 대학 공부할 때는 마이크 없더라. 우리 반에는 경제학 같은 과목은 수강생이 150명이나 되고, 철학은 합반했어요. 300명 되는 큰 강당에서 배웠어요.

나는 옛날에 술 많이 먹었어요. 일본에서 대학 다닐 때 일본 사람들 맥주 좋아하지. 많이 먹었어요. 일본 사람들 술 좋아하거든. 그 사람들은 술 먹으면 자기 먹는 것 지가 내거든. "니 내라." 소리 안 하거든. 맥주를 일

---

8 1921년생으로 대구 약전골목에서 평생 동안 '신성균한의원'을 운영하다 2007년 4월 폐업한 후 자택에서 소일한다.

본 말로 '비루'(ビール)라 하거든. 맥주 집에 가면 당시 한잔에 35전, 비싸요. 그때 얼마나 돈 가치가 없냐 하면, 담배 제일 비싼 게 '삐죤'(pigeon) 같은 것이 한 갑에 열 개 들었는데, 10전이거든요. 다른 사람한테 폐 끼치는 게 없어요. 일본 사람들도 좋은 점은 있지요. "내가 낼게. 가자." 카면 지가 내는 기고. 그럴 때 우리 하숙할 때 유명했지. 우리 하숙하던 친구들, 오탁근 씨 법무장관 했고, 신도환 씨는 해방 이후 경찰계통 들어갔고. 거물들이 많이 났지.

대동아전쟁 일어나기 전에 공부 마치고 귀국했지요. 나는 귀국 후 금융계통, 농업계통에 들어갔지요. '금융조합'이라 불렀지요. 그게 연합이 되어 있었으므로 각 군마다 있었어요. 그게 지금 농협이지요. 당시 시험쳐가지고 들어가서 2년 정도 하고 나니까 해방이 되었지요. 당시 첫 월급은 교사보다 낮았어요. 교사 월급이 42원 정도니까, 거기는 삼십 얼마지요. 나는 대학 졸업해 놓으니까 월 오십 얼마 주대요.

오탁근 씨가 가장 성공했어요. 법무부장관 했지요. 최일환 씨도 가버렸어요. 명치대학 출신이 다소 있었는데, 이젠 다 죽고 4, 5명밖에 없어요. 지금까지 모임을 하고 있어요. 많을 때는 20여 명이나 되었어요. 한 달에 한 번씩 모였지요. 해방 후부터 계속해서 만남을 지속해 왔어요. 예전에는 회원들 경조사에도 서로 참여했어요. 여기 한의사 출신은 나 말고 없었어요. 예전에는 계성학교 동기 모임도 있었는데, 지금은 모두 죽어버려 안 해요. 예전에는 열 명 이상씩 모였지요. 뭐 얼굴 보고 식사 정도 하는 수준이었지요. 부부동반으로 관광 가고 그렇게 하지는 않았어요. 예전에는 한 번 서울 가서 명치대학 총회도 했어요. 당시에는 일본에서 동창생이 오기도 했어요.

(부인이 부연하며) 이번에 명치대 동창회 같이 가보니, 참석자들이 "몇년도에 졸업했나?" 카니, '소화 16년' 카더라고요. 그러니까 이 사람들이 "와! 그때는 우리가 아직 태어나지도 않았어요. 대선배님이시다."라고들

말했어요.

이번에 명치대학 총동창회를 서울에서 했어요. 우리나라 동창회가 일본 구주(九州)하고 자매결연 되어 있어요. 후쿠오카에서 17명이 왔었어요. (부인이 구술자를 지칭하며) 선생님보다 나이가 더 많은 분이 일본에 1명 계시는데, 편찮아서 못 오신다고 했어요. 대구·경북지역 회장 자격으로 가셨는데……회장 하다가 우리 시동생도 가버렸지요, 그래서 회장 자격으로 갔어요. 다른 분이 몇이 고문으로 가고요. 롯데호텔에서 했어요. 고문 두 분이 명예교수인데, 총 동원한 게 모두 세분만 갔었어요. 딴 분이 몇이 더 있지만, 편찮아서 못 갔어요.

(연구자의 고향을 물은 후) 명치대학 동문 중 남해 출신도 있었어요. 진주 강씨 동문, 진주 만석꾼 아들도 있었고요. 대구에 한번 놀러왔어요. 다찌노미(たちのみ)[9]에 한번 데려 가기도 했어요. 일본 사람들은 술 마시면 재미있데요. 상대한테는 부담을 안 주거든요. 맥주집에 가면 돈 미리 주고, 35전 주고 나서 자기가 가서 마시지요. 남한테 폐를 끼치지 않아요. 부담이 없어요.

(명치대학 때 찍은 사진을 가리키며) 저거는 스물두 살 때 대학 다니면서 찍은 겁니다. 일본에서 찍은 거지요. 지금은 신축해서 현대식으로 수십 층으로 지었는데, 저 자신은 그걸 한번 보려고 가서 찍은 거지요. 팔순 하고 가서 찍은 건가 봐요.

■ 늑막염 발병 후 한의학 입문

본데 우리 아버지가 한의학 하신 게 아니고요. 우리 아버지는 예전에

---

9 의자에 앉아 마시는 술집.

큰 부자, 지주였어요. 나는 본래 운동선수였어요. 내가 모든 운동 다 잘했어요. 취미 비슷하게 해서 나중에 선수까지 했어요. 그런데 운동 잘못해 가지고 늑막염이 걸려가지고요. 그때는 항생제가 나기 전입니다. 동산병원에서 "큰일 났다. 약이 없다. 참고 조리하는 수밖에 없다." 캐요. 그래 가지고 치료 목적으로 개고기를 잡아먹었어요. 그런데 그게 나한테 안 받았거든. 안 받아요. 먹을수록 자꾸 더해가지고 나중에 일어나지도 못해요. 그럭저럭 여름 지내고 가을 되어가지고 서울에서 친구들이 내 죽는 걸 보러 와가지고, 이래 보니 안 되겠거든. "안되겠다. 서울 가자. 자네 같은 병 한약 가지고 잘 나숫는 데 있다. 거기 보니 체질로 보더라. 무슨 체질 따라 약이 다르더라." 캐요. 그래서 "선생 좀 모시고 올 수 없나?" 캤어요. 연락해 본다고 했어요. 당시에는 전화가 없었어요. 그래서 편지로 약속해 가지고, 며칠 몇 시에 통일호 기차로 대구역에 내린다고 연락이 왔어요. 한복 입고 가방을 들고 있다고 했어요. 옷차림이 표가 나니까 모시고 가라 했지요. 내 동생을 보내 모시고 왔어요.

내가 그 선생한테 한의학을 배웠어요. 와서 가만히 보더니만, "아하! 약을 잘못 먹었구나." 카시더라고요. 첫눈에요. "자네가 개고기 많이 먹었나?" 캐요. 그래서 "지금도 먹고 있습니다." 카니까, 그게 탈이 되었다고 해요. 여태까지 육미탕(六味湯)을 계속 지어 먹었어요. 지황탕(地黃湯)도요. 그런데 약을 다 바꾸고, 음식을 다 바꾸라고 하더라고요. 소고기 많이 먹으라고 하고요. 먹을 거는 소고기뿐이라고요. 보신탕 먹으면 죽는다 카고요. 약을 자기가 처방 몇 가지 내어가지고 "이걸 달여 먹어라." 캤어요. 시키는 대로 약을 지어 달여 먹었지요. 이런 과정에서 내가 여기에 차츰 한의학에 흥미를 느끼기 시작했어요.

이후 자꾸자꾸 병 상태가 좋아져서 나중에 나았어요. 이게 간단히 낫는 게 아닙니다. 폐결핵[10]이거든요. 여름, 가을, 겨울, 봄, 여름……약을

10 결핵균의 감염에 의한 전염성 질환이다. 한의학에서는 폐로(肺癆), 노채(癆瘵)라고

약 3년 동안 먹어서 나았지요. 항생제가 나기 전입니다. 병이 낫는 데 3
년, 4년이 걸렸어요. 소고기 먹고 나았어요. 소고기가 약이니까, 소고기
많이 먹으라고 했어요. 개고기, 닭고기는 먹지 말라고 하고요. 이렇게 내
병을 낫게 하는 과정에서 한의학의 신비함과 오묘함을 느끼게 되었지요.
특히 체질의학, 사상의학이지요. 그 선생은 벌써 돌아가셨지요.

■ 『동의수세보원(東醫壽世保元)』으로 사상체질의학 공부

   내 의학이 사상체질의학이거든요. 동무(東武) 이제마 선생 학설이지요.
이제마 선생의 고향이 함경도 함흥 아닙니까? 사람마다 타고난 체질과 성
격이 다르다는 전제로 질병 치료도 그 체질에 맞게 접근해 나간다는 원리
지요. 선생은 사람의 체질을 태양인, 태음인, 소양인, 소음인 등 4가지로
분류하지요. 병증을 판단하고 치료 방법을 구하기 위해서는 먼저 환자의
타고난 체질과 성격을 알아내야 하지요. 그런데 그게 참 어렵습니다.
   선생이 독립운동가 최린(崔麟, 1878~1958)[11] 선생을 치료하면서 그의
타고난 체질과 성격을 알아내기 위해 장작더미를 옮기도록 했던 일화[12]

하여 노충(癆蟲), 폐충(肺蟲)이 전염시킨다고 보지만, 본질은 과로와 영양 부족에
의해 음기가 부족해진 탓이다. 음기 부족으로 폐의 기능이 약해져 입과 목 안이
마르고 기침을 하며 '허열'이 있고 심하면 가래에 피가 섞여 나온다. 음허증(陰虛
症)의 치료나 예방약으로는 백작약, 더덕(沙蔘), 지황, 구기자, 산수유, 거북이나
자라의 등껍질 등이 있다. 폐결핵은 후진국 병으로서 우리나라에도 1960년
대~70년대에 상당히 많이 발생한 바 있다.(정지천, 『조선시대 왕들은 어떻게 병
을 고쳤을까』, 중앙생활사, 2007, 41~44쪽.)
11 3.1만세운동 때 민족대표 33인 중의 한사람으로서 독립선언서에 서명하고, 일경에
   체포되어 징역 3년을 선고받았다. 항시 몸이 아프던 차에 동무(東武)의 명성을 듣
   고 찾아와서 진찰을 받고 완쾌했다. 그는 소음인(少陰人)이었다.

도 있지요. (웃으면서) 진찰하다 말고 갑자기 하인에게나 시킬 법한 일을
시켰다니까요.

　　동무는 먼저 진맥을 하여 맥의 부침지삭(浮沈遲數) 등을 판별한
다음 손발을 만져 한랭(寒冷)을 분석하고, 피부를 만져보아 피부의
두께, 탄력, 땀의 유무 등을 관찰하였다. 이어 동무는 종이와 붓을
주면서 '月到天心處, 風來水面時一般淸意味○得小人知'를 쓰게 한
다음 그 글씨를 자세히 살펴보았다. 그는 최린을 사랑 앞뜰로 데리
고 나가서 지시했다. "저 쪽에 있는 나무 장작더미를 옮겨오도록 하
여라."
　　몸이 아파 치료를 받으러 온 자신에게 의원이 진찰하다 말고 하
인들이나 할 법한 일을 시키자 어안이 벙벙해졌다. 하지만 뭔가 까
닭이 있을 거라는 생각에 명을 어기지 않고 땀을 뻘뻘 흘리며 장작
더미를 옮기기 시작했다. 이렇게 하기를 세 번씩이나 계속하자, 최
린은 이제 녹초가 되고 말았다. 치료를 받기 위해 온 선비에게 장작
더미를 장난처럼 이랬다저랬다 운반하게 한다는 것은 이례적인 일
일뿐만 아니라, 무례하기조차 한 경우이다. 그러나 사람은 학력이나
지위가 높을수록 자신의 본래 성정(性情)을 숨기고 드러내지 않는
경우가 많기 때문에 동무는 이렇게 계속해서 장작을 나르게 하는
극단적인 방법으로 본성을 알아내고자 한 것이다. 최린의 행동거지
를 이런 식으로 살펴본 후, 그는 웃으며 "자네는 소음인이 확실하구
나."라고 말하였다.

『동의수세보원(東醫壽世保元)』이라는 책 가지고 공부했어요. 가끔은 선
생한테서도 배우면서 줄곧 독학하다시피 했지요. 내가 그거 보면서 모르
는 거는 잘 하는 선배들이 있어서 그들한테 묻기도 하고요. 또 6.25사변
때는 서울에서 유명한 의원들이 대구로 많이 피난 내려오기도 했거든요.

---

12 김종덕 외, 『이제마 평전』, 한국방송출판(주), 2002, 266~268쪽.

그 제자들이 6.25사변 때 더러 대구로 왔습니다.『동의수세보원』책은 어렵습니다. 모르는 것은 묻기도 하고 내가 스스로 연구하기도 하고요. 이거 위주로 공부했어요. 그게 어려운데 지금까지도 공부합니다.

한의학은 책만 보고서는 안 되지요. 약물공부도 해야 되는데, 이거는 비교적 쉽습니다. 약재 종류가 많긴 합니다만, 빈번하게 쓰는 거는 많지 않습니다. 약물학 잘 아는 사람들도 많습니다. 한약종상들이요, 의술은 잘 몰라도요. 실물을 직접 보면서 익히고, 때로는 묻기도 하고요. 약물은 약전골목 건재방(乾材房) 있잖습니까? 거기 가서 "무슨 약 주세요." 해가지고, 건재방에서 구입해서 눈으로 직접 확인하면서 익히지요. 이건 쉽습니다. 내가 처방을 내려가지고 가서 그대로 구입하지요. 내 개인 처방이 아니고,『동의수세보원』에 있는 처방이지요.

처방은 함부로 내는 게 아닙니다. "무슨 무슨 약 돌라."고 해가지고 '이건 감초다. 이건 당귀다.' 하는 식으로 주의 깊게 확인하지요. 때로는 내 주위에서 나한테 약을 지어주라고 해서 그런 식으로도 했지요. 내가 스스로 늑막, 폐결핵을 한약으로 나수었기 때문에 이런 사실이 알려져서 유사한 병을 앓는 많은 사람이 내게로 물으러 오면 그런 사람들 약을 지어주곤 했지요. 한의사 자격을 취득하기 전부터요.

■ 사상체질의학의 대가, 스승 김이목과 한영순 선생

내가 배운 김이목 선생은 본래 만주에 살았는데, 철기장군 김좌진 장군의 주치의였어요. 독립군 주치의라요. 6.25동란 때 피난와가지고 어떻게 알아가지고 나로 하여금 체질의학 공부하라고 했어요. 그분한테 다 배웠어요. 황해도 평산 사람인데 서울에 살았지요. 거기 본데 독립투사 많이 났어요. 김구, 이승만 모두 거기 사람이지요. 간혹 편지로 묻기도 하고 또 직접 찾아가서 가르침을 받기도 했어요. 며칠씩이나 서울에 묵으면서 배웠지요. 시험 치고 난 후에도 이런 식으로 계속 배웠어요. 시험 그것 가지고 어디 됩니까? 시험은 한(약) 2년 정도 공부한 거 가지고 대번에 되었거든요. 내가 일제시대 명치대학 공부한 것 가지고 득을 조금 봤지요. 검정시험 덕을요. 기본 지식도 좀 있었고, 한의서도 조금 봤고요.

6.25전쟁 때는 대구로 피난민들이 많이 몰렸지요. 당시 나는 아직 한의원 하지 않았는데……피난민 중에 유명한 한의사들도 더러 왔지요. 이때 피난 왔던 한의사 서너 분한테 제가 배웠거든요. 내 스승이었던 한영순 선생도 왔어요. 또 김이목 선생님도 왔었지요. 이들 두 분이 모두 사상의학을 했지만, 이들 사이에 특별한 관계는 없었어요. 김이목 선생은 만주에서 한의업을 하다가 왔어요. 해방 뒤에 서울 계시다가 6.25 때 대구로 왔었지요. 김좌진 철기장군 주치의였어요. 두 분 모두 내 스승이었어요. 내 병을 치료해준 분은 따로 있었어요. 6.25 때는 내 병이 나았고, 휴양 중이었어요. 사상의학의 대가들이었지요.

(부인이 덧붙이며) 우리 집 옆에 한의사 할아버지 한 분이 계셨어요. 그 분이 우리 선생님이 옛날부터 아프고 해 놓으니까, 오래 전부터 모두 알고 계서 놓으니 휴양하고 있었으므로 "나하고 놀러 가자."고 해가지고 데리고 가서 들어보니 사상의학이 재미가 있더래요. 그래가지고 배웠지요. 당시에는 시동생들도 모두 검찰청 들어가고 했는데, 선생님은 아직 혼자 있으니까……그래가지고 한의학 쪽으로 진로를 바꾼 모양이지요. 그러니 피난 와가지고 그분들과 만났지요. 이전에는 금융계통 다녔는데, 몸이 편찮아가지고 거기 나와서 휴양하고 있었던 모양이지요. 그래가지고 "따라가 보자." 캐가지고 그게 인연이 되어 한의학 공부를 하고 한의사가 되었지요.

진단, 내과 그것 참 어렵습니다. 국가시험인데……. '패독산(敗毒散)을 쓰라.'는 식이면 시험이 쉽지요. 전부 이론적인 것이었으니까요. 논문 형식으로 서술하는 형식이지요. 약물학은 한약에 대한 것이지요. 그것을 외우면 되니까 쉽지요. (책을 내보이며) 그때 구입했던 약물학 책인데, 여기 모두 있어요. 이건 외우면 되니까 쉽지요. 외우는 것은 내가 자신 있거든요. 『최신 국·한 약물학』입니다. 약물학은 약성에 대한 것입니다. 처방학은 『동의보감』 들어가야 될 겁니다. 그것도 참 어렵습니다.

김이목 선생은 구십(90세) 넘어서 죽었어요. 독립투사 집안이지요. 철기장군 주치의였지요. 우리 집에 오서가지고도 가끔 편지 내왕하는 걸 보았어요. 김이목 선생한테는 『동의수세보원』 위주로 배우면서 『동의보감』도 배웠어요. 워낙 유식한 어른이 되어가지고 물어보면 다 알았어요. 내 혼자 그분한테 가서 배웠지요. 옆집에 사는 할아버지가 나를 데리고 가서요. 내 몸이 안 좋았으니까요. 가서 들어보니까 재미가 있었어요.

(구술자의 부인이 중국 용정차를 내놓으면서) 또 어른들이 선생님을 좋아하셨어요. 대화도 되고 또 편찮아서 요양 중이니까……당시는 총각이었는데, 낮에 심심할 때 가면 그때는 그 어른이 객지에서 오신 분이니까 환자도 별로 많지 않잖아요? 그 시절에……그리 계셨던 모양이지요. 그래서 선생님이 노상 놀러 가셨던가 봅니다. 가서 그분 말씀하시는 거 들어보고 스스로 공부했지요. …… 참~ 옛날에는 '사상의학은 누구?' 카면, 한의사협회에서는 대구에서 우리 집으로 보낼 정도였지요. 옛날에는요. 그런데 이제는 모두가 다 '자기가 제일'이라고 하지요. 우리는 그런데 관심 두지 않고 있어요. 예전에는 대구에 사상의학 하는 사람이 없었어요. 대구에서는 우리 선생님을 제일로 쳐주었어요. 이제는 한의과대학에서도 사상의학을 가르치고 있대요.

내 제자는 별로 없어요. 김이목 선생보다도 함경도 출신 한영순 선생이 더 유명했어요. 동무(東武) 이제마 선생의 제자의 제자이지요. 내가 입문할 무렵 80, 90세였지요. 참 많이 알고 계셨지요. (부인이 부연하며) 한영순 선생님 그 분은 아주 유명한 고약(膏藥)만 가르쳐주고 갔어요. 선생님한테요. 다른 사람한테는 절대 가르쳐주지 말라고 했어요. 작고했지만, 어떤 사람이 자주 졸라대기에 그 사람한테만 선생님이 가르쳐주었어요. 그것은 암도 낫는 약이었어요. 이젠 못 고와요(약을 못 만들어요). 내가 두 번인가 고왔는데요. 그 후에는 이제……요새는 좋은 약도 많이 나오고요.

김이목 선생은 독립운동 주치의 했는데, 동무 선생 제자는 아니지요. 풍채도 좋고 한문도 잘 하고요. 의학은 사상의학 했어요. 그 고약은 이야기해도 모릅니다. 그때는 목 임파선, 결핵약 할라고 만들었는데, 그건 문제도 아니고 요즘으로 치면 암 같은 것도 복용하면 다 낫지요. 그것도 붙이는 건데, 삭아져 없어졌어요.

(부인이 말을 이으며) 당시 침술도 가르쳐 주시려고 했는데, 선생님은 처음부터 안 할라 카대요. 부잣집에서 성장해 놓으니까요. 한 선생님은 사람들이 배우고 싶어 해도 아무에게나 가르쳐주지 않으려 했대요. 고집이 세어서요. 선생님이 배우러 갔다 오면, 다른 사람들이 와서 "어떻게 하시더냐?"고 물으면서 간접적으로 배우기도 했어요. 한 선생님에게는 경락 짚는 것 등을 모두 배웠지만……그걸 알아도 [우리 선생님의] 침은 하지 않았어요. 그분은 일침(一鍼)이지요. 외할머니도 허리가 아파 그분한테 단 1회만 맞고 나았어요. 두 번째 가니까, "왜 왔나?" 하대요.

서울에 ○○한의원이라고 유명한 한의사가 있어요. 그분하고 모두 시험 같이 쳤어요. (부인이 말을 받으며) 어떤 한분이 시험장에서 허리를 다쳐가지고 시험을 못 칠 정도였어요. 그래서 "신 선생님! 침 가져왔어요?" 캐서……유명한 대구의 나이 많은 사람들이 함께 시험 치러 갔지요. 그런데 그 선생님이 단 일침 시술하여 시험을 칠 수 있을 정도로 그 자리에서 낫게 했대요. 침 시술이나 경락 짚는 것 모두를 배웠지만, 시술하기가 귀찮다고 하면서, '천하다'고 하면서 안했어요. 또 도중에 어떤 사람이 와가지고 자기는 침을 놓고 같이 업을 하자고 사정을 하기도 했어요. 그런 경우에도 거절했어요. 침은 자기 일하는 거 가지고 자기가 벌어가는 식으로 한다면서요.

한영순 선생한테 사상의학 배웠지요. 침술도 배워준다고 했지만, 내가 안 배울라고 했어요. 그 선생이 침도 제일 잘 하시는데, 내가 안 배웠어요. (부인이 설명하며) 경락 짚는 것만 배웠어요. 그 선생님이 딴 사람한테는 절대 안 가르쳐주는데⋯⋯그러니까 다른 한의사 한분이 "배워가지고 가르쳐 달라."고 자꾸 졸라가지고 듣고 와서 이야기해주곤 했어요. 배워 와서 다른 사람한테 가르쳐주고는 했지만, 자기는 안 했어요. 한영순 선생님이 아무한테나 안 가르쳐 주었어요. (남편을 보며) 그런데 이 분은 참 좋아했어요.

한영순 선생님은 침의 대가였어요. (부인이 나서며) 이분은 침이 천하다고 하면서 안 했어요. 한 선생님한테는 아픈 데 침 한대만 맞으면 나아 버렸어요. 다시 가면 "왜 왔어?" 캤어요. 우리 외할머니도 가서 침을 맞았는데, 나이 많은 사람들은 침을 맞아보고 좋으니까 한 번 더 갔나 봐요. 그러니까 "또 왜 왔냐?" 카더래요. 한의사 시험 치러 가서도 아픈 사람이 생겨 침 한 번으로 시험 칠 수 있도록 했대요.

이들 한영순과 김이목 선생은 6.25전쟁이 끝나고 곧바로 서울로 올라가 버렸어요. (다시 부인이 부연하며) 제가 결혼하고 한참 있다가 올라갔어요. 내가 임진년에 결혼했어요. 6.25전쟁 끝나서지요. 1954년 정도 될 겁니다. (이에 구술자가 "왜 그런 걸 묻나?"라고 하자) 당신이 대구 문화와 역사의 한 부분이 아닙니까? 대구 문화 카면 모르는 게 없지 않습니까? 옛날에 영남대 교수님 한분도 우리 선생님한테 물어보고 논문을 쓰기도 했어요.

소남(小南) 김태원(金台原) 선생.[13] 그 분은 정말 애국자였어요. 대동초

---

13 1877~1950. 일제 강점기 '3대 금광왕' 중의 한 명으로 통했을 정도로 경상북도 봉화군의 금정광산을 개발하여 큰돈을 벌어 수많은 사회기부 활동을 벌였다. 그

등학교 짓고, 남명학교도 세웠지요. 독립운동 하는 데는 자금도 대주고
요. (부인이 부연하며) 어두울 때, 깜깜한 데 오도록 해서 독립운동 하는
데 필요한 돈을 많이 대주었대요. 언제 한번 TV에도 방영했어요. 육영사
업 많이 했는데, 이 양반 친구 김준석 교수의 둘째 아들은 한의학 공부했
지요. 동국대 한의학 교수이고, 한방병원 원장도 했지요.

■ 대구지역 사상의학의 선구자

(부인이 말을 이으며) 사상의학도 이 양반을 통해 대구로 들어왔어요.
대구한의사협회에서도 '사상의학 하는 데가 어디냐?' 카면, 우리 집으로
오고 그랬지요. 우리 집으로 보냈지요. 이제는 저거가 모두 잘 한다고 그
러지요.

사상의학 원리라는 거는 태극에다가 태양, 태음 양극으로 갈라놓았지
요. 태양 극에서 소양인과 태음인으로 나누고, 태음 극에서 태양인과 소
양인 두 가지가 있지요. 그렇게 갈라놓았지요. 그런 원리에서 사람의 병
이 관련되지요. 태어나기로 태음인은 간, 폐에 문제가 있는 기라. 폐병 환
자가 과거에 흔했는데, 그게 거의 태음인이라요. 그러니 옛날에 폐병 걸
려가지고 죽는 원인이 있어요. 폐에 열이 채여 있는데, 그기에다 더운 개
고기나 인삼 등을 마구 먹였으니까요. 태양 극은 태양인 하고 소양인 둘
인데, 병이 많이 없지요. 태양인은 우리나라에서 역사적으로 김좌진 장군
이지요. 내 선생이 그 밑에서 주치의 했어요. 김이목 선생이지요.

태양인들은 병이 별로 없어요. 그 사람들은 얼굴이 넓고 눈이 무섭
고……김이목 선생 이야기를 들어보면, 김좌진 장군은 같이 대할 때 무

가 경영했던 광산으로는 금정광산 외에도 영일군 청하면의 광산, 의성군의 의성
광산, 영덕군 달산면의 서점광산, 충남의 광천광산, 충북의 음성광산 등이다.

서웠대요. 그 아들이 누고? 깡패, 김두한이 있잖아요? 김좌진 장군 부하들이 무서워서 눈을 잘못 맞춘대요. 눈을 안 본대요. 성격도 그렇고요. 일본 놈들도 슬슬 매거든요. 내가 배운 김이목 선생은 그 어른 병을 보았지요. 그 밑에 주치의였어요. 말하자면 독립군 주치의였지요. 만주에 있다가 해방 되고 서울 왔지요. 이범석 선생과 같이 있었대요. 그러니 김좌진 장군 밑에 이범석 장군이 있었지요. 김좌진 장군은 이야기 할 때도 눈이 무서워서 마주 못 보았대요. 김좌진 장군 참 억울하게 죽었지요. 만주 있을 때 [곡식 찧는] 방아 있지요? 고장이 나서 고쳐야 되는데……혼자 못 들지요. 그걸 들고 있는 사이에 어느 놈이 뒤에서 총을 쏘아 죽였지요. 바로는 안 되지요. 무서워서 쏠 수가 없지요. 일제의 자객이 쏘았지요. 밀정이요. 방아 고치라고 이를 들어주고 있는 찰나에 쏜 거지요. 우리 선생이 그런 이야기를 해주었어요.

(부인이 당시는 병을 치료한 후 휴양을 하고 있을 때였다고 말하자) 과거 내 병을 고쳐준 분은 한영순 선생이지요. 함경도 사람입니다. 보통 분이 아닙니다. 김이목 선생은 철기장군 주치의, 독립군 주치의고요. 사상의학의 병인(病因)은 한마디로 말 못할 정도로 어렵지요. 타고난 체질과 많이 관련돼요. 환자가 오면 얼굴 하고 몸자세 등을 종합한 체질을 먼저 봐요. 그것 보면 알게 되거든요. 핵심은 체질을 구분하여 그걸 중심으로 하지요.

(부인이 태음인에게 소고기가 약이라면서 연구자더러 소고기를 많이 먹으라고 말하자) 옛날에 폐병환자들은 많이 죽었는데, 대개 음식 관계로 그랬어요. 태음인이 폐병을 잘 앓거든요. 전부 다 개를 고와 먹이거든요. 나중에는 보약 달여 먹이고 그랬지요. 보신탕이 맛이야 있지요.

(부인이 설명하며) 우리 선생님은 친구 집에 갔다 오다가 과수원에서 개장국 끓여먹는 데서 다섯 그릇 먹고 여섯 그릇 째는 반 그릇 이상 못 먹겠더라고 했어요. 그리 자시니 기운이 그렇게 나더래요. 일본에서 훈련

하고 와서 걷어 놓으니까, 사람들이 못 먹어서 그런 줄 알았대요. 그래서 개를 고와 주었대요. 막상 몸이 편찮고 나면 그게 드러난대요. 건강할 때는 모르지만요. 아프니까 그게 자기 체질에 안 맞는다는 게 확 드러나는 모양이데요. 불개를 부탁해가지고 샀는데, 잡수니까 더 기운이 없고…… 그때는 체질 그런 것도 모를 때 아닙니까? 사상의학 공부하던 교재, 책 이런 거는 없어요. 책으로는 공부 안 하고 이야기 하는 것 듣고 놀다가 오시고 그랬지요. 그래가지고 이게 좋겠다 싶어 가지고……머리는 좋았잖아요. 자기가 연구하고 그리 했지요.

한의사 면허 대비해서 공부한 책은 전부 『동의보감』이었지요. 사상의학 관련 내용은 시험에 안 나왔어요. 그건 뒤에 배웠지요. 내가 한영순, 김이목 선생한테 배운 사상의학을 누구한테 특별히 전수시켜온 제자는 없어요. 몇몇 동료 한의사들에게 가르쳐 주기도 했지만, 그게 어려워서요. 굉장히 어려워요. 사상의학은 어려워서 임상 안 하면 안 돼요. 태음인 안에서도 몇 가지 종류가 있거든요. 속이 차가운 사람, 더운 사람 등……. 사상의학은 이론만으로는 안 되고 오랜 임상[경험]이 필요해요. 정치가 중 이승만 전 대통령이 태음인인데, 어떤 사람은 소음인이라 하지만 아니지요. 소음인이라면 그런 걸찬 일을 못해내지요. 김구 선생도 태음인이지요. 박정희 전 대통령도 태음인입니다. 박근혜도 태음인입니다. 소양인은 그런 일 못해냅니다. 앞으로 대통령 될 것입니다. 대통령은 이승만과 박정희 두 명밖에 없어요.

■ 한의사 검정시험으로 면허 취득

당시는 한의과대학이 막 처음 생기던 시기지요. 나는 한의과대학 안 들어가고……검정시험이 있었거든요. 고등학교 나오면 면허시험 자격을

주었을 겁니다. 그래가지고 또 한양 가서 한의학 연수도 하고 해서 추천
서도 받았어요. 그래가지고 검정고시 봤어요. 약물학, 내과, 그런 시험이
지요. 그런 시험 되고나면 국가시험 볼 자격을 줍니다. 그래가지고 국가
시험 볼 자격을 따 가지고……한 2년 걸리지요. 어렵습니다. 자격으로는
추천서를 받습니다. 동업자인 우리 선배 한의사들 한테서요. 경력 몇 년
제한은 없었지만, 추천서가 필요했어요. 나는 1명한테 추천 받았어요. 추
천자 이름은 생각 안 나네요. 내 병을 치료하고 2년, 3년 공부한 후 시험
을 쳤지요. 그게 간단한 게 아니지요. 내가 배운 것 하고 다릅니다. 나는
대학에서 법률을 배웠거든요. 전혀 분야가 다르고 또 어렵고요. 검정시험
은 서울의 어느 국민학교에서 보았어요. 1차, 2차 시험이 있어요. 합격되
면 국가시험 볼 자격을 줍니다. 검정시험 볼 때 내 나이가 31세나 32세쯤
됩니다. 6.25전쟁 무렵인데, 끝나기 전일 겁니다. 검정고시 몇 회인지는
모르지만, 저기 면허증에 나와 있지 싶어요.[14] 발급일이 1974년으로 되어
있는데, 이건 뒤에 갱신된 겁니다. 원래 거는 이때 전부 반환했어요.

　검정시험과 국가고시를 마무리하기까지는 2~3년 걸렸어요. 그렇게 간
단한 게 아니거든요. 때로는 시험에 떨어지기도 했어요. (벽에 걸려있는
사진을 가리키며) 이건 일본에 있는 우리 학교 모교지요. 메이지, 명치(明
治)대학입니다. 계성학교 졸업하고 1년 있다가 일본 갔지요. 일본 가기가
당시 미국 가기보다 어려웠어요. 돈이 더 들었어요. 명치대학 법률학과지
요. 신도환 씨, 오탁근 씨 등이 모두 내 후배거든요. 하숙방에 내가 함께
데리고 있었어요. 한 집에서 옆방에 같이 있었지요. 법률공부를 했지만,
내가 한의학에 더 흥미가 있어가지고요. 내 병을 나삿으니까요(낫게 했으
니까요). 귀국해서 본격 한의학 공부를 했지요.

---

14 신상호의 '한의사 면허증'에는 다음과 같은 내용들이 적시되어 있다. '제 806호,
　본적 경상북도, 생년월일 1919년 9월 26일, 위의 자에게 한의사 자격을 면허함,
　1974년 12월 2일, 보건사회부장관 고재필'. 그는 1959년 한의사 면허를 취득했는
　데, 1974년도의 것은 갱신된 것이다.

검정시험은 1부, 2부가 있는데, 한 3년 이상 걸렸어요. 1부는 교양과목이고요. 2부는 병리학이라든가 양의학 같은 것이지요. 2부까지 합격하면 국가시험 봐야지요. 1부는 약물, 위생 등이지요. 침구는 시험과목에 안 들어가고요. 2부는 내과, 상한, 소아과, 진단, 부인과 그런 과목이지요. 참 어렵습니다. 그때는 한의과대학이 없었으니까 많이 떨어졌어요. 어려워서 1년에 모두 할 수는 없고 보통 2년, 3년 정도 걸렸지요.

당시 나하고 공부했던 사람들은 모두 작고했어요. 홍생한의원 조경제 씨는 4~5년 선배일 겁니다. 나이는 나보다 아래지만요. 대남한의원 여원현 씨는 우리보다 1년 선배이고, 활신한의원 정규만 씨, '정약국' 하면 모두 아는데, 2년 정도 선배입니다. 대남한의원에 여원현 씨하고 동기인데, 내가 잘 알아요.

■ 한의사 면허 받고도 한동안 관망

한의사 면허를 얻은 후에는 개업했지요. 다른 사람들은 대부분 경험 쌓기 위해 한의원에 들어가서 일을 하기도 했는데, 나는 그렇게 하지 않았어요. 대개 한의과대학 나온 경우가 아니면, 자격시험 보기 위해서는 '어떤 한의원 밑에서 몇 년 했다.'는 그게 있어야 되지 않겠습니까? 나는 거의 독습하다시피 했어요. 첫 개업장소는 이곳입니다. 조부 때부터 이 집에서 살아왔습니다. 내가 여기서 태어나서 수창학교, 계성학교 나와 가지고 일본 공부까지 했습니다. 바로 여기서 다 했지요.

(부인이 덧붙이며) 아버님이 60세 무렵 돌아가셨어요. 그때까지만 해도 이 사람은 한의원은 아직 개업하지 않았지요. 제가 결혼해가지고 개업했지요. 선생님은 34세, 나는 23세에 결혼했어요. 제가 시집 와서 큰 아이 낳았는데, 5년 만에 낳았으니까요. 처음에는 약전골목에 가서 약을 사가

지고 오대요. 그래서 부끄러워가지고요. 그래도 명[치]대 나온 사람이 옛날에는 대구에서 내노라 카던 사람이……돌까리 종이 부대에다 약을 싸가지고 샛골목으로 오시는데……혹시 아는 사람이라도 만나면 부끄럽잖아요? 그래서 내가 "그렇게 하지 말고 약을 좀 많이 집에다 사놓고 지어 보이소." 했지요. 나중에는 약을 주문해가지고 했어요. 처음에는 부끄럽게 그렇게 했지요. 처음에는 환자를 진찰해서 처방을 내어가지고 약방으로 데려가서 약을 지어주곤 했어요. 한의사 자격은 그전에 이미 취득했지만, 한동안은 집에서 옥호도 없이 그런 식으로 했었지요. 나중에 비로소 간판을 걸어놓고 했어요. 그때가 선생님이 사십[세] 가까이 되어서지요. 딸아이가 났으니까요.

우리 아버지는 옛날 선비지요. 글 좋아하고, 술 좋아하고, 친구 좋아하는 선비지요. 한의사 면허증 받아놓고 당장 본격적인 영업을 하지 않은 것은 '어떻게 해볼까?' 하는 생각 때문이었지요. (부인이 부연하며) 그래서 찾아오는 환자들 진료해서 처방 내어가지고 약전골목에 가서 약을 지어주는 식으로 했지요.

한약종상은 『方藥合編』 보고 그대로 약을 지어야 됩니다. 패독산이라든가 정해 놓은 것[15]을 그대로 지어야 합니다. 여기에다 더 넣었다 뺐다 하는 가감(加減)을 못하지요. 진찰도 못하고요. 그런 반면, 한의사는 환자 진찰을 할 수 있고요. 가감해서 처방을 만들어 낼 수도 있습니다. 그게 다르지요. 약종상은 신약방과 같고, 한의사는 신(新)의원 택이지요. 한의사는 처방도 내고 진단서도 끊을 수 있지요. 한약종상은 침구도 못하지요.

(부인이 말을 이으며) 1959년 한의사 면허 취득했어요. 한의원 개원하던 초기에는 종업원 없이 했어요. 나중에 크게 해가지고 환자가 좀 많을 때 고용했지요. 처음에는 선생님이 약을 짓고 다 했지요.

---

15 법정 한의약서의 기성 처방.

당시에는 건재방(乾材房)에서 마카(대부분, 많이) 지어 주었어요. (부인이 부연하며) 처음에는 선생님이 화제(和劑)를 내어가지고 환자 하고 같이 한약방으로 갔지요. 약전골목 여러 군데 갔으니까. 태화당한약방에 자주 갔어요. 박춘서, 반남 박씨였어요. 잘 지어줘요. 약도 잘 알고요. 처음에는 그리 했지만, 좀 지나고 나서는 약을 주문해서 집에서 지어주었어요. 그 당시에는 [약을] 주문하면, 건재방에서는 주로 원형 약재를 가져다 주었어요. 썰어 놓은 약재를 주문하면, 약값은 좀 더 주었지요. 약 썰이는 일도 많았어요.

심부름 하는 아이가 있을 때는 집에서 썰고 했지요. 남자 종업원이었어요. 걔가 한문을 알고 있었기 때문에, 선생님 처방을 모두 적었어요. 우리 집에 있다가 나갈 때 그걸 모두 가져갔어요. 못 되어가지고 환자를 우리 집에 데려오면 될 긴데, 자기가 허가 없이 약을 지어 주었어요. 허가가 없어 한약종상 시험 칠라고 했는데, 중학교를 안 나와 가지고 안 됐어요. 그래서 슈퍼 한다고 하던데……그래도 어려운 사람 있으면 약을 지어 줄 거라요. 10년 넘게 오랫동안 우리 집에 근무했어요. 처방 모두 다 적어 갔어요. 그게 누구냐 하면 우리 이모의 외사촌입니다. 가(그 아이)~가 촌에서 커가지고 한문을 다 배웠어요. 배우려는 열의가 상당했어요. 예전에는 화제를 내놓은 상태에서 선생님과 함께 약을 지었어요. 약장 서랍을 빼내놓고 "이거 몇 돈(錢) 넣어라." 카면, 자기도 넣고 선생님도 넣고 그렇게 하지요. 선생님이 약을 내놓고 '저거 몇 돈' 카면, 자기는 무게를 달기만 하면 되지요. 낮에 했던 것(처방전)을 내놓고 저녁에 종이에다 배끼지요. 이게 바로 한약을 배우고 전수하는 방법이지요. 우리 시누이가 좀 가르쳐주라고 했는데, 그걸 잘 못 가르쳐요. 하나씩 일일이 데리고 선생님이 가르치겠어요? 그러므로 스스로 몸소 일을 하면서 체득(體得)해야 하는 것이지요. 이런 게 바로 배우고 가르치는 과정이지요. 한의사가 되어가지고 그렇게 하나하나 가르칠 수 있겠어요? 선생님은 평생 의서를 가지고 연구하고 했지요.

(아내의 말을 유심히 듣고 있다가 비장한 목소리로) 약은 조심해야 돼요. (부인이 말을 이으며) 환자들 보고 오히려 약을 먹지 않고 병을 낫게 하는 게 중요하다고 선생님이 말하곤 했어요. (이때 구술자는 혼자 '약을 조심해야지.' 하는 말을 3, 4회나 계속 중얼거렸다.) (의사인 딸을 지칭하며) 우리 딸이 감기 들었을 때 주사를 잘 안 주듯이요. 내가 감기가 들어집에 한약 먹고, 딸아이가 보낸 것도 두 번이나 먹었지만 낫다가 들어갔다가 했는데……내가 골다공증으로 동산병원 가니까 딸아이 선후배인데 주사를 안 놓아줘요. 주사를 안 맞는 게 좋다고 해요.

대구 매일신문사 사장 하던 여(呂)씨가 한방에 취미가 있어가지고 선생님한테 자주 와서 하는 걸 보고 더러 배웠어요. 때론 초대하곤 했는데, 이제 죽었어요.

■ 적정 진료, 무욕의 인술 실천

나는 처음 시작하기로는 늑막, 폐결핵 쪽으로 했거든요. 내가 아팠던 부분을 치료한 경험을 가지고요. 그 시대에는 이걸로 내가 많은 환자를 치료했어요. 그 후에 신약이 발달하면서 그 다음에는 간 쪽으로 주로 했어요. 전문으로 연구했지요. 나는 체질의학이므로 그 사람을 보면 알거든요. 늑막, 폐결핵이나 간 안 좋은 사람들을 많이 치료했어요. 내가 체질의학 했거든요.

(부인이 덧붙이며) 우리는 한의업 해서 큰돈은 못 벌고 그저 그런대로 해왔어요. 거짓말 안하고 정직하게 해준다는 생각으로 어려운 환자는 "병원 가거라. 가서 알아보고 오너라." 카지요. "병원에 가니 선생님 하시던 그대로던데요." 카면서 약을 지어가기도 하고요. 옛날부터 본성이 그

랬으므로 보약지어 돌라 카면, "그냥 밥 잘 먹으면 되겠다." 카고요. 어른들이 와보고 "그래가지고 환자를 어떻게 볼라 카노?" 캐요. 적극적으로 하지 않고요. 어떤 사람들은 이래이래 가지고 이야기한대요. 그렇지만 이 양반은 "[약을] 짓고 싶으면 짓고……" 이런 식이지요. 그리 해도 환자들이 믿고 찾아오곤 했어요.

(부인이 말을 이으며) 옛날에도 환자들이 많이 와서 줄을 설 그런 정도는 안됐어요. 그냥 꾸준히 찾아오는 정도였어요. 물론 그 중에는 단골도 있지요. 약 먹고 병이 나은 일부 고객들은 한참 만에 찾아와서 보고는 "아직까지 계시네요." 카면서 약을 지어가기도 해요. (웃으면서) 5녀 1남 키울 때는 하나님이 환자들을 많이 주시더만, 아이들이 다 커고 지금은 두 사람만 사니까 하나님이 적당하게 일용할 양식 정도 보내 주지요. 적당하게 보내지요.

교회 신자들은 별로 오지 않아요. 등잔 밑이 어둡다고……내가 교회에 나가도 교인들에게 "우리 약 먹어라."고 절대 권유하거나 그렇게 하지 않아요. 약에 대해서는 거의 말 안 해요. 그래도 전도사 하고는 아프기라도 하면, 병원에 가거나 딴 데 약 먹어도 안 될 경우 끝에 가서는 여기 와서 약을 지어가서 먹기도 하지요. 때론 대를 이어 찾아오는 고객도 있어요.

우리 딸이 컬럼비아대학 박사 공부할 때는 돈을 보내야 하잖아요? 그럴 때는 그런대로 환자를 보내 주더니만 근년에 학위를 받고 나니, 요즘은 또 그럭저럭 그럽니다. 선생님은 그래도 "돈을 좀 벌어야 될 긴데……" 카면서 염려를 하기도 하지만요.

(연구자가 "손님 찾아오면 가능한 약을 팔아야 수입도 생기고 할 텐데, 아까처럼 그냥 침 맞으라고 하고 그러면 수입이 적어질 텐데요?" 하니까, 구술자의 부인이 말을 받으며) 진찰해 보고 별다른 병이 없으면 "약 안 먹으면 안 되나?" 카면서 그냥 보내버리곤 해요. 요즘 좀 귀찮아해요. 처방을 내어주는 데 내가 있을 때는 처방하는 거 보고 있으면서, 선생님이

혹시 하나라도 잊어버리기나 하면 내가 "아까 현기증이 난다고 하던데요?" 카면서, 일러 드리기도 하지요.

▶ 30대 남자 환자 :

다음 사례는 구술자의 적정 진료와 무욕의 인술 실천을 함의한다. 실제로 구술자는 손목을 삔 30대 남자 환자가 내원하자, 맥진과 문진 등의 진찰을 한 후 다른 한의원을 소개하며 환자를 돌려보냈다. 그는 환부를 살핀 후 치료비가 적게 드는 침만으로도 간단히 낫게 할 수 있다고 판단했다. 약재를 처방함으로써 낫게 할 수도 있지만, 환자의 입장을 고려한 듯 침술 치료를 권유했다.

의사 : 처음 보는 것 같은데? 어디서 왔어요?
환자 : (근무처가 이웃인 듯) 옆에요.
의 : 이웃에?
환 : 예.
의 : 어디가 안 됐는데?
환 : 지금 손목을 접질렀는데(삐었는데), 여기가 계속 아파가지고요.
의 : (환부를 살펴본 후) 그거 별 거 아닌데. 좀 부었네. 내가 침을 안 놓으니. 침놓으면 좋겠는데. 손마디 여기 침 잘못 맞으면 안 되거든. 침을 맞지? 비싼 한약 먹지 말고. 달성동에 가면…….
환 : 침 맞으면 나아요?
의 : 침 맞으면 되겠다. 침 잘못 맞으면 위험하다. 손마디 같은 데는.
환 : 물리치료는 안 해요?
의 : 안 해요.
환 : 여기는 한약만 해요?
의 : 안 나으면 약 가지고도 치료할 수 있거든. 그런데 한약 먹으면 돈도 많이 들고 하니까 그러지.
환 : 맥을 한 번 짚어볼 수 있어요?
의 : 내가 한 번 볼까? (맥진 후) 맥은 그런대로 괜찮네. 체질에 술,

담배는 안하는 게 좋겠다.

환 : 술, 담배는 안 맞아요?

의 : 안 맞아.

환 : 술이 회복이 잘 안 돼요. 먹고 난 후에요.

의 : 타고나기로 간과 폐에……담배와 술 하고는 안 맞아요. 비교적 괜찮아요.

환 : 괜찮아요?

의 : 나중에 안 되거든 나한테 올 경우 내가 잘 낫게 해줄게요.

환 : 몸이 안 좋으면요?

의 : 응. 내가 보니 간이 좀 시원찮네.

환 : 술 먹고 나면 다음 날 회복이 잘 안 되더라고요. 피곤하고요.

의 : 그럼 술을 먹지말지 뭐.

환 : 일하는 데서 안 먹을 수도 없잖아요?

의 : 술도 2가지 있는데, 요새 소주 같은 거 증류수 그것은 더 체질에 안 맞아요. 발효주인 맥주나 막걸리, 정종 같은 거 포도주 그런 게 체질에 괜찮아. 그러니까 타고 날 때 간을 잘못 타고 났거든. 그러니까 증류수 같은 거 많이 먹으면 얼굴이 검어지거든.

환 : 소주 같은 거 먹으면 얼굴이 그렇게 돼요?

의 : (웃으면서) 평생 먹지 말지 뭐.

환 : 술을요? 알겠습니다.

의 : 담배도 피우지 말고.

환 : 담배는 안 피웁니다.

■ 사상체질의학 진단 방법

대개 체질로 보면, 늑막, 폐, 간 등이 안 좋은 사람이 있어요. 보면 알 거든요. 첫째는 얼굴을 보고……'묻고 듣고' 해서 알아내라고 했어요. 병을 물어야지. 문진(問診)이지요. 안 물으면 안 돼요. 안 묻고 용한 척 하면서 이건 이렇다 카면 안 되지요. 허준, 이제마 선생께서 '물으라.'고 했어요. '문·문'(問·聞) 캤지요. '묻고 또 물어라. 들어라.'고 하고요. 그 다음에 '망'(望) 카는 것은 '얼굴 보라' 캤어요. 또 '절'(切) 카는 거는 '맥'(脈) 보라고 캤어요. 묻는 것은 '어디 아프냐?' 하는 식으로 아픈 곳이나 병력(病歷) 등을 묻는 것이지요. 또 물으면서 이야기 하면 그 사람 체질을 대강 알거든. 가령 "무슨 병을 했노? 어디 아팠노? 뭘 좋아하노?" 그런 걸 물을 수 있는 게 많지요. 목소리에 대해서는……태양인 체질은 목소리가 웅장하지요. 사람은 별로 크지 않아도 보통 사람이 아니지요. 혼자서 몇 십 명 싸워서 상대해낼 사람이지요. 이제마 선생이나 김좌진 장군 같은 사람도 태양인 체질이지요.

내가 배운 선생님이 김좌진 장군 주치의거든요. 호(號)는 모르겠고, 이름은 김이목일 거예요. 내가 배웠지요. 나를 치료해준 분이지요. 나를 잘 봐가지고 한의학 공부 하라고 했지요. 그분은 그 당시 체질의학 했거든요. 우리 하는 게 체질의학이니까, 보면 대개 알거든. 내 같은 체질에는 좀 고단하면 대번에 목소리가 갑니다(쉬어 버립니다). 폐가 시원찮거든요.

얼굴은 첫째 색깔, 빛깔을 보지요. 가장 건강한 색깔은 흰색이지요. 간이 나쁘면 얼굴이 검어지거나 누러지고, 폐가 나쁘면 얼굴이 창백해지고, 위가 나쁘면 창백해지고……보면 알아요. 눈에 열이 많으면 간에 열이 많은 것이거든요. 눈에 핏대가 서는 것 등 이게 굉장히 중요한 것이지요. 굉장히 중요하지요. 눈동자에 대한 망진(望診)이 중요하지요. 또 그 사람 몸바탕, 체격을 보는 것도 망진의 주요한 부분이지요. 뚱뚱하거나 빼빼한 것과는 무관하게 독특한 체형이 있지요. 태음형, 소음형 등의 형(形)이 있어요. 소음형 체형은 남자라도 얼굴이 희고 곱고, 남자라도 얼굴에 수염이 많이 나지 않습니다. 상승(上昇), 위가 적고 밑이 크고…… 인삼을 먹으면 좋아요. 그런 체질이 많이 있지요.

배 만지는 집중법(執症法)도 중요하지요. 봐서 허실을 주로 보지요. 위와 간, 소장, 대장을 보지요. 배를 눌러 보지요. 만져보면 대강 알지요. 의원에게는 감(느낌)이 오지요.

체질에 따라 어떤 병이 잘 걸릴 수 있고, 또 어떤 약이나 음식이 좋고 안 좋고 하는 것은 굉장히 중요하지요. 그건 사상의학에서 기본이거든요. 그 담에는 맥이지요. 첫째, 망 캤지요? 봐라. 물어라. 들어라. 그 담에 '절'이라 했지요? 맥 보는 거지요. 맥 가지고 병을 알아낼 생각은 별로……이제마 선생께서는 허실, 음양허실(陰陽虛實) 그것을 알고, 맥을 가지고는 체질을 판단하는 데 참고하지요. 체질이 굉장히 중요하지요.

(연구자의 맥을 짚어본 후) 맥이 태음형이라. 맥 보면 대개 알거든. 태음형은 간, 폐, 심장을 모두 잘못 타고 났거든. 폐병, 간병, 중풍 같은 것이 태음병이거든. 그런 걸 조심해야지요. 얼굴 안 봐도 맥만 짚어보면 대개 알지요. 나는 알아요. 일상생활에서는 음식 짭게 해서 먹지 말고, 특히 희로애락, 즐거울 '락'(樂) 자, 기쁠 '희'(喜) 자 글자는 좋지만, 이런 것에 지나치도록 빠지지 마라 캤거든. '희'가 어떻게 변해가지고 '노'(努)가 되고 뭐가 되고 그런대요. 그게 어려워가지고 우리는 그기까지 모두 공부를 못했고.

나도 태음인이지요. 내가 예전에 이거 몰랐으면 죽었을 거예요. 그러니 쓸 데 없는 약 자꾸 지어서 달여 주거든. 우리 아버지가 의원은 아니더라도 옛날 한학자였으므로 한문 잘 알거든. 약 같은 것도 잘 알았어요. 부친은 돈이 많이 있어놓으니까, 인삼 많이 고와 잡수었지요. 오랫동안 살지 못한 원인 중의 하나지요. 인삼 덥지요. 술도 덥지요. 자꾸 그걸 드시니까 수(壽)를 못하지요. 60세를 넘기지 못했을 거예요. 우리 큰아버지도 비슷한 연배에 돌아가셨을 거예요.

우리 삼촌은 글을 배우지 않았거든요. 한문을 모르거든요. 그러니 한약을 모르거든요. 그래서 일을 많이 했어요. 그래서인지 90세 가까이 살았어요. 신체는 제일 못했어요. 이런 수명 차이가 음식 관계로부터 온 것 같아요. 음식이 굉장히 중요하지요. 우리 고모님도 촌으로, 노곡동으로 출가하셔 가지고 그기도 90세 가까이 오랫동안 사셨어요.

■ 상한(傷寒) 처방론

한의서에 처방이 많긴 하지요. 그 중에서 특수한 처방, 잘 쓰는 처방이 있어요. 그것만 알면 됩니다. 첫째는 상한(傷寒), 감기거든요. 상한 아닙니까? 갈근탕(葛根湯), 계지탕(桂枝湯), 패독산(敗毒散) 등이 있지요. 또 한 가지를 더하여 이 4가지 처방을 주로 쓰는데, 의원이 이를 잘 가려가지고 쓰면 되지요. 체질 잘 봐서요.

(부인이 말을 이으며) 옛날에 KBS에선가 어디서 사상의학 한번 들어본다 카길래, "당신 참 잘 됐다. 좋은 것 가르쳐 주이소." 했는데, 엉뚱한 사람이 와 가지고 옳지 않게 취재해 가지고…… 체질의학은 이 양반이 최고 잘 압니다. (남편을 지칭하며) 이북에서 오신 분이 선생님이 편찮아 가지고 계시니까, 이웃에 있던 할아버지가 한의사인데 "자네, 나하고 한번 가보자."고 해가지고요.

그 시절에는 '인제병원'이라고 내과의사가 있었어요. 손인식 씨라고, 동산병원에서 내과과장도 했어요. 집에 시아버지 주치의였거든요. 그래 가지고 가자 캐 가지고 가보니까, 그 어른이 한의사 하는데 체질의학을 하시더랍니다. 가만히 들어보니까, 흥미가 있더래요. 또한 선생님 자신도 당시 몸이 편찮기도 했고요. 회복되는 기간이기는 했지만요. 그래가지고 한방으로 들어갔지요(입문했지요). 한의학교를 나오지는 안 하고요. (남편을 지칭하며) 실은 우리 선생님은 일본 명치대학에서 법학공부를 했어요.

신도환 씨는 내 동생하고 친구라요. 고종사촌하고요. 일본에서 같이 하숙하며 공부했지요. 지금은 동창이라도 4, 5명밖에 없어요. 이제 모두 죽었어요. (부인이 부연하며) 이 양반이 아파가지고 늦게 결혼해가지고……
그러니 저하고 나이 차이가 많아요. 열한 살 차입니다. (웃으면서) 고려장
할 나이가 벌써 지났지요.

영남대학교에는 내 친구의 동생 교수도 있어요. 소남(小南) 김태원 선
생의 아들이지요. 남명학교16를 비롯해서 학교도 많이 짓고 독립자금도
많이 대주기도 했어요. 예전에 독립자금을 선뜻 십만 원을 내주기도 했지
요. 소남 선생이 재산이 아주 많았는데, 육영사업을 많이 했어요.

(구술자에게 앞의 처방 공부에 대한 내용을 다시 묻자) 그걸 내가 잘
쓴다는 게 아니고, 한의사들이 많이 쓰거든요. 감기 아닙니까? 오한발열
할 때는 패독산 쓰라 캤거든요. 망탕, 계지탕 쓰는 그거 다 상한증(傷寒
症)이거든요. 그게 와서 속으로 오면 열병이 돼요. 2월에 많이 생기는데,
그거 치료하기 어렵습니다. 요새 신약이 발달해가지고 한방에서 그 어려
운 것은 잘 안하지요. 이런 기본 처방을 바탕으로 해서 응용을 하지요.
감기 열병은 어렵습니다. 우리 공부할 때도 선생님이 열병은 위험하다고
함부로 손대지 말라고 했어요.

처방은 책에 있어요. 첫째, 상한은 음양적으로는 태양(太陽) 병입니다.
오한발열 캐가지고……땀을 내라 했거든요. 망탕, 계지탕이거든요. 또 있
지요. 맥이 좀 허할 때는 무엇 무엇 세 가지 있어요. 가령 '한기가 들어
추웠다 더웠다 할 때는 패독산 쓰라 카고. 그건 참 어렵습니다. 한방의학
에서 한약 처방 낼라 카먼, 상한 이론을 통달해야 합니다. 어렵습니다. 잘
못 하면 큰 일 납니다. 요즘은 신약이 발달해가지고 한참 수월하지요. 예
전에는 그 병을 치료하기 위해서는 신경을 많이 써야 했습니다. 옛날에는
실제로 약 쓰다가 잘못된 경우도 상당히 있었습니다. 우리는 체질을 보기
때문에 '이건 뭣이다.' 카고 알거든요. 그런 경우 안 된다고 하지요. 옛날
에 상한은 감기 아닙니까?

16 현 대구 대성초등학교.

처방에는 기본 원칙이 있어요. 그기에 맞추어 잘 쓰면 잘 낫습니다. 요새 보면 같은 병이라도 한방에서는 체질에 따라 치료가 다릅니다. 소남 선생 이 어른은 인삼 먹으면 몸에 좋았어요. 오래 살았어요. 늑막 치료도 체질에 따라 방법이 각기 다르지요. 그때는 늑막 걸리면 폐결핵으로 가지고 다 죽었뿟어요. 우리 클 때 친구들 그리 해가 많이 죽었어요. 많이 낫게 해주기도 했지요. 내가 이 병으로 한의학에 입문했으니까요. 나에게 한의학 공부의 근본은 『동의보감』과 『동의수세보원』입니다. 다른 쪽으로도 책을 많이 보았지만, 난 이 두 가지를 많이 보았지요. 『동의보감』은 너무 범위가 커서 공부가 어렵지요. 아주 두텁습니다. 『동의수세보원』은 이제마 선생이 낸 것인데, 사상의학이고 체질의학인데 난 그걸 위주로 공부했어요.

■ 인교한의원 풍경과 인술 실천 사례

(부인이 과거를 회상하며) 옛날에는 한의원에 일하는 아이들이 있었어요. 여기는 선생님이 일을 많이 하시니까 아이들이 조금 있다가 나가곤 했어요. 우리 친척이 배우기도 했지만요. 공부가 안 되어가지고 한의사는 못하고요. 여기서 한동안 일을 해 왔어요. 옛날에는 첩약(貼藥)으로 모두 지어주었어요. 약 달이는 기계는 서울 사는 사위가 "아이고! 고생시럽게 하시네요." 카면서 약탕기를 구입해 주셨어요. 요즘은 모두 달여 가지고 가는 걸 좋아해요. 최근 들어서는 내가 선생님을 도우고 있어요. 딴 곳에서 달이면 싱거워서 못 먹어요. 나는 약효를 내기 위해 3시간씩 달여 줘요. 지금은 오는 사람들이 적어 내가 조금씩 도우고 있지요.

(벽에 걸린 부부사진을 바라보며) 김굉필 선생 서원에 가서 찍은 겁니다. 도산서원보다 경치가 훨씬 좋더라. 팔순되기 전에 갔을 거예요. 영남

대 나온 아이를 한의사 하라고 해도 안 할라고 해요. 그래서 못 시켰어요. 전라도 원광대 원불교 하는 사람이 체질 이런 걸 몰라가지고……교주(敎主) 병을 봐 주었지요. 거물입니다. 보통 사람이 아닙니다. 병을 고쳐줘 놓으니 우리 아이를 입학시켜 준다고 보내라고 해요. 원광대 한의대로요. 그런데 우리 딸은 전라도라고 안 갈라고 해요. 큰 딸은 경북대 나와 가지고 의학박사하고요. 그 교주라는 사람 수십만 명 제자 거느릴 만합디다.

(인근의 원불교 포교당을 가리키며) 저기 원불교 포교당 사람이 그분을 우리 집에다 소개해서 왔었지요. 그분 아들이 미국 가려고 하는 시기에 맹장 때문에 죽는다 산다고 할 때 우리 약을 먹고 나았거든요. 그런 효험을 봐 놓으니까, 체질의학으로 유명하다는 걸 알고 원불교 교주를 소개한 거지요. 저기 원불교 그 집은 가족들이 우리 집 약을 계속해서 먹어왔어요. [딸아이가] 거기 안 간 걸 지금은 후회하지요. 갔으면 지금 한의사 되어 있을 텐데……교주는 당시 별다른 병은 없고 체질을 알고 싶다고 하면서 밑에 한의사들이 많이 따라 왔어요. 교수들, 박사들 많이 왔어요. 체질을 봐서 무슨 무슨 약 먹으면 좋겠다고 가르쳐 주었지요. 당시 사상의학을 많이 알아주지 않았는데, 원광대학에서는 이를 빨리 채택했어요. 오라는 것은 입학시켜준다는 말인데, 아이가 안 갈라 캐요.

(부인이 말을 이으며) 딸이 다섯인데……우리 며느리가 거기 관심을 좀 가지고 들어갈라 했는데. 며느리는 약 지어주면 병약(病弱) 같은 거는 자기가 자꾸 적어가곤 했어요. 애기를 가져 자꾸 떨어지곤 하니까. 미국에 아들 공부할 적에요. 그래가지고 매우 튼튼한 아이를 낳았어요. 그래서 "네가 거기 공부해라." 카니까……정외과 나왔거든요. 그런데 하지 못했어요. 딸 5명 중 큰 아이는 의사 하지만, 나머지는 모두 들어앉았어요(살림만 살아요). 큰 딸은 애기 낳고 저거 아버지가 약을 지어준 거 먹고 출산 후유증이 광장히 수월하게 풀렸거든요. 자기 환자 중 애기를 낫

게 해주어도 기침해가지고 자꾸 병원에 오고해서 "우리 아버지한테 가봐라." 캐가지고 약을 지어먹고 낫곤 했지요. 의사 딸은 "아버지 약 먹고 낫는 사람은 복 받은 거다."라고 할 정도로 [한의학에] 긍정적입니다. 아버지가 거짓말 안 하고 잘해주어 낫게 해주고 하니까요. 또 불임환자들 임신 촉진시켜 가지고 많이 성공하도록 해주었지요.

며느리는 부모가 개성 사람입니다. 아버지가 교수이고, 이모부가 옛날 국무총리까지 했던 김상협 전 고려대 총장입니다. 그분이 우리 집에 한번 왔었는데, 참 거물입디다. 우리 집에는 딸이 5명이고 아들이 하나입니다. (부인이 말을 덧붙이며) 예전에는 약을 모두 썰어서 사용했어요. 그러니 남자 종업원이 일했지요. 딸아이도 있었고요. 그 딸애는 선생님이 진료하는 걸 옆에서 듣고 있다가 '요번에는 이런 약을 짓겠구나.'라고 알아듣거든요. 약을 잘 지었어요. 그때는 약을 모두 집에서 지어 갔잖아요? 그래서 약도 잘 싸고요. 그럴 때는 일하는 종업원이 있으니까 내가 여기서 일을 거들지 않았어요. 이제는 늙어가지고 일하는 아이도 없이 하니까, 내가 좀 도우지요. 집에서는 약을 못 달이게 해요.

"선생님, 살려 주이소." 카면서 오신 분도 낫게 해준 적이 있어요. 백혈병 때문에요. 이분이 한 번 평생 처음으로 편찮아서 병원에 입원한 적이 있거든요. 오십 몇 살 때에요. 우리 딸이 의대 본과 1학년 땐데요. 담석증으로요. 결혼 후에도 진지 잡순 후에 보면 자꾸 여기를 만지곤 했어요. 동산병원에서 1개월이나 치료해도 완쾌가 안 되고요. 퇴원해 오니 다시 편찮았어요. 나중에는 대학병원 가서 입원했어요. 담낭으로 수술해서 좋았지요. 담배는 50세 전에 끊었고요. 술은 좀 즐기듯이 먹었어요. 환자에게는 '담배를 끊어라'고 강조하곤 했어요. 50세 전에 절연(節煙)했던 게 장수하는 데 연관이 있는 것 같아요. 자기도 아파가지고 수술하고 또 대수술을 해서 나았는데.

당시 병원에서 수술 후 '운동을 좀 하라.'고 했어요. 걱정이 되어가지고 병원 복도에서 걸어 다니는 운동을 좀 많이 했어요. 그래서 재발을 했는지 재수술하게 되었어요. 상황이 좀 안 좋을 정도여서 재수술 전에 '각서까지 쓰라.'고도 했어요. 딸 후배인 홍선희 박사가 1차 수술을 했어요. 딸이 병원에 있으니까 마취비만 받더라고요. 이렇게 재수술 후에 자기도 죽게 되어가지고 누워서 가료 중인데, 어느 날 이른 아침에 옆방에서 여자 우는 소리가 막 났어요. 그래서 가니까, 아이가 미국 가려고 여권까지 내놓고 있었는데, 엄마가 막 울었어요. 아이 아버지는 의사였어요. 포항에 산다고 해요.

  (구술자가 부인의 이야기를 귀담아 듣고 있다가) 엄마가 방정맞게 우는 바람에 그 아이가 살았어요. 내가 보니……그런 병이 있어요. 나는 알거든요. 내가 아니면 못 나숫는 병이지요. 병원이라도……. (다시 부인이 말을 이어받으며) 그래가지고 선생님이 집에 있는 약을 가져야 주어서 낫게 했지요. 나중에 알고 보니, 그 아이 엄마가 어느 학교 재단 이사장 여동생이래요. 열이 많이 나는 병이었어요. 엄마가 방정맞아서 아이를 나순 거지요. 아침에 여자가 고함지르며 막 울었으니까요. 요즘도 신경통 약을 많이 지으러 오거든요. 30년 전에 오셨던 분도 오서가지고 "아직 계시네요." 카면서 약을 지어가지요. 딸이 동산병원 있을 때도 동료들이, 양의들도 선생님 약을 많이 썼어요. 또 예전에는 소아마비 환자들도 많이 낫게 해주었어요. 어떤 아이는 그만두었으면 될 텐데, 저거 고모가 의사여서 한쪽 다리 수술해가지고 평생 절룩거리며 살고 있어요. 경산 진량 쪽 사람들이 그리고 하양, 청천 쪽 그런 데서 사람들이 많이 왔어요.

  (구술자가 유심히 듣고 있다가) 전염병이라요. (다시 부인이 덧붙이며) 개업 초기였을 겁니다. 중간에는 간 병 환자들을 많이 낫게 해주었어요. 최근에는 주로 신경통 환자가 많이 왔어요. 간 병 환자가 많이 왔는데, 바이러스 BU, AU 하는 게 아니라, 붓기도 하고 열이 나는 병증이 심한 사람들이 많이 왔지요.

(치료해준 경험을 상기하며) 제가 아니면 못 나숫는 병이었어요. (부인이 말을 이으며) 옛날 검사장 친구 딸을 결혼시킬 때, 하객들 모두 술 먹는 사람들 아닙니까? 이런 사람들을 보고 "저 사람들 모두 간 병 약 먹여야 된다."고도 말했어요. (웃으면서) 얼굴 보면 알거든요. 이 사람들 모두 세상 떠났어요. 술 많이 같이 먹던 분들이지요. 장수하는 게 좋긴 좋지만, 외롭다고 해요.

(구술자의 담화 습관을 이야기 하며) 옛날 전매청장 이런 분들이 오시면 붙들려가지고 시계 쳐다보곤 해요. 지루하니까 그렇지요. 세무사 하는 조카도 와서 붙들려가지고 집에 못가고 그랬는데, 내가 보내주기도 했어요. 우리 아이들은 아버지와 대화를 많이 해요. 옛날 운동했던 이야기도 많이 해요. 아들은 쥐띠입니다. 걔 누나는 클래식 좋아하는데. 거기에도 흥미를 느껴 서울에서 가정음악회도 열고 그랬어요. 자기 아버지 영향을 많이 받았어요. (구술자의 건강을 염려하는 듯) 엊그제 동창회 다녀와서 좀 추웠는가 감기가 걸려가지고 목소리도 안 좋고 한데…… 날씨 풀리면 놀러 와서 이야기도 많이 나누세요.

■ 대구 중구 수창동 이웃 사람들

(부인이 과거를 회상하며) 옛날 법무장관 하던 오탁근 씨가 여기 이 동네에 아파 누웠대요. 아직 살아 계시대요. 예전에 동창한테 물어보니 연세병원에 입원했다고 하던데. 우리 선생님하고 옛날 명치대학 다닐 때 같은 하숙방에 있었지요. 사촌 시동생하고는 경북고등 동기입니다.

빈틈이 없는 사람입니다. 법무장관 했는데, 고시 출신이 아니고 임명직일 겁니다. 처음에는 그랬어요. 초등학교 동창이었던 최 검사(최일환)는 고시 2기입니다. (부인이 덧붙이며) 오탁근 씨 사위가 병원 원장인데, 나중에 그리로 옮겼대요. 서울 동창회 가서 못보고 왔어요.

그 사람은 의리가 있어요. 우리 일이 아니고 먼 친척 일로 한번 부탁을 했는데, 내 앞에서는 응답을 안 해도 나중에 해결해 주었거든요. 그 사람은 해준다는 대답은 안 해요. 박정희 정권 때 장관 했어요. 경북 의성 사람입니다. 그 사람 어른이 일제시대 관직에 있었습니다. 중추원 참의(參議)지요. 지금 국회의원 택입니다. 자형은 자유당 시대 장관했는데, 우리 집 이웃에 살았어요. 또 법무장관 서일교 씨 집도 이웃에 있었어요. 삼성 그룹 창업주 이병철 씨도 부근에 살았습니다. 당시 그 사람을 보면, 양복 입고 넥타이 메고 모자 쓰고 단정한 차림으로 빨리 걷지 않고 천천히 다녔어요. (부인이 덧붙이며) 옛날에는 동네 반장들을 모두 대학 나온 사람들을 시켜놨어요. 뒤에 연세대학 나온 사람, 명치대 나온 사람도 여기 있었어요. (웃으면서) 이 사람도 반장 한번 했어요.

이병철 씨도 여기 살았고요. 전 공화당 의장하던 김성곤(金成坤) 씨 처가도 여기 있었지요. 거물이었지요. 김창곤 씨라고 그 사람 형 집도 있었어요. 일제시대는 이곳이 지주, 양반 동넵니다. 당시 일본 사람들은 여기 발을 못 디뎠지요. 그들은 삼덕동에 많이 살았어요. 김성재 씨라고 대구에서 제일 부자였어요. 제일 거상(巨商)이었지요. 포목상으로요. 집이 여기 서성교회 터입니다. 그 사람 아들이 내하고 명치대학 같이 나왔습니다. 김윤곤인가 그렇지요. 나중에 자기 아버지 일을 물러 받아 했지요. 영남에서 제일 거상이었지요. 도매상 택이지요. (부인이 덧붙이며) 이제는 그런 동네가 모두 바뀌어서 주택도 없고, 가게는 낮에 문 열어 놓았다가 저녁 되면 모두 닫아버리고. 가정 주택은 우리 집하고 앞집이 있고. 밤 되면 조용합니다. 사람도 잘 안 다니고요.

■ 8남매 형제자매와 5남매 자녀들

나는 8남매 중 3번째입니다. 위에 형님 2명, 누나 3명, 그 다음이 나이고, 내 밑에 동생 둘이고요. 형님들이야 옛날 선비들 한문 배웠지 이런 것 안했거든요. 그때 재산이 많이 있어가지고 이런 거 할 생각도 안했거든요. 현대적인 공부도 또 내가 유일하게 했고요. 또 동생 둘은 좋은 데 있어도 공부를 안 해서 못 들어갔고요. 형님 두 분은 한문 배웠고요.

아들 대에는 한방이 계승되지 않아요. 아들 하나인데, 연세대 상대 나와서 미국 예일대학에서 경영학 박사학위 얻어서 연세대 교수입니다. 맏딸은 의사입니다. 넷째는 미국 컬럼비아대학에서 박사학위 받아가지고 미국에 있습니다. 전공은 경제학 계통일 겁니다. 막내는 서울대학 나와가지고. 남편이 공인회계사니까 아무 것도 안 하고 있어요.

자녀들은 아무도 한의사 안 할라 캅디다. 큰딸한테는 그렇게 권유하니까 한의사 하지 않고 의사 한다고 하면서 양의(洋醫) 되었고요. 둘째, 셋째는 아예 그런 데에 관심도 없고요. 다섯째인 아들은 경영학 쪽으로 했어요. 저 아버지 하는 것 보니까, 그저 그런 모양입니다. 아들은 참 재주 있는 놈인데. 넷째 딸은 우스워요. 그 아이도 공부 잘 했거든요. "너 한방의과대학 가거라." 카니까, "난 이화여대가 꿈이다." 캐요. 거기 나와 가지고 또 미국 간다고 해서 컬럼비아대학으로 유학 갔지요. 박사학위 받았어요. 맏딸은 소아과인데, 큰 사위도 소아과일 겁니다. 자녀들이 저거 아버지 하는 거 보니까 좀 구질~하거든요(옛날 방식이거든요). 그러니 안 할라고 했어요.

우리 아이들에게는 한의학 공부하라고 하기보다는 저거 하는 대로 따라갔지요. 둘째 딸 보고는 해보라고도 했어요. 큰 딸은 의사지요. 저기 원불교 있지요? 그 교주가 광주에 있는데, 자기 체질 등 병에 대해 알고 싶다고 했어요. 아무도 그걸 몰라요. 그래서 왔길래, 병을 봐주었거든요. 이제는 저거가 모두 한다고 하지만요. 그래 놓으니까 당시 우리 딸을 원광대 한의대로 오라고 했거든요. 둘째 딸은 그때 영남대 졸업하고 있었어요. 그런데 안 갈라고 했어요. 그래서 못 보냈지요. 자기가 전라도라고 안 갈라고 해서요. 그래가지고 못 했지요.

아들은 경영학 할라고 해서 예일대학 유학해서 교수 하고 있어요. 자기 하고 싶은 길로 갔지요. 그 밑에 넷째 딸은 미국 컬럼비아대학 유학 가서……이화여대 법정대학 했는데, 거기서는 컴퓨터 관련 교육학 공부 했어요. 올해 뉴욕 퀸스대학 교수시험에 합격했어요. 그런데 딸 하나를 두고 이혼했어요. 우리 집은 딸이 다섯입니다. 다섯째 딸이 서울대 졸업 후에 그냥 살림 살고 있습니다. 사위가 공부를 더 이상 못하라고 하는 모양입니다. 사위도 서울대학 나와서 현재 공인회계사 하고 있거든요. 딸은 문화인류학 공부하고 싶었대요. 가정학 전공했어요.

손자녀 중에도 한의학을 공부하는 아이는 없습니다. 손자는 민족사관학교 졸업하고 연세대 국제학과에 다니고 있습니다. 아이가 그 학교 들어갈 때는 돈도 받지 않고 창업주 노인[17]이 넣어 주었어요. 연세대 마치고 미국에 보낼 모양입니다. 아버지가 미국 있다 왔으니까요. 외손자들은 이제 초등, 중등학교 공부하고 있고요. 맏딸은 말 띠니까 올해 54세입니다. 막내는 용띠입니다. 아이들은 계속 두 살씩 차이 납니다. 막내딸이 영리한데 참 아깝습니다. 원화여고에서 전교 회장 했습니다. 그 아이는 천재는 아니어도 수재 정도는 됐어요. 제일 머리가 좋았어요. 그 아이는 체면이 많지요. [가정에서 살림만 살아] 아깝지요. 자녀들은 의사가 둘이고요. 교수도 둘이고요. 공인회계사 하나고, 사위 하나는 무역회사 차장으로 있다가 명예퇴직 하고 나왔어요.

(부인이 말을 이으며) 우리는 치부할 줄은 몰라요. 돈을 많이 벌지는 못했어요. 부잣집 아들로 커놓으니까……그래도 아이들한테는 구김 없이

---

17 파스퇴르유업(주)의 창업주 최명제.

무엇이든 다 해주었어요. 모두 서울 가서 공부하고, 유학까지 시켰지요. 우리 아들이 7년까지, 딸도 7, 8년까지 미국 가서 공부했어요. 큰딸하고 둘째만 각각 경북대와 영남대학에서 했지만, 나머지는 모두 서울 가서 공부했어요. 그러니 며느리가 한번은 "어머님! 연금 넣는 것이라든지 혹시 노후 대책은 해놓으셨습니까?" 이래요. 그래서 "나는 그런 것 없다. 자식들 공부시키느라 돈이 없다. 요새는 모두 그렇게 하니, 너희들은 그리 해라."고 했지요. 며느리가 자기 아들을 민족사관학교 보내면서 다달이 돈을 보내고 있지요. 이런 경험으로, "어머님, 우리가 미국 있을 때 아버지하고 돈을 계속 보내주셨는데, 이제 재원이를 공부시켜 보니까, 부모님 마음 알겠습니다." 카더라고요.

다달이 연금 같은 게 아무 것도 나오는 게 없다 카니까, 며느리가 다달이 돈을 조금씩 보내주고 있어요. 아들은 예일대학 나와 가지고 연세대 교수인데, 뭐 줄 게 있겠어요? 그래도 한 번씩 오면, 용돈을 많이 줘요. 그런데 아들 돈을 받을라 카니, 눈물이 날라고 해요. 남편 벌인 것은 평생 아무 생각 없이 쓰는데, "아이고! 아이들 가르친다고 목이 터지도록 하는 건데……" 하는 생각이 들어서요. 아들이 마음이 그렇게 넓어요. 다달이 돈을 조금씩 줘요. 내 아들 벌인 것이라도 며느리가 주니까 고맙대요.

■ 인교한의원 물증

(약장을 가리키며) 이거는 일제시대 것입니다. 한의사 김영철 선생 사후 그의 아들로부터 물러 받은 것입니다. 그 어른이 돌아가시고 난 후에 내가 이걸 탐을 냈거든요. 그러니 그 어른 아들이 내게로 가져다 주대요. 잘 짰습니다. 기목입니다. 닦으면 빛이 반짝반짝 납니다. 저걸 썼던 선생이 신영철 씨입니다. 그분 옥호는 기억 안 나요. (벽에 걸린 4점의 서예와

1점의 동양화 액자를 가리키며) 저건 화가 변종화 씨 부친이 쓴 거고요. 이거는 내 동생, 검찰 공무원 하던 애가 쓴 겁니다. 또 저건 목사님 사모가 쓴 거고, 저건 내 팔순 때 사모의 제자가 내 일생을 요약해서 쓴 내용입니다. 저기 동양화는 중국 계림(鷄林)을 그린 겁니다.

(부인이 덧붙이며) 약장 있고, 약 쓰는 석두 정도는 있지만, 옛날 물건 특별히 없어요. 아버님이 약을 좋아해 놓으니까, 약들이 집에 있었어요. 옛날 기름 짜는 틀 같은 것이요. 이 사람이 어릴 때라면서 그러던 데요. 자기를 한의사 되라고 그런지, 어디 댕기면서 조그만 약장을 짜가지고 왔대요. 사쿠라 무늬를 넣고요. 그래 가지고 약국처럼 거기에다 약을 담아 놓고 사용하셨대요. 그걸 지금은 둘째 딸이 가져갔어요.

(구술자가 듣고 있다가) 그걸로 의사 처방 다 냅니다. (부인이 부연하며) 딸이 예쁘다고 장식 용도로 사용해요. 시아버지는 그걸 가지고 가족들이 아프다고 하면 약을 지어 먹이기도 했어요. 그런데 우리 어머님이 이라더랍니다(이렇게 말씀하셨답니다). 아버님이 약을 지어오라고 해서 이 양반이 약을 지어오면, 어머님이 그걸 보시고는 인삼 같은 것이 많이 들어 있으면 좀 빼버리더랍니다. 하도 약을 잡수셔서 열이 너무 성하므로 안 되겠다 싶었든지 인삼을 좀 빼고 약을 달였다고 해요. 아버님 약장은 조그만 했어요. 높이는 1m 정도 되고, 길이가 70㎝ 정도 되었어요. 옛날에는 선비들이 대부분 집에다 약장을 갖추어 놓고 있었어요.[18] 문갑도 있었는데, 낡아 지금은 없어요. 약틀은 가정용이지요. 약수건에다 달인 약을 싸서 안에다 넣고 자루를 누지르면 탕액이 쪼르르 흘러 내렸지요. 예전에는 약을 지어오면 집에서 달여 가지고 드렸지요.

(연구자가 옛날 처방전 보관 여부를 질문하자) 더러 있었지만, 지금은

---

18 전통사회 양반 사족들은 학문 연마 과정상 의학지식을 자연적으로 습득하게 됨으로써 상비용 약재를 가내에 구비해 놓고 자가 치료에 더하여 이웃의 질병까지 구료하기도 했는데, 이를 '유의'(儒醫)라 불렸다.

필요 없어요. (부인이 말을 이으며) 그런 거는 없고, 옛날에는 처방전이라는 게 그저 종이에다 썼던 거지요. 이 양반들은 붓으로 쓰지 않고 만년필로 썼지요. 내가 찾아볼게요. 옛날에는 모두 없애버렸어요.

(표구되어 벽에 걸린 20대 중반의 초상에 대해 질문하자) 일본 명치대를 졸업한 23~24세 때 귀국하여 1, 2년 경과한 시점(25~26세)에서 지금의 경상감영공원 부근의 '구룡사진관'에서 찍었어요. 당시 명치대학 교복 입은 사진도 촬영하여 사진관 쇼 윈도우에 홍보용으로 진열되기도 했었지요. (다른 사진을 가리키며) 저거는 80대 초의 부부사진입니다. 7~8년 전 일본 여행 중에 현대식으로 신축한 명치대학 교사 앞에서 기념 촬영한 것입니다.

가족사박물관인 '혜산관'을 설립한
홍생한의원 조경제

—1922년 생—

.
.
.

인터뷰 후기

·

·

혜산(慧山) 조경제는 대구에서 '성서 조약국'으로 이름난 한의사다. 그의 부친은 매약(賣藥) 행상과 한약 중상(仲商) 등을 하며 일찍부터 아들에게 한의학에 눈을 뜨게 했다. 특히 그의 부친이 조제한 고약(膏藥)은 약이 부족하던 시절 화농한 환부를 치료하는 데 탁월한 효과를 나타냈다.

2007년 3월 29일 그가 운영하는 홍생한의원을 찾았다. 그는 86세의 고령에도 불구하고 건강하게 현업에 열중하고 있었다. 환자가 많기로 소문났던 명성답게 면담 중에도 수시로 환자가 찾아들어 여러 번이나 중단되곤 했다. 과거 전성기에 비하면 많이 못 미칠지라도, 명성의 영향인 듯 상당수 환자가 아직까지 노 한의사를 찾고 있다. 연구자는 환자 진료 모습과 의사-환자간의 상호작용 과정에 대해서도 세밀하게 관찰했다. 1차 면담을 통해서는 출생과 성장 및 한의학 입문과 지식·기능의 습득과정 등에 대한 이야기를 들었다.

그는 연구자를 서재와 유물전시관으로 안내하여 자필 문집 2질(4권)을 건네주고 수집한 물건들을 관람케 해주었다. 특히 그의 호를 딴 생활사박물관 '혜산관(慧山館)'에는 한의업을 비롯한 일생의 생활 관련 물건들이 빼곡히 수집·전시되어 있어 그의 새로운 면모를 엿보게 했다. '한의사시험 1·2부 합격증'과 '한의사 면허증' 등 여러 가지 관련 표징들이 액자에 표구·전시되어 있었고, 1950년대 왕진 다닐 때 타고 다니던 번호가 부착된 일제 후지사(社)의 자전거도 있었다.

두 번째 면담은 동 년 7월 3일 이루어졌다. 이 날도 환자들이 줄곧 방문하여 면담은 순조롭지가 못했다. 1차면담 때와 마찬가지로 환자와 의사와의 상호작용 관계를 관찰했다. 1차면담에서 빠졌던 부분과 자서전 문집 내용 중 확인 내지는 추가 구술 채록이 필요한 사항을 보완하는 방식으로 면담을 진행시켰다.

연보
- 1922년 - 대구광역시 달서구 감삼동 출생
- 1932년 - 대구 달성공립보통학교(현 달성초등학교) 3년 중퇴
- 1940년 - 달성군 농회 축산지도원이 됨
- 1943년 - 박재순과 결혼
- 1954년 - 동양의학전문학원 졸업(2년 6개월 수학)
  7월 28일, 한의사 국가고시 합격, 한의사 면허 취득
  12월 7일, 흥생한의원 개원
- 1972년 - 경상북도 한의사회 회장
  통일주체국민회의 대의원
- 1982년 - 경로당 수림원 건축, 마을 희사
- 1984년 - 대통령 국민훈장 석류장 받음
- 1991년 - 대구광역시의회 의원, 부의장
- 1995년 - 한국 케이블 TV 푸른방송 주식회사 설립
  대구광역시 달서문화원 설립, 초대 및 2대 원장
- 2007년 - 현재 대구광역시 달서구 감삼동 흥생한의원 운영 중

■ 대구 감삼동 출생과 성장과정

우리 할아버지 고향이 저기 [옛 달성 월배면] 월암동이라고 저기 월배거든요. 우리는 할아버지 대에 여기로 이사 왔어요. 거기 사는 월촌 우(禹)씨도 걸어놓았는데, 우리도 좀 걸어놓으면 좋겠다고 캐 사서……이만치 큽디다. 옛날 벼슬내릴 때 임금이 내린 사령장, 임명장이지요. 내 5대조에 해당하지요. 뭐 부인네도 어짜고 저짜고 해샀는데……뭐 거기 대해서 신경 안 씁니다. 워낙 없이 살아 놓으니까네. 거기서 여기로 와가지고.

나는 초등학교도 못나온 사람입니다. 일제시대는 대구부(大邱府) 하고 달성군(達城郡)이 한데 합쳐져 있었어요. 대남[한의원]에서 학원 만들 때는 물론 해방 후이고요. 나는 초등학교도 못나오고 이러니……공부할 능력이 있습니까? 달성군에 해당하는 여기가 그 당시에는 달서면(達西面)이라고 했습니다. 달서면에 보통학교가 한군데 밖에 없었습니다. 당시 달성보통학교라고 했는데, 아직까지 있습니다. 여기서 학교 갈라 카면, 약 20리를 넘어갔어요. 걸어서요. 길도 없고 자전거도 없었어요. 여덟 살부터 거기에 입학했어요. 1, 2년 다녔지요. 할머니께서는 좀 별난 양반인데, 이 마을에서는 서상연 씨라는 사람과 같이 다녔어요. 공부할 능력이 없었어요. 낮에는 일도 해야 하고. 할머니께서 하시는 말씀이……무조건 몸도 약해지지, 새벽밥 먹고 철둑 넘어, 지금 경부선 넘어서 다니려니 공부가 되겠습니까?

나는 2학년 올라갈 즈음에 홍진(紅疹), 홍역(紅疫) 하는 병을 했습니다. 그러니 할머니께서……몸에 뭣이 돋고 열이 나고 했습니다. 우물이 들판에 있었는데, 우물에 데리고 가서 열이 나니 막 찬물을 덮어씌우기도 했어요. 그게 약이었습니다. 그때는 해열제고 뭐고 약을 살 수 있었습니까? 참, 그런 고생도 했습니다. 이를 일본 순경이 보고는 "그러다가는 아이를 죽인다." 카면서 상당히 꾸지람을 하기도 했대요.

우리 할머니는 달성 옥포(玉浦)에서 한학을 가르치는 접장의 딸이었습니다. 아주 유명했습니다. 애를 그렇다고 야단치고 하니, 참 보수적이었지요. 할머니는 큰손자라고 나를 참 좋아했습니다. 왜놈들이 가르치는 학교는 보내기 싫어했어요. 일본말만 가르치고 그런다고요. 고지식했는지는 모르지만, 크게 배우지도 안 했는데……아직도 이런 기억이 남습니다. 할머니는 "메기가 눈이 적어도 지(자기) 먹을 머리는 가지고 있다."는 말씀을 했어요. "내 손자가 아무리 못 났지마는 왜놈 글자 그것 안 배워도 살아갈 수 있다."면서 학교 못 가게 하니까, 아버지, 어머니께서는 명령에 복종하지 않을 수 없지요. 그래서 1년밖에 못 다녔어요. 누가 업어준 사람도 없고, 자전차도 없고 그러니 학교를 다니지 못하니 어떻게 합니까?

그때는 땔감도 없었어요. 이 주위에는 조그만 들판이 있었고, 나머지에는 전부 동산들이 있었어요. (한의원이 있는 곳을 가리키며) 여기도 동산이었어요. 여기가 내 출생지지요. '감새미'라고 하는데, 여러 유래가 있습니다만, 30호 정도의 마을입니다. 각성바지 마을입니다. 땔감이 없으니까 갈쿠리 가지고 갈비를 긁어모았어요. 여기는 달성군 월배와 성서의 경계 지역입니다. 멀리까지 가서야 비로소 갈비를 긁어올 수 있었지요.

아주 그때는 전기도 없었어요. 당시 전기가 내당동 정미소까지 오고, 저기 강창까지만 오고, 요 자리만 쏙 빠져 있어놓으니까요. 처음에는 남포(lamp)불[19] 쓰고 호롱불 쓰고 공부한다고 했는데, 그게 옳게 됩니까? 내가 여덟 살 때는 대구……달성군에는 달성심상소학교가 있었습니다. 철둑 넘어서 칠성동 아닙니까? 그런 데로 다닐라 카면 참 힘들데요. 20리길 아닙니까? 참 힘들데요. 새벽밥 먹고 걸어 다녀야 하는데.

그때는 달성보통학교라 했는데, 일제시대 입니다. 교장 선생님도 일본

---

19 석유를 담아 심지에 불을 켜고 유리등피를 씌운 등. 남포등, 양등(洋燈)이라고도 일컫는다.

사람입니다. 유명합니다. 지금도 있어요. 거기로 나는 2년밖에 안 다녔어요. 뒤에 원화여자고등학교 교장 선생님 하던 사람이 담임도 했는데. 한국인이 담임해도 맨날 일본말 가르치고 그랬어요. 할머니가 좀 별나서 일본말로 가르치는 그거 배워보아도 소용없다고 다니지 못하게 했어요. 가뜩이나 다니기 힘들어 하던 차에 그때 홍역이 와서 고생을 하고 있으니까 할머니가 "왜놈 글 배울라고 하다가 아까운 손자 죽이겠다." 카면서 못 다니게 해서 그것 배운 게 끝입니다. 차가 어디 있습니까? 걸어서 다녀야 했어요. 철둑 넘어서 기차 오면 가도록 기다려야죠. 그렇게 어려운 시절을 겪었습니다. 그 참 너무했지요

그러던 중 김원덕이라는 사람이 내당동에 와 가지고……이 사람이 일본말 싫다고 하면서 대구 희도보통학교에서 퇴직을 당해가지고 애들을 가르치는 학원을 했어요. 그분이 여기 내당동에 '금봉학원'(金峰學院)을 만들어 근처 애들 몇이 모아서 가르쳤어요. 그때는 신현식이라는 사람의 집을 빌려가지고요. 나는 달성보통학교에서 1학년밖에 안 했는데, 거기에는 3학년에 들어갔어요. 하지만 김씨가 돌아가셔서 5학년까지밖에 못 다녔어요. 우리 아버지가 그런대로 학식을 가지고 계셨으므로 한문자도 배우고, 좀 열심히 독학을 했습니다. 주경야독으로요. 낮에는 나무해야지요, 밭도 매야지요.

'보리 고개'라고 해서 먹을 게 있습니까? 또 산에 나무하러 가야지요. 어리지마는 농사일도 해야지요. 그때는 소작하잖습니까? 개인 토지가 없잖습니까? 대구에 정재학 씨라고 부자가 있었습니다. 거기서 토지를 사가지고 소작을 주었거든요. 열심히 농사지어 놓으면 와가지고 "얼마 내어라."고 하지요. 소작료를 주곤 했으니, 얼마나 살기가 곤란했겠습니까? 금봉학원 있던 동네가 땅골이었으므로 '땅골학교'라고 불렀지요. 산에 나무하려도 가야지요. 땅골학교 2, 3년 다녔지요. 참~ 솔직히 하는 말로 열성이 있었습니다. 주경야독이라고요. 참~ 열심히 했어요. 낮에는 여가가

있습니까?

■ 옛 감새미 마을의 풍경

그렇게 살아오고 보니까 참~ 이거 세월이 너무 변하는 것 같습니다. 여기 감삼동 전체 마을이 옛날에는 각성바지 30호였습니다. 기와집은 하나도 없이 전부 초가집에 살면서, 전기도 없고 밤 되면 깜깜하지 않습니까? 밤 되면 포구나무 밑에는 여자귀신, 달걀귀신 나오고 어짜고 저짜고 하거든요. 그리고 저쪽에는 고개가 있는데, 거기에는 행상(行喪)집을 지어 놓았거든요. 상여집이지요. 남편을 갔다 묻고 하니까네, 밤에 거기 와서 울고불고 하니까네 그거 소리 듣기 좋습니까? 시체를 싣고 가서 산에다 묻어놓고 오는데 필요한……오두막 초가집에 상여운구 물품을 넣어놓는 곳이지요. 당시에는 한 30호 살아서 참~ 인정이 좋았어요. 사람 죽으면 모두 다 나와 가지고 상여를 메고 목적지까지 가지요. 그때는 밤에 무서워서 밖에 나가지도 못했어요. 허캐비가 나온다 카지요.

또 저기 앞에 비산동에는 공동묘지가 있었지요. 사람 죽으면 여기에다 묻으니까요. 마을 빙 돌아가면서 모두 공동묘지입니다. 여기 감삼 공동묘지, 본리 공동묘지 등이 있었는데, 남편이나 아바이나 죽으면 밤에라도 나와서 울고 했으니까요. 동네에 울음소리가 막 들렸어요. 어디 나가겠습니까? 이런 시대를 지냈는데. 식수도 모자랐어요. 저기 들판에다가 공동우물을 파 놓았습니다. 그때는 조그마한 도랑이 있었어요. 거기에다 나무를 해다가 둑다리를 만들어서 건너다니고 했습니다. 그랬습니다.

여기서 전주를 9개 세워야 내당동에서 전기를 댕길 수 있었습니다. 그거 내가 모두 부담했습니다. 그때 사람들한테 "한 집에 세 등 이상 넣어라."고 했지요. 대신 설비는 내가 해준다고 했지요. 그런데 사람들 심리가 이상해요. "석유 한 병만 하면 일 년 쓰는데, 전기세도 내야하고 우린 안 할랍니다." 캐요. 애를 먹었어요. 어쨌든 전기를 넣었어요. 어안(어떻게 된) 일인지 상전벽해가 되었습니다. 당시에는 향나무밭, 뽕나무밭도 있고 그랬어요. 사방에는 공동묘지고요. 밤 되면 여우도 울고 그러니 밤에 나가겠어요?

■ 일제 강점과 광복 전후 시기의 기억들

내가 일제시대는 달성군 축산과에 근무했는데……대동아전쟁이 일어나서 지원병을 뽑았습니다. 크게 배운 거는 없어도 억압에 의해 지원은 한번 했는데, 허리 때문에 떨어졌어요. 그래서 달성군에 축산계가 있었는데, 달성군수 명의로 축산지도원을 했어요. 각 마을로 다니면서 각 호마다 소 두(頭)수를 파악하는 일을 했어요. 당시 일비는 1원 30전이었습니다. 쌀을 두되 정도 구입할 정도지요. 이거 안 하면 일제 징용, 조요(ちょうよう)가야 되므로 해야지요. 해방 되고 마쳤지요. 자전차 타고 다녔어요. [경북] 성주로, 칠곡으로 다녔어요. 금호강, 낙동강 나루터를 건너 다녔어요.

(해방 후 축산기수 직의 사직 이유를 묻자) 일제시대 이야기지요. 그때 달성군 농회(農會)에서……이거를 안했으면 오단징용을 가야 됩니다. 무조건 하고 몇 살 되면 징용을 가서 일본 등지에서 탄광으로 들어가야 된다든지 그래야 되거든요. 그런데 징용을 가서 그랬다는 게 아니고요. 기수보를 안했으면 징용에 갑니다. 오단징용에요. 징용 안가면 안됐어요. 그것도 한갓 국민으로서 일제시대 가라면 가야 됩니다. '식강회의'라 해가지고 지원병으로라도 가야 됩니다. 그것 했던 것 때문에 [징용] 안 갔어요. 그때 기수보 임용 받아서 일비가 얼만지 아십니까? 1원 30전입니다.

쌀 3되밖에 못 팔았어요. 한말도 못 팔았지만, 그때는 이 돈이 상당히 컸습니다.

해방 정국에서는 지역에도 좌우익 혼란이 좀 있었습니다. 그때 뭐 단체에 가담을 안했으니까 그냥 지냈는데……1946년 '대구 10.1사건' 때 나는 좌도 아니고 우도 아니고요. 내 할 일이 바쁘니까 언제 거기 가담할 여가가 없습니다. 아침 일찍 먹고 산에 지게 지고 가서 나무 해가지고 와서 집에 때야 하지요. 나무 해가지고 조금 남으면 팔아가지고 쌀 사야지요.

좌익이다, 우익이다, 공산주의다 그것 모두 할 일이 없어 그럽니다. 바쁘면 언제 거기 나갈 여가가 있습니까? 그때 물론 경찰 그런 사람도 맞아 죽고요. 법석이 났지요. 또 전영기 씨라는 분 같은 성서면장도 있었습니다만, 비교적 잘 넘어갔습니다. 불도 지르고 야산법석이 났습니다. 그런데 그때도 가만히 보면, 사상적으로 그렇게 했던 사람들은 할 일 없는 사람들이 전부 모여가지고 그리 했어요. 의식주가 곤란한데 노력 안하면 큰일 나는데, 남의 집에라도 가서 품팔이라도 해야지요. 어쨌든 내가 보기에는 정상적인 정치가 아니었다고 봅니다. 남의 집에 식량 있으면 뺏아먹고 그게 옳은 일입니까? 참, 잔인한 세월을 보냈는데.

방위대, 대한청년단, 의용소방대 등 온갖 거 다했습니다. 여기서 일을 하다가…… 의용소방대라 카는 것은 저기 이곡동에 파출소가 있거든요. 거기 잠깐 출근했다가, 불이 난다든지 하면 펌프차가 그때는 구루마로 끌고 가가지고 동민들이 물을 부으면 썰아가지고 불을 끄고 이랬거든요. 그때 내가 소방대장을 했어요. 6.25사변 나고도 의용소방대가 있었습니다. 그런 것 때문에 군에는 안 갔는지 모르지만, 일종의 봉사단체이지요. 대한청년단은 소위 솔직히 하는 말로 일본을 배척하는 단체입니다. 해방 이후 생겨난 단체지요. 방위대도 나라 지킨다는 단체지요. 나중에 초대 시의원도 했고. 그런데 공금을 쓰서는 안 되잖습니까? 무보수인데, 모두 18명이었거든요. 그때는 추첨을 해가지고 뽑아 보냈어요.

■ 매약상(賣藥商)이던 부친의 영향

우리는 아주 없이 살았습니다. 내가 여기 3대째 살고 있습니다만, 주경야독으로 공부했지요. 한의학에 취미를 가진 것은…… 내 아버지께서는 한약을 팔고 사기도 하는 한약중상을 했습니다. 약전골목에서요. 건재(乾材)를 하는 도매는 아니고요. 다른 사람으로부터 약을 사서 저 사람에게 주고 하는 그런 거지요. 약종상도 아니고요. 자기가 약을 지어서 팔 수 있는 능력은 없었으니까요.

그래도 아버지께서는 매약상(賣藥商)을 했습니다. 그 당시 '조고약'이니 '백응고'니 하면서 참 희한한 세상이었어요. 예전에는 난장판에 가면, 시장터에 가면 약장사라고 있잖아요? 노래도 부르면서 약을 파는 거지요. 아버지께서 매약청매업 허가를 냈어요. 약을 팔 수 있는 허가입니다. 무허가로는 안 되니까요.

아버지께서는 상자에다 약을 넣어 짊어지고 여기서 팔조령 재를 넘어 청도라든지 경산, 영천 이런 곳으로 나가면 한번에 1주일 넘게 다녔어요. 그것도 병으로 고생하는 사람이 있으니, 그런 사람들에게 봉사하는 일 아닙니까? 그때도 사람들이 그 약으로 이상하게도 상당한 효험을 봤어요. 그렇지만 거기서 곧바로 걸어올 수는 없잖습니까? 이러니 1주일에 한 번씩 청도라든지, 달성 공산면이라든지, 경산이라든지를 다녔습니다. 약장사를 한 거지요. 팔조령을 걸어서 넘어 다녔어요. 약장사를 하면서요. 그때는 참 좋았어요. 지금은 문명이 이렇게 발달되었지만……이런 고사성어가 있었지요. '모르면 약이고, 알면 병이다.' 카는. 무식한 소리인지는 모르나, 그때는 그런 식으로 도움을 주고 했습니다.

아버님께서 약령시에서 중개상(中介商)을 했어요. 약을 모두 취급했어요. 간판은 없이 이리저리 건재를 취급했지요. 이를 '건상'(乾商)이라 했어요. 이리저리 건재를 이 사람 약을 사서 저 사람한테 주고, 저 사람 약을 구해다가 이 사람에게 주곤 했어요. 아버님이 약을 팔다가 남은 걸 가져와서는, "이거는 어떤 데에 쓰는 것이다."라고 말씀해 주셨어요. 그 당시에는 누가 쓰던 『동의보감』을 얻어 공부했어요.

어쨌든 아버님 영향으로 한의학을 시작한 거지요. 아버님이 하시는 건상(乾商) 일을 돕지는 못하고요. 아버지가 "이거는 무슨 약이다. 어떤 데 쓰는 좋은 약이다."라고 늘 그런 말씀을 해주셨지요. 그리고 또 그런 내용을 종이에다 적어 주시곤 했어요. 정상적으로 공부한 것은 대구 동양의학전문학원 하고 영남대 경영대학원 나왔는 것입니다.

아버지는 매일처럼 밤이 되면 꼭 나를 불러가지고는 몇 시간씩 앉혀놓고 가르쳤지요. 낮에는 다른 일을 해야 하니까요. 그러니 잠 잘 여가도 별로 없지요. 동양의학전문학원 들어가기 전까지는 농사지어야지요. 산에 나무 하고, 밭에 김매야지요. 나는 주경야독자에 속합니다. 참 열심히 했습니다. 『동의보감』 이런 게 전부 한자 덩어린데, 혼자 하니 옳게 해독이 됩니까? 아버님이 한학자시니까 옆에서 내게 꾸준히 가르쳐 주셨지요. 그렇게 했는데, 이게 어떻게 기적은 아닐까요? 그렇게 한 사람이 1차 검정고시는 어떻게 합격되었는지……그때는 시험 관련해서 정부에서 봐준게 아닙니다. 성적 나온 그대로 했으니까요.

그 전에는 아버님으로부터 그런 식으로 배우고요. 6.25사변 무렵부터는 아버님께서 신약종상을 했어요. 한약도 하시고 신약도 하시고요. 약전골목에 하시면서 정광순 씨가 약을 사주어서 그걸 가지고 다니다가 약행상을 했어요. 난장판에서 나팔 불면서 약을 파는 행상을 하셨어요. 그걸 하시면서 학교는 못 다녔지만, 내 자식만은 좀 배워주어야 하겠다는 취지에서 그렇게 한 것이지요. 그렇게 해서 무슨 체계적이고 깊이 있는 공부가 되었겠습니까마는.

■ 동양의학전문학원 수학과 한의사 자격 취득

한의학에 있어서는 아직도 완전히 궤도에 오르지 못했습니다. 이제 제가 87세입니다. 우리들 시대에는 한의학 자체가 존재하지 않았습니다. 이것은 그 당시 경험방(經驗方)이라 해가지고 『동의보감』 등의 책이 있긴 했습니다만, 잘 안 믿었습니다. 마침 대구에는 약령시(藥令市)라는 것이 있어가지고, 한의학이라기보다는 한약에 대한 계통을 연구하는 약종상(藥種商)들이 있었습니다. 이들은 한의사라는 자격은 없고,[20] 그때는 '약국'(藥局)이라고 해서 하다가…….

오래되었습니다만, 처음에 약종상에서 한의사라는 명의를 가지고 대남한의원 여원현(呂元鉉) 씨라고 있었습니다. 이분이 이에 대한 상당한 조예도 있고, 인기도 많이 끌었습니다. 그때는 뭐 한의사라는 존재가 없었어요. 서울의 유명한 한의사회장까지 했던 이원식 씨라고 있었습니다. 이들이 같이 힘을 합쳐가지고요. 여원현씨 그분은 한의학계에서는 상당한 원로이고 상당히 유명했습니다. '대남한의원' 하면 환자도 많이 있었습니다. 그분은 '한의학을 이렇게 두어서는 안 되겠다. 약종상만 해서는 안 되겠다. 한의사를 배출해야 되겠다.' 싶어 사재를 가지고 약전골목에다 동양의학전문학원을 설립했지요.

이런 움직임 속에 야간으로 동양의학을 가르친다는 이야기가 있었어요. 그래서 입학을 했어요. 거기서 학생을 야간부로 모집했습니다. 1차로 나도 거기 들어갔어요. 당시 내가 31세 정도 되었어요. 아무튼 열심히 다녔어요.

동양의학전문학원에서는 한방 내과, 외과, 침구과 등이 있었어요. 한방

---

20 1952년 제1회 한의사 시험이 실시됨으로써 비로소 한의사가 배출되기 시작했다. 대구에는 정화식(작고, 1927년생, 영남한의원)이 최근까지 생존해 있던 유일한 1회 한의사였다.

각과라고 했지요. 한방은 무엇이든지 배운다고 그랬어요. 내과, 침구과, 약물학 선생도 계셨어요. 이원식이라고요. 약물학 선생이지요. 거기서 2년 6개월 간 공부했는데, 열성적으로 했어요. 공부에 취미가 있었는지는 몰라도 검정고시 1차, 2차 합격했지요. 나는 자부심을 가집니다. 요즘 대학 나온 사람들은 이상하게 여기지 않겠어요? 대학도 나오지 않았는데, 대학 공부해도 잘 안 되는데, 그네들이 검정고시 합격한 한의사를 옳게 취급하겠어요?

어쨌든 여원현 씨가 자기 집을 한 칸 빌려가지고 동양의학전문학원을 만들었지요. 요새 전문학원 마찬가지입니다. 야간부지요. 2년 동안 했어요. 국가에서도 한의사를 배출해야 되겠다는 무슨 법이 제정되었는가 봐요.[21] 그래서 그때는 학교가, 한의과대학도 없었지요. 그때는 동양의학전문학원을 마친 사람은 한의사 자격 점정고시를 했습니다.

나는 한의과대학 공부해가지고 국가고시를 본 게 아닙니다. 동양의학전문학원을 2년 동안 야간 공부해가지고 그런 중에……잘 아시겠지만, 해방되고 얼마 되지 않았습니다. 1차 검정고시 합격한 사람을 2차 검정고시 응시하게 하고 다시 이 사람들에게 한의사 국가고시 응시자격을 주었어요. 그런데 운이 있었는지는 몰라도 1차 검정고시에 합격했어요. 동양의학전문학원을 마칠 무렵이었어요. 서른세 살이나 네 살쯤 되었지요. 당시 아버지는 달서면(達西面)에 동장을 했어요. 2차 시험도 저쪽에서 연락이 오면 치려고 했어요. 나중에 연락이 와서 2차 시험도 봐서 합격이 되었어요. 유자격자가 될라고 그런지 아무튼 합격이 되었어요. 1년쯤 있으니까 한의사 자격 국가고시를 친다는 겁니다. 주전(버릇)없지요? 공부도 얼마 하지도 안한 사람이요. 1, 2차 시험 합격해가지고 국가고시 치라는 연락이 왔어요. 그래서 가서 쳤지요.[22]

---

21 1952년 한의사 제도가 제정되었던 초기에는 검정고시를 통해 한의사가 배출되었다.
22 구술자의 한의사 면허 취득의 과정을 순서대로 정리하면 다음과 같다. 대구 동양

한의사 검정고시는 당시 보건사회부 주관인데, 1차는 전국적으로 120명 정도 응시했어요. 그 중에서 과반수는 떨어지고요. 얼마나 어렵다고요. 1차 합격자를 2차 시험 보였으니까요. 철저하게 했지요. 봐주어가지고 되는 것도 아니고요. 서울에서 시험 쳤어요. 시험 문제는 가령 '천궁(川芎)은 어디에 좋은가?'에 대해 쓰라는 거지요. 사물탕이나 십전대보탕, 육미탕 등을 최고의 약으로 안 썼습니까? 아이들에게 먹일 것조차 없어가지고 영양실조 걸리지요. 아이는 꼬지꼬지 마르지요. 이때 아이들에게 좋은 약이 사물탕입니다. 좀 더 머리가 아프다든가 하면 육미탕이라든지 십전대보탕이라는 약이 있습니다. '여기에 뭣이 들어가는가? 약 성분이 어떠냐?' 하는 내용을 묻지요. 아버지께서는 거의 매일처럼 약을 가지고 가르쳐서 배웠으니까요.

내 일기에는 적어놓았습니다만, 함께 시험 쳤던 사람 중 문성한방병원 서문교라든지 저 사람도 검정시험 합격자지요. 나보다는 연배가 떨어져요. 장광수 씨라든가 여원현 씨 등 다 죽었어요. 여원현 씨는 그 전부터 한약종상 하다가 뒤에 한의사 시험 쳐서 자격을 땄어요. 그때 배만근 씨라든가 많았습니다. 이제 모두 죽어버렸어요.

임술생만 '동우회'라고 모이는 회원이 있습니다. 나이가 50세 넘은 사람들이 모였지요. '행우회'(杏友會)는 의사가 한 60세 된 사람들이, 한의사들이지요. 같이 연갑인 사람들이 모인 게 행우회지요. 검정고시 출신자들이지요. 나중에는 전부 학교 나온 사람들도 참여했어요. 36세에 한의사 면허증 받았으니 가입한 게 한 40세쯤 되었다고 봐야지요. 회원은 얼마 안 됐어요. 현재 행우회원 중 살아있는 사람은 거의 없습니다. 지금 있는 사람은 나이가 많아 하지도 않고요. 삼성한의원 배만근이 하고. 윤판경 씨도 있고요. 행우회는 한의사 모임인데, 지금은 안 합니다. 저녁 먹고 앞

의약전문학원 졸업(1954.3.25)→1차 검정시험 합격(1954.7.7)→2부 검정시험 합격(1954.7.16)→국가시험 합격(1954.7.28)

으로 어떻게 지내자 카는 것도 논의하고 그랬지요.

1959년도에는 대한침구학원도 졸업했어요. 개원 후에도 늘 공부했지요. 한의사는 침구학을 공부과정에 하기로 되어 있었어요. 내과 하고 침구학을 가르쳤던 분이 이효창 씨라고 있었습니다.

■ 일본까지 소문난 백선풍 비방 '승하환'

(연구자가 '조고약'의 옛 명성에 대해 질문하자) 그건 대수롭지 않은 겁니다. 맥문동(麥門冬)이나 패모(貝母) 등을 넣어가지고 만들어 고름 나는 데 바르는 약입니다. 약재를 고와가지고 조금씩 뭉쳐가지고 '조고약, 조고약' 카면서 어디 가서 많이 팔곤 하던 거지요. 부스럼 등에 잘 들었어요. 일제시대지요. 조고약, 백응고 등이 나왔어요. 가슴 밑에는 백응고를 바르고 가슴 위에는 조고약을 발라 고름을 빼내는 약이지요. 모두 한 가지 약입니다. 가감(加減)의 차이지요. 아래로 가는 것은 이 약을 넣고, 위로 가는 거는 이 약을 넣고 카는 것이지요. 경험방에 의한 비방(秘方)입니다.

지금도 그렇습니다. 가령 아토피성 피부염이 안 옵니까? 오면 참 곤란합니다. 잘 낫지 않습니다. 아이들요. 어른도 있습니다만, 이상하게도 저 약을 쓰면 피부염이 싹(모두) 낫습니다. 그런데 왜 그 약으로 낫는지를 모릅니다. 이것은 경험밖에 못합니다. 왜 낫는지, 왜 그렇다 카는 지는 과학 아닙니까? 이거는 철학입니다. 분명 병이 낫는 거는 어떤 원리가 있기 때문인데요.

한 예를 들면, '백선풍'(白癬瘋) 카는 데 쓰는 치료약이 있습니다. 대구에서도 유명한, 국회의장까지 지낸 이효상 씨가 있었습니다. 천주교 신자이기도 한데, 피부에 허옇게 백선(白癬)으로 덮였었지요. 그런데도 국회의

장 하면서도 결국 못 나숫고 세상 버렸습니다. 희한한 이야기 다 나옵니다만, 국회의원 유세하면서도, "여러분! 나를 모르겠으면 '얼룩소'라고 생각해 주세요."라고 했어요. 이효상 씨지요. 백선을 몸에 한 짐 짊어지고 있었어요. 그런 백선이 지금은 낫습니다. 그런데 왜 낫는지를 몰라요. 백선풍 약은 비방입니다. 여기서는 많이 낫습니다. 비방을 가르쳐 주어도 다른 사람들은 잘 새겨듣지도 못해요. 원인이 있으므로 원인을 없애는 쪽으로 약을 만들지요. 알 약(丸)으로 '승하환'(勝何丸)을 쓰는데, 우리 집에서 지은 이름이지요. 비방이지요. 하다보니까 나왔어요.

그 전에 아버지께서 '약 성분이 어떻다.' 이렇게 말씀하신 것을 종합해 가지고 약을 넣을 때 '이거는 이런 데 좋다.' 하는 중에 만들어진 거지요. 백선이 낫는 것이……백선이 병이라고만 생각하니 안 낫는 것입니다. 그런 원인이 있다 이 말입니다. 몸의 혈액 속에는 백혈구, 적혈구가 공생을 하고 있는데, 시대에 따라서 혈소판 같은 거 적혈구 같은 거는 컨디션 조절만 하잖습니까? 공존하고 있는 것이 백혈구입니다. 왜 둘이 있느냐?

오늘도 이상한 환자가 왔습니다만, 우리는 일상에 공기 중의 세균을 들이마시고 있습니다. 이게 들어가면 항균작용을 해서 병을 없애주는 것이 백혈구의 역할입니다. 백혈구, 적혈구를 도와준다고 하니 이렇게 해서 될 문제가 아닙니다. 왜 그게 나빠졌는가? 백선균이 침범했는데, 왜 억제를 못했느냐 하는 문제가 중요하지요. 신약도 이게 잘 안 됩니다. 이런 상황에서 왜 내가 만든 약으로 그것이 낫는가 하는 데 대해서는 나도 안 믿습니다. 왜 낫게 되는지 나도 모릅니다. 그런 논법이 있습니까? 이렇게 누구에게든지 이야기를 해줍니다. 어리석은 사람들이 '의사 너무 믿지 마라.'고 합니다. 혹시 거짓말 할지도 모르니까요. (웃으면서) 옛날에 약장수들 거짓말 잘 하지 않습니까?

이거는 약재들 간의 배합 속에서 생겨나는 새로운 치료효과가 나오는 것으로서, 오랜 임상경험과 수많은 시행착오 속에서 나온 결과라고 봐야

함이 타당하겠지요. 임상결과가 경험방으로 나온 것인데. 그런데 어떻게 해서 병이 나았는지에 대해서는 과학적인 규명이 안 됩니다. 분명 그 약으로 병이 낫긴 낫습니다. 그러므로 그 약을 가지고 어떤 사람이 나았으니까, 그 약을 먹고 낫더라도 약이 좋아서 나았다고 생각하지 말라고 말하지요. 똑 바르게 말하지요. 이걸 밝혀내면 박사학위 논문이라도 될 수 있겠지만요. 요새 젊은 한의사들이 원리에 더 밝지 않습니까? 그런데 이런 말을 하면 듣긴 합니다만, 이걸 믿지는 않습니다. 불신사회 아닙니까? 자기네는 안 된다는 겁니다.

한 예를 듭니다만, 서문시장에서 몇 년 되었습니다. 한 45, 46세 되는 아주머니가요. 상당히 오래 되었습니다. 아까 '승하환'을 만든 계기가 된 이야기입니다. 백선을 완전히 덮어썼습니다. 피부병을요. 나병(癩病)보다 더하다고 합니다. 울면서 호소를 해요. 대구 서문시장에서 포목상을 하는데, 남 보기도 뭐할 정도니까 남편이 이혼을 하려고 합니다. 어릴 때부터 그랬는데 노력을 해도 안 나으니 남편과 사이가 안 좋아서 별거를 하고 있다고 해요. 그래서 관련되는 약을 지어주라고 해요. 그래서 약을 짓는 도중, "제가 바빠서 약을 달일 여가가 없는데 환약을 좀 만들어 주이소." 캐요. 할 수 있잖습니까. 한약을 만들어, 피도 깨끗하게 하는 약재도 가미해서 지어주었지요. 이걸 먹고 오더니만, "이 약을 먹으니 백선이 자꾸 줄어듭니다." 캐요. 보니 얼굴이 많이 호전되었어요. 그래서 나는 "글쎄, 그거는 이 약을 먹어서 좋은 게 아니고 나을 때가 되어서 낫겠지요." 그랬어요.

그런데 이 약을 먹고 완전히 나았어요. 이거 좀 이상하지 않습니까? 나아 놓으니까 여자들은 입이 좀 싸지(가볍지) 않습니까? 못 참거든요. 차 같은 거를 타고 돌아다니면서 막 소문을 내는 거지요. 남편하고 합가하고, 인제 신경이 좀 덜 쓰이니까요. 포목 장사 하니까 기차 타고 서울도 가고 부산도 가고 어디든지 다니잖아요? 당시 학생들도 이런 환자가 많앗어요. 이 여자가 이들 환자들을 볼 때마다 "아~ 저기에 가면 치료가 된다. 거기 가 보거라."고 하면서 환자를 소개하지요. 이쪽에서도 잘 믿지도 않는데, 자꾸 보내니 "제발 좀 보내지 말라"고 해도요.

오늘은 좀 그렇지만, 이 집이 환자 때문에 좀 복잡합니다. 이런 환자들이 오면, "백선에 듣는 약 주세요."라고 해요. 내가 경상도 사람이 되어가지고 좀 인정머리가 없고 별나서, "백선풍에 약이 없는데요." 카거든요. 그러면 "아이~ 어떤 사람도 먹고 나았다고 하는데 좀 주이소." 캐요. 그러면 나는 "그 사람이 나았다고 당신이 낫겠나? 그 사람도 나았다고 하니 한번 먹어보이소."라면서 주어 보내지요. 아! 그런데 주면 낫고, 주면 낫고 해요. 환자가 많이 오니, 승하환을 몇 말씩이나 빼놓고 주었지요.

아직도 그 병이 왜 낫는지를 모릅니다. 나는 왜 나았는지를 대강 짐작은 하고 있습니다만, 이게 논문 형식으로 명쾌하게 규명해서 싹 발표할 정도는 못 되잖습니까? 성분 분석하고 복용 후 몸속에서 어떻게 약리작용을 일으켜서 병을 물리치는지를 밝혀내야 과학이 아닙니까? 요새 개를 이용해서 늑대 만든다 카는 것처럼요.

이래서 이 약이 우리나라뿐만 아니라 일본까지 막 소문이 퍼졌어요. 내가 잘 한다 카는 것이 아니라, 저거끼리 말이 나돌아서 그렇지요. 입소문으로요. 다까끼(高木)라는 사람이 교포인데, 백선이 걸려가지고 와 가지고요. 어떻게 소문을 들었는지 와 가지고 "약 좀 주소." 해서 먹어보라고 해서 먹고 나았어요. 그 후에도 여러 번이나 와서 약을 많이 가져갔어요. 이제 죽었어요. 나중에 홋카이도, 북해도에서까지 사람이 찾아오는 기라요. 다까끼라는 사람이 약을 상당히 많이 가져갔어요. "그만 먹어도 되는데 왜 약을 자꾸 가져가느냐?"고 하니, "병에 하도 혼이 나서 더 먹을랍니다." 캐요. 나중에 그 사람이 죽고 난 다음에 북해도, 나가사키 같은 데서 사람들이 와가지고 "약 좀 주이소." 해서 "어떻게 여기를 알고 왔느냐?" 하니까, 실은 그 사람이 약을 많이 가져가서 환자들에게 팔았어요.

장사한 거지요, 이런 사례도 있었습니다. 절대로 과장해서 이야기한 게 아닙니다.

그때는 의사가 어디 있습니까? 환자가 이 근처에서만 오면 되는데, 대구에서만 오면 되는데……이거는 참~ 아이구! 참~ 바른 말 해도 안돼요. 남의 말 듣고 오면 안 된단 말입니다. 소문이 나서 그렇지요. 환자들은 전국에서는 물론이고 인도네시아라든가 미국에서도 와가지고 어떻게 소문을 들었는지? 옛날에는 미국에도 약을 부칠 수 있었습니다. 이제는 못 부칩니다. 본인이 가져가는 거는 괜찮지만요. 여기서 부치면, 요새 마약이 왔다 갔다 하므로 전부 뜯어가지고 조사하는 문제가 있으므로 이제는 안 부칩니다. 세관에서 검사를 해요.

하루 100명 넘게 환자 올 때 대개 소아과라든지, 어른들은 위장병이라든지 결핵 관련 병이라든지 그런 병이 많았지요. 병도 시대에 따라 좀 다르지요. 의료가 지금은 발달되어가지고 무슨 병, 무슨 병이라고 이렇게 나오지만, 예전에는 위장병이라든지 기관지천식이라든지, 신경 열이 위로 올라가면 '두중'(頭中) 머리에 생기는 병이 많이 있었습니다. 지금은 병원에 가서 검사를 하면 나타나지마는, 예전에는 안 나타났거든요. 과유불급(過猶不及)이거든요. 예전에는 영양부족으로 생기는 병이 많았던데 비해, 요즘은 영양과잉으로 인한 비만병 등이 또 많지요.

■ 환자 진료와 의료 커뮤니케이션

▶ 62세 남성(남편)

부부환자 중 남편이 먼저 진료를 받았다. 구술자는 우선 맥을 짚는 등 몇 가지 검사를 하면서 환자의 얼굴을 관찰하며 다음과 같이 이야기를 이끌었다.

진료 모습

의사(이하 '의') : 하나 물어 보이시다. 사춘기라는 것 아십니까?

환자(이하 '환') : 잘 모릅니다.

의 : 사람에게는 사춘기가 세 번 있잖습니까? 이걸 알아야 합니다. 여자들은 10대, 20대 되면 월경이 옵니다. 처음 사춘기입니다. 남자들도 같이 따라서 그렇습니다. 제일 중요한 때가 여자들처럼 40대, 50대 갱년기 사춘기가 옵니다. 알고 가이소. 갱년기 압니까?

환 : 예.

의 : 그 좋던 성격도, 체격도 모든 것이 바뀌는 것이 40대, 50대입니다. 그걸 지내놓고 나면 마지막 사춘기가 옵니다. 전에는 '인간 칠십 고려장'이라고 칠십 되면 이젠 필요 없다고 산에 갔다 묻는 고려장 한다는 것 못 들었습니까? 요새는 70, 80, 90이고 오래 삽니다. …… 애기도 필요 없다. 나이가 많다. 이런 생각 안 됩니다. 인제 참말로 살 때입니다. 내외분입니까?

환 : 예.

의 : 주요한 시기이기 때문에 '효자 자식 열 놈보다도 부부가 낫다.' 고 할마시한테 따신 밥 얻어먹고 존경 받습니까?

환 : 예. 하하!

의 : 제일 좋은 약입니다. 혹 전에 인물도 좋고 친구들 모임에 간다

고 할 때 아가씨들한테 술 자꾸 받아먹고 과음이나 하지 않았
습니까?

환 : 예. 술은 좀 먹었지요.

의 : 예. 안 맞습니다. 안 받는데, 이쁜 아가씨들이 술을 주면 뭐라
카고 안 받습니까?

환 : 일절 안 먹습니다. 아가씨 아니라 할아버지가 먹으라 무조건
해도 안 먹습니다.

의 : 안 받으니까 안 그라 캅니까. 속에 술이 안 받습니다.

환 : 혈압이 있어서 약을 먹습니다.

의 : 신경성 혈압입니다. (환자를 진찰용 베드에 누인 후 복진하며)
체질이 좋은 체질입니다. 담배는 안 피웁니까?

환 : 예. 혈압이 있어가지고 옛날 영대병원에 가서 약을 좀 먹었는
데, 이제 많이 줄였습니다. 약을 세게 먹다가 많이 줄였습니다.

의 : 설명 좀 들어보이소. 체질은 좋은 체질입니다. 사람 속에 위장
이라고 밥통이 있잖습니까? (백지에다 사람의 체형을 그리며)
안에 융모(絨毛)라고 쭈글쭈글하게 요렇게 되어 있습니다. 십
이지장으로 내려가는데, 콜레스테롤이라고요. 호르몬을 완전히
배출 못하면 콜레스테롤 되거든요. 십이지장이 좀 좁아져 있습
니다. 이렇게 되면 신경이 눌려가지고 신경이 잘못하면……이
쪽 앞에 간이 있습니다. 고혈압도 여기서 생깁니다. 간에 붙은
쓸개라는 게 있는데, 쓸개물이 나와 작은창자로 통과해가지고
대장으로 잘 빠져야 합니다. 쓸개물이 소화기를 통과해가지고
소장, 대장으로 잘 들어가야 합니다. 그런데 그렇게 되려면 쓸
개물이 묽어야 합니다. 술이 잘 받지 못하는 이유가 여기에 있
습니다. 이것이 잘 못 내려가면 음식물도 먹으면 기름기는 위
에서 소화가 잘 안되거든요. 이것이 안으로 십이지장으로 내려
갈 때 쓸개물과 합쳐져서 내려가야 합니다. 이것이 잘 못 내려
가면 기름기를 잘 소화시키지 못하기 때문에 콜레스테롤이 많
아져 소변을 눌 때, 방광으로 신장에서 소변을 내리잖습니까?
방광에는 안 참니다. 전립선이라고 있잖습니까? 여기에 차면
전립선비대증이 생깁니다. 이건 관계없습니다만, 소변이 불리
해지고 하는데……건강하신데 어디가 불편합니까?

환 : 어디가 안 되어가지고 그런 게 아니고요. 집 사람이 약을 한

제 먹으라고 캐 사서 이리 왔습니다.

의 : 누가?

환 : 집 사람이요. 한 번씩 먹어줘야 하잖습니까?

의 : 영감님이 자실라 캐야 하지, 안 자실라 카는데 약 먹기 좋아하
는 사람 어디 있습니까? 참 정성이 대단합니다. 그래서 안 잡
술라 캐도 한 번씩 지어 드리이소. 60대에서 70대가 마지막 사
춘기입니다. 약 지어줄라 카니 대접 많이 받는 모양이지요.

환 : 예. 하하!

의 : 신경성으로 많이 피로해집니다.

환 : 예. 사업을 하니까 신경을 조금 씁니다.

의 : 예. 신경을 덜 쓰이소. 신경 피로증을 방치해서 열이 위로 올라
가버리면, 고혈압이 생깁니다. 앞으로 제일 조심할 것은 신경
을 많이 쓰면 양기가 밑으로 가야 하는데, 위로 올라갈 경우
잘 못하면 전립선비대증이 생깁니다. 피로 과다로요. 그래서
약 좀 자시이소. 소화는 잘 됩니까?

환 : 예.

의 : 소변은 잘 나오지요?

환 : 예.

의 : 약 좀 자셔야 됩니다.

▶ 59세 여성(아내)

환(이하 부인) : 당뇨가 있고요. 요즘 감기 있어가지고 감기는 나았
는데, 기침이 한 달쯤 됐는데 낫지 않아가지고요.

의 : 당뇨 약 잡수십니까?

환 : 예. 몇 년 되었습니다.

의 : 당뇨가 부착되는 것을……당뇨 그것을 없앨라 카면 됩니까?
그렇게 된 원인이 있습니다. 저~ 췌장(膵臟) 압니까? '지레(지
라)'라고요. 인슐린이라는 호르몬을 관장합니다. 이게 약해가
지고 그렇습니다. 신경 쓸 일은 없습니까? 애기는 몇입니까?

환 : 둘 예.

의 : 무슨 재주로……애기 잘 낳는 분이 둘만 딱 놓고 안 낳는 재
주는 무엇입니까? 피임했습니까?

맥진

환 : 그냥 조심했습니다.

의 : 그게 피임 아닙니까? 가질 때는 가져야 되거든요. 유산한 일은
　　없습니까?

환 : 두 번 있었습니다.

의 : (복진을 위해 진찰 베드를 가리키며) 저기 누워 보십시오. (복
　　진을 하며) 당뇨가 오는 원인이 있습니다. 당뇨 약은 잘 드십
　　니다만. 영감님 약은 부인이 지어드리고, 부인 약은 영감님이
　　지어 드리이소. 그것이 좋은 약입니다. 약이 좋은 거 아닙니다.
　　(인체도를 그려가며) 사람 속에는 위장이 있잖습니까? 이 밥통
　　을 도와주는 게 췌장이라고 있습니다. 지레라고요. 아십니까?
　　인슐린 호르몬을 관장하고 백혈구를 관장합니다. 이게 조금 약
　　해져 있습니다. 이러면 신경이 누질려가지고 신경이 잘못 통하
　　면……육체는 잘 생겼는데, 육체가 중요한 게 아닙니다. 기
　　(氣)가 중요합니다. 원기, 양기라는 것입니다. 상식적으로 알고
　　가야 합니다.
　　(인체도를 가리키며) 기라는 것이 10개가 필요하면……여기
　　10개가 있습니다. 몸이 안 좋습니까? 상하로 나눈 것입니다.
　　횡격막이라는 것인데, 상초(上焦)와 하초(下焦)로 나누어서 기
　　가 골고루 갈라고 하면 위에 5개, 아래 5개 이렇게 되어야 하
　　지 않겠습니까? 부인들은 사춘기가 세 번 있습니다. 10대, 20
　　대 애를 가질 때가 되면, 사춘기가 시작되지 않습니까? 요새는

더 빨라져서 14~16세쯤 되면 월경이 옵니다. 몇 살 때 왔습니까?

환 : 17세 때 왔습니다.

의 : 예. 좀 늦게 왔네요. 지금은 13~15세 때 옵니다. 이게 왜 오느냐 하면요. 여자니까 오는 거라고 생각해선 안 됩니다. 중요한 역할을 합니다. 이게 오면 배란기라고 애가 생길 것을 만들어 냅니다. 전에는 생리 없을 때는 안 생기지요. 다른 짐승들은 결혼이란 전제가 없으니까, '상내 낸다, 암내 낸다.' 캐가지고 그냥 붙어 새끼도 낳고 하거든요. 그런데 사람은 결혼 안 하면 애기를 못 가지게 되어 있습니다. 애기를 가지게 되면 온도가 아래로 내려와 가지고 닭이 병아리를 품듯이 온도가 이곳으로 와서 애기를 보호할라고 머물고 있어야 합니다. 따라서 아래로 내려오게 되지요.

그 다음에 주의할 때가 지금은 넘었습니다만, 40대, 50대, 60대……부부간에 성관계 하잖습니까? 영감이 요구할 때 '애기도 필요 없다. 나이도 많다.' 이렇게 생각하지 마이소. 섹스가 이뤄질 때 섹스는 정년이 없습니다. 요즘 각 부처마다 50세, 60세 될 때 물러날 때 하는 정년 있잖습니까? 한평생을 살아가면서 90세나 100세를 살아갈 때……하지만 부부간에는 섹스 정년은 없습니다. 만족한 성관계가 이루어질 때 오르가즘일 때 이러한 기가 흘러나와 남자는 전립선에, 여자는 난소 호르몬을 축적하기 때문에 이게 아래로 와서 하초로 와서 온도를 따뜻하게 하는 것은 얼마든지 좋습니다. 그런데 김여사님은 밑에 거 2개를 거꾸로 올려버립니다. 그래서 위에는 7개가 되어버리고 밑에는 3개밖에 없으니 인슐린 조절이 안 되어 당뇨가 옵니다. 당뇨 약을 드시는 것은 좋은데 췌장을 좀 도와 주이소. 혹은 코가 나빠진다든지 비장에 열이 올라가면……그 담에 머리가 무거워진다든지 수족이 저리다든지 하면 바람(風) 같은 거 오기 쉽습니다. 영감님 존경하고 사랑 많이 받습니까?

환 : 예.

의 : 예. 그것이 한평생에 살아가는 인연 아닙니까? 많이 존경해 주이소. 비·췌장이 약해가지고 당뇨도 있고, 어떤 때는 신경성 고혈압으로서 열이 위로 올라가 버리면 혈압이 자기도 모르게

올라가는 수가 있습니다.

환 : 혈압은 약간 저혈압입니다.

의 : 글쎄. 올라가는 수도 있습니다. 저혈압도 안 됩니다.

환 : 정상수치에서 약간 낮은 편입니다.

의 : 그렇습니다. 수족 저리고 그런 거는 없지요?

환 : 발가락 조금 저립니다. 발이 시려요.

의 : 열이 위로 올라가서 그래요. 속이 미식거리면서 구토질 같은
　　거는 안 나지요?

환 : 예.

의 : 예. 다행입니다. 영감님도 약 좀 지어드리고 영감님한테 약도
　　좀 얻어 자시고 그렇게 하십시오. 가이소. 인정시리 지내이소.
　　손자 애들 다 잘 크지요?

환 : 예. 감사합니다.

▶ **3세 남아(30대 부모 동행)**

의 : 애기 엄마! 애 몇 kg에 낳았습니까?

엄 : 3kg.

의 : 맞게 낳았네요. 그때 혹시 눈, 코 주위로 콩 같은 게 좀 돋았습
　　니까?

엄 : 예. 있었습니다.

의 : 그리고 배꼽 떨어지고 나서 피나 진물 같은 게 혹시 났었나요?

엄 : 났어요.

의 : 그게 왜 그러냐 하면 엄마가 부주의해서 그렇습니다. 애를 낳
　　으면 똑똑히 잘 길러야 합니다. 그것 왜 배꼽에 물이 나도록
　　했습니까?

아빠 : 그건…….

의 : 그건 지나간 일이고.

아빠 : 아이가 잘 체하고, 변을 하루에 너무 많이 보고, 자기 목을
　　　자주 만지곤 합니다.

엄 : (의사 앞에 앉은 아이가 겁을 먹고 울음을 그치지 않자, 아이에
　　게) 휴대폰 줄까?

의 : (약간 못마땅한 표정으로 꾸짖듯) 애기 엄마! 앞으로 애기 5세,

6세까지 절대 아기 안고 휴대폰 받지 마세요. 이것 때문에 문제가 생겨 있어요. 지금 코 나쁘고, 귀 나쁘고, 귀에 달팽이관을 자극해버리면 머잖은 장래에 눈이 돌아가고 침을 흘리면서 경기(驚氣)가 일어나요 핸드폰이 안 좋아요. 요즘 돈이 쌨으니까네(많으니까) 아이들 90% 이상이 가지고 있어요. 엄마는 절대 호주머니에 넣지 마세요. 핸드폰은 가방에 넣어가져 다니고, 아이와 1m 이상 떨어진 상태에서 전화 걸어야 해요. 핸드폰에 대한 부작용을 몰라서 그래요. 전파가 뇌파를 때려버려요. 울 수 있는 능력을 잃게 돼요. 아이가 이걸 좋아해서 그런다는 생각을 하기 쉽지요. 애기 5세, 6세까지 안은 채로 핸드폰 받지 마세요.

(진찰 내용을 설명하기 위해 그림을 그려가며) 애기가 엄마 뱃속에서 나오면 변즙(便汁)이라고……여기 왔으면 좀 알고 가이소. 지금 18개월째 나지요. 여기까지 뻗치는 췌장이라는 게 있어요. 인슐린을 관장하는데, 그걸 도와줘야 해요. 조금 늦추었네요. 저거를 도와주어야 하는데 좀 늦네요. 이걸 만일 방치하면 비장에 열이 올라가 가지고 코가 나빠지고 있거든요. 코와 귀가 연결된 △△에 물이 채였어요. 이 물이 코로 흘러야 되는데, 귀로 가고 있어요. 중이염이 생기고 있어요. 귀나 목으로 가면 편도선이나 갑상선 사이에 임파선이 있는데, 지금 이게 부어 있어요. 목에요.

엄 : 맨날 아이가 목을 만지고 있어요.

의 : 덜 사랑해서 그래요. 애를 나았으면 사랑해야 될 거 아니에요? 사랑할 줄 알아요? 애기 엄마! 인물이 잘 생겨 보통 인물이 넘는데, 저 아이 귀엽지요? 세심한 주의가 필요합니다. 5세, 6세까지 절대 핸드폰 주지 마세요. 또 7세, 8세까지는 컴퓨터 조심해야 돼요. 한 번에 30분 이상 하지 않도록 해요. 그렇게 하면 큰일 나요. 알았지요?

엄 : 근데~ 아이가 하루에 변을 너무 자주 봐요.

의 : 영양을……왜 그렇게 배꼽 떼는 걸 조심하지 않았나요?

엄 : 배꼽이 지금도 문제가 됩니까?

의 : 그게 아주 문제가 되지요. 비위가 나빠져 가지고 영양을 완전히 못 땡기니까 그렇지요.

엄 : 그럼 약 먹으면 낫겠습니까?

의 : 잘 보는 데 가야지. 여기 애도 잘 보지도 못하는 데 와가지고, "약 지어주소. 잘 봐 주이소." 카니까, 의사가 거짓말하는지도 몰라.

엄 : 아니에요. 우리 시누이하고 다 왔어요. 와서 약 먹어보고 잘 한다고 해서 왔어요.

의 : 여기 안 온 놈이 어디 있나? 이 아이한테 잘 해야 잘 하는 기지. 애한테 잘해야지요. 구토질은 안 하제?

엄 : 어제 많이 언쳐(체해) 가지고, 자주 언쳐 가지고 잘 토하고 그래요.

의 : 비위가 약해가지고 많이 토해요.

엄 : 잘 언쳐요.

의 : 약을 열 첩 먹여줘야 합니다. 하루 한 첩 먹이는데, 약이라 생각 말고요. 냄비에 부어가지고 엄마 정신 좀 채리이소. 물을 반 밥그릇쯤 부어가지고 팔팔 끓거들랑 커피 잔 반잔 안 되도록 따라야 돼요. 끓거들랑 따르고 나머지는 많거들랑 버려버리고. 약이라 생각 말고. 그것을 하루 한 첩밖에 못 먹어요. 종일토록 먹으세요. 나중에 약을 지으면 가루약을 좀 주는데, 이거는 시키는 대로 먹이고. 두 달 넘기지 말고 또 먹여야 돼요. 또 두 달 이내로. 큰 애들 안 먹여봤나?

엄 : 전에 큰 애들, 시누이 애들 먹였다고 해요. 1년 정도 먹였다 카대에. 두 달씩 간격으로요.

의 : 두 달씩 네 번 먹였으면 1년이지. 4계절을 먹여주어야 돼요. 그렇게 알고가야 돼요. 두 달을 넘기지 말아야 돼요.

▶ **35세 여성(3세 아이의 엄마)**

환 : 얼마 전에 유산이 되었거든요. 그래서 몸이 좀……

의 : 조심하제. 하초에 냉기가 생겨서……얼마나 됐어요?

환 : 아직 한 달이 좀 안됐어요. 3월 4일 날 유산됐어요.

의 : 아기를 하나 더 낳아야지. 신경 많이 쓰는가 보네. 저 애는 모유 먹었나? 몇 개월이나?

환 : 14개월 정도 먹었어요.

의 : (진찰용 베드를 가리키며) 잠깐 저기 누워 봐요. (복진을 하며) 신경 썼나? 애기 때문에 그런 것도 아닐 텐데?

환 : 애기 때문에 좀 쓰인 것도 있는데요.

의 : 그런 것은 엄마의 책임이고. 혹시 남편 하고 삐딱하고 그런 것은 없나요?

환 : 신랑이 맨날 늦으니까, 삼성에 다니는데, 걱정이 돼요. 새벽에 들어오니까, 아무래도 좀.

의 : (종이 위에 인체도를 그려가며) 요것이 엄마 전체 같으면, 이 몸 전체를 운영해가지고 피(血)를 끌고 다니는 기(氣)라 카는 게 있어요. 육체가 중요한 게 아니라, 기가 중요한 것이지요. 무형체라. 이름은 있어도 형체를 볼 수는 없지만, 육체는 기를 보호하기 위해 구성된 것이거든. 영혼과 육체가 같이 존재라는데, 실은 육체보다는 영혼이라는 기가 더 중요하거든요. 이게 10개가 필요하면, 10개가 있어야 하거든. 그런데 횡격막을 중심으로 상하로 나누면, 상초와 하초로 나누어 기가 고루 가려고 하면 위에 5개, 밑에 5개로 있어야 되거든요. 여성은 사춘기라는 것이 평생 동안 세 번이 있어요. 10대, 20대 사춘기 되면 월경이 오거든. 몇 살 때 왔나요?

환 : 15세 때 왔어요.

의 : 왜 오는지는 알지요? 이거는 여자에게 있는 거니까, 온다는 게 아니라 중요한 역할을 합니다. 사람은 결혼해가지고 애기를 가지면 온도가 아래로 내려 와가지고 엄마 뱃속의 아이를 보호해요 이때 아래로 내려오고요. 결혼하면 배란기 때 더 하고요. 그 다음에 40대, 50대, 60대, 70대……부부간에 섹스, 성관계가 있잖아요? 만족도는 오르가즘이라고 해요. 그럴 때는 기가 아래로 내려가 가지고 남자는 전립선에, 부인네는 난소호르몬을 축적하기 때문에 하초가 따뜻하지요. 그런데 무슨 이유 때문에……? 남편이 늦게 온다고 그렇게 신경 쓰이나? 의심해서 신경 쓰는 게 아닌가? 어디 가서 술이나 먹고 누구하고 이야기하고 그런 거 때문에……?

환 : 그게 아니고요. 제가 여기가 연고지가 아니다 보니까 아는 사람도 없고, 신랑도 늦게 오고 그렇게 하니까.

의 : 환경의 지배를 받아야지. 그러면 남편을 믿고 살아야지. 결혼

도 늦게 하지 않았건만…….

환 : 결혼 좀 늦게 했어요. 32세에 했으니까요.

의 : 이게 아래로 가야 하는데. 밑에 것 두 개를 쓸 데 없는 걱정을
해가지고 위로 올려놓고 있거든. 위에는 7개로 가버리고, 아래
는 3개 밖에 없잖아? 하초가 냉해 버렸으면 (데려온 3세 아이
를 가리키며) 저것도 참 하마터면 떨구어 버릴 뻔 했잖아? 자
궁의 나팔관이, 난소라고 있거든요. 요게 주머니처럼 조여 있
다가 1개월 동안 피가 꽉 차 있다가 반드시 온도가 아래로 가
가지고 손끝, 발끝 깨끗이 소지가 되거든요. 소지가 되면 반드
시 여성은 난자가 여기 기다리고 있거든. 월경……왜 기다리
지? 남성의 정충이 오도록 기다리지. 여기 온도가 부족하면 남
성의 정충이 잘 못 올라가서 수정에도 지장이 있고, 아이가 들
어서도 3개월 안에 떨어져 버려. 계류유산이 되어 버리거든.
두 번만 유산되어도 나중에 아기를 완전히 포기해야 돼요. 지
금 마침 잘 왔어요. 그래서 여기 온도 아래로 내려주고, 한 달
좀 된 후에 나중에 애기를 가지려거든 그때 '종옥탕'(種玉湯)
이라는 약을 먹고 애기를 가져야 똑똑해져요.

환 : 다음 달 양력 4월쯤에 애기를 가지려고 하는데요.

의 : 유산하고 들어서고 또 떨어져뿌고. 2~3회 반복하면 나중에 아
이를 포기해야 할 수도 있어요. 지금 1개월밖에 안 됐으니까,
적어도 이거 아래로 내리려는 것 내려놓고 나중에 아기 가지
려고 하거든 '종옥탕'이라는 약을 먹고 그렇게 해서 아기를 가
져야 되지요.

연구자 : 몸을 좀 보(補)해가지고 애기를 가진다는 거네요?

의 : 지금 보할 수가 없어. 쓸 데 없는 신경을 써가지고. 남편이 미
국 가 있거나 내 남편에 대한 믿음성을 가져야 돼요.

환 : 못 믿어서가 아니라요. 내가 외로워서 그렇지요. 내 생활이요.

의 : 아들이 있잖아? 그러면 신경 열이 올라가거든. 과민, 과부족이
면 안 되지. 지나치게 과잉 카는 것도 병이고. 너무 지나치게
남편 내 몰라라 하는 것도 병이고 그래요. 남편과 의논해서
잘…….

환 : 내가 나이가 좀 있어가지고요. 둘째를 빨리 가지려고 생각했는
데, 이번에 이렇게 되어가지고요.

의 : 구토질은 안 나지요? 너무 신경 쓰지 마세요.

환 : 예.

의 : 됐어요. 가세요. (먼저 진료한 3세 아이에 대해) 두 달 이내로, 두 달 이내로 4회씩 먹이세요. 아이를요.

환 : 오늘 지어주는 약이 체한 데 먹는 약입니까? 아까 가루약 준다는 것은요? 지금도 체한 기운이 있거든요?

의 : 그래요. 같이 먹이세요.

환 : 감기 기운이 있는데…….

의 : 감기가 와도 지금 코가 나빠져 있으니, 저 약은 그런 데 먹어도 되니 그렇게 알고 계세요.

■ 근면, 절약, 온고지신의 생활철학

그런데 지금 생각하니, 세대차이로서……나는 보수입니다. 내 자식들은 △△대 교수이고 '푸른△△' 사장도 하고. 딸이 5명이고 아들이 3명입니다. 다 잘 되어 있어요. 계명대 교수로 있는 아이 하고 나하고 이야기 하면 천지차이가 있습니다. 아버지를 존경하므로 함부로 말은 못합니다만, '인간은 이렇게 살아야 한다.'고 하면 해법은 나와 많은 차이가 납니다. 예를 들면, "규칙적인 생활을 지키고 온고지신으로 지나간 때의 것을 아낌으로써 현실의 것을 귀중하게 여겨야 되는데……"라고 말하지요. 그런데 컴퓨터를 예로 들면, 아들은 "오래된 것은 버려야 됩니다."라고 말합니다.

나는 인생철학이 의업은 영업이 아니고 인술(仁術)이고 봉사의 업인데……한동안 호열자(虎烈刺)가 막 쓸었습니다. 그때는 성서, 월배, 가창 등 달성군 관내에 의사라고는 한의사 한사람 하고. 이원식이지요. 또 양의사 한명 하고 둘밖에 없었습니다. 이런 시대를 살았어요. 이런 시대에는 의사의 직무상으로 국민의 건강을 돕는 사람인데, 건강이 나쁘다고 해서 환자가 와 달라고 하는데 안 가면 됩니까?

당시에는 두 군데 정도만 왕진 다녀와도 어둡습니다. 전기불이 있습니까? 내당동에도 오고, 강창(江倉) 부근 파산동[23]에도 왔는데, 우리 집 있는 이곳에는 전기도 없었어요. 이곳에 전기를 넣기 위해 13개의 전주를 세웠어요. 내가 이걸 부담한다고 하면서 가가호호 다니면서 전등을 2, 3개씩만 넣어주라고 설득하기도 했어요. 그러면 "석유 1말이면 1년 쓰는데, 전기 세금 다달이 주어야 하므로 안한다."던 시절이지요. 이때가 6.25 전쟁 나기 직전입니다. 당시 중리동에 시립병원이 있었는데, 뺑뺑 돌리는 전화도 여기밖에 없었어요. 대구에만 해도 대남한의원 정도밖에 없었어요.

손자들도 미국 가서 공부하고 있습니다만, "할아버지 저녁 드셨습니까?" 이런 전화를 해요. 성인도 시대에 따라야 하지만요. 나는 7시 되면 항시 병원에 출근합니다. 이것이 생활철학이자 버릇입니다. 7시에 나와 가지고 환자 봐야지요. 하루에 200~300명씩 환자를 받아야 했으니까요. 사람 늙을 여가가 있어요? 아플 여가가 있었겠어요? 아주 멀리서 오는 사람들을 안 봐줄 수가 있었겠어요? 의사가 안 봐줄라 카면 의료법에 저촉이 됩니다.

(막내아들을 지칭하며) 막내가 저 건너 △△한의원 하지요. 글쎄요. 한의학은 '이불삼세(以不三世)면, 불복기약(不服其藥)이라.'고 되어 있습니다. 즉 '3대째 업을 하지 않으면 약을 쓰지 마라.'는 말이지요. 경험이 중요하다는 거지요. 우리 아버지께서 없이 살아도, 대구에 약령시라는 것이 있는데, 거기서 약종상을 했습니다. 뭐 그 덕으로 약을 아버지한테서도 배우고 이래가지고 국가고시 쳐가지고 합격되었거든요. 그래서 (진료실 옆 공간을 가리키며) 여기 이 방에다 약을 채려놓고 아버지와 함께 여기 와

---

23 대구광역시 달서구 계명대학교 길 건너편 지역으로 최근에는 동명이 '호산동'으로 바뀌었다.

서 같이 했거든요. 나중에 아들도 한의사가 돼서 같이 했는데, 한 1년쯤 지나고 보니 도저히 아버지와 같이 못하겠다고 해요. 왜 그러냐 하면, 노는 시간이 있습니까? 아버지가 그 시간에 나오므로 자기가 안 나올 수가 있습니까? 그때는 환자가 많아서 계속 밀리니까요. 이게 일요일이 있습니까? 밤낮도 없지요. 의사는 밤낮을 가리지 말라고 했습니다.

내가 의사 허가 받고는 그때는 대구부(大邱府)라고 했습니다. 또 가창, 공산 등도 전부 달성입니다. 달성군에 의사가 이원식이 하고 내하고······ 밤낮을 가리지 말고 해야 되지요. 의사가 뭐 어데 가라고 하는데, '바빠 못 간다.' 카든지 '멀어서 못 간다.' 카든지 하면 안 되지요. 일제시대에 참 어렵게 구한 '후지하오'라고 하는 자전차가 있는데, 기념관(혜산관)에 전시되어 있습니다만, 그것 타고 그때는 길도 없는 데 논두렁길로 가다가 까딱하면 처박혀 버리고 하지요. 두 군데만 왕진 갔다 오면 날 새 버리고 했어요. 그렇게 했어요.

나는 규칙적인 생활을 하거든요. 7시 되면 여기 나와 가지고 환자 보고. 일요일이면 반드시 근처 목욕탕에 갑니다. 일찍 가서 마쳐야만 일요일 날도 오는 환자를 봐야 안 되겠어요? 그것이 인제 규칙이 되어가지고 있으니까, 인제 내 큰자식이 같이 꼭 갑니다. 아침 5시만 되면 목욕탕에 나갑니다. 몸 씻어주고요. 내 자랑 같지만, 원칙적으로 하면 효잡니다. 조금도 어긋난 데가 없습니다.

■ 고택과 생활사박물관인 혜산관, 서재

'혜산(慧山)'은 조경제 선생의 호(號)다. 선생의 호를 딴 생활사박물관 혜산관(慧山館)은 1996년 문을 열었다. 이곳에는 한의업을 비롯한 구술자의 일생 동안의 생활 관련 물건들이 가득했다. 물건이 너무 많아 '전시'

라기보다는 차라리 '쌓아두고 있다.'는 말이 더 어울릴 것 같았다. 일상생활 물건 외에 여러 모임이나 행사에 참여하여 목에 걸었던 각종의 명찰이며, 연말연시 보내온 다양한 연하장, 크고 작은 선물들, 표창장, 임명장, 수료증, 합격증 등에 이르기까지 다양한 물건들이 근 한 세기의 시간을 붙들고 한데 붙어 있었다. 시간 부족으로 이들 물건들에 대한 자세한 이야기를 들을 수는 없었다. 특히 1950년대 왕진 갈 때 타고 다녔던 일제 자전거를 비롯하여 대구 동양의학전문학원 수료증, 한의사 검정고시 시험 합격증 등은 그의 한의업 인생을 살필 수 있는 물증들이었다.

홍생한의원과 혜산관 부근에는 70년 된 구술자의 고택이 있다. 고택은 문간채, 안채, 창고, 장독대, 우물 등으로 구성된다. 이들은 비교적 잘 보존되어 있는 가운데 그 중 일부 공간은 도서실로 꾸며져 있었다. 1991년 칠순을 맞아 자식들이 그가 평소 써온 글들을 선별하여 편찬한 2권의 문집[24]도 있었다. 구술자는 문집 2질을 참고하라고 건네주었다. 특히 제2권 산문집 속에는 어린 시절부터 한의학에 입문하여 지금까지 의업에 종사하며 살아온 인생살이가 비교적 자세하게 정리되어 있어 그의 삶을 이해하는 데 많은 도움이 되었다. 다음은 생가인 고택과 혜산관, 서고 건물에 대한 구술 내용이다.

(우측 기와 건물을 가리키며) 저거는 내 생가입니다. 저 집(보존 중인 기와집)은 내가 20세 때 손수 지었습니다. 생가라고 해도 과언이 아니지요. 아무도 없었어요. 외딴 데 와가지고요. 김재성 씨 밭을 내가 소작하고 있었는데, 사정해가지고 "집을 좀 지읍시다." 캐서 지었지요. 저기 우물도 있지요. 거기 물이 참 좋습니다. 내가 밤낮으로 일주일간이나 팠지요. 직접 팠어요. 대구에서까지 물을 가지러 왔어요. 그런데 그런 거 저런 거

---

24 문집명은 『내고향 감삼골』이며, 제1권은 '혜산조경제시문집'이고 제2권은 '혜산조경제산문집'이다.

간 곳이 어디 있습니까? 할아버지는 이전에 세상을 떠났고요. 할머니랑 부모님이 저 집에서 함께 사셨지요.

서재 현판   고택 문간채와 대문   서재 건물

[저 집과 관련한] 재미난 이야기가 있습니다. 1950년도에 6.25가 덜렁 났잖습니까? 바로 우리 집 마당에다가 군인 대포를 설치했습니다. 이북 군대가 당시 낙동강까지 와 있었습니다. 낙동강 가에서 자꾸 대구까지 포를 던졌습니다. 그때 미군이 처음으로 원군으로 와가지고 대포를 우리 집에 채렸습니다. 그래서 소개(疏開, 피난) 명령이 내려졌지요. 여기가 포진지니까요. 참, 지금도 기억에 생생한 거는요. 식구들도 소개 명령이 내렸으니까 안 갈 수가 있겠습니까?

우리 할머니가 그때 67세인가 했습니다. 할머니도 그때 같이 소개를 가야했을 터인데, "내 손자가 지은 이 집은 내가 생명을 바쳤으면 바쳤지, 내가 못 비우겠다."고 하면서 끝끝내 안 갔지요. 2, 3개월간 혼자서 지켰지요. 그래서 우리가 할머니 좀 볼라고 해도 내당동에 금줄을 쳐놓고는 못 들어오게 했지요. 어느 날에는 철거명령이 내렸어요. 내가 들어와서는 할머니를 만났어요.

전기도 없고 하니까, 그때 미군들이 석유를 한 병 주었어요. 휘발유였어요. 불이 가물가물해서 내가 이걸로 채우다가 휘발유통에 불이 붙어가지고 완전히 불바다가 되었어요. 그런데 어떻게 꺼졌어요. 나는 몸에 불이 붙었으니까 불을 끄기 위해서는 우물 속으로라도 들어가야 하지 않았

겠어요? 그런데 만일 우물 속
에 들어갔으면 참~ 세상 다
살았겠지요. 하지만 땅바닥에
굴러가지고 어떻게 꺼졌어요.
그 집이 그만큼 큰불이 나도
방 내부만 타고 괜찮았어요.
기적 아니겠어요? 그런 거는
저 집터가 좋아서가 아니겠어
요? 그래서 저 집을 보존하고

혜산관 전경

있습니다. 생가 택으로요. 저 집 지을 당시 내 나이 스무 살, 집 나이로는
스물한 살 때지요. 계미년이므로 60년이 넘었지요.

(혜산관 입구에 세워둔 '온고지신'이라 새긴 작은 표징을 가리키며) 혜
산관 저 곳은 온고지신(溫故知新)이라고요. 뭣을 사용하던 거를 버리는 풍
조가 있어요. 우리 사회에서 지금요. 저게 '온고지신'입니다. (전시된 물
건들을 가리키며) 이것들을 어디에 갔다가 버립니까? 평소 내가 쓰던 거
지요.

(2층으로 오르는 계단 벽에 걸린 가족들의 사진 액자를 가리키며) 이들
이 내 자식들입니다. 5녀 3남 8남매를 두었어요. 여기는 서울 정형외과
의학박사입니다. 제일 맏이 딸의 사위입니다. 둘째사위는 대법원의 행정
처장으로 있습니다. 판사로서요. 얘는 서울대학 나와서 치과의사입니다.
셋째 사위이지요. 넷째 사위는 오래 전에 죽었어요. 이놈이 내 큰 놈, 장
남입니다. 푸른△△ 경영하고 있지요. 아들 둘에 손자녀가 셋입니다. 내
하고 같이 삽니다. 아들을 늦게 낳았으니까, 셋 낳았지요. 다섯 번째 사위
는 대구에서 변호사로 있습니다. 얘가 △△대학교 교숩니다. 둘째아들이
고요. 얘는 막내인데, △△한의원 원장입니다.

대법원 판사 하는 사위 외손자가 고려대 법대 나와 가지고 저해 년에

2차 사법고시 합격했습니다. 사법연수원에 2년 다니는 도중에 월급 줍니까? 밑에 그 아~는 고려대 연년생으로 들어갔어요. 다니다가 부모도 모르게 서울대 의괴대학에 합격이 되었어요. 오빠하고 같이 하면 자기가 틀림없이 먼저 한다대요. 그런 심리가 있어서 그런대요. 지금은 의대 인턴하고 있어요. 아직 한방 쪽은 없어요. 모르겠어요. 나중에 손자녀가 나올지도 모르겠어요. 이거 참 좋은 직업이 못 되는데요. 이것 참 신경이 많이 쓰입니다.

("인술 베풀어 존경도 받고, 경제적인 안정도 되고 하니 최고 좋은 직업으로 평가받잖습니까?"라고 묻자) 그거 모르고 하는 소리지요. 최선을 다하잖아요. 아직까지 60년을 이 자리에 앉아서 해도요. 크게 후회할 일은 없습니다. 그런데 사회심리 풍조가 참 희한한 세상입니다. 희한한 사람도 많습니다. 이러니 아는 정, 보던 정도 없습니다. 이를 테면, "잘 길러라. 잘못 길러 탈은 너희들이 내어가지고 나한테 낫게 해 달라고 하면 되나?" 카면서, "나는 볼 줄 모른다." 이런 식으로 카지요. 처음에 알아듣도록 공손히 하면 이상합니다.

요새 젊은 것들이, "선생님! 조그마한 아이에게 약 달여 먹일 수 있겠어요?" 이렇게 말해요. 그런 말버릇이 도리에 맞습니까? 혹은 그런 사람은 다음에 오면 아는 정, 보던 정이 없습니다. 사람 심리 아닙니까? 나는 최선을 다하는데……또 그렇다고 해서 "이 약 먹으면 낫습니다."라고 할 수도 없지요. 그래서 "잘 생각해라."고 하지요.

나는 좀 별난 사람입니다. 이런 부분이 스트레스 받는 것입니다. 이쪽에서는 저거 자식이므로 그렇게 해야 병이 낫는다고 설명을 해주는데, 그렇게 반응을 보이니 기분이 나쁘지 않겠습니까? 그런 세월입니다. 그러니 이 일이 참 힘듭니다. 요새 뭐 판사나 검사 하는 게 더 낫습니다. 하지만 세평으로는 의사나 판사보다도 한의사를 더 쳐줍니다. 좀 듣기 거북합니다만, 내가 아주 '대단한 명의'라는 소리를 듣고 있습니다. 어느 정도 명의라야 명의지, 그 사람들이 명의라고 해서 명의가 됩니까? 참 곤란할 때도 많습니다. 별 희한한 사람들도 옵니다. 어디 며칠 동안 자리 비워놓고 나갈 때는 보건소에다 보고해야 합니다. 그래서 허가를 받아야 나갈 수 있습니다. 해외여행 그런 거는 꿈도 꾸지 못합니다.

(전시된 물건을 가리키며) 이런 것들은 자식을 낫게 해주어서 감사하는 표시로 준 선물입니다. 2군사령관이 준 것도 있지요. 박정희 대통령 할 때 통일주체국민회의 대의원 했습니다. 이 양반이 담배를 많이 피웠는데, 한 번씩 청와대 초청되어 갔을 때 받은 담배 선물입니다. 통일주체국민회의 대의원 2대 했습니다.

■ 혜산관의 생활물증과 한의업 관련 물증들

나는 "이렇게 이렇게 살았다. 이러한 어려움을 모르면 너그 요새 잘 사는 거 그것 가치가 있는 줄 아느냐? 이런 어려움을 겪어보지 않으면 모른다." 카기도 해요. (전시 물건들을 가리키며) 이건 '도민증(道民證)' 카는 겁니다. 내가 이 세상에 나 가지고 만든 신분증명서고요. 또 이런 것들은 어디 참석할 때 주는 명찰인데, 모두 모아둔 거지요. 이건 평소에 책 보던 것과 아이들 공부하던 교과서들이지요.

(벼루함을 가리키며) 이건 대통령 하사품으로 받은 거지요. 예전에 한의업을 처음 시작할 때는 볼펜 같은 필기구가 안 나왔지요. 전부 붓글씨로 처방전을 기재하고 그랬습니다. 또 더러는 만년필에다 잉크를 넣어가지고 사용하곤 했어요. 요새 1회용 그게 옳은 일입니까? 한의업 초기에 붓으로 처방전 쓰고 할 때 사용하던 벼루함이 바로 이것입니다. 50년 넘게 된 거지요. 그리고 주판 카는 것 압니까? 내가 19세 때 성서초등학교에서 운동회 할 때 강창(江倉)까지 장거리 마라톤 대회에 나가가지고 2등

한 입상품입니다.

일제시대지요. 70년이 다 되었네요. 주판 이걸 한의업 할 때 직접 사용하던 것입니다. 당연히 썼지요. 요거는 인제 얼마 안 된 건대요. 노무현 전 대통령하고 대법원에 있는 내 둘째사위하고 사법연수원 동기인데 청와대 초청되어서 선물 받은 겁니다. 이것은 처음에 우리 병원 앞에 놓고 손님들이 사용하던 공중전화입니다. 내가 25세 무렵 들어놓았던 것이므로 60년이 됩니다.

이것들은 치료해가 병이 나으면 고맙다고 하나씩 선물로 가져다주던 것입니다. [붓글씨로 쓴] 액자들은 내가 쓴 것은 아니고요. 선물로 받은 것입니다. 이것은 내가 시의회 부의장 할 때 쓰던 명패입니다. 이것은 국민학교 1일 명예우체국장 하던 것이고요. (다양한 내용을 담은 각종 표창장이 진열된 것을 가리키며) 저기에도 연도가 다 나옵니다. 전에는 표창장을 줄 때 이런 식으로 액자를 했거든요. 이렇게 점차 변경이 되었어요. 저기 있는 감사패가 1970년도 것이지요? 저기 '대한민국청년단 사령장' 저거는 해방 직후 것이지요. 이거는 이승만 대통령 할 때 인구조사 참여해가지고 감사장 받은 거지요. 이것이 달성군청 축산지도원 발령장이고요. 일급 1원 30전 받고 성서에 주재하라는 것이지요. 소화 19년 12월 7일자로 되어 있어요. 그때 징용 지원단 안 갈라고 했던 거지요.

이런 것들을 버려버리면 의의가 없잖습니까? 나하고 같이 대의원 하던 [달성] 옥포 사는 최상기 씨라고 있었어요. 옥포에서 양조장 크게 하던 부자입니다. 용연사 가는 길에 벚꽃도 심고 사회봉사 활동을 많이 했어요. 어느 해 추석에 상문을 갔어요. 장남이 양조장을 지키고 있었어요. 그때 뭣을 보따리 보따리 싸놓았어요. 이걸 자기 아버지 세상 버리니까 묘에 가져가서 태워버리려고 했어요. 내가 "자네들은 아버지를 생각 좀 해라. 주는 분의 성의를 생각해서 이걸……자네들이 가령 달 곳이 마땅치 않고 집이 비좁더라도 이걸 꼭 보존해라." 카니까, "예. 알겠습니다." 캐요.

가만히 생각해 보니, 죽을 때도 얼마 안 남았으니 우리 집 자식들이 이 걸 가져다 버릴라 카면 얼마나 부담이 안 되겠어요? 그래서 이렇게 만들 어둔 동기가 되었어요. 이거는 개인적인 나의 생애 역사이기도 하지만, 이쪽으로 연구하는 자료이기도 하고, 우리 선대의 중요한 삶의 자취이고 역사이기도 합니다. 대수롭지는 않습니다만, 이런 식으로 점차 변천을 해 서 이렇게 변하지요.

(증서들 중 한의업과 관련된 것들을 가리키며) 여기 1차 한의사 검정고 시 합격증이 있지요. 이거는 국가고시 한의사 시험에 합격했다는 증명서 지요. 보사부장관 최재유(崔在裕)씨가 준 거지요. 단기 4287년 7월 28일 이 수여날짜로 되어 있어요. 요거는 1차 합격증서지요. 이게 있었기 때문 에 이거(2차 검정시험) 칠 수 있었지요. 눈이 잘 안 보입니다. 합격증에 '右者는 檀紀 四二八七年 七月에 實施한 漢醫師 國家試驗 資格 檢定試驗 第 壹部에 合格되었음을 證明함'이라고 되어 있네요. 1부, 2부는 무슨 뜻이냐 면, 국가고시 칠 자격을 주는 1차 시험 합격증이지요. 저거는 2차 시험 합격증이고요. 2차 합격증에는 '檀紀 四二八七年 七月에 實施한 漢醫師 試 驗' 해가지고, 7월 16일……? 요거(1차) 치고 며칠 안 있어가지고 저걸 같이 쳤으니까요.

한의사 면허증은 저기 안 있습니까? 단기 4255년 2월 5일생이고요. 자 격을 받은 해는 단기 4287년 7월 28일이네요. 보사부장관 최재유. 제407 호는 면허번호지요. 한의학 관련 증서가 또 있습니다. 동양의학전문학원 졸업증이 어디 있을 겁니다. 여기 있네요. 요거는 '檀紀 四二五五年 二月 五日生, 右者는 本 學院 所定의 特科 全科를 卒業하였기에 慈에 本 證을 授 與함.' 이렇게 되어 있지요. 그 밑에는 '檀紀 四二八七年 三月 二五日 大邱 東洋醫學專門學院 院長 呂元鉉'이라고 되어 있네요. 제13호지요.

그때 약 30명 정도 같이 공부했습니다. 2년 동안 다녔지요. 야간으로 했습니다. 그곳에서 공부했던 분들은 시험에 떨어진 사람들이 많았고요.

그런 사람들은 중도에서 일부 그만두기도 했는데, 한의사 하는 사람도 많았어요. 한의사 떨어진 사람들이 한약종상 하겠어요? 다른 것 하겠지요. 그 외에 [한의학과 관련되는] 다른 증서는 이제 없어요. 그래가지고 1차, 2차 검정시험 합격해가지고 국가고시 합격했다는 그것밖에 더 있겠어요? 이것들이 참 살아 있는 귀중한 역사입니다. 역사지요. (연구자가 이에 호응하자) 나중에 엄청 귀중한 자료가 되고 역사가 될 것입니다. 나중에 자식들이 모두 갔다 내버리면 아무 소용이 있습니까? 그래서 이렇게 만들어가지고 전시해 놓은 것입니다. 이제 저거들도 어디 내버린다고 하지 않습니다. 이거를 놔둔다고 하지. 세월이 하도 하수상하니 이렇게 놔두도록 할지 안 할지 모르잖습니까?

(전시된 낡은 자전거에 대해 질문하자) 이게 내가 의사질 하면서 처음으로 샀습니다. 그때는 차도 없고 이랬는데……이게 처음으로 '후지'라는 것입니다. 예전에는 여기에 '간찰'이 달려 있었습니다. 자전차도 그랬습니다. 당시에는 이것 없으면 타고 다니지도 못했습니다. 이런 제도가 일제시대 때부터 있었습니다. 자전차 번호 택이지요.

여기에 가방 싣고 왕진을 다녔지요. 호열자 있을 때 달성군 공산면 같은 데, 그 캄캄한 밤에 암흑길 아닙니까? 밤에 두 군데 갔다 오면 날이 그냥 샜습니다. 얼마나 고된 일입니까? 이건 내가 33~34세쯤 됐지요. 이걸 타고 많이 다녔습니다.

(전시된 연하장을 가리키며) 이건 연하장 아닙니까. 박정희나 전두환 씨 등이 연하장 주지 않습니까? 이걸 버려버리면 주는 사람들 성의를 무시하는 게 아닙니까? 안 버리고 평생 모은 거지요. 어떤 사람들은 "아니, 이런 걸 정신 사납도록 이렇게 뭐 할라고 모아놓은 겁니까?" 이렇게 말하는 사람은 뭡니까? 그런 사람이 옳습니까? 머잖은 장래에 우리 자식들이 좀 똑똑하면요. 이런 걸 아버지가 전부……이런 위촉장들이 소중한 거 아닙니까? 이런 걸 보려고 시민들이 많이 오긴 합니다만, 뭐 자랑이라

고요. 선생님 같은 사람들 마음은 내 마음과 같습니다. 어떤 사람들은 "정신 시끄럽게 이래 놨나? 가져다 버릴 것이지." 이런 말도 합니다.

(도난 방지 장치를 만들어가지고 좀 더 체계적으로 전시했으면 좋겠다고 말하자) 그럼, 박물관이 안 되나? 남에게 보일라고 하는 것 아닌가요? (다시 다른 물건을 가리키며) 이거는 선대 삶의 유물이자 흔적이라서 공통의 역사이기도 합니다. 이거는 문경새재에서 나온 기목나무, 박달나무입니다. 다듬이 방망이 만드는 나무입니다. 베어서 그걸 만들고 남은 겁니다. 몇 백 년 지나고 남은 뼈대입니다. 경북도청에서 가져온 겁니다. 이거는 우리 집 모과나무 고목된 것을 다듬어 놓은 것입니다.

(고택에서 서재로 이동 후) 틈틈이 써왔던 일기를 큰놈이 『내 고향 감삼골』이란 책을 만들어졌어요. 열심히 썼습니다. (문집 2권짜리 두 질을 건네주며) 방명록이나 하나 써 주이소. 이렇게 살았다는 것 정도지요. 나도 모르면서 남 가르친다고 야학당을 만들어가지고 선생질도 오래 했습니다. 국문 가르칠라고요. 다 지나간 일들을 생각해 보면……뭐 참 그런 걸 겪어보았기 때문에 조금이라도 아주 소중하게 여깁니다.

■ 마을 당제 복원과 경로당 수림원 건립

그때 여기서는 가난하니까 누가 딸 주려고 하는 사람이 없었어요. 그래서 저기 성주로 고령 박 씨한테로 장가를 갔는데, 낙동강 배 건너야지, 금호강 배 건너야지요. 그때는 아무 교통수단이 없었잖아요? 모두 짊어지고 걸어서 거기까지 장가갔어요. 전부 초가집이었는데, 두 사람이 겨우 지나다닐 수 있는 소로 길도 간 곳이 없고 둑 다리도 없어지고.

우리가 모두 합심해서 지켜내고 있는 거는……여기 당산(堂山)이라고 있었습니다. 여기 큰 나무가 한그루 있었는데, 이걸 큰 지주목으로 삼아

수림원의 당산(천왕)바위와 소금단지

가지고 정월 대보름 당제를 모셨습니다. 그것조차 도로에 모두 들어가 버렸으니, 어떻게 되겠습니까? 국가에서 길을 내는데 어떻게 하겠습니까? 요 앞길은 예전 길인데, 저기 말랭이(고개, 재)가 있었습니다. 그러니 되겠습니까? 여기 길이 나 가지고요. 저 건너 죽전 네 거리부터 이쪽으로 동(東)편입니다. 그러니 당제를 쭉 모셔오다가 좀 섭섭하지 않겠습니까? 그래가지고 내가 좀 산다고 하니, 노인들이 불쌍하지 않습니까?

회갑을 맞이해서 자식들이 그대로 잘 되어 잘 사니까, '아부지 회갑 한다.' 카길래, "회갑 할라 카거든 돈을 내 놓아라." 캐가지고 그 돈을 모아가지고 여기 수림원(樹林園)을 하나 지었습니다. 노인들을 거기에 모시게 해 놓았지요. 거기에 마당에 보면 합천에서 큰 돌을 우리 천왕님 모시던 정신으로 돌을 하나 가져다 놓았지요. 아주 큽니다. 지금 같으면 못 들어 가지만, 모셔놓고 당산 천왕님으로 모시고 정월 대보름날은 동민이 모여 가지고 같이 놉니다. 나는 잘 안 나갑니다. 그래 놓고 자꾸 나가면 간섭하는 것 같아서요. 매년 당산제를 지내지요. 그거라도 있어야 마을의 단합이 되지 않겠습니까?

또 거기에다가 큰 소금단지를 하나 만들었어요, 마음에 걸리는 거 있으면 와서 빌기도 하고 그러지요. 예전에는 소금 얻으려 다니고 그랬습니다만, 집에서 소금 한줌씩 가져와 반드시 안에 넣고요. 단지에다 내가 쓰기로는 '염광여심'(塩光如心)이라 새겨놓았지요. 이래 놓고 사람들이 와서 빌 일이 있으면 소금 한 줌을 넣고 하지요. 그런데 그때는 동민들이 모여 가지고 놀 수 있는 곳이 없었는데, 거기다가 '수림원'이라 해가지고 하나 지어드렸더니마는 칭찬 많이 들었습니다. 막 울고 그랬습니다. 그러나 요 새는 각 처에 경로당이 얼마나 많습니까? 정부에서 지어주지요.

인술 실천으로 세상의 빛알이 된
일맥한의원 김천호
-1924년 생-

．
．
．

인터뷰 후기

·

·

일맥(一麥) 김천호는 1924년 경북 청송군 현서면 화목리에서 의생(醫生)의 장남으로 태어났다. 그는 한의업을 하는 가정 분위기로 인해 어려서부터 한의학에 대해 많은 것을 보고 듣고 느끼며 자라나 마침내 가업을 계승했다. 젊어서는 좀 더 가치 있는 일을 추구하고자 공직과 양약종상(洋藥種商) 일도 했다. 일제 강점기 대동아전쟁 징집과 6.25전쟁이라는 두 차례의 역사적 시련기에는 생사를 오가는 경험도 했다.

구술자는 태내 기독교인으로서 신심이 두터울 뿐만 아니라 대단히 낙천적이고 긍정적인 인생관을 지녔다. 이런 때문인지 연구자와의 만남도 비교적 수월하게 이루어졌다. 그는 소재 파악 및 면담 여부를 알아보는 처음의 전화 통화에서도 아무런 거부 없이 면담을 승낙했다. 2007년 3월 20일 그의 한의원 사무실에서 1차면담이 이루어졌다. 면담 도중 실시된 몇 건의 환자 진료과정은 집증(執症)과 '환자-의사'간 의사소통 방식, 치료시술, 처방 등 한의사의 의료적 실천에 대한 유익한 참여관찰의 기회가 되었다. 1차면담은 그의 생애사를 개괄적으로 이해하는 수준에서 진행되었다. 그의 부친으로부터 아들에게로 이어지는 3대 한의 가문이라는 점과 일제 강점기 징집 경험, 태내 교인으로서 기독교적 이상을 한의업과 일상생활 속에 실천해온 점이 대단히 인상적이었다.

그는 연구자의 방문 의도를 이해하고 면담에 적극적으로 임해주었기 때문에 1인 집중식 '완결 면담'이 가능할 것으로 생각되었다. 이후 5회에 걸친 면담이 동년 3월 27일, 3월 28일, 4월 5일, 5월 9일에 차례로 이루어졌다. 특히 5회째 면담은 연구자 아내의 건강 상담 및 한약 처방을 위해 고객의 입장에서 실시되었다. 질문에 대한 그의 대답은 거침이 없었다. 연구자의 질문 의도를 정확하게 인지하고 주변 내용까지 상세하게 이야기해주었다. 4회째 면담에서는 운 좋게도 옛날식으로 첩약을 싸는 모습도 관찰할 수 있었다. 약령시축제장에서 '약첩 싸기 재연' 이벤트 형식으로 무대 위에서 실시되던 것을 일맥한의원에서는 생업현실의 일상에서 실행하고 있었다. 구술자에 의하면, 녹용 넣은 보약 처방의 경우 가정에서 정성 들여 약을 직접 달여 복용할 요량으로 고객들이 간혹 첩약을 요구한다고 했다.

그는 연구자의 방문 목적을 충분히 이해하고 자신의 84년 인생 이야기를 세세히 들려주면서도, "남의 인생 비밀을 너무 많이 캔다."면서 크게 웃었다. 기독교적 삶에 대한 긍정과 자족, 절대자 앞에서 순종하며 삶을 관조하는 태도는 일의 성취와 건강 유지의 비결인 듯했다. 면담을 마치고 나오는 연구자의 손을 꼭 잡으며 기독교 입문을 권유하는 그의 모습이 진지하기까지 했다.

연보
·1924년 - 청송군 화목리 출생
·1939년 - 서울 을종중학교 졸업
·1945년 - 결혼(4월) 및 일제 징집(6월)
·1948년 - 대구의료원 약제사(2년)
·1950년 - 경찰(6월) 및 우체국 서기(2년) 근무
·1952년 - 경북 청송 화신약국 경영(8년)
·1953년 - 서울한의과대학 입학
·1956년 - 동양의약대학 한의학과 졸업 및 한의사 면허 취득
          화신약국과 한의원 동시 운영
·1963년 - 한의원 대구 이설(두류1동)
·2007년 - 현재 대구광역시 달서구 두류1동 일맥한의원 운영 중

■ 한의사 김천호의 생애 약사

▶출생과 청년기 :

1924년 경북 청송군 현서면 화목리에서 출생하여 화목초등학교 졸업후 서울로 가서 을종중학교를 졸업했다. 일제 강점기에는 징병1기생으로 갑종 판정을 받고 의무병으로 대구 제24부대로 현역 입대했다. 당시 100명 중 10명 정도가 신체검사에서 갑종으로 판정되었다. 나머지 90명은 1종을, 2종을, 3종을 등으로 분류되는데, 이 중 2종을과 3종을 등은 보충병으로 분류되어 입대하지 않았다. 특히 갑자생(甲子生)인 1924생은 징병1기생에 해당되어 지원병, 학병 등과 함께 가장 많이 희생되었다.[25] 22세부터 만 4개월 동안 군 생활 후 광복이 됨으로써 구사일생하였다. 그는 3개월 훈련 후 필리핀, 만주 국경 등으로 파송되기 직전 광복이 되고 20여일 후에 무사히 귀가했다.

▶일제 징집과 6.25참전, 공직생활 :

22세 때이던 1945년 4월 결혼 후 6월에 일본군에 징집됐다. 순진한 아내를 둔 것이 '어떻게든 살아야겠다.'는 결심을 더 굳게 다지는 계기가되었다. 그래서 모범적으로 훈련에 임했던 것도 일선 배치 후 기회를 틈타 탈출을 도모하기 위한 전략의 일환이었다. 광복 후 20일이 지난 9월 초에 비로소 무사 귀향했다.

부친은 일제 강점기 경북 청송에서 단 1명뿐인 명망 있던 의생으로 병을 잘 고쳐 인근의 영덕, 안동, 의성 등지에서도 환자들이 내원하였다. 구

---

25 이를 두고 '묻지 마라, 갑자생!'이라는 말도 회자된다. 일제는 1943년 10월 20일 '한국학생징병유예' 폐지 및 1944년 2월 8일 '총동원법' 공표 등으로 수많은 한국 젊은이들을 사지로 내몰았다.

술자의 숙부도 부친 밑에서 일을 거들며 한의학을 공부해서 일제 강점기 의생이 되었으나, 30대에 일찍 죽었다. 부친이 환자 때문에 바깥출입을 할 수 없을 정도로 얽매인 생활을 목도하고 처음에는 가업 계승을 권유하는 부친의 바람을 거부하고 객지로 나와 대구시청 보건직 공무원으로 2년간 근무했다. 1950년(27세) 6.25전쟁 발발로 '살기 위해' 경찰에 지원하여 6개월 간 복무하였다. 이후 우체국 서기로도 2년가량 근무하였다.

▶ 40세(1964년)에 대구로 한의원 이설 :

그는 1953년(30세) 양약종상 시험에 합격하여 청송 제1호로 개업하여 원기소, 마이싱, 다이징, 노신 등의 양약을 8년 동안 팔았다. 당시 장날이면 원기소가 50통씩이나 팔려나갈 정도로 신약이 훨씬 많이 팔렸으므로 '화신약국' 간판으로 영업했다.

1954(31세)년에는 양약종상으로 일하던 중 서울에 한의과대학이 문을 열었다는 이야기를 듣고 1953년 곧바로 입학하여 한의학의 길로 들어섰다. 한의학 공부 도중에도 화신약국은 부인이 운영해나갔다. 33세이던 1956년 5회로 졸업[26]하면서 한의사 면허를 취득하여 양약국(화신약국)과 한의원을 겸영하였다. 당시 한의학과 입학생 중 90% 이상은 직계 조상들(조부, 부)이 한의사나 한약종상 등 한방과 관련 있는 사람들이었다. 1964년 대구로 나온 후 현재의 장소(달서구 두류1동)에서 지금까지 계속 한의원을 운영하고 있다.

▶ 가족관계 :

2남 2녀 중 장남으로 밑으로 여동생 2명과 막내 남동생 1명이 있다. 여동생은 모두 대구 효성여대를 나왔고, 남동생은 경북대 졸업 후 신명학

---

26 서정학(1931년생, 경일한의원), 조의제(1937년생, 성림한의원) 등은 1958년 7회로 졸업.

교에서 교편을 잡던 중 미국으로 이민 갔다. 부친은 청송에서 평생 한의사로 일하다 70세에 사망했다. 자녀로는 2남 1녀가 있다. 장남은 약사로 약국을 경영하다가 미국으로 이민 가서 캘리포니아대학에서 한의학을 공부하여 2007년 8월 졸업했다. 미국에서 일어난 대체의학 열풍과 가업을 계승해야겠다는 자각으로 한의학을 공부하기 시작했다고 한다. 차남과 사위는 모두 목사로 일한다.

▶ 한의학 공부 :

이론은 한의대 수학 중에 배웠고, 실물 지식은 부친 밑에 수종하며 체득했다. 한의대 입학 이전부터 부친의 일을 거들며 200여 종의 약재 지식을 터득함으로써 설사나 감기약, 십전대보탕 등 웬만한 처방까지 낼 수 있을 정도였다. 27, 28세 무렵부터 부친 밑으로 들어가 본격적으로 한의학 공부를 시작했다. 이로써 약재의 명칭과 약성 등 웬만한 본초(本草) 지식을 쌓을 수 있었다.

■ 일제 강점기 의생(醫生)이었던 아버지

청송 현서면의 고향마을은 함안 조씨 집성촌으로 100여 호 되는 마을입니다. 할아버지는 참 가난했어요. 할아버지는 어중간한 양반으로 선비보다는 부족하고 또 흙에는 손을 안 대고……그러니까 생활면에서는 무능했지요.

아버지는 4세 때 조모님이 돌아가셔서 부친은 재추로 들어온 할머니가 양육했습니다. 15세부터 남의 집 머슴으로 일하다가 이듬해(16세)에 노고재를 넘어 영천군 좌천면 옛 어의 출신의 의생 집에 들어가서 약도 썰고 심부름도 하면서 약재와 의술을 익혔다고 해요. 몇 년 동안 장작 불 때고 약 썰고, 마당 청소하고……바쁘면 대신 약도 짓고 그러면서 의술을 익혔지요. 어릴 때 배운 한문지식을 바탕으로 의술을 빨리 익혀 의생 시험을 쳐 청송군 1호 의생이 되었지요. 옛날에 부친이 한의업 할 때는 환약을 제조하기 위해 방앗간을 만들어 놓고 모친은 물론 이웃의 놉까지 구해 약재를 썰고 빻고 하는 등의 일을 했습니다.

부친은 신경통, 간질 등의 약을 특히 잘 써서 일제 강점기 국내는 물론 멀리 일본 북해도나 만주 봉천까지 알려져 이런 약을 부쳐주기도 했을 정도였지요. 이렇게 돈을 벌어 과수원 3,000평과 논 15마지기, 대구 집 1채 등의 재산을 모아 청송 골짜기에서 '알부자'라는 소리까지 들을 정도였죠. 이 중 신경통 약은 내가 전승·활용해왔는데, 여기에는 천오(川烏) 등의 극약이 들어가므로 지금은 더 이상 처방·조제하지 않습니다. 잘못하면 위험하니까요. 실제로 과거 환자들이 규정을 어기고 이 약을 과다 복용함으로써 의료사고가 몇 번 나기도 했지요. 그래서 좀 안전하게 하고 싶기도 하여 이후로는 더 이상 처방하지 않습니다.

한번은 어떤 노인이 진료 받은 자기 며느리의 유산(流産)을 빌미로 찾아와서 많은 보상을 요구하기도 했는데, '법적 해결'이라는 정면 대응책을 제시함으로써 위기를 넘기기도 했습니다. 이와 유사한 사례가 과거 여러 건 있었는데, 돈을 목적으로 하는 계획적인 시도도 몇 건 발생했어요. 한의사는 허가가 있어 정면 대응이 가능하지만, 무허가의 매약상이나 진료 차트를 기록할 수 없는 한약종상은 이러한 약화사고 시에 당할 수밖에 없습니다.

당시 한약종상은 1개면에 1명씩 배치되었어요. 부친은 한학에 능통했으므로 한시나 사서삼경을 잘 이해했으며, 계명대학교 설립자인 신태식의 부친을 제치고 관내 최초로 교회 장로가 되기도 했답니다. 이러한 부친의 노력으로 돈을 벌어 빈곤층에서 중상층으로 올라서는 계기를 마련

했죠. 나도 일제 강점기 경북중학 입시에 두 번이나 실패했지만, 서울의 을종중학교까지 유학할 수 있었던 것도 모두 이러한 경제적 혜택 때문입니다. 이후 한의사가 되고 교회 장로가 된 것도 부친의 은혜 때문으로 세상에서 가장 존경하는 사람으로 생각합니다.

부친은 장터가 생기면서 면 소재지에서 한의원을 개원했어요. 청송군 안덕면 명당동 373번지입니다. 우리 집은 앞마당을 포함한 300여 평이나 되었어요. 과수원도 있고 논도 10마지기나 있었어요. 일꾼들도 2명 고용했는데, 농사일이 없는 겨울에는 약방 일을 시켰지요. 아래채는 세 칸 겹집이고, 위 채는 4칸 반이었어요. 방 3개에다 앞에 마루가 있는 구조지요. 옛날 초가 3간은 마루도 없이 방만 3칸 있는 집이지만요. 방 2개, 광 1개, 부엌으로 이루어졌지요. 위 채 맨 왼쪽 칸 사방 12자 규모에 한의원이 있었는데, 방 안에는 약장이 놓이고 천장에는 괘약(掛藥)이 되어 있었지요. 한의원 방에 잇대어 있는 마루 대청에는 사방으로 둥글고 사각형의 약통들이 놓여 있었어요. 그 다음에 방은 사방 9자 반 되었고요. 맨 오른쪽으로 정지가 있었지요. 이 집에서 20년 동안 살았으므로 기억이 환하지요. 약방에는 천장에 약봉지가 약 100여개나 달려 있었지요. 그래야만 벌레가 먹지 않았거든요. 우리 집은 6.25동란 때 불타고 없는데.

(연구자를 약장이 있는 제약실로 안내하며) 이게 맨 처음 아버지가 쓰시던 약장입니다. 내가 84세니까 이게 130년 정도 되었네요. 당시에는 엄청 큰 약장입니다. 1개 더 있었는데, 불타 없어져 버렸어요. 우리 집 가보입니다. 지금 내가 이걸 만질 때마다 당시 아버지 모습이 환하게 생각납니다. 약장 서랍 이거 뽑아가지고 약 짓던 모습이 환합니다. 아버지 가보는 이거 하나밖에 없습니다.

6.25전쟁 때 우리 집이 인민군 본부였습니다. 집이 크니까······청송이 인민공화국으로 변했거든요. 그러니 미군 공군기가 인민군 본부를 그냥 폭격하니까 우리 집이 불탔지요. 당시 아버지는 피난 가서 없었고, 이웃

사람이 "저 집에 약장이라도 꺼내 주어야지." 하면서 들고 나와서 저게 남아있는 겁니다. 당시 아버지는 크리스천 장로였으므로 인민군이 제일 먼저 숙청하잖습니까? 숙청 대상이었지요. 6.25동란 전의 살림은 하나도 없습니다. 제 일 아까운 것은 우리 어릴 때

부친의 약장(1800년대 후반 제작)

모습 찍어두었던 사진들이 모두 없어져버린 점입니다. 6.25전쟁 때 모두 불타버렸기 때문이지요.

약장은 가볍고 벌레가 안 먹었으므로 오동나무로 만들어졌어요. 약통은 모두 나무로 제작되었는데, 둥근 것과 사각형이었어요. 당시까지만 해도 플라스틱은 나오지 않았어요.

한의원으로 썼던 방이 사방으로 열 두자였으므로 큰 방입니다. 손님이 방에 10여 명 앉을 수 있는데, 비좁아서 딸려있던 마루에까지 손님들이 언제나 대기했지요. 당시에는 우리 집이 아주 큰 편에 속합니다. 기와집이고, 대궐 택이지요. 요즘으로 치면 유산층 부르조아 계층입니다.

삼촌은 아버지 밑에 들어가 일을 도우며 한의 공부를 했어요. 삼촌은 재추로 들어온 할머니에게서 태어난 동생이지요. 전처에는 4남매가 났고, 재추에 남매가 태어났거든요. 당시 삼촌을 아버지가 데리고 있으면서 국민학교 공부시켰어요. 또 장가까지 보냈지요. 삼촌은 그렇게 해서 한의학 공부해서 한의사가 되어 잘 지내다가 병이 나서 그만 일찍 세상 떠났어요. 암이었던 것 같아요. 삼촌은 아버지 밑에서 심부름도 하고 약도 썰고 그렇게 해서 공부를 해가지고 한의사가 된 거지요. 일제시대 의생 시험 쳐서 한의사가 되었어요. 삼촌도 처음에는 청송에서 개업해 있다가 나중

에 대구 동촌으로 나왔어요. 모진 병으로 수술에 실패한 후 일찍 37, 38세쯤 돌아가셨어요.

우리 시대는 관료시대 아닙니까? 일제시대 그 때 관리면 최고이고 그런 시대인데⋯⋯아버지께서 일찍부터 "너는 맏이이고 하니 내 가업을 계승해라. 이 가업은 좋은 사업이다. 또 하나는 경제문제가 일단 해결되니까 참 좋고. 너는 장자니까 가업을 계승하라."고 늘 이렇게 말씀하셨어요. 그런데 일제 관료시대는 그 말이 맘에⋯⋯참~ 만족스럽게 들어오지 않았어요. 왜냐하면 아버지께서는 집안에서 일평생을 꼼짝달싹 못하고 묶여 있었거든요.

그때만 해도 청송군 전체에 의생이 아버지 혼자 밖에 없었고, 또 아버지는 명망 있는 의원이었어요. 그러니까 영덕과 안동, 의성, 영일 등 사방 타 군에까지 알려질 정도로 유명했어요. 그런데 세상에 남자로 태어나서 먼 나라 세상 넓은 곳에라도 나가 견문도 넓히고⋯⋯ 남자가 좀 멋있게 살아야지, 맨날(매일) 집안에 앉아서 '배 아프나? 머리 아프나?' 하면서 환자만 상대하면서 사는 게 참 따분하게 느껴졌어요. '남자가 설치면 돈이 있지. 뭐!' 그렇게 생각했어요. 그래서 집을 나와 대구시청 보건과에 취직을 해가지고 25, 26세까지 3년 정도 일했어요.

그 무렵 내가 사표 내고 서울 갈려는 찰나에 마침 6.25전쟁이 터졌어요. 당시는 상황이 급했는지 막 길거리에 다니는 사람을 잡아가는 기라요. 그래서 군대는 가기 싫고 신분 보장이 되는 길은 경찰이 되는 것이라 생각하고 지원했지요. 마침 그 무렵 대구 남대구서에서 경찰관 뽑는 시험이 있어서 여기에 응시해서 경찰관이 됨으로써 난리를 피할 수 있었어요. 그 뒤에 다시 체신부, 우체국에도 있어 보았고, 시청에서도 있어 보았고⋯⋯(웃으며) 참~ 다 해보니 "아이구! 이거 하면 빌어먹겠다."는 생각이 드는 기라. 그때는 경제 문제는 생각 안 해보았고요 그때 공무원 봉급은 몇 푼 안 됩니다. 해방직후 그때는 말이지요. 그때 마침 서울에 한의과대학이 생겼거든요. 학교는 처음에 언제 생겼는지는 몰라도……내가 5회 졸업생입니다.[27] 6.25전쟁 중에 생긴 것 같아요. 대학 입학할 때 내 나이가 30세인 것 같습니다.

■ 아버지의 기독교 귀의, 삶의 지표

가정을 얘기할라치면, 우리 집은 완고한 의성 김가 집안입니다. 우리 가정은……그런데 우리 아버지가 그만 기독교에 귀의해 버렸어요. 그러이 그 시대에는 양반가문에서 그렇게 하면 난리 납니다. 확실치는 않지만, 총각 때로서 22, 3세쯤 되었을 겁니다. 내 위에 형님 2명, 누님 2명해서 4명이 죽었어요. 왜냐하면 한의사 집에 백일해 유행된다, 이질 유행된다, 홍진, 성홍열 온다 카면 환자는 모두 우리 집에 올 거 아닙니까? 그러니 아이들이 전염되어가지고 모두 병에 걸려가지고 죽게 되었지요. 그러니까 내가 다섯 번째 만에 태어났지만, 장남이 된 거지요.

부친은 집안 어른의 반대에도 불구하고 젊어서부터 기독교에 입문함으로써 가족들, 특히 조부님에게 상당한 실망과 염려를 주기도 했지요. 1919년 기미년 독립만세 일어나던 해에 입신한 것 같습니다. 아버지가 예수를 믿으니 할아버지가 대성통곡했답니다. "기대했던 제일 똑똑한 자식이 예수교를 믿으니 조상 제사도 안 지내고, 내가 죽고 난 다음에 어디 가서 봉제사를 받겠느냐? 그리고 양반이 상투를 잘라버리고 예수를 믿으니……" 하면서 울고 야단났어요. 참~ 집안에 제일 똑똑한 자식이 야소교 믿어가지고 서양문물 묻어가지고 사람 버렸다고요. 그때는 조상 모르

---

27 1948년 동양대학관 개설, 1953년 동양대학관이 폐지되고 서울한의과대학(부산) 설립. 1955년에는 동양의약대학으로 교명 바뀜.(大邱廣域市 韓醫師會, 『大邱廣域市 韓醫師會 五十年史』, 2004, 21~23쪽 참조.)

면 고얀 놈이었어요.

예수교 믿을 당시 아버지가 한의업을 하고 있었는지는 잘 모르겠어요. 아버지는 4형제 중 세 번째였어요. 할아버지가 그때 참 낙심하고 통곡까지 했어요. 당시 부친이 왜 예수교를 믿었는지 참 불가사의한 일입니다. 알고 보니 의성에서 재를 넘어 청송으로 복음이 들어와 가지고 믿게 되었지요.

부친은 기독교 입신 후 집안 제사나 묘사 등에 참여하지 않았어요. 실제로 어른들께 "제사는 못 지냅니다. 살아 있을 때 제사 지내렵니다."고 말하면서 매달 1일, 15일마다 소고기 등을 사서 문안하는 등으로 해서 어른들을 극진히 모셨어요. 이렇게 신념이 확고하고 어른들께 효도하는 부친의 모습을 보고 이에 감화되어, 조부님이 처음의 생각과는 달리 나중에는 자청하여 부친을 따라 교회에 나가게 되었지요. 이후 온 가족이 교회에 입신하여 모두 잘 되었습니다. 부친은 한의업으로 일군 부를 바탕으로 형제들에게도 전답을 사주는 등 많은 인정을 베풀었습니다. 부친은 70세에 별세했습니다.

크리스천 된 게 인생 최대의 행복이자 기쁨입니다. 우리나라 기독교 도입과 정착으로 역사관 정립의 문이 열림은 물론 한국 근대화의 시야가 열렸지요. 일제 식민지 정책은 '우민(愚民)정책'으로서 조선인은 가능한 교육시키지 않고 바보 만들어 부려먹기 위한 교육정책을 실시했잖습니까. 경성제대의 경우 ¾이 일본인이고 ¼만이 한국인이었는데, 그 중에서도 인기 없는 전공에만 한국인의 입학이 허용됐지요. "중등교육기관으로는 서울에 오산, 숭실, 광성, 경신, 배재, 이화학당 등이 있었고……기독교는 우리나라 인재 배출 측면에서도 상당한 역할을 했지요. 해방 후 기독교 출신자가 아니면 누가 이 나라를 이끌 수 있었겠습니까?

저는 모태(母胎) 교인입니다. 기독교는 제 한의업의 성공과 건강 유지에 가장 큰 힘이 되어왔습니다. 환자를 맥진이나 복진 할 때 하나님에게 반드시 마음속으로 이렇게 기도합니다. "하나님 아버지! 주님께서 병 고친 손을 [환자 몸에] 얹은 즉, 하나님 여기 감기병도 모두 낫게 하는데……하나님 나를 기계로만 쓰십시오. 도구로만 쓰십시오. 나는 아무것도 아닙니다. 하느님 능력 함께 하시옵소서." 이런 태도로 임했기 때문에 44년 동안 한의사로서 비교적 성공한 사람에 속한다고 자평하고 있습니다.

요즘은 11시에 나와 오후 5시에 퇴근합니다. 80세를 넘기면서부터는 건강을 고려하여 여름 두 달 동안은 월요일 하루만 진료하고 있어요. 1년에 절반밖에 일하지 않습니다. 젊을 때 모은 돈으로 15년 전에는 5억 원을 출연하여 일맥장학재단을 설립한 후 이를 경북도청에 맡겨놓고 해마다 1,500만원씩의 장학금을 학생들에게 지급해오고 있습니다. 아울러 ○○에 있는 산 80정보(24만평)을 재정적인 토대로 하여 청강보육원도 설립하여 어려운 분들의 복지를 돌보고 있습니다.

돈은 사물(邪物)입니다. 물질에 크리스천의 영(靈)이 깃들지 않으면 타락할 가능성이 있습니다. 일맥장학재단이나 청강보육원 만든 것도 이런 생각을 조금이나마 실천하기 위한 것입니다.

아직도 밀레의 '만종' 그림을 감상하거나 헨델의 음악을 들으면 너무 감동스러워 눈물을 흘립니다. 이러한 감수성은 내가 일제시대 경북중학 떨어지고 서울 을종중학 다니면서 생긴 다소의 열등의식을 만회하고자 세계문학전집을 열독했던 것 때문입니다. 이것이 후일 커다란 삶의 자양분이 되었다고 봐야죠.

기독교 문화권의 수준 높은 예술작품들에 비해 우리나라에는 그림도 민속화 정도일 뿐이어서 커다란 사상이나 의미를 담은 감동스런 작품이 없어요. 호랑이나 까마귀 그려 넣고 액운 방지나 행운을 유도하는 의미 정도라고나 할까요.

■ 대구약령시에서 '영(令)'을 보고

그때 당재(唐材)[28]는 대구약령시(大邱藥令市)에서 구입했지요. 1년에 가을철에 '영'(令) 캅니다. 약령시……대구 약전골목 있잖습니까? 어릴 적 기억나기로는 가마니 여러 개를 꿰어가지고 약령시에 가서 한번에 3, 4 짝씩 장을 봐왔어요. 그때 자동차가 귀하지 않습니까? 트럭이 어쩌다 한 번 다닐 때 여기에다 싣고 오는 겁니다. 나머지 약재는 모두 채약(採藥)한 것을 사용합니다. 자체 생산입니다. 농민들이 모두 산에 가서 캐어다가 말려가지고 우리 집에 팔려 왔어요. '영' 보았던 약재는 5분의 2 정도 충당되지 않았나 봅니다. 감초(甘草)니 두충(杜冲)이니 계피(桂皮)니 그런 거는 해외 약재 아니면 안 되거든요. 그 다음에 시호(柴胡)나 백출(白朮), 당귀(當歸) 등 많이 쓰는 것은 모두 자체 약입니다. 예전에 농민들이 할 일이 없으면 산에 약 캐러가는 것이 부업이었어요. 유일한 부수입입니다. 수입품은 말레이시아, 중국, 인도에서까지 옵니다. 당시에는 당재가 비쌌어요. 운임이라든가 비용 요인이……요즘 같으면 환율 관계로 우리 약값이 비싸고 저게 헐치만요. 그때 같으면 당재 가격이 국산보다 3~4배 비쌌어요. 지금하고는 반대입니다. 거꾸로 되어 있어요.[29]

약령시(藥令市) '영'(令)보러 올 때는 아버지가 직접 왔어요. 직접 약을 보고 구입해야 하잖아요? 가마니 2개 정도를 쪼개 가지고 원형 약재를 쌌던 거지요. 네모 모양으로요. 장정 2명이 맞들어야 겨우 들어 올릴 정도지요. 한 개, 한 짝 높이가 2m, 길이 1.5m 정도 될 겁니다. 이런 것들을 한 장에 4짝 정도씩 사가지고 오지요. 집에 오면 감초, 부자, 당귀, 천궁 등의

---

28 중국 약재
29 대구 약전골목에서 3대재 한약 가업을 계승해온 이용식(67세, 광신한약방)에 의하면, 실제로 1960년대에는 중국 약재가 중재(重材, 중요한 약재)에 속했다. 예건대, 중국산 부자(附子) 1근이 2만원이라면 인삼 1근은 1만원이었다. 지금은 거꾸로 되어 부자는 근당 3~5천원인데 비해 인삼은 3만원 정도이다.

약재를 일일이 가려내어 가지고 정리하지요. 이렇게 '영'을 봤어요.

예전에는 약을 썰고 법제 하는 등 웬만한 것은 모두 집에서 작업을 했어요. 그러므로 그때는 우리 삼촌하고 고용한 2명의 머슴들이 겨울철에 일 없을 때 모두 붙어서 약을 썰었지요. 우리 아버지도 하고 심지어는 어머니까지 약을 썰었는데, 그때는 약 써는 일이 큰일입니다. 매일 석두로 약을 썰이는 소리가 끊이질 않았어요. 나도 젊어서는 약 써는 일을 좀 했어요. 온 가족이 약방 노동을 했던 택이지요.

그 당시에는 환약도 절구방에서 빻아가지고 온 가족들이 모여 맨들기도 하고. 청심원(淸心元) 그런 것도 맨들었어요. 경옥고(瓊玉膏) 같은 것은 뽕나무로 불을 때 가지고 일주일 동안 밤낮으로 고우지요. 잘 알 수야 없겠지만, 장작불을 붙여놓으면 불 안 끄트리고 고울 수 있지요. 옛날에는 전치(전부) 집에서 약을 만들었어요. 그때는 약이 참~ 가치가 있었거든요. 그때는 으레 하는 것이라 생각했어요. 마당에 까는 멍석 같은 게 있잖아요? 큰 거는 4m가량 되고 작은 거는 2m가량 되는데. 마당에 온통 썰어놓은 약을 널어 말렸지요. 집에는 항시 약 냄새가 온통 풍겼지요. 당시에는 물론 대구에 나와서도 첩약(貼藥) 지었지요. 자동약탕기에 약을 달인 것만 해도 17~8년밖에 안 됐어요. 20년 전만 해도 약 지어가지고 전부 싸 주었지요. 지금 생각해 보면, 아버지 손은 약 싸는 게 기계예요. 나도 여러 수만 번을 싸보았지만, 아버지 싼 것을 보면 모양도 반듯하고. 참 신기해요. 사람의 손만큼 신기한 기계는 없어요.

한 제가 20첩인데요. 10일 분이지요. 오전 1첩, 오후 1첩, 밤에 2첩 모아가지고 재탕해서 복용하지요. 하루 3번 먹는 거지요. 10첩씩 모아서 노끈으로 묶어서 먼 곳으로 가는 사람들은 또 신문지에다 싸 주었지요. 당시에도 아버지가 조선, 동아일보 일간지를 두개씩이나 보았거든요. 다섯 첩정도 되는 적은 분량의 약은 노끈으로 묶어주었고요. 약 지으러 오는 사람들은 으레 약 싸 갈 자기 보자기를 전부 준비해 가지고 왔어요. 첩지

(帖紙)는 지금처럼 양지는 없었고요. 모두 조선종이, 한지였어요.

■ 일제 강점기 생활상과 서울 유학

당시 일반인들 의식주 상태는, 지금 얘기하면 아마도 못 믿어줄 겁니다. 우리 동네가 100호라 치면, 논 1마지기 2마지기, 밭 2마지기 있는 사람이 30%정도 밖에 안 되었어요. 논 10마지기가 2천 평입니다. 밭이 한 500~1,000평 있으면 상류층입니다. 우리 동네 명호 댁, 칠평 댁……100호 중에 4~5호밖에 안됐어요. 그 정도 되면 보릿고개 면할 정도 되고, 자녀들 초등학교 보낼 정도는 되지요. 그 이하면 학교 수업료 낼 수 없어 가지고 못 보내고, 보릿고개 되면 양식이 떨어지고 하지요. 당시에는 좀 괜찮은 집이라도 저녁은 으레 죽입니다. 그렇게 아껴먹어야 보릿고개를 이어나가거든요. 그러나 아무리 아껴도 보릿고개 1달 정도에 양식이 완전히 단절되는 집이 동네에 20% 정도 됩니다. 이들은 온전히 칡뿌리, 쑥 등 초근목피로 연명해야지요. 나물이나 쑥을 많이 넣고 보리나 콩은 조금 넣고 끓이면 멀겋습니다. 요새 죽은 뻥뻥하이 끓이지만, 당시에는 멀겋습니다. 물로 배를 채우는 거지요.

그때는 언제 한번 배를 채울 수 있을까 하는 게 소원이었지요. 일제 말기에는 공출제도가 되어가지고 좋은 곡식은 소출량의 70%까지 가져가버려요. 착취지요. 대신 만주에서 나오는 말 먹이는 콩, 대두박을 주었어요. 말년에는 배급제 되어가지고 6홉, 5홉, 4홉으로 차츰 적게 주었으니 참~말로 다할 수 없을 정도로 비참한 거지요. 논이 많은 사람도 농사지은 곡식을 다 뺏기니 죽 안 먹고는 못 살지요.

의성 산음 처가에 가보면 400여 호 되는데, 그런 곳에서도 당시 20호 정도만 호구를 이을 정도였지요. 예전에 혼삿말 나올 때, "그 집 경과가

어떻소?" 이렇게 물으면, "그 집 계량(繼糧)할만 하네." 이렇게 나오면 양
식은 이을만할 정도가 된다는 말이었지요. 보릿고개 이어나갈 정도가 된
다는 의미이므로 중산층이란 거죠. 굶지 않을 정도가 된다는 말이지요.
이런 상황에서 나는 복 중의 복이었지요. 그래서 아버지를 가장 존중하고
정말 감사하게 생각해요. 내 여동생도 대구 효대(효성여자대학교)[30] 졸업
하고, 또 그 아래 여동생도 효대 나오고, 막내 남동생은 열 살 차이 나는
데 대구고등 나와 가지고 경북대 졸업하고 에스엠(SM, 신명학교)[31]에 교
사로 있다가 미국 가서 살아요.

아버님이 내 서른다섯 때 작고하셨어요. 연세가 칠십이었지요. 그 집에
서, 청송 안덕면 집에서 25년을 살았어요. 경북고등학교 시험 쳐서 떨어
져가지고 1년간 대구에 와서 예비학교에 공부도 했어요. 하숙하면서요.
주덕근 씨라고 영남중고등학교 재단이사장 집에서 하숙했지요. 1년간 여
기서 살고. 또 다시 경북고등학교 떨어져서 2번씩이나 떨어졌지요. 의사
라도 될라면 인문계고등학교를 가야 되잖아요? 할 수 없이 서울 을종중
학교에 입학했어요. 3년제였어요. 공립학교는 5년제였지만요. 당시 대구
에는 계성학교, 경북고등학교, 농림학교, 상업학교 그밖에 없었거든요. 서
울에는 많았어요. 돈만 있으면 들어갈 수 있었어요. 일제 때 서울에서 하
숙했어요. 예비학교 1년 하고 서울 을종중학교 3년 했으니 4년 동안 집
을 떠나 있었던 셈이지요.

서울 을종중학교 시절은 일제 강점기인데, 내가 중학교 다닐 때 열등
의식이 좀 있었어요. 내 친구가 다니던 경북고등은 공립 5년제이고, 나는
사립학교 3년제였으니까요. 그래서 당시 어떻게 따라갈까 하는 생각이
있었지요. 일본시대 무슨 책이 있었어요? 문학책밖에 없었어요. 세계문학
전집이지요. 이것을 막 읽었어요. 하룻밤에 300페이지 정도씩이나 읽었

---

30 현 대구가톨릭대학교
31 현 신명여중·고등학교

어요. 방학 때 친구들 만나 대화하지요. 공립학교 학생들은 일본 군국주의 교육을 많이 받았어요. 공립학교는 전부 일본사상을 주입시키니까요. 일본 역사도 좀 알고 그렇지만, 그런 넓은 세계는 영 몰라요. 나는 서울에 있었으니까, 여운형 씨 얼굴 보고 '저 사람 독립투사이다. 안중근 씨가 어땠다.' 그런 소리 들었거든요. 대구서 학교 다니던 아이들은 안중근, 윤봉길이가 누군지 몰랐어요.

당시 아버지가 한의사였으므로 경제적으로 여유가 있었지요. 토지는 우리보다 여유가 있었던 사람이 더러 있었어요. 양조장 하는 사람도 있었고, 백석꾼 만석꾼 하는 사람도 있었어요. 한 면(面)에 일만 명 정도의 인구가 살았어요. 우리는 논이 10마지기 정도밖에 없었으므로 토지 보유 면에서는 많이 못 미쳤어요. 과수원도 3천 평 있었어요. 그렇지만 우리는 현금이 제일 많았어요. 여름이고 겨울이고 현금이 항시 들어왔으니까요. 현금을 보관할 데가 없어가지고 아버님이 의성이나 대구 동촌에 가서 과수원을 구입하고 또 대구에다 집도 사고요. 소위 '알부자'였던 택이지요. 나는 호강하고 살았어요.

일제 때 중학교만 들어가면 군청, 도청 서기 할 수 있지 않습니까? 일본 말로 '이바리징'(いばりじん), '뽐낸다'는 말이거든요. 도청 서기나 학교 선생 하면 이바리징이 80%이고, 월급은 20% 해당되지요. 중농가 1년 수입이 선생님 2개월 수입밖에 안됩니다. 뽐내는 맛이 80%입니다. 면 서기는 18원 받는데, 초임 선생은 42원 받았어요. 당시에는 관료가 되었다고 하면 그냥 지배자, 지도자가 되는 겁니다.

■ 일제 징병, 광복의 무사 귀환

15세 때 을종중학교 들어가서 18세쯤 졸업했어요. 거기 졸업 무렵에는

2차 대전 중이었어요. 나이 많은 사람들은 일본 탄광 가고, 길 고치는 데 등 징용 갔어요. 법령 시행되기를 갑자생, 1924년생부터는 징병제, 즉 의무병제가 되었어요. 일제는 군국주의 시대였어요. 군인 된다는 것이 최대 명예였어요. 출세의 길은 군대를 통해서였죠. 상해, 북경, 난징으로 들어가서 나중에는 남양(南洋)과 필리핀까지, 태국과 미얀마, 말레이시아까지 전선이 확대되어 갔어요. 그러니 군인이 모자라잖아요. 어떻게든 한국 사람에게 군대만은 주지 않으려고 했지만, 안되니까 '국민총동원령'을 만들어가지고 갑자생 이상은 조요(ちょうよう), 징용으로 군수공장, 탄광, 길 고치는 데로 갔어요. 그 다음에 징병 1기생부터는 정규 군인이 되는 기라요. 대단히 명예로운 일이니까요. '우리가 식민지하에 있으면서 왜 죽으러 가노?' 하지마는, 명예로서는 최고지요. 그래서 나를 포함하여 120여 명이 면에서 신체검사 했는데, 갑종 합격한 사람은 10여 명밖에 안 나왔어요. 당시 모두 못 먹어 영양실조 되는 상태니까 그렇게 된 거지요. 1을 종, 2을종, 3을종 해서 심지어 병종까지 나왔어요. 그때 내가 갑종 판정 받았으니까요. 경찰서장까지 나와 가지고 "오! 가나무라! 갑종 합격 축하합니다."고 했어요. 현역군인으로 올리거든요. 명예가 대단합니다. 신체검사는 21세에 했고, 22세에 입대했지요.

당시 청송에서는 목탄차가 하루 한번밖에 안 다녔어요. '오르막엔 병신, 평지에는 귀신'이라고도 불렀어요. 18명이 정원인데, 갑종 신체검사 증 보여주면 공짜로 탈 수 있었어요. 또 경찰관이 산골대통령 정도로 떵떵거릴 때입니다. 경찰국가였죠. 그런데 우리는 경찰한테도 큰소리 쳤어요. 당시 차례로 군에 갔는데, 내가 맨 나중까지 연기되고 남았어요. 그러다가 해방 두 달 남겨두고 6월 1일 입대했어요. 부친이 크리스챤(Christian)이므로 사상적으로 좀 문제 삼았는지 모르겠어요. 이를 두고 교회 교인들은 "하나님 사랑으로!", 그리고 불신자들은 "명산을 사서 조상 덕택으로 안 간다."는 말들이 나왔어요. 따라서 나는 3개월 정도밖에 군

대 생활을 안했어요. 일찍 갔던 사람들은 많이 죽었어요. 당시 지원병으로 갔던 초등학교 선배들이랑 징병자라도 일찍 갔던 사람들도 다 죽었어요. 심지어 외동아들인 김진규나 윤한석 이런 아이들도 다 죽었어요. 딸 하나 낳아놓았지만, 군에 가서 못 돌아왔어요. 한명은 아이를 못 낳았지만, 역시 못 돌아왔지요. 또 결혼하지 않으면 여자들은 데신따이(てしんたい)[32] 끌려갔으므로 16세, 17세 되는 꼬마신부들도 많았어요. 또 우리도 씨(자손)를 떨어뜨려야 된다고 하면서 19세, 20세에 모두 결혼했어요. 조혼했어요. 내 부인도 당시 19세이고 나는 22세에 결혼했어요. 세 살 차이지요. 당시 내가 군에 간 곳은 대구 24부대였어요. 지금의 대봉동 미8군 자리지요. 훈련만 받았어요. 박격포부대, '데키탄토'(てきだんとう)라고 했어요.

8.15해방을 일본 군대 안에서 맞이했어요. '해방되었다.'는 말에 어디서 갑자기 한대 얻어맞고 깨어난 느낌이었습니다. 정말 현실로 믿어지지 않는 감동이었으니까요. 훈련소에서 생활은 아침 5시에 일어나 맨손체조하고 훈련에 임했어요. 당시 대구 영선시장 있던 자리에서 주로 훈련했어요. 일본사람들이 건립한 충령탑도 있었어요. 지금은 미 8군이 있습니다. 해방 하루 전인 8월 14일 아침에는 예전과는 달리 훈련을 하지 않고 요한 분위기였어요. 그래서 '이제 일선으로 가는구나.' 생각했어요. 중국으로 가나? 필리핀 쪽으로 가나? 이런 생각을 하고 있었지요. '죽음의 전선으로 가는구나.'라고 생각했어요. 그때 우리 생각은 '어떻게 하면 살 수 있겠느냐.'는 것이지요. 왜놈을 위해 죽을 필요가 없잖아요? 그래서 배치받은 후에는 탈주해야겠다는 생각을 가지고 있었으므로 총검술 등의 훈련을 철저히 받았어요. 중국 쪽인 경우에는 어디로……또 남쪽으로는 필리핀의 경우에는 원시림으로 탈주할 계획이었어요.

해방일인 8월 15일에도 훈련이 없었고, 저녁 때 비로소 일본이 손들고

---

32 정신대. 일제가 강제동원한 군 위안부.

해방이 되었다는 소문이 나돌았어요. 당시만 해도 일본이 세계 최강이라고 생각했으므로 무조건 항복은 없을 거라고 생각했지요. 그래서 대등한 입장에서 평화협정이라도 맺을 것으로 생각했지요. 16일쯤 되니까, 일본 천황이 떨리는 목소리로 항복했다는 소문이 또 들렸어요. '야! 이거 웬일이냐?' 카면서 갑자기 한방 얻어맞은 기분이 들었어요. 동시에 '이제 살았구나.'하는 생각과 함께 부모도 만나고 신혼의 아내도 만나겠다는 생각이 들어 기쁨은 이루 말할 수 없었어요. 이때 내 나이가 22세였어요. 8.15해방이 되고 곧바로 집으로 올 수 없었고, 2주간 부대에 더 있었어요. 우리가 총검술 기술 배웠으므로 일찍 내보내면 무슨 일을 벌일까 하는 염려가 있었든가 봐요. 그래서 9월 3일인가 5일인가 나왔어요.

고향에 가니 일본 경찰이 모두 철수하고 아무도 없었어요. 그래서 자체서 치안대를 조직해가지고 일본 경찰이 버린 총을 메고 또다시 경찰 아닌 경찰이 되었어요. 6.25 때도 그랬지만, 도적이나 폭력 등이 전혀 없었어요. 완장 걸고 치안대원으로서 초저녁과 새벽으로 순찰했어요. 이북은 소련이 먼저 들어와 약탈하고 문제가 좀 있었지만, 남한에는 미군이 한 달쯤 뒤에 들어왔잖아요? 그동안은 일반인들이 자체 치안을 담당했지요. 청송의 경우에는 11월쯤 되어서야 비로소 미군 치안의 영향이 미치기 시작했지요. 이 기간 동안은 참~ 태평연월의 시기였지요. 평화로웠지요. 국군 창설 이전에 국방경비대가 조직되었는데. 이현근 씨가 일본 사관학교 출신이지요. 또 만주사관학교 출신들이 함께 이를 조직했지요. 당시 일제시대 군에 갔다 온 사람들에게도 모두 모집 통지를 해왔어요. 중학교쯤 나온 우리 정도 되면 사관학교 무료로 특채로 들어가서 6개월 정도 훈련 받으면 장교가 될 수 있었지요. 당시 국민학교 출신자들도 이런 과정을 거쳐 육군 중령까지 했던 친구들도 있었지요.

■ 광복 직후 공직생활과 6.25전쟁 경험

해방 후에는 곧바로 대구시청 보건과에 들어갔지요. 그러다가 6.25전쟁 일어나는 바람에 생각조차 하지 않던 경찰관도 하고 우체국 서기도 하고요. 참! 어긋난 길을 왔다 갔다 하다가 아버지 가업을 잇기 위해 한의과대학으로 들어가게 되었지요. 대구시청 보건과에 있다가 대구시립병원에 약사로 파견되어 갔어요. 지금의 시립병원 전신이지요. 당시 의사가 2명 있었는데, 약사가 귀해서 내가 약사 했어요. 그때 다이아징, 페니실린 처음 나올 때 참 효과가 좋았어요. 월급은 너무 적어 3식구 반달 생활비 밖에 안 되었어요. 그러니 부정이 많았잖아요.

당시 의료 환경은 참 열악했어요. 대구시내에 약국도 없어서 몇 시간을 찾아도 찾기 어려웠어요. 의원도 인제의원 손인식 씨라고 내과의사인데 한 분이 있고, 한의원도 김관제라고 유명한 분이 있었어요. 그것도 몇 사람 안 되었어요. 약전골목에 있었지요. 김관제 건재약국이 있었고, 그 다음에 광신당한약방, 영남한약방, 순천당한의원이 있었고. 아주 몇 사람 안 됩니다. 내가 한의사 될 때 전국에 한의사가 400명밖에 안 되었어요.

촌은 대다수가 무의촌이지요. 아버지가 의사로서 청송군에 유일하게 있었다니까요. 촌에는 의원도 없었어요. 그 다음에 한지의(限地醫)가 있었어요. 의과대학 나오지 않은 사람 중에 병원에 오래 종사해가지고 [의술을] 좀 알면 한지의가 되어 한 면에서만 의사 자격으로 역할을 할 수 있는 사람이 몇 명 있을 정도였고 그 외는 없었어요. 그때 의학전문학교 3년 하면 의사 자격 주었는데, 이런 사람도 대구시내에는 몇 사람이 없었고, 포항이나 안동 같은 데 한두 사람 있었을 정도이고 그 외는 없었어요. 촌사람들은 조약(調藥) 정도 쓰고. 그러니 약으로 낫지 않으면 전부 죽는 거고. 그러니까 평균수명이 짧았던 것 아닙니까?

박정희 시대에는 무의촌 해소한다고 한의과대학 나온 젊은 한의사들은 경북대학교 의과대학에서 6개월 동안 강습 받도록 하여 무의촌에 공의 (公醫)[33]로 배치시키기도 했어요. 전국적으로요. 그런 정도니 말할 게 있습니까? 약 한 첩 못 먹고 죽는 사람이 태반이었지요. 문명이 이렇게 발전한 것은 역사상 유래가 없을 정도의 그런 발전이지요. 참 놀랍지요.

처음 대구에서 살림 하던 곳은 아버지가 사 놓았던 집이었지요. 아래채가 방 두 개, 우 채가 방 두 개에다 마루가 있고 대지가 50여 평 되었어요. 대봉동 16번지인데, 상업학교 뒤에지요. 신혼살림부터 자가에서 살았지요. 아버지 덕분이지요.

경찰관 된 것도 전쟁을 피하려고 한 거지요. 시청 사표 내고 서울 가려고 했어요. 친구하고 가려고 하고 있었는데. 사표는 5월에 냈는데 전쟁이 6월에 났잖아요? 그때는 영장도 없고, 법도 없이 길을 가는 젊은 사람 있으면 붙들고 가서 들었다 놓았다 하고 총 몇 번 쏴보라고 한 뒤 곧바로 전선으로 보냈지요. 그때 혼란은 이루 말할 수 없었지요. 막 붙잡아 갔어요. 옆집에서 엉엉 울고 있어서 물어보면 자식이 길 가다가 군대 붙잡혀 갔다고……그렇게 가 가지고 그냥 돌아오지 않고요. 완전히 혼동, 무법 상태지요. 그렇게 혼돈스럽고 가난한 상황에서도 절도나 강도가 없었어요. 얼마나 순수했는지 몰라요. 밤중에 대문 열어놓아도 괜찮았지요. 서로 도우고 위로하고 인심도 좋고요. 참 좋았지요.

경찰관 모집을 남대구서에서 했어요. 약 1,000여 명이 응시해서 180명 선발했는데, 내가 합격했어요. 순경이었지요. 1950년 8월 남대구서에서 발령받아 처음에는 대구에서 근무하다가……9월 28일 맥아더 장군이 인천상륙작전 후 서울 수복했잖아요? 이때 중앙치안 담당하러 서울 간 거지요. 지방 경찰관들을 지원 형식으로 모집했는데, 그때 아무도 지원하지

---

33 공의진료소를 설치한 후 정부로부터 월급을 받고 일정 기간 동안 의료 복무토록 했다. 구술자 중 서울에서 한의원을 개업 중이던 최태호(1928년생, 영천한의원)는 1963년 5월~10월까지 서울대 의과대학에서 6개월간 공의 교육을 받은 후 1963년 11월부터 2년간 경남 거창군 남하면 무릉리에서 공의로 복무했다.

않았어요. 그런데 나는 남대구서에서 제일 먼저 지원했어요. "통일 후에 서울 생활하기 위해서라도 지금 가야겠어요."라면서 지원했어요.

서울에 가보니 정말 황량할 정도로 파괴되었어요. 하루 주먹밥 3개에 학교 강당을 숙소로 사용했어요. 1950년 10월 말쯤 서울에 갔어요. 조금 있으니 중공군이 개입해서 서울까지 내려왔어요. 이런 상황에서 갑자기 배가 많이 아파 철도병원에 가서 진단서 1달 반짜리 끊어가지고 대구로 내려왔어요. 경찰관 사표를 낸 거지요. 경찰관 생활 5, 6개월 정도 한 거지요. 이때부터는 질서가 잡혀가지고 연령별로 입대자를 선발했어요. 하지만 미입대자로 분류되어 보급품 나르는 징용자로 걸려가지고 또 다시 군에 가게 되었어요. 그런데 마침 당시 우체국 자리가 생겨가지고 군에 가는 대신 거기서 서기로 2년 정도 근무했어요.

■ 양약종상 시험과 한의학 입문

이후 휴전이 되어 약종상(藥種商) 시험이 있어서 과거 대구시립병원 약사 경력을 바탕으로 8:1의 경쟁률을 뚫고 청송군 제1호로 선발되었어요. 준약사 격이지요. 당시에는 매약청매업자 밖에 없었어요. 당시 약사는 청송에 없었어요. 약종상은 약사와 매약청매업자 중간쯤이지요. 약종상은 온갖 양약을 취급할 수 있었지요. 법적으로 약을 취급할 수 있는 사람은 한약종상과 약종상 2가지였어요. 매약청매업자는 약 만들어 놓은 것을 그대로 판매하는 업자이지요. 안약이나 활명수 등을 말이지요. 자기가 손을 절대 못 대지요. 약종상은 '준약사'로서 약을 모두 취급할 수 있고, 조제까지 가능했지요. 청송군에 약사가 없었을 정도로 약사는 당시 정말 귀했어요. 하루 장날에 원기소 50병씩 팔고 다이아징, 페니실린 등도 많이 팔아 논을 한 마지기나 살 정도였지요. 장사가 잘 되었어요. 당시는 농촌

인구가 8할이나 되지 않았어요? 청송에는 고추농사가 경쟁력이 있어 황금기였던 때도 있었어요. 돈이 없어 대신 고추를 약값으로 쳐주던 사람이 한 사람 있긴 했지만, 모두 현금으로 약을 사 갔어요.

아버지는 항시 "너는 가업을 계승해라."고 하셨기 때문에 그게 내 머리 속에 항시 남아 있었어요. 당시에는 한약종상보다도 양약종상이 인기가 있었어요. 다이아징 처음 나올 때 약 먹으면 병이 척척 나아버렸어요. 페니실린 한 대 맞으면 폐렴이 뚝뚝 떨어져버리고, 임질이 막 낫고 그 때 양약이 참 좋았어요. 대구시립병원 근무 경험 가지고 양약종상이 되었던 거지요. 아니면 아버지 말씀대로 한약종상이 되었을 테지요.

참 그때 내가 양약종상 해서 인생에 생활기반을 닦았을 정도였어요. 불과 10년 내에 닦았지요. 대구시내 땅 200평정도 사고, 집 한 채도 사놓고 했지요. 계명대 앞에 114평은 1평당 700만 원 정도 갑니다. 그거 팔아가지고 다른 거 기반 닦았지요. 당시 청송에도 5,000평 과수원이 있었지만, 대구에다 땅과 집을 구입했던 것이 참~ 그것도 하나님의 축복이지요. 그래가지고 대구로 나온 거지요.

이런 기반으로 한의과대학 공부할 때는 자력으로 했지요. 약종상으로 했던 약국은 부인이 경영하고, 나는 몸만 서울 가서 하숙하며 공부했지요. 방학 중에는 내가 거들고요. 당시 한의과대학은 경쟁률이 2.5:1 정도밖에 안되었으니 들어갈 수 있었지요. 지금 같으면 재주가 없어 못 들어갔을 텐데 말입니다.

한의과대학은 아버지 명령이고, 또 월급쟁이 생활에는 환멸을 느끼고 그래서 본 업, 본 궤도에 들어섰던 거지요. 항시 약종상 하는 중에도 '나는 한의사의 길을 가야 된다.'는 생각을 하고는 있었어요. 그러던 중에 한의과대학이 생겨가지고 가게 되었지요. 그 참~ 하나님께서 전부가 희한할 정도로……일제 2차 대전 때 내가 갑자생 아니었더라면, 징병 1기생이 아니고 징용 대상이 되었더라면 어느 탄광에 조요 되어가 가지고 또 남양(南洋)[34]의 군사기지에 들어가 가지고, 소만(蘇滿) 군사기지에 들어가서 죽었을지도 모르잖아요? 사이판이나 유황도 등 일본 군사들이 옥쇄한 그 자리에 한국 노무자가 얼마나 가 있었습니까? 징병 1기생이 된 것이 얼마나 다행스런 일입니까?

우리가, 내가 한의과대학 다닐 때는 4년제입니다.[35] 처방은 책에만 있지만, 실제로 많이 쓰는 약은……책에 있는 처방을 다 못 쓰잖아요? 몇천 년 내려오는 동안 의원마다 처방을 만들었거든요. 나도 가령 십전대보탕이라 카면, 환자에 따라 어떤 약은…… '아~ 이 사람은 소화가 안 된다.' 그러면 지황(地黃) 카는 약재가 있거든요. 이거는 소화 장애가 있지요. 보약이지만, 그런 경우에는 이거는 빼버리거든요. 대신 용안육(龍眼肉)을 배로 가미해서 넣어요. 지황과 성질이 비슷한데, 맛도 좋고 소화도 잘 되므로 바꾸어서 넣지요. 그 다음에 또 안 된다 카면 공사인(供砂仁)을 넣어가지고 소화를 돕는 약을 가미합니다. 그러므로 오래 하다보면 의원마다 저절로 가감하는 노하우가 나오고 또 자기 처방이 나옵니다. 그러니 몇 천 가지 처방을 모두 외울 필요가 없어요.

처음에는 책을 읽으면서……한방은 병명이 없지만, 양방은 병명이 있잖아요? 가령 신장을 예로 들면, 전립선비대이다, 전립선염증이다, 방광염이다, 신우신염이다, 신장결석 등 수십 가지잖아요? 위장에도 위염이다, 위산과다이다, 신경성위장병이 있다, 위궤양, 위 무력증 등 많이 있는데, 거기 따라서 처방이 모두 다르잖아요? 그러므로 기본 처방이 있는데, 내가 쓰 보니 '이 약에는 뭘 가미해서 더 좋더라.' 라든지 혹은 아까 얘기처럼, '이 처방에서 지황은 소화가 안 된다, 요거는 빼버리고 딴 걸 쓰니 더 낫더라.'는 식이죠. 사람에 따라서, 병에 따라서 다르죠.

---

34 인도네시아
35 대구 약전골목의 김현식(모동의원), 봉덕동의 정기수(○○한의원) 등이 대구지역의 한의대 동기생들인데 모두 작고했다.

그러므로 현대의학에 비해 한방이 어떤 면에서는 정말 앞섰다는 생각이 들어요. 현대의학에서는 가령 병이 나왔다 카면……내가 애초에 시립병원 있을 때 설파제나 다이아징 처음 나왔을 때 굉장히 효과가 좋았어요. 세균성 병에 잘 들었어요. 그런데 소화가 잘 안되거든요. 그러므로 소다를 넣는다고요. 중성제 아닙니까? 산(酸)을 억제하거든요. 그 다음에 소화가 더 안 되면, 지아다다제를 넣거든요. 그게 전부 소화제 아닙니까? 고기 먹고 체했다 카면, 팜프라제를 넣습니다.

당시에는 좋은 침구 선생이 별로 없어가지고요. 학교에서는 옳게 못 배웠어요. 학교 졸업하고 사회 임상하면서 침을 새로 개발했지요. 실제로 대학에서 공부 얼마나 합니까? 노는 시간이 더 많은 것 같아요. 그렇지만 어떤 면에서는 순수 한방 면에서는 앞서기도 했을 겁니다. 그때 의원이 김영훈 씨, 박호풍 씨, 그 다음에 신길구 씨……이 사람들이 이왕가(李王家)의 어의들입니다. 이들은 한의학에 통달한 분입니다. 『황제내경(皇帝內經)』부터 줄줄 외우고 참~ 많이 아는 분들입니다. 박호풍 씨는 일본까지 초대되어 갔고, 신길구 씨는 약물학의 기초를 닦아 지금까지 그를 따라갈 수 없을 정도지요. 현대 과학적으로 체계적인 것은 요새 아이들이 낫겠지요. 시체 해부 이런 것도 우리 시절에는 못해보았잖아요. 그저 그림에서 폐가, 간이 어떻고 하는 정도였지만요. 요새는 실제로 시체를 해부하고 다 하잖아요. 김영훈 씨는 한방내과 가르쳤고, 박호풍은 상한론, 신길구 약물, 김장헌 그 양반은 부인과와 소아과, 최대식은 현대의학 박사인데 생리, 해부, 병리를 가르쳤어요. 그 외에도 많지요. 그때는 안과, 피부과도 다 있었어요. 우리 다닐 때는 총체적으로 다 배웠어요.

나는 한의사에 대한 긍지를 가져요. 현대의학에서는 안과 가면 눈만 보고, 부인과 가면 부인과만 보고, 피부과 가면 피부만 보잖아요. 한방에서는 피부, 안과, 백내장 같은 거 약 먹으면 다 낫잖아요.

수백 종 약재를 알기가 어렵긴 하지요. 어릴 때 아버지가 "야~야! 뭐 뭐 가져오너라." 카면 가져다 드리지요. 그러면 모르는 사이에 '인삼은 보약이다. 당귀는 어떤 데 쓴다.' 이런 식으로 아버지가 환자에게 이야기 하는 것을 많이 듣지요. 맨날 의학에 대해 이야기 하고 그러니 머리에 모두 들어 있거든요. 한의과대학에 가서도 약물학에 대해서는 내가 더 이상 배울 게 없었어요. 보통으로 쓰는 약은 모두 아니까요. 모르는 사이에 많이 배우게 되었으니까요.

■ 환자 진단법, 처방과 한약 조제

관형찰색은 그 사람의 모습을 보고 색깔 찰색을…… 살필 '찰'(察) 자, 얼굴빛을 보는 것이죠. 그 다음에 음성 들어보면 알지요. 그 다음에는 맥진 이죠. 그 다음에는 복진이고, 그 다음에 문진이지요. "과거에 무슨 병을 앓았나? 수술 받았나?" 그런 걸 물어보는 게 문진이지요. 그 다음에 요새 혈압도 재어보고, 당뇨검사도 해보고 그러지요. 관형찰색. 볼 '관'(觀) 자, 얼굴 '형'(形) 자, 볼 '찰'(察) 자, 색깔 '색'(色) 자 해서 그 모습을 ,모양을 보고, 얼굴의 색깔을 보고……사람의 얼굴 색깔을 보면 병색이 드러납니다.

어제 어떤 여자 온 거 보면, 얼굴에 부어가지고 벌겋게 핏발이 서고 살이 쪄가 왔거든요. 부어 온 거지요. 그거는 스테로이드제 중독이거든요. 스테로이드제는 만병통치약이지요. 관절염이나 천식이나 허리 아픈 데, 신경통이나 쓰는 범위가 굉장히 넓어요. 처음 나올 때는 만병통치약이라 했어요. 일본에서도 그게 피해가 많다고 해서 이젠 안 쓰요. 그런데 우리나라에서는 아직도 그걸 쓰는 사람이 많아요. 이런 사람들을 한 달에 수십 명 봐요. 이런 사람들은 문을 들어서면 대번에 알지요. 그 다음에 얼굴이 노랗고 입술이 안 붉고 하얗고 피부가 꺼칠꺼칠한 사람들, 특히 젊은 아이들 보면 그건 틀림없이 빈혈증이라고 판단하지요. 빈혈증을 한방에서는 '허혈'(虛血)이라 해요. 피가 허하다고 하지요. 그런 사람은 얼굴만 봐도 "너 어지럽제? 손발 차제? 추위를 잘 타제? 밥맛 없제? 피로를 잘 타제?", 여자 같으면 "너 월경 양이 적제?"라고 물어보면 척척 맞아들어 가지요. 얼굴 보면 그런 증상이 딱 나와 있거든요. 어떤 감(感)을 잡지요. 오랫동안 하면은 소위 인스퍼레이션(inspiration), 영감을 느끼지요. '아! 저 사람은 어디가 안 좋구나.' 카는 것을 느낍니다. 이거는 우리만이 가질 수 있는 진료방법이고 직업적 영감입니다.

우리 한방에서는 병명이 몇 가지 밖에 없습니다. 아토피 피부염이다, 위염이다, 알레르기성 비염이다, 퇴행성관절염 같은 병명이 없습니다. 대신 한의서에는 '기가 허하다', '피가 허하다.', '상초에 열이 있다.', '하초가 냉하다.' 이래 가지고 약을 짓는 거지, 뭐가 병명이 류머치스다 카는 그런 병명이 없어요. '열이 나고 팔다리 아프면 무슨 약을 쓰라.'거나 '열이 나고 기침이 나면 무슨 약을 쓰라.'고 되어 있는데, 양방에는 만성기관지염이다, 기관지천식이다 카는 온갖 병명이 있잖아요? 그런데 우리는 현재 환자들과 대화가 되어야 하니, 요새 일본책에는 그런 병명이 많이 나와 있어요. 일본은 의사 일원제이므로 양의학 공부한 의사니까, 이런 병을 일컫지요. 우리는 의사 이원제 아닙니까? 중국도 그렇지요.

이런 지식은 일단 학교에서 이론 기초를 배우거든요. 처음에는 시행착오도 많지요. 내 생각에는 제대로 할라면 임상을 10년 이상은 해야 될 겁니다. 환자도 다양하거든요. 같은 위염이더라도 사람에 따라서 증상이 다르잖아요? 그러므로 오래 하면 영감 그런 것이 있다고 봅니다. 이거는 학교에서만 배우는 게 아니고 개인이 오랫동안 하다보면 자기 나름대로의 노하우가 있을 겁니다. 처방도 가령 기본 처방이 있잖아요? 기본처방 위염에는 무슨 약을 쓰라는 게 있습니다. 간장이 나쁘거나 스토마크노이로제, 신경성 위장병이 요새 또 많거든요. 그러면 그것에 따라 또 맞는 약을 가감하여 자기가 개발해야 하거든요.

한약 처방도 수천 가지 아닙니까? 책에는 있지만 실제로는 다 쓰지 못합니다. 사장된 게 너무 많습니다. 예전에는 쓰던 것이지만, 예를 들어, 선생이 떠나버려서 비방을 잊어버릴 수도 있고, 약 재료를 갖추지 못해 못 짓는 경우도 있고……그러니까 처방은 없어졌다가 새로 생기기도 하고. 또 늘 가감하기도 하니까요. 시대에 따라 병도 다릅니다. 옛날 우리 클 때는 모두 영양부족이니까, 주로 몸을 보하는 약을 많이 썼잖아요? 지금은 영양과잉이 되다보니 신진대사가 되지 않아 뚱보 비만증이 오고 고혈압, 당뇨가 오고 그렇지요. 이런 거는 모두 영양과잉 병이거든요. 또 신경우울증 그건 전부가 고독한 데서 오는 거지요. 이런 거는 모두 환경에서 오는 거지요.

처방에 들어가는 기본 양은 1돈 2푼인데요, 사물탕(四物湯)은 천궁, 백출, 백작약, 숙지황이 들어가요. 사군자탕은 인삼, 백출, 백복령, 감초가 들어가고, 여기에 진피, 반하를 더 넣으면 육군자탕(六君子湯)이 됩니다. 또 팔물탕(八物湯)이라는 것도 있습니다. 이거는 사물탕과 사군자탕을 합방한 처방입니다. 팔물탕에 육계, 황기를 더 넣으면 십전대보탕이 됩니다. 그런데 어떤 사람은 피가 많이 모자라는 사람이 있거든요. 얼굴에 핏기가 없는 사람 오면 사물탕 약을 좀 더 넣고, 사군자탕 약은 좀 적게 넣는데 이것도 의원에 따른 테크닉이지요.

처방약을 조제할 때도 하나님께 기도하고 약을 지어요. 옛날부터 내가 몸소 약을 지어왔어요. 이렇게 하면 또 운동이 되어가지고 몸에도 좋아요. 약을 한 제 지으면 보통 약이 열댓 가지 들어가거든요. 가령 열 가지가 들어간다면 150번 움직이지요. 약 서랍을 빼서 약을 집어넣잖아요? 옛날 같으면 20봉지 널어놓으면 20번 손이 가잖아요? 열 가지 약재를 넣으면 200번이나 손이 가야 약 한 제를 지을 수 있어요. 요새는 [자동으로 달이는] 기계가 나와 가지고……저거 한꺼번에 40g……한꺼번에 10첩씩 짓거든요. 그리해도 10가지씩 들어가면 손이 100번은 가지요. 하루 열 제

지으면 손이 1,000번 가잖아요? 그 다음에 [처방전, 진료기록부] 글씨 쓰잖아요? 이런 거라도 안 쓰면 우리처럼 늙은 사람은 손이 굳어져 버리거든요. 약 짓는 것도 내가 보조는 해주지요. 가령 "뭐 넣어라." 카면 뭐넣고……내가 넣고 [종업원과] 같이 지을 때가 많아요.

■ 3대 가업 계승과 한의사로서의 프라이드

기본적인 것은 아버지 영향이 컸어요. 어릴 때부터 집안에 온통 약봉지가 가득 쌓여 있었으니까요. 초등학교 다닐 때도 약을 30~40여 가지는 알았을 겁니다. 때때로 아버지가 "애야! 당귀 가지고 오너라." 카면 들고 가야지요. "애야! 황기 가지고 오너라." 카면 또 가져가야죠. 자기도모르는 사이에 통상 쓰이는 약명(藥名)은 거의 다 알게 돼요.

어릴 때 약 짓는 방에 놀다 보면 환자가 오잖아요. 삼촌이 약을 지었거든요. 아버지가 진맥을 해서 처방을 내리면 "백출(白朮) 넣어라. 한 돈 넣어라." "당귀(當歸) 넣어라. 한 돈 두 푼 넣어라." "사인(砂仁) 5푼 넣어라." "육계(肉桂) 한 돈 넣어라." 하지요. 이렇게 하면 삼촌은 아버지 말씀대로 다 짓잖아요. 이런 것을 어릴 때부터 내가 들었던 기억이 있지요. 내가 중학교 다닐 때만 해도 때로는 아버지 하시던 내용을 따라 할 정도였어요. 그러니 나도 모르는 사이에 학습을 하는 거지요. "당귀 가져오너라. 황기 가져오너라. 육계 가져오너라." 하는 사이에 벌써 약을 알게 되잖아요. 좋고 나쁜 것에 대해서도요. "이건 좋은 거다. 이건 나쁜 거다. 인삼이라도 이건 4년 근이다. 이건 6년 근이다." 라고 부친이 말을 해주니 모르는 사이에 알게 되잖아요. 머리에 저절로 습득되잖아요. 그러면 나도 모르는 사이에 "인삼은 보약이다. 당귀는 무슨 데 쓰는 약이다." 이런 식으로 아버지가 환자에게 이야기 하는 걸 많이 듣지요. 맨날 의학에 대해 이야기 하시니…….

한의과대학에 가서도 약물학에 대해서는 내가 더 이상 배울 게 없었어요. 보통으로 쓰는 약은 모두 아니까요. 모르는 사이에 많이 배우게 되었으니까요. 따라서 내가 숙명적으로 한의사가 될 수밖에 없는 분위기였던 것 같아요. 아버지 밑에 있으니 보는 것이 약이고, 또 병 이야기만 듣다 보니 숙명적으로 이 길을 걷게 되지요.

젊었을 때 한때는 '나는 한의사 안 한다. 집안에만 고리타분하게 맨날 들어앉아 가지고 외지 구경도 못하고……나는 못해.' 그래가지고 공무원 해보니 별 수 없더라고요. 그때만 해도 관료시대 상하가 뚜렷해가지고 계장도 높고 과장도 높은 시대 아닙니까? 그리해보니 그 세계도 더럽고 구역질나고 그리해서 다시 이 길로 되돌아온 거 아닙니까.

우리 집 큰 아이는 약사고, 둘째 아이는 목사이고. 큰 아이는 영남대 대학원까지 마친 약사인데, 미국 가서 한의과대학에 또 공부해서 올해 졸업반입니다. 큰 아이가 지금 오십 몇이니까, 그 아이들 시대에는 약사가 한의사보다 더 나았습니다. 다이아징, 페니실린, 마이싱, 구아이징 나올 때는 약사 인기가 훨씬 나았습니다. 한의사는 그때 별로 존재가치가 없었어요. 그러니 가(그 아이)~가 약대 갈라 카데요. 약대 가면 한약, 신약 두 가지 다 할 수 있고, 제약회사도 만들 수 있으니까 그쪽으로 갔지요. 지금은 지가 나이가 많아지니, '아버지와 할아버지가 하시던 3대 가업을 계승하는 것이 내 사명인 것 같습니다.' 이렇게 생각하고 그렇게 해나가고 있습니다.

우선 나부터라도 아버지가 하던 일이 바깥에도 나가보지도 못하고 집 안에서 얽매이는 생활이라 나는 그것을 못한다고 하다가도 결국은 내가 공무원 생활도 하고 온갖 것을 다해보니 '이게 제일이다.' 해서 이렇게 돌아왔지요. 아들에게는 내가 한의학 가업 계승하라고 절대 권유하지 않았어요. 자기가 스스로 깨달아서 그렇게 했지요. 미국에 가서 첫째 한약에 오묘한 것이 많음을 느낀 거지요. 실제로 미국에선 대체의학 붐이 일어났거든요. 한의학이 대체의학의 근본 아닙니까? 그렇께 아이가 그렇게 갔지요.

손자 1명, 손녀 5명인데 이들이 모두 미국에서 공부 다 하고 있어요. 이들 중 한의학을 공부하는 아이는 없습니다. 모르지요. 이들이 나중에 또 한의학 가업을 이을 지를요. 지금 한의학이 뜨고 있거든요. 대체의학으로요. 서양의학에 부작용이 너무 많잖아요? 항생제나 뭐 전부……설파제……모두 들어갔잖아요(중단되었잖아요)? 필링 계통도 다 들어갔어요. 옛날 스루피링, 안찌피링, 아노피링 등 그토록 해열제로 좋다던 것들이 부작용 때문에 모두 들어갔어요. 겨우 남아있는 것은 아스피린이 정도지요. 그것도 덕이 있지만, 해도 있는 약입니다. 그러나 한방은 인삼을 예로 들면, 해가 없어요. 녹용도 해가 없어요. 자연은 영원히 그 가치를 가지고 있습니다. 이렇게 아들이 다시 한의학 공부해서 3대로 이어지는 것을 나는 자랑스럽게 생각합니다.

우리 한방에는 그보다 훨씬 더 다양합니다. 저는 일종의 프라이드라 할까요. 그런 게 있습니다. 저는 대학교수 만났을 때 로마사나 플루타르크영웅전 이야기 하고, 시이저 이야기 하고 그럴 때 참 감사하다고 생각하죠. 나도 괜찮은 사람입니다. '나도 아픈 사람 고통을 제거해 준다. 몸 아픈 사람 보하게 해준다. 나도 일가경의 전문지식이 있구나.'라고 생각하지요. 박사학위 12개를 가져도 내가 가진 것을 못 가지잖아요? 그런 프라이드가 있어요. 나는 전문직이다. 대통령도 아프면 나를 찾아오지요. 긍지가 있지요. 대학교수들 1억 연봉 된다면, 나도 1억 연봉 되거든요. 요새는 안 되지만, 한참 끝빨(위세) 좋을 때는 되었거든요. 여유도 있고요. 시간도 있고요. [처방은] 여기 머리에 많이 입력되어 있지요. 한 200여 가지 들어가 있을 걸요. 인간의 머리는 무진장의 가능성을 가지고 있어요.

■ 긍정적 사고와 자족하는 삶

내 동갑들 만나면, 친구들이 "우리는 참 불행하고 어려운 시대를 살아왔다."고 말해요. "왜놈 식민지시대 성도 이름도 없이 가난하게 살다가 일본 난리, 2차 대전 난리, 6.25 삼팔선……세상에 이렇게 불행한 사람들이 어디 있나? 세월 좋으니까 늙어 뿌고, 늙으니까 대접을 못 받고. 우리 젊을 때는 노인을 대접했는데……" 카면서 탄식을 해요. 나는 이에 말은 안 하고 듣기는 하는데, 열에 아홉은 부정적으로 봐요. 내가 왜 듣기만 하고 말을 안 하는가 하면, "너는 돈푼이나 있고 복을 받아놓으니 그 카제?" 할까봐서요. 하하! "한 번도 편하게 못 살아보고, 이런 팔자 이제 늙어빠지고." 카지요. 나는 이때 속으로는 긍정적으로 생각하지요.

나라 없는 세상은 어땠나요? 성과 이름 바꾸라 카면 바꾸었지요. 종이 한 장 내려와서 일본 탄광 가면, 만주 소만 국경 군사기지 땅굴 파러 가서 죽으면 묻어 뿌고. 2차 대전 때 처녀들, 요새 위안부들 문제뿐만 아닙니다. 옛날에 촌에 왜놈 순사가 1면에 하나씩 있습니다. 그 밑에 순사가 2명 정도 있고, 그래서 1면에 순사가 3명 정도 되지요. 옛날은 파출소를 주재소라 캤어요. 그래서 이놈들이 동네를 돌아다니면서 과부를 유린하고, 우리 동네에 그랬습니다. 그리고 한국의 독립투사라든가 남자가 범죄 저질러가지고 주재소에 면회 가면 꾀어가지고 여자를 유린한 게 얼마나 많습니까? 그래도 우리는 말 한마디 못하고 살아왔잖아요?

해방 후의 감격과 기쁨은 얼마나 큽니까? 그 다음에 6.25전쟁 나서 11월에 서울 올라가 보니, 완전 폐허입니다. 전쟁이 이렇게 비참한가를 생각하니, 기가 막힙니다. 4.19, 10.26 일어나고, 이수근 가짜 귀순까지 이야기 할라 카면 끝이 없습니다. 이처럼 우리는 온갖 비바람과 눈물, 기쁨, 감격, 감사, 비극, 고행 등 전부 다 우리가 느꼈습니다. '아! 이게 인생이 구나.' 이런 물음 속에 내가 깨달은 지혜는 "하나님을 아는 것이 지혜의 근본이다." 라는 점입니다. 우리가 원한을 품고 원수를 갚고 이를 갈고 하기보다는 예수님 말씀대로 '용서하라'는 것이지요.

내가 정치인 중 넬슨 만델라를 가장 존경합니다. 27년 동안 백인에게 감옥살이 했잖습니까? 어떻게 그런 마음이 생기겠어요? 그리고 인류 역사를 보면, '아름답다, 선하다, 진실하다, 귀하다.'고 말하는 예수님 정신이 들어간 사람을 세계에서 찾아봅니다. 나는 세계문학작품 읽을 때 그 중에서 감화를 가장 많이 받은 것은 빅토르 위고의 <레미제라블>, <장발장>입니다. 탈옥해서 장발장이 성당에 갔잖습니까? 잡으러 온 헌병에게 신부가 지켜주는 장면을 대하고 가슴이 벅차 눈물을 여러 날이나 흘렸습니다. 또 미국 남북전쟁을 다룬 책을 보면, 흑인 가족들이 헤어지는 광경을 읽고 또 많이 흘렸습니다. 이런 글을 읽고 사랑이 뭔지, 인간이 뭔지, 문화가 뭔지 깨달았어요.

인간은 어떻게든지 움직이고 일하는 것이 복이라고 생각해요. 또 나는 교회에 나가 찬송가를 많이 부르거든요. 노래 불러도 숨이 안 가빠요. 노래하는 게 참 좋아요. 나는 가곡을 참 좋아합니다. '오! 소레미오'나 '세레나데', '아! 목동아' 등 중학교 때 부르던 노래 아직까지 잊어버리지 않고 불러요. '그 집 앞', '가고파', '봄의 교향악', '봄 처녀', '나그네'…… 내게 레퍼토리가 많습니다. 하하! 그게 내 생활에 모두 플러스예요. 지금도 노래 부를 때 높은 멜로디도 스무드하게 올라갑니다. 노래 부르고 나면 참 통쾌합니다. 84년 동안 노래를 부른 택입니다. 어머니 뱃속에서부터 찬송가 많이 들었잖습니까? 자동차 운전도 내가 47세부터 했거든요. 지금도 계속하거든요. 이게 얼마나 큰 복입니까? 그래서 나는 모든 게 족하고 족합니다. 감사할 뿐입니다.

어떤 날은 바쁘기도 하고, 어떤 날은 조용하기도 합니다. 감사한 거는 84세까지 사는 것에 감사하고 부부해로에 감사하고, 자식 중 어느 누구도 애 먹이는 게 없으니 감사하고, 운전까지 할 수 있고, 하루 종일 다양한 사람을 만날 수 있어 감사하고 또 이렇게 필요한 존재로 살아가는 게 얼마나 감사합니까. 거짓말 안 붙여 대통령도 안 부럽습니다. 고위직 있는 사람들 보면 자기 생활이 없는 것 같아요. 내 아내를 열아홉에 만나 아직 같이 살고 있고, 같이 있으면 무슨 얘기든지 재미가 있지요. 거기는 19세고 나는 22세에 결혼해서 62년째 해로하고 있지요. 회혼도 다 지나 갔어요. 두 사람 모두 정신 맑고, 집사람 피부가 참 깨끗합니다.

일본 세미나 가서 의학박사들, 대학교수들 만나 대화해 보니까 조금도 밀지지 않아요. 세계문학, 일본문학도 모두 읽었기 때문이지요. 일본사람들한테도 내가 대화소재가 부족함을 안 느껴요. 또 그것도 내가 지적해 주었어요. 일본 히로시마 가면 평화공원이 있어요. 2차 대전 때 원자폭탄 맞아 도시 전체가 폐허화 되었어요. 말이 죽은 모습을 복제해 가지고 걸어놓고, 피 묻은 옷을 걸어놓고……전쟁의 죄악상과 비참함을 전시해 두었어요. 안내하는 일본 의사가 내게 어떠냐고 물었어요. 자기네들은 속으로 자랑스러운 모양이에요. 이때 내가 다음과 같이 일침을 가했어요. "이 모습을 보니 전쟁의 비참함이 잘 표현되어 있고, 다시는 전쟁을 하지 않아야 되겠다는 생각이 듭니다. 그러나 이것은 어디까지나 결과입니다. 왜 히로시마에 처음으로 원자탄이 떨어졌겠어요? 왜 도시가 이렇게 폐허가 되었겠어요? 결과에 대한 원인 설명은 전혀 없잖아요? 일본 청소년들이나 학생들이 여기 와서 무엇을 느끼겠습니까? 적개심이 하늘 충천할 거 아닙니까? 세계 최초로 이 평화의 도시에 왜 원자폭탄을 터뜨렸느냐? 미국 놈들이……왜 평화도시를 이렇게 폐허로 만들고 이렇게 비참한 피를 흘리게 했느냐는 적개심을 불러일으킬 수 있지요. 평화를 목적으로 조성한 평화공원이 오히려 적개심을 불러 일으켜 제2, 제3의 전쟁을 불러일으킬 수 있는 동기를 부여할 수 있는 결과가 될 수도 있는데……." 카면서 내가 잘못되었다고 이야기 했지요.

따라서 이런 결과를 도출한 원인에 대한 설명과 증거품을 제시해야, '아하! 우리가 잘못했구나.' 하는 생각을 하지 않겠어요? "당신들이 1941년 10월 8일 새벽에 하와이 호놀룰루에 특공대를 보내 피를 흘리게 하고, 진주만 태평양함대를 부수게 했는데. 그렇게 당신들이 심어놓은 결과가 여기 이런 원인이 되지 않았느냐?" 카면서, "그런 설명은 왜 여기 없느냐?" 그러니, 이들이 "아하! 그렇군요."라면서 놀라면서 받아들였어요. 처음에는 뭐 별 탐탁찮게 반응을 보였지만, 나중에는 얼굴이 새파래졌어요.

또 일본교회에 가서 30분간 설교까지 했어요. 그러니 "60년이 지나도 어떻게 그렇게 말을 잊어버리지 않았나?" 카면서 탄복을 했어요. 그러므로 인간의 두뇌는 끝이 없다고 봐요. 한없이 머리에 저장될 수 있다고 봐요. 하나님 형상대로 만들어진 인간의 영혼은 하늘과 땅보다도 더 크고 귀하다고 봅니다.

가업에 대해 긍지를 가진 사람도 있고 그렇지 못한 사람도 있겠지만, 저는 참 만족합니다. 오늘날 장수사회가 되면서 노후 걱정을 많이 한다는 보도를 접하거든요. 또 내 주위에 친구들이나 친척들을 보면 오히려 너무 장수해가지고 고통스런 여생을 겪고 있는 사례도 많이 봅니다. 그런데 나는 84세에 접어들었습니다만, 아무런 경제적인 어려움이 없어요. 오히려 삶에 대한 보람과 기쁨을 느끼고 있는데, 하나님 앞에 감사하다고 봅니다. 내 나이에 자동차 운전을 자유롭게 하며, 아직까지 출퇴근을 하며 매일처럼 다양한 사람들을 만나게 되며……생각해 보면 내가 참 복된 사람이라 봅니다.

■ 한의학에 대한 인식과 미래 전망

자녀가 대학에 진학할 1970년대 당시에는 한의학보다 양의약이 상대적으로 인기가 있어 양의사 되기를 바랐지요. 장남은 영남대 약대를 졸업하고 양약사가 되었습니다. 지금은 한방 쪽이 인기가 있으므로 현재 같으면 아들이 차라리 한의학 공부를 했었더라면 하는 생각도 합니다.

한의업에 대한 신임도가 양의보다 낮은 편입니다. 하지만 한의학의 특성이 있고, 장수시대인 현시대에는 한방이 몸을 보하는 데 아주 중요한 역할을 할 수 있습니다. 양약 중에서 녹용이나 인삼을 따라오는 약이 없지요. 한방은 수백 년 전의 처방이 그대로 사용 가능하지만, 신의약은 처음에는 효과가 좋아도 약성 저하나 부작용 등으로 문제가 생깁니다. 우울증이나 자율신경 이상, 당뇨, 고혈압 환자 치료 등에는 실제로 한방 치료효과가 훨씬 낫다고 봐요.

일본 동양의약 회원 1만 2천명이 있는데, 학술대회 때마다 매년 참가하여 최신 연구 자료들을 구입해 와서 이들 자료들을 읽고 있는데, 일제시대 교육 혜택(특히 언어)을 지금 잘 활용하고 있습니다. 이들 일본인들도 양방치료로는 안 되는 병을 한방으로 치료한 사례들을 많이 보고하고 있습니다.

80세 넘어서부터는 팔공산 자락에 마련해 둔 농장으로 가서 매년 7, 8월 여름 동안 생활합니다. 이 기간 동안 한의원은 월요일 외에는 휴업하고. 150m 깊이의 지하수를 파서 이를 음용하고 문학서적을 탐독하는 등으로 건강을 유지합니다.

내 나이 40대, 50대 때가 한의업의 전성기였습니다. 시기상으로는 한의원을 고향 청송에서 대구로 이설한 직후이던 1960년대와 1970년대였지요. 당시 간호사도 2명까지 고용했지요. 모두 하나님의 도움이었습니다. 나에게 약을 써보고 나은 사람들의 입소문으로 서울, 울산, 강원도 등지에서 전국적으로 찾아왔습니다. 특히 신경계통 관련 환자들과 만성병 환자들이 많이 내원했지요. 종업원 외에 집사람까지 한의원 일을 도와주었지요. 약을 짓는 과정에서도 하나님께 기도하며 온갖 정성을 다합니다.

한약방은 의료행위를 절대 못하죠. 한약업사들이 맥을 짚으면 법적으로 안 됩니다. 한약종상은 '허가'이지, '면허'가 아닙니다. 국가고시 후 보사부장관이 발급하는 것이 면허증이지요. 허가는 그 지역에 한해서 약을 파는 것이지요. 예전에는 그 자리를 떠나서는 절대 못했습니다. 면허자는 지역에 관계없이 어디서든 영업이 가능하지요. 약종상은 지역 내에서만 영업이 가능하므로 다른 데는 못 가는 등 제약이 많아요. 이를 벗어나려고 애를 쓰고 투쟁한 적도 있지요. 또 기존 처방 외에 마음대로 약을 짓고 싶은 마음도 있었겠고, 침도 배워가지고 나름대로 테크닉은 있는데 못하니까. 그런 권리도 가지고 싶으니까 과거 좀 시끄러운 적도 있었어요. 생존투쟁인 거지요.

'정직'이 의업의 좌우명입니다. 누구든 정업(正業)해야 합니다. 사람은 속일 수 있지만, 하나님은 속일 수 없으므로 성실하게 할 수밖에 없죠. (웃으면서) 마음 잘못 먹고 나쁜 짓 하려면 약재 속이고, 약가 속일 수도 있으므로 이런 면에서는 안 좋기도 한 직업입니다.

약전골목 '광신당한약방'에서 약재를 많이 조달해서 썼습니다. 원형 건재를 사와서 모두 약방에서 썰어 활용해야 했으므로 때로는 약을 전문적으로 썰어주는 사람에게 돈을 주고 의뢰하기도 했죠. 이들이 약전골목에 더러 있었습니다.

■ 시대에 따른 질병 차이와 치료 사례

내가 생각할 때 일본시대 병은 단순했습니다. 감기와 기생충, 대체로

양양실조 그런 병 아닙니까? 십전대보탕 한 제 지어먹으면 다 나아요. 개한 마리 잡아먹으면 다 나았어요. 그런데 요즘 병은 그때와 전혀 다르잖아요? 생활에서 오는 관절염, 디스크, 우울증, 신경성으로 오는 스트레스와 관련되는 병이 많잖아요? 옛날에 없던 스트레스가 얼마나 많아요? 질병이 옛날과는 전혀 다르지요. 옛날에는 몸에 직접 오는 기질적인 병이고, 오늘날에는 신경성으로 오는 기능적인 병이지요. 전혀 병이 달라요. 그러니 처방도 다르지요. 옛날 아버지가 쓰던 처방은 요새 세월에는 몇개밖에 못 씁니다. 지금까지 아버지 처방을 몇 개는 쓰고 있지요. 아버지의 처방, 경험방집도 있지만, 시대가 달라졌고 거기 따라 병이 달라졌잖아요? 내가 한의대 다닐 때 처방은 요새 안 맞았습니다. 그래서 요새 일본책 여기 있는 내용을 응용하지요.

옛날에는 아토피나 알라지 그런 것 없었어요. 일본책을 보고 알았지요. 처음에는 일본에 있더니만, 우리나라도 도시화가 되면서 생겨났어요. 두드러기, 콧물이나 재채기 나는 병입니다. 옛날에는 없었어요. 도시에서 오염된 공기나 환경 등 생활에서 오는 병이 많아요.

나는 우울증이나 자율신경 실조증 등 신경성 병을 제일 많이 고쳤어요. 탕·산·환제 외에 침구도 쓰지요. 오랫동안 복용할 때는 환약이나 가루약을 만들어 주지요. 경옥고(瓊玉膏)도 있지요. 왕이 먹는 약이라 해서 지황하고 복령, 인삼, 녹용이 들어가요. 옛날에는 이를 많이 만들어 팔았어요. 요즘은 제약회사에서 많이 나오므로 집에서는 만들지 않아요.

아버지 시대에는 영양실조, 비위생 등으로 기생충이 많았어요. 예를 들면, 채소밭에 똥물 거름 퍼부어 가지고 가꾸거든요. 그러면 기생충이 감염되거든요. 십이지장충, 예전에는 채독(菜毒)이라 했어요. 얼굴이 누렇고 부어가지고 영양실조로 죽는 병이거든요. 그런 병 뿐이라요. 산토닌 먹고 회(蛔蟲) 빼내버리면 되거든요. 영양실조 걸린 사람은 십전대보탕, 개 한마리 먹으면 얼굴이 환하게 되거든요. 그런데 요즘 병은 가만히 앉아가지

고 있다가 '가슴이 답답하다, 초조하다, 신경질난다, 잠 안 온다, 얼굴이
화끈거린다, 가슴이 뛰고 답답하다.'고 하지요. 예전에는 이런 병은 많지
않았지요.

▶ 초등 5학년 비만아 치료 사례 :

심한 환자를 치료했던 사례가 많지요. 그러니 문 닫지 않고 여태까지
버티지요. 옛날 현풍에서 국민학교 5학년 되는 아이가 왔어요. 폭식해요.
먹어도 배가 고프고 또 배고프고 한대요. 그렇게 먹어도 아이는 커지를
안 해요. 얼굴과 가슴, 엉덩이 등 전신에 털도 많이 나고요. 머리하고 분
간을 못할 정도였어요. 이거는 첫째 음식을 억제하기 위한 약을 썼지요.
요새 비만 환자한테 쓰기도 합니다. 안 먹어야 살이 안찌지요.

지금도 기적이라 생각합니다. 1제 먹고 났는데, "아이가 요즘 밥을 반
에 반도 안 먹습니다." 카면서 아이가 활달하게 노는 게 영~ 달라졌다고
했어요. 다시 약을 지으러 왔는데, 아이가 얼굴색이 그만 털이 빠지면서
활발하게 움직여요. 약을 4제 먹었어요. 완쾌되었지요. 털도 다 빠지고요.
밥도 정상으로밖에 안 먹고요. 그리고 불과 6개월 만에 키가 5cm나 컸어
요. 그런 거 보면 지금도 생각해 볼 때 의원 한 보람을 느끼지요. 그런
때는 처방도 제1처방, 제2처방, 제3처방이 있어요. 처음에는 식욕 억제
처방이고, 그 다음에는 털 많은 것 빼는 거지요. 우리 한방에는 치료약이
있거든요. 이런 식으로 차례대로 처방을 했지요. 아이가 정상 되어가지고
언제 한번 선물을 사들고 어머니하고 찾아온 적이 있어요. 그런 사례가
많지요. "선생님 아니었으면 우리 아이 잃어버릴 뻔 했어요. 이 은혜를
어떻게 갚을까요?" 하면서 찾아오는 사람도 있어요.

▶20대 구안와사증 여성 치료 사례 :

또 다른 재미있는 한가지는요. 동산병원에 지금은 의사 부인 되어가지

고 있는 50대 아주머니가 있어요. 당시 간호원 아가씨였는데, 아주 미인이었어요. 그런데 안면신경마비증세에 속하는 와사증입니다. 눈도 돌아가고 입도 돌아갔지요. 동산병원에서 물리치료하고 주사도 맞고 아무리 치료해도 안 나아요. 우리 집에서 안면신경증으로 치료해가 나은 사람이 몇백 명 되거든요. 더운 여름에도 마스크를 해있었는데, 그래도 눈이 뻐딱하지요.

우리 집에서 치료받은 한 사람이 "아가씨! 얼굴 뻐딱한 병이 아닙니까? 어느 의원에 가서 침 맞고 약 먹으면 낫습니다. 내가 바로 그 집에서 치료해가지고 나았습니다." 그렇게 소개했어요. 그런데 처음에는 동산병원 그 간호사가 한의원을 무시했어요. 그래서 당장 찾아오지 않았는데, 얼마 뒤에 또 어떤 사람이 그 아가씨한테 우리 병원을 다시 소개시켰어요. 그래서 아가씨가 우리 집에 왔어요. 나는 "자신 없다. 3개월이나 물리치료하고 약 쓰고 다해가지고 안되었다면 벌써 신경이 굳어진 상태인데, 이렇게 병이 오래된 사람은 치료한 경험이 없고 더구나 양방에서 수술을 여러 번이나 했기 때문에 벌써 몸에 어떤 변질이 생겼을 수도 있는데 자신이 없다."고 했어요. 그러니까 "두 분이나 선생님한테 고쳤다고 해서 왔어요. 만일 선생님이 못 고친다고 하면 나는 이 길로 살맛이 없습니다. 되든지 안 되든지 선생님한테 맡기겠습니다."면서 그래요. "그래도 오래되어서 자신이 없습니다." 하니, "어쨌든 선생님한테 맡기겠습니다."고 하면서 애원을 해요. 그래서 "3개월 정도 치료해볼래." 하니까, "3년이라도 하겠습니다." 캐요.

아이를 보니 신경노이로제로 잠도 못 자고 밥도 못 먹고 얼굴이 핼쑥해가지고 형편이 없었어요. 입 돌아가는 게 문제가 아니라 몸 전체가 죽어가는 판이었어요. 그래서 보약을 먼저 지었어요. 마비증세 약을 조금 넣어서요. 1제 먹고 나서는 "아이구! 선생님, 밥맛도 좋고, 기운이 좀 납니다." 캐요. 그 다음에는 침을 놓았어요. 20여 일쯤 되니까 눈하고 코하고 움직이기 시작해요. 그래서 두 달 열이틀만인가 되어서 완전하게 낫게 되었지요. 약을 3제인가 먹고 침 맞고 해서 나았지요. 수십 년이 지나도 아직까지 크리스마스 날마다 엽서 카드가 와요. 이름도 '구△△'라고 기억을 하고 있지요. 그래서 굉장히 내가 보람을 느껴요.

요즘 마누라가 치과에 가서 임플란트를 하는데, 1개에 220만원해요. 5개 하니까 1,100만원 듭니다. 나는 입 돌아가는 사람 200~300명 고쳤을 겁니다. 근데 약 1제 먹고 침 맞고 하면 한 15만원 들면 고쳤는데. 이빨하는 데 비하면 이거 눈과 입 돌아가는 거 2,000만원 받아도 오히려 헐치 않아요? 그래서 '아하! 내가 참 보람 있는 일을 한다.'고 생각하지요. 이빨은 하나가 없어도 괜찮은데, 눈과 입이 돌아가는 거는 여자의 경우 치명적이지 않습니까? 그걸 내가 몇 백 명 고쳤어요. 얼마나 보람 있습니까? 이거는 현대의학으로는 안 돼요. 뭐 물리치료하고 암만 해도 안 돌아와요. 이것 보면 한방의 흐뭇함이 참 있지요.

▶ 40대 육군 중령의 허리병 치료 사례 :

또 하나는 지금부터 25년쯤 전의 일인데요. 성서 50사단 초창기지요. 군인세력이 대단하던 시기인데, 육군 중령이 배구하다가 허리를 다쳐 펴지를 못하고 이렇게 해서 왔어요. 그래서 침대 위에 눕혀놓고 침을 놓으니 30분 후에 벌떡 일어나 걸어 나갔어요. 그래 놓으니 그 후에 사단장도 오고 참~ 군인들 가족이 많이 왔어요. 그러니 내 직업은 어떤 것하고도 안 바꿉니다. 나는 참~ 긍지를 가지고 있습니다. 이런 나의 평생 노하우를 우리 아들한테 가르쳐주고 싶지요. 그러나 타인에게 절대 가르쳐주고 싶지 않은 게 몇 가지 있지요. 신경병 관련 처방도 있고. 이건 내 머리 속에 있지요. 언젠가는 다 기록해 놓을 것입니다.

■ 환자 진료과정, 의료 커뮤니케이션

▶ 61세 여성 : 약 중독 비만증

의사(이하 '의') : (맥진 후 문진을 시작하며) 아주머니는 첫째 약물
　　중독이지 싶어요. 요새 스테로이드제 약품이 있거든요. 관절염
　　이나 천식이나 만병통치 약품이 있거든요. 그 약 먹으면 아픈
　　것 고치고 입맛도 생기고 하거든요.

환자(이하 '환') : 입맛이 댕기기는 한데 살이 이렇게 쪄가지고 살
　　뺄라고 왔어요.

의 : 그래서 중독이 되어가지고 살이 찌고 벌겋고 눈에 핏발이 서지
　　요. 처음에는 좋지만 나중에는 들리지도 안 하고 그만…….

환 : 그런 약 안 먹었어요. 딴 거야 많이 먹지마는요.

의 : 무슨 약인지 모르겠지요? 현재 약 중독이거든요. 얼굴이 벌겋
　　고 살이 찌고.

환 : 현재 가슴이 답답해가지고요.

의 : 아주머니는 주먹만 한 심장을 가지고 있지만……체중이
　　52~55kg에 들어야 되는데, 무거운 체중으로 피를 돌려낼라고
　　하니 심장이 얼마나 무겁겠습니까? 맨날 피곤하고 숨이 차고,
　　손발 저리고 기운이 없고 그렇지요.

환 : 손발은 아직 저리지는 않지만, 숨은 좀 차요.

의 : 심장이 무리를 하니 얼마나 피곤하겠어요. 얼굴이 벌겋고 눈에
　　핏발이 서고 그런 거는 약 중독입니다. 그 약 먹으니 입맛 댕
　　기고 하니까 자꾸 먹지요.

환 : 혈압 약 먹어봤고요. 골다공증 약 지금 먹고 있어요.

의 : 골다공증 약도요? 자연 골다공증약이 좋아요. 옛날에 '다리 아
　　프다. 무릎 아프다.' 카면 소 뼈다귀 고와먹었어요. 그게 차라
　　리 좋아요.

환 : 닭고기, 소고기, 돼지고기 육미는 못 먹으니까요.

의 : 옛날에 그랬단 말이지요. 요새는 스테로이드제라는 약이 있거
　　든요. 그러니 아프지 않고 입맛이 척척 댕기다 보니 자꾸 먹고
　　나도 모르는 사이에 살이 쪄버리기도 하거든요. 그러니 얼굴이

벌겋고 눈에 핏발이 서고요. 지금 얼굴이 본색이 아닙니다.

환 : 눈을 못 뜨겠어요.

의 : 그 약 먹으면 간 상하거든요. 그러면 눈에 핏발이 서요.

환 : 예. 간이 안 좋아가지고 작년에 약 많이 먹었어요.

의 : 내가 이런 사람들을 얼마나 많이 보았는지 몰라요.

환 : 내 친구도 80kg이 더 나갔는데, 선생님한테 와서 약을 지어먹
었다고 가보라고 해서요.

의 : 이런 사람 한 달에 열 명도 더 봅니다.

환 : 우선 살을 빼야 하는데, 못 빼겠어요.

의 : 살 빼는 게 대번에 빠집니까? 갑자기 빼버리면 큰 일 납니다.
숨이 찹니다.

환 : 요즘 좀 숨이 찹니다.

의 : 나이는 얼마입니까?

환 : 61세요.

의 : 손발 저릴 때는 없습니까?

환 : 자주는 아니더라도 한 번씩 저립니다. 몸이 무겁고요.

의 : 입에 침은 자주 마릅니까?

환 : 예. 골반이 아파서 약을 많이 먹었어요.

의 : 신약 먹으면 약 중독이 옵니다.

환 : 예. 저도 그렇게 생각합니다.

의 : 간이 안 좋으면 만날 피곤합니다.

환 : 예. 간이 안 좋다고…….

의 : 가끔 가슴이 메스껍고, 소화는 잘 됩니까?

환 : 소화 지금 많이 안 돼요.

의 : 위장만 나쁜 게 아니고, 간장 나쁘면 소화 안 되거든요. 변비는
요? 설사는요?

환 : 변비 없어요. 설사도 안 해요.

의 : 변은 묽게 나옵니까?

환 : 예. 그런데 좀 자주 가지요. 소변도 자주 합니다. 첫째 살 빠지
게 좀 해주세요.

의 : 밥 적게 먹고 설사 하게 해서 대번에 살 빠지게 할 수도 있지
만, 그러면 큰 일 납니다. 그러므로 서서히 빼야 합니다.

의 : (혈압을 측정하며) 내가 여름철 더운 7, 8월은 월요일만 진료합

니다. 내가 살아야 남의 병을 고치지요. 더울 때는 일 안합니다. 월요일 하루만 합니다. 이런 약 중독 환자가 얼마나 많은지. 혈압은 172에 90이고요. (다음에는 맥박 수를 재어본 후, 복진을 위해) 저기 누워 봅시다. 머리는 안 아픕니까?

환 : 머리는 안 아파요.

의 : 혈압이 높으면 아플 건데, 다행입니다. 다리를 세워보세요. [몸의 과도한 지방을 일컬으며] 쓸데없는 것을 달고 다니느라 얼마나 애 먹습니까? (복진하며) 여기 아프지요? 이게 간입니다. 이게 위장이고요.

환 : 아이고! 아픕니다.

의 : (간 부위를 만지며) 이쪽은 아파서 못 배깁니다. 조금만 눌러도 아픕니다. 이러니 몸이 피로하고 눈이 침침하고. 이걸 빼야 합니다. 쓸데없는 거 달고 다니느라.

환 : 그러니 이거 빼라고 안 왔습니까?

의 : 혀 내어 보세요. 설태(舌苔)도 심하네요. 알았습니다.

환 : 요즘 들어 눈이 더 침침해지고요.

의 : 그렇죠. 간이 나쁘면 눈이 침침하거든요.

환 : 아래~께 피 검사해보니 괜찮다고 하던데요?

의 : 간이 나쁘면 피로하고 눈이 충혈되고 소화 안 되고 오줌도 안 맑고요. 검사해가지고 아무렇지도 않다면 왜 누르면 손을 못 댈 정도로 아픕니까? 우리는 여기 아무리 눌러도 아프지 않은데요.

환 : 예. 여기는 아픕니다.

의 : 잘 때 땀 흘리는 거는 없습니까?

환 : 예. 없습니다.

의 : 어떻게든 살 빼고 간 좋게 하는 두 가지 쪽으로 치료해야 되겠어요. 내가 볼 때는 한약을 2개월 정도는 이어서 먹어야겠어요.

환 : 그럼, 약은 언제 가지러 오면 되나요?

의 : 3시간 다려야 하므로 낼 12시 오면 됩니다. 어쨌든 얼굴 벌건 거 맑은 얼굴 만들어야 하고, 살 빼야 하고. 혈압도 높고, 변비는 없습니까?

환 : 변비는 없는데, 소변보는 것도 괜찮은데. 다리 아프고 골반 아

프고, 어깨까지 안 좋아서 통증병원 가서…….

의 : 전신이 아프네요. 이때까지 그 약을 먹어가지고 하루하루 넘기다가 여기까지 왔잖아요? 그 약 먹어가지고 조금 낫는 거 재미보다가 나중에는 약 효과도 없고 약 중독증에 걸리거든요.

환 : 선생님이 그러니까 그만 어지럽네요.

의 : 어쨌든…….

환 : 우리 친구가 80kg이나 나갔는데, 여기서 약 지어먹고 살을 쫙 뺏더라고요.

의 : 소변 잘 나가고. 음식은 설탕 든 것 아이스크림 등을 먹으면 살이 잘 쪄요. 기름진 돼지고기, 닭고기 등은 입에도 대지 마세요. 뱀장어, 메기, 미꾸라지 등 비늘 없는 거는 다 살쪄요. 채소는 암만 먹어도 살 안 쪄요. 과일이나 보리밥, 조밥, 콩은 암만 먹어도 괜찮아요. 박카스 먹어도 또 간 나빠져요.

환 : 내 친구는 소화가 좀 안 되면 박카스나 가스명수 같은 거 자꾸 먹어요. 내보다 키가 조금 작은데도 살은 더 많이 쪘거든요.

의 : 그런데 참. 우리 클 때는 살찌는 게 소원 아닙니까? 배가 나오면 사장 감이라. 여자들은 통통하면 부잣집 맏며느리감이라고 했어요. 그때는 살이 안 쪘어요.

환 : 우리 큰아들은 배가 조금 나오니까 운동 해가지고 쏙 넣어버리더라고요.

의 : 첫째는 음식, 둘째는 운동, 그 다음에는 흙을 밟아야 해요. 나무 밑으로 많이 다녀야 해요. [살쪄가지고 오는] 이런 사람들 참 많아요. 한 달에 약 열 명씩은 만나요. 들어오는 거 척 보면 대번에 저거 약 중독되었다고 알게 되지요. 병원에서 주면 그건 뭔가 좀 다르다고 알지요. 알고 보면, 그 안에는 스테로이드제가 있거든요. 해로운 줄 알면서 왜 줍니까? 하긴 당장 효과를 보니까요.

환 : 그래도 골다공증 약 먹으라고 카니까요.

의 : 한약 먹어도 골다공증에 좋아요. 녹용 속에는 철분, 칼슘 다 들어 있잖아요? 차라리 소 뼈다귀 고와먹는 게 더 나아요.

환 : 어디 올라갈 때도 나는 숨이 차서 못 올라가겠는데, 할머니들도 척척 잘 올라가는데요.

의 : 그러니 먹는 거는 알아가지고 어구 같이 입맛은 댕겨가지고.

그게 병입니다. 조금만 걸어도 체중이 무거워가지고 발목도 무
릎도 허리까지 아프지요. 52~54kg 되면 알맞을 것인데, 외의
체중을 달고 다닐라 하니 얼마나 힘들겠어요. 현대 약이 참 잘
못되어 가지고요.

환 : 67, 68kg 나갔는데 요즘은 70kg이 더 나가요. 친구도 80kg 나
가고 허리는 40인치를 입었는데, 살을 속 뺐더라고요. 그래서
"어떻게 했느냐?"고 하니까, 여기 선생님한테 약을 먹었다고
했어요. 4제를 먹었다고 하든가 그랬어요.

의 : 기운을 도우면서 살을 빼야 하거든요.

환 : 수영장을 가보려고 해도 혼자서는 못 가겠더라고요.

의 : 어떻게든 현대 도시생활은 자연을 잃어버렸어요. 사람은 하루
공기를 2,000ℓ 먹어요. 이게 제일 좋아야 하는데, 이산화탄소,
아황산가스 이게 참~ 공장굴뚝, 자동차, 아파트 굴뚝에서 막
나와요. 우리가 지금 병(病)주머니 속에 살아요. 어떻게 병이
안 걸리겠어요? 우리 클 때는 촌에 의원 한사람도 없어도 그런
대로 살았는데, 요즘은 건너뛰면 의사, 약사, 한의사가 많은데,
어딜 가도 환자가 꽉 차 있어요. 전부 병 도가니 안에 있어요.
요즘 아픈 게 병인 줄 알지만, 아픈 병은 큰 병은 별로 없어요.
신경통이나 감기 걸리는 정도지, 요새 병은 피곤한 병이지요.
피곤해가지고 견딜 수가 없어요. 젊은 사람들도 피곤해가지고
아침에 일어나가지고 쩔쩔 매고 있는 게……

환 : 아들이 홍삼 엑기스를 좀 사주던데 그것 먹지 말까요?

의 : 그런데 그 속에 뭐가 들었는지 몰라요. 홍삼만 먹으면 괜찮은
데요.

환 : 홍삼 외에 버섯하고 당귀(當歸)하고 3가지만 들었던데요.

의 : 한 달 치면 30만원이던데, 그 정도면 집 팔아가지고 장사해야
돼요. 그러면 그 속에 홍삼이나 녹용이 얼마나 들어가겠어요?
0.5g 들어가도 넣은 거는 맞지요? 우리는 녹용 한 제 지으면
정확하게 두 냥(兩), 75g 넣어주거든요. 또 선전비가 수십억 들
어가지 않습니까? 또 포장비에다 인건비가 얼마나 들어가요?
그 비용을 어디로부터 충당합니까? 요즘 사람들이 똑똑한 거
같지만 바보스럽지요. 두충(杜冲)이라는 약이 있습니다. 약간
몸을 보하고 고혈압 치료하거든요. 그 다음에 오가피(五加皮)

있지요. 오가피는 뿌리가 제일 좋고 그 다음에 껍질을 쓰는 건데. 선전하는 것을 보니까 이파리나 가지를 막 썰어 넣데요. 그 다음에 칡뿌리, 갈근(葛根)이라고 칡 근을 넣데요. 아는 사람들은 '저 이파리나 가지를 왜 넣나? 또 칡뿌리는 왜 넣나?' 이렇게 생각하거든요. 그걸 광고에 얼마나 냈어요?

환 : 두충(杜冲) 뿌리 같은 거는 삶아가지고 단술 해먹으면 되겠네요?

의 : 이 세상에 있는 모든 것은 사람에게 필요합니다. 그러나 좋다고 해서 특정한 것만 먹으면 딴 영양은 부족해져서 영양부족이 됩니다. 비록 모두를 먹지는 못할지라도, 일부 섭취 음식물에 변화가 생겨 보충하도록 되어 있으니 살 수 있는 겁니다. 인간은 마음이 육신을 지배합니다. 정신동물이지요. 천당도 내 마음 속에 만족이 있고 감사가 있어야 천당이지, 속에 원망과 불평, 탐욕이 꽉 차 있으면 지옥입니다. 마음에 따라 행복과 불행이 엇갈립니다. 자동차 2,000cc 타고 다니면서 나는 언제 벤츠 타볼까 생각하고 있으면, 그 사람은 걸뱅이(거지)입니다. 그러므로 사람은 령심(靈心), 마음이 편안해야 합니다. 자족, 만족하는 게 중요합니다. 나는 엎드려 기도하면 감사 기도밖에 안 나옵니다. 84세까지 일할 수 있으니 얼마나 고맙습니까? 마누라와는 62년째 해로합니다. 얼굴도 참으로 곱습니다. 그러므로 사람은 마음이 편안해야 하는데, 이 시대가 그렇지 않도록 합니다. 어쨌든 마음이 만족해야 합니다. 우리 시대에는 조그만 것에도 만족했습니다.

환 : (웃으면서) 선생님은 어릴 때부터 만족해 놓으니까 늙지도 않은 것 같네요.

의 : 건강이 최고입니다. 첫째 마음의 건강이 중요합니다. 나는 신앙생활이 건강을 주는 가장 큰 보배라고 생각합니다. 금연, 금주하고요. 일한 뒤에는 일찍 귀가하고 모든 생활에서 절제합니다. 이게 건강을 유지토록 하는 비결이라면 비결입니다.

■ 가미보신탕(加味補身湯) 첩약 조제 관찰 기록

단골고객인 부산에 거주하는 60대 기독교인 부부가 내원하여 교직에 종사하는 37세의 미혼 딸의 약을 대신 지었다. 부인이 주로 의사와 대화를 나누었다. 다음은 엄마가 말하는 딸의 증상과 한의사의 진단과 처방 내용이다.

▶ 엄마가 바라본 환자의 증상 :

아이가 목을 많이 쓰니까, 일하는 것 자체가 그러니까 목이 잠겨 말이 잘 안 나오고, 얼굴에 기미가 나오고, 생리불순도 되고. 어쩌다 생리가 있으면 아주 조금 비치기만 할 정도입니다. 본인도 "내가 기(氣)가 빠졌다." 카면서 기진맥진(氣盡脈盡)해요. 색깔도 제가 볼 때는 검고요. 허리와 다리도 아프고요. 얼굴에는 기미가 끼이고 소화도 조금 안되고. 오래 서 있어서 그런지 다리가 항시 아프다고 하네요. 요즘 꽃가루 이런 거 때문이 아니고요. 목이 잘 잠기고요. "아이고! 되어(힘들어) 죽겠다." 이런 식이고요. '뒷골 땡긴다. 어깨 아프다.' 캐요. 손발도 조금 찹다고 하고요. 얼굴색이 까칠 까칠해요. 옛날 못 먹고 살 때 마른버짐 핀다고 하잖아요? 기름기가 없다고 보는 사람마다 그렇게 말해요.

신경이 예민하기도 하고 또 일 자체가 신경을 많이 쓰기도 하지요. 밤에 혼자 있을 때 보면 캑캑 캅니다. "감기 들었나?" 이렇게도 물어봐요. 감기는 안 걸렸다 캐요. 잔기침은 해요. 밤에 잘 때 식은땀을 흘리기도 해요. 그래가지고 윗옷을 벗어버리고 런닝 바람으로 자기도 하고요. 잠을 제대로 못 자는 그런 일을 해요. 이 나이 되면 처녀들이 자궁도 튼튼해야 되지 않습니까? 미혼이거든요. 생리는 제가 확실히 압니다. 생리 시작했다 하면 조금 묻어나오는 정도이고 새카맣고요. 37세 되어가 결혼하더라도 임신이 되어야 할 텐데요?

(첩약을 주문하며) 달이지 않고 내가 그냥 지어가지고 가면 되지 않을까요? 왔는 김에요. 한 첩씩 지어주세요. 제가 집에 놓고 있으니까요.

▶ 한의사의 진단과 처방 :

피로가 잘 오면 기가 빠진 거지요. 사람은 혈색도 뽀얗고 피부 윤색이 나야 하는데. 잠은 잘 못 잔다고요? 피곤해도 잘 못자는 경우는 신경이 날카로운 사람이지요. 신경이 좀 예민하네요. 잠을 깊이 못 자는 편이지요? 목에 뭐가 좀 걸렸다고 하는 것은 없나요? 일상에 '캑! 캑!' 하는 사람도 있어요. 감기는 열이 나지만, [그거는] 열은 없거든. 신경이 예민한 사람에게 오는 징후지요. 바쁘고 재미있을 때는 모르므로 안 그래도, 조용하면 캑캑거리므로 보면 좀 민망하지요. 신경이 예민한 사람이 그렇지요.

혹시 속이 메스껍다고는 안 해요? 구역질난다는 것은요? 올드미스에게 이런 증상이 자주 있어요. 신경이 날카롭고 하면 우리 몸의 상초(上焦)에 열이 생겨요. 이 기관지에 일정한 진액이 있거든요. 열이 많아 자꾸 위로 올라가면 진액이 마르거든요. 그렇게 되면 자꾸 마른기침을 해요. 그런 사람들은 뒷골 있는 데, 목 같은 데, 어깨 부분이 맨날 아프다고 해요. 밥도 조금밖에 안 먹고요. 몸이 많이 허약하네요. 올드미스의 공통된 점은 신경이 날카롭고, 이것은 약하다는 거지요. 조그만 자극에도 신경질 잘낸다, 불안하다, 초조하다 이런 사람들은 전부 자율신경에 언발란스(부조화)거든요.

그런 사람은 신경이 예민해요. 알았어요. 이거 한제 쓰면 효과가 나는가 알 거예요. 그 다음에는 못 오더라도 [본인이 증상을] 직접 적어가지고 보내도 돼요. 가령 어지럽습니다, 손발이 저리고 찹습니다, 월경이 며칠입니다, 아랫배와 허리가 아픕니다, 생리할 경우 유방이 아릿하게 아프기도 하고. [이런 증상이] 여러 질(종류, 갈래)입니다. 55년 동안 이런 많은 환자들을 보아왔으니까요.

얼굴에 열이 확 오르는 경우는 없나요? 평소에 핼쑥하고 창백한 얼굴인데도, 신경을 많이 쓰고 나면 얼굴이 벌겋고 식은땀이 나기도 해요. 생리불순 약을 넣으면 그런 증상은 없어지거든요. 생리는 적으면 안 됩니다. 건강한 사람도 일주일 정도 나옵니다. 그건 피가 모자라는 사람이에요. 여자들은 생리가 고와야 얼굴이 곱다 카거든요. 요새 이런 병이 참 많아요.

내가 작년에 일본 세미나 갔다 왔는데, 일본에 이런 병이 더 많더라고요. 신경 많이 쓰는……요새 병은 기능적인 병이 많아요. 옛날에는 못 먹어가지고 영양 부족 병인데, 닭이나 한 마리 잡아먹어도 표가 나고 십전대보탕 한번 지어먹어도 낫는데, 요즘 병은 그게 아니라 스트레스 신경성으로 오는 병이라. 그 다음에 생활병입니다. 컴퓨터 많이 붙들고 있거나 운전하거나 맨날 서 있는 등. 이 아이는 몸 전체가 약해요. 피도 모자라고, 기도 모자라고, 호르몬도 모자라고.

보통 약은 인삼 넣으면 되는데, 이 경우는 녹용을 좀 넣어야 되겠어요. 너무 약해요. 이 아이가 몸이 많이 약한 것 같아서요. 본인은 그동안 신약 같은 것을 포함해서 많이 썼을 거예요. [한약을] 한제라도 먹어가지고 표(효과)가 좀 났으면 좋겠어요. 그럼, 한제 지어 줄게요. 이렇게 지으면 [복용 후에] 표가 날 끼라.

임신 여부는……여자에게 생리가 일단 많아야 돼요. 일단 몸이 건강해지면 밥도 잘 먹고 월경도 좋아지고 잠도 잘 자고 대소변도 좋아지고 다 좋아져요. 엊그제 어떤 사람은 38세인데, 여자는 통통한데 결혼한 지 10년이 되어도 임신이 안 된대요. 1년에 월경이 2~3번밖에 없대요. 얼굴도 좋고 몸도 좋은데 그런대요. 내가 그랬어요. "당신은 생리가 꽃인데, 꽃이 피어야 열매가 맺지. 1년에 2~3번 생리 와가지고 어떻게 임신이 되겠느냐? 이걸 고쳐야 된다. 얼굴이 벌건 것은 이것도 어혈(瘀血)이다. 이것도 고쳐야 된다."고 했어요.

또 한 사람은 배짝 말라가지고 노랗게 되어가지고 왔어요. 부잣집 딸인데요. 다이어트 한다고 안 먹는다고 해요. 영양가 있는 거는 안 먹고요. 그래도 약 지어주면, "보약이 되어 살찌면 어떻게 해요?" 캐요. 그래서 내가 "보약이라고 해서 살찌는 것은 몸속에 지방이 살찌는 거지, 근육이 살찌는 것이 아니다. 우리 몸에……한약은 식물성인데 자연의 것으로는 살찌는 것이 없다. 아이스크림, 햄버그, 쏘시지 먹지 말고 운동 많이 하면 왜 살이 찌나?" 캤지요.

30만 원짜리 하면 되겠어요. 먹으면 대번에 표가 나지 싶다. 이 아이는 몸이 많이 약해요. 아무리 여자는 미가 중요하나, 미는 건강에서 오는 것입니다. 요즘은 전부가 기능적으로……신경성으로 오는 병이 많아요. 배운 사람이 영양을 모르나? 다 알지. 신경도 많이 쓰면 몸속에 효소가 알맞게 나와야 하는데 안 나오므로 신경성 위장병이 많아요. 이거는 아무리 사진 찍어도 안 나와요. 병이 없어요. 그래도 죽어라 밥이 안 먹히지요. 그러니까 영양부족 되는 환자가 많아요.

이거는 한제 먹으면 표가 날 거에요. 완전하게 혈색이 올라와야 돼요. 80%가 보약이고, 20%는 신경약입니다. 80% 보약은 호르몬과 피를 도우는 약입니다. 올드미스에게는 이런 증상이 많아요. 한 달에 이런 사람 수십 명씩이나 만나요. 그럼, 첩약으로 지어드릴게요.

구술자는 가미보신탕(加味補身湯) 처방을 내린 후 고객의 요청으로 첩약을 조제하였다. 구술자는 방문객과 상담한 내용을 바탕으로 작성한 처방전을 들고 곧바로 제약실로 가서 종사원과 마주한 상태에서 함께 약을 지었다. 연구자도 제보자를 따라가서 첩지를 펴놓고 처방한 약재 하나하나씩을 저울에 달아 첩약을 짓는 과정을 관찰하고 사진도 촬영했다. 다음은 가미보신탕 처방에 대한 구술자와 연구자 간의 면담 내용이다.

의사(이하 '의') : (제약 탁자 위에 20장의 첩지를 깔아놓고 약을 지
으며) 이거는 옛날식인데, 요새는 드문 일입니다. 열흘 만에 한
번씩 이런 케이스가 있어요. 녹용이므로 손수 어머니가 정성들
여 달이는 게 좋지요.

연구자(이하 '연') : 이거 한제 짓는 게 10가지 약재에 100번 손이
간다는 거 아닙니까?

의 : 예. (약 짓는 일을 같이 하고 있던 종사원에게) 진피(陳皮) 4g
넣어라.[36]

연 : 이런 광경은 옛날에는 [온돌방에서] 양반자세로 한 거 아닙니
까?

의 : 예. 옛날 온돌방에 양반 치고 하던 식이지요. (종사원에게) 향
부자(香附子) 4g 넣어라. 6g 넣어도 된다. 약 달이는 기계 나온
지가 15년 정도 더 되었는데 그 전에는 모두 이렇게 했지요.
(종사원에게) 소엽(蘇葉) 넣어라. 갈근(葛根) 넣어라. 그거 자잘
하게 썰은 거 있을 낀데, 한번 찾아 보거라.

연 : 이건 무슨 처방입니까?

의 : 가미보신탕입니다. 녹용을 포함해서 15가지 정도 들어갑니다.

연 : (손대중, 눈대중으로 약을 작근하는 것을 보고) 손이 저울이네
요? 하하!

의 : 만져보면, 봉지(첩약) 싸면 똑 같습니다. 사람 손보다 더 예민
한 게 없습니다.

연 : 이게 한제입니까?

의 : 예. 이게 열흘 분이지요. 하루에 두 첩씩 달여 먹어요. 재탕까
지 하면 하루에 3회 복용하지요. 옛날 옹기 약탕기에 달이지
요. 예전에는 '정성'이라 카면서 나무를 때어 달였는데, 요즘은
가정에서도 가스불로 하지요.

연 : 요즘은 모두 자동 약탕기로 달이잖아요?

의 : 한 달에 3~4회 이런 게 있습니다. 녹용 같은 거는 집에서 정

---

36 구술자는 펴놓은 처방전을 보고 비교적 정확한 중량이 필요한 약재는 종사원에게
"○○ 몇 그람 넣어라."고 지시했다. 종사원은 해당 약재를 탁상용 저울에다 정
량씩 작근한 후 첩지마다 골고루 섞어 놓았다. 구술자는 일부 약재를 눈대중, 손
대중으로 무게를 추량 작근하여 배합했다.

성들여 달여 먹을라고 이렇게 지어서 갑니다. 약을 잘 달여야 하지, 못 달이면 안 되지요. '치병삼보'(治病三寶)라는 말도 있지요. '달이는 정성'이 그 중 하나입니다.

연 : 이렇게 약을 15가지 넣으려면 하나하나 작근해야지, 또 첩지 싸야지, 참~ 손이 많이 가겠습니다.

의 : 예전에는 뿌리(원형 약재) 해가지고 가져오면 썰어가지고…… 참~ 이거 일이 많지요. 약도 가만히 생각해 보면, 우리 배울 때는 '인삼은 미감(味甘)하니 대보원기(大補元氣)하고, 지갈생진(止渴生津)하니 조영위(調榮衛)라.'고 했지요. (종사원에게 약재를 가리키며) 저거 4g 넣어라. '황기는 미온(微溫)하니……' 이렇게 배웠거든요. 황기는 약간 따뜻하니, 몸의 담(痰)을 거두어 주고, 몸의 피부병도 고쳐주고, 기운이 생기도록 하니 많이 쓸수록 좋다는 것이지요. 또 '인삼은 미감하니, 맛이 다니, 원기를 크게 도우고 몸에 영양을 도우고 위장을 도우니……' 우리는 이렇게 배웠거든. 그런데 요새는 '인삼은 사포닌이 3g 들어 있고, 비타민이 얼마 들어 있고, 철분이 얼마, 나트륨이 얼마 들어 있다.' 이런 식으로 배워요. 하하! 그런 면에서는 나이 많은 사람들이 나을 거예요. 요새 아이들은 사포닌이 얼마 들었고. 그런 쪽으로 나갈 겁니다.

(구술자는 연구자의 질문에 대답을 하고 약을 짓고 또 종사원에게 지시하며) 반하(半夏) 4g 넣어라. 한방은 과학이 아니거든요. 한방은 동양철학에서 음양오행 아닙니까? '인삼은 미감하고……' 그렇게 쓰면 되는데, '뭐~ 사포닌이 얼마 들고, 칼슘이 얼마 들고……' 그렇게 따지면 동양의학의 철학이 근본적으로 무너집니다. 그리 하면 동양의학의 본질이 그냥 사라지는 겁니다. 과학 위에 철학이고, 철학 위에 종교라고 봅니다. 나는 그렇게 믿습니다. 한방은 과학보다는 철학입니다. 동양철학의 음양오행 아닙니까? 그게 한방의 원리이지요.

연 : 그렇다면 양방은 과학에 가깝다고 봐야지요?

의 : 그렇지요. 양방은 완전히 과학이지요. 인간이란 형이상학적인 존재 아닙니까? 형이하학적인 존재가 아니잖아요? 그렇다면 철학이 과학보다는 우선이지요. 내가 알기로는 인간은 형이상학적인 존재라고 보지요. 다시 말해 영적인 존재지요. 인간이 무

첩약 싸기   근량 달기

슨 물체가 아니잖아요? (종사원에게) 천궁(川芎)은 넣었나?

연 : 엑스레이 기계에도 나타나지 않는 병이 많잖습니까? 동일하게 약을 먹어도, 또 침을 맞아도 효과가 과학적으로 입증이 안 되는 부분도 많지 않습니까?

의 : 이들은 과학을 초월한 것이 아닌가 그런 생각도 듭니다. 그렇지요. 가령 목사님이 귀신 들려 미친병을 앓고 있는 사람에게 기도를 해서 곧바로 원상태로 되돌려 놓는 경우도 있는데, 이거는 과학적으로 설명이 안 되지요. 그리고 인간이란 본성적으로 변질되는 것도 과학에 의해 되는 것이 아니잖아요? 빅톨 위고도 젊은 날 얼마나 방탕한 생활을 했습니까? 딸이 얼마나 크리스챤으로서 아버지를 위해 울고불고 해가지고, 참 빅톨 위고가 그렇게 위대한 사람이 되었잖습니까? 톨스토이도 젊은 시절 얼마나 방탕한 생활을 했습니까? 그게 종교 아니면 어떻게 됩니까? 과학으로 됩니까? 도덕으로 됩니까? (종사원에게) 작약(芍藥) 4g 넣어라. 6g 정도 세게 들어가도 된다.

연 : (작근하는 탁상용 저울을 가리키며) 저 저울은 뭐라고 부릅니까? 좀 특이합니다. 옛날에는 손저울로 했는데, 저걸로 하면 좀 편리하지 않습니까? 구입한지 몇 년이나 됩니까?

의 : 여기 와서 4개째 사용하고 있어요. 30g짜리도 있고, 40g짜리도 있어요. 예전에는 모두 손저울로 했지만, 6, 7년 해보니까 [손을 들며] 이걸로 다 돼요. 그리고 한약이 스무드한 약이라서 조금 더 들어가는 것은 괜찮아요. 조금 덜 들어가면 안 좋지만요.

연 : 미국에서 중의사(中醫師)하고 컴퓨터하고 진맥의 정밀도를 두고 시합을 해 본 적도 있습니다. 결과는 사람의 손이 더 정밀한 것으로 판명되었습니다.

의 : 그렇지 싶어요. 영감(靈感)이 있잖아요. [기계라도] 안 나타나는 부분이 있잖아요. 전 세계적으로는 서양에서는 요즘 한의학이라 안 카고 '대체의학'이라 해가지고요. 구기자(枸杞子), 오미자(五味子)……전부……과자도 심지어 그렇게 나와요. 그러므로 참~ 오묘하지요. 인삼, 녹용은 참 어떤 약도 그것에 따를 수 없는 보약 아닙니까? (약 탁자 위에 있는 복령을 가리키며) 이거는 소나무 뿌리에서 나오는 약인데, 이거 참~ 얼마나 많이 쓰고 좋은 약인데요. 이거는 강심, 이뇨, 보위(補胃) 등 여러 가지 작용을 하지요.

연 : 한방에서 이런 수백 가지 약효를 어떻게 알아내었겠어요?

의 : 그러니 참 오묘하지요. 아버지도, 그 윗대도 참 '인삼은 미감하니, 대보원기하고……' 이런 식으로 배웠지요. 요새 참 사포닌이니 비타민이니 그렇지만요. (종업원을 가리키며) 용안육(龍眼肉) 넣었나? 4g 달아보래.

연 : (용안육을 가리키며)] 이거는 어디서 나온 겁니까?

의 : 월남 쪽에서 나옵니다. 월남 쪽 제약회사에서 법제되어가지고 나옵니다. 감초도 모두 수입되어 옵니다.

연 : 숙지황(熟地黃)은 찌고 말리고 하는 법제를 아홉 번씩이나 반복하는 것으로 알고 있습니다. 옛날에도 법제 많이 했지요?

의 : 전부 집에서 술에 담가 지황(地黃)을 고았습니다. 상품으로 들어오는 거는 못 미더워가지고 술에 담가 고았습니다. 반하는 사가지고 생강물에 담굿고, 천궁(川芎)은 썰어가지고 일주일씩이나 물에 담구고, 황기(黃芪)는 꿀에 넣어가지고 굽고요. 법제하기가 참 까다롭습니다. 참 일이 많습니다.

연 : 언제부터 법제를 해가지고 들어왔습니까?

의 : 지금은 모두 되어가지고 나옵니다. 가격이 엄청 비쌉니다. 얼마나 편리한지요. 법제한 거는 4배 정도 가격이 비쌉니다.[37]

---

37 대형 철제 캐비넷을 열어 녹용과 인삼이 들어있는 박스를 꺼냈다. 캐비넷에는 일본에서 구입해온 당뇨, 갱년기, 소화기관과 관련한 의학서적, 피부질환 관련 한의

연 : 대추(大棗)는 무슨 작용을 합니까?

의 : 신경안정작용과 몸을 따뜻하게 하는 작용을 합니다. (녹용을 저울에 달며 종사원에게) 인삼 4g 넣어라.

연 : 여기 들어가는 15가지 약재 중 몸을 보하는 것은 녹용과 인삼 외에 또 무엇입니까?

의 : 다 보약입니다. 자연생물 속에 영양분 없는 게 어디 있습니까? 풀 하나에도 다 있어요.

연 : 제가 오늘 때맞추어 잘 왔습니다. 마침 첩약 싸는 이런 모습을 잘 관찰할 수 있도록요. 귀한 풍경입니다.[38]

의 : 옛날에는 하루 10제씩 지으면 다리도 좀 아프고 했는데……그때는 젊으니까 해냈지만 요새 같으면 못해요. (20첩 첩약을 1호 봉투에 한데 넣어 방문객에게 건네면서 탁자 위에 놓인 컵을 들며) 이런 잔에 석 잔 정도 물을 부은 후 한 첩을 넣고 1잔정도 약이 되게 달여 내면 돼요. 그리고 오전 1첩, 오후 1첩 달이고, 저녁에 재탕할 때는 물을 좀 더 넣고 달이고요.

환 : 달일 때 생강은 넣지 않습니까?

의 : 생강은 안 넣어도 되는데, 넣으면 더 좋아요. 세 쪽 정도 넣으면 돼요. 이 약 먹고 1주일 정도 지나면 효과가 날 겁니다. 밥맛도 있고요.

환 : 밥 너무 많이 먹고 살 찌는 것 아닙니까?

의 : 살 안 찔라고 하면 인스턴트식품이나 돼지고기 이런 거 삼가면 돼요. 김치나 보리밥, 메밀음식 등은 다이어트 됩니다.

환 : 십 만원 우선 드리고요. 나머지는 통장으로 넣어드릴게요.

의 : 그것 먹고 나서 본인이 오면 좋고, 못 오면 세밀하게 적어 보내도 돼요. 내가 볼 때 3제 정도는 써야 될 것 같아요.

연 : (방금 나간 부부 방문객을 일컬으며) 저 손님은 부산에서 왔습

서 자료들도 함께 보관되어 있었다. 귀중한 물건인 듯하다.

38 인삼과 녹용을 정확히 작근하여 마지막으로 혼합해 넣은 후 첩약을 싸기 시작했다. 연구자는 첩약 싸는 모습들을 디지털 카메라에 담았다. 일부 약재를 작근하여 하나의 첩지 속에 혼합해 놓은 모습, 15가지 약재를 모두 작근하여 하나의 첩지 속에 혼합해 놓은 모습, 첩약을 싸는 모습, 20첩 1제 첩약을 쌓아놓은 모습, 저울에 약재 무게를 측정하는 모습, 약저울….

포장된 첩약

니까?

의 : 예. 부산에서 왔어요. 과거 우리 단골입니다. 윗대 다니다가 또 아래대가 탈이 나니까 왔어요. 부산에서 [치료]해보니까 안 맞으니까 우리 집에 오지요. 한의원은 그런 재미로 합니다. 서울에도 잘하는 의사가 얼마나 많아요? '연때' 맞는 사람 못 만나면, 또 내한테 와가지고는 희한하게 잘 맞아요. 나는 그런 것을 '하나님께서 한다.'고 그렇게 믿지요.

연 : '연때'라는 게 무엇입니까? 인연입니까?

의 : 흔히들 촌에서 '연때 맞는다.' 카면, '인연이 맞는다.', '궁합이 맞는다.' 카지요. '운이 통한다.' 캐도 되고요.

연 : 부산에도 한의원이 상당히 많잖아요?

의 : 그럼요. 실력 좋은 사람도 수타(굉장히 많이) 얼마든지 있잖아요. 그런데도 그런 사람들을 못 만나니까 내한테로 오지요. 오면 자기가 효과 봤고 또 가족도 효과 봤고 또 그 아래대도 효과 보는 거지요. 참~ 인생이 그런 인연이 있는 모양이지요. 모든 것이 '인과응보', 불가(佛家)에서 말하는 그 말이 맞아요. 기독교에서는 '심은 대로 거둔다.' 카지요. 아무튼 정성을 다하면, 분명히 효과가 납니다. 가만히 환자 오는 걸 보면 애정이 가는 환자가 있고, 어떤 환자는 소위 지성인 30대, 40대 되는 대학 나온 사람……자기가 뭘 많이 알잖아요. 당뇨병에는

뭐……췌장에는 인슐린이라는 호르몬이 부족해가 병이 왔는데 나중에 후유증이 와서 다리가 썩고. 자기가 모두 아는 기라. 약을 지으러 왔지만, 의사를 못 믿는 기라. 왜 그라냐 하면 수 많은 의원한테 약을 써보아도 안 나옹께……단골 오는 사람들은 윗대부터 믿고 오는데. 그런 사람들은 '요번 약은 낫겠나? 또 속는 거는 아니겠나?' 하는 회의가 들거든요. 회의가 앞서지요. 그것이 중요하지 싶어요. '신임한다. 꼭 낫는다.' 카는 신임이 굉장히 중요해요. '내가 꼭 낫습니다.' 카면, 거의 낫거든요.

이런 거보면 인간은 어디까지나 형이상학적이다, 영적이다, 정신적이다 카는 점을 강조하고 싶어요. 현대의학에서는 세포가 살아있는 조직이고 피 속에 백혈구, 적혈구가 있고 혈장이 있고. 온통 과학적으로 하지만요. 암만 과학적으로 세포나 호르몬이나 피나 몸 내부에 위장의 효소나 위액이나 그런 게 모두 정신과 관계 되거든요. 아무리 위장에 효소나 산이 잘 나오고 잘 움직이더라도 어느 순간에 정신적인 쇼크를 받으면, 그 순간에 위장 기능이 떨어지면서 소화효소가 안 나오거든요. 소화가 그냥 안 됩니다. 스트레스 받으면 잠 안 오고, 가슴이 답답하고 불안하고 초조하고 대번에 그래요. 이런 거는 기계 가지고 측정해보아도 인간의 영(靈)이 안 보이는 건데 그것을 어떻게 압니까? 그러니 의학은 과학만으로는 해결될 문제가 아닙니다.

요즘 일본 같은 선진 국가에서 동양의학과 관련한 임상내용을 다룬 의학 잡지가 매월 한권씩 나오거든요. 현대의학에서 안 되는 것만 모아놓았어요. 심지어 알레르기나 아토피에도 한약으로 치료해가 낫기도 하거든요. 미국이나 독일에는 '대체의학' 카지 않습니까? 기침에 오미자 하고 도래(도라지, 길경) 하고 고아먹으면 낫는다 카거든요. 그것보다는 우리 처방이 얼마나 앞섰거든요. 오미자 하고 도래 하고 고아먹으니 기침이 낫더라 캐도 완전하게 안 낫고 시일이 훨씬 오래 끌잖습니까? 우리 한방에는 기침에 '가미청패탕'(加味淸敗湯)이라는 약이 있거든요. 병이 몇 달 된 것도 다섯 첩만 먹어도 낫지요. 한제만 먹어도 완치되지요. 병이 몇 해 된 것도 몇 제만 먹어도 낫거든요. 그런 거 보면 세상에는 과학도 철학도 자연도 나노(nano)도 있어야 되지요.

■ 기독교적 삶과 건강 유지

(한의원 옥호를 지칭하며) '일맥'(一麥)은 『요한복음서』에 있는 '한 알의 밀알'이라는 의미입니다. 또 내 호(號)이기도 합니다. 밀알이 땅에 떨어져 썩으면 60배, 100배 결실이 나지만, 썩지 않으면 결실이 없잖아요? 무슨 희생이 있어야만 결실이 있다는 것이 기독교 정신이지요. 이거는 내가 지었어요. 아버지는 '신우(神友)한의원'이라 했고요. '신이 도운다.'는 의미지요. 삼촌은 '영신(永信)한의원'이라고 지었어요. '믿음은 영원하다.'는 뜻이지요. 우리 아들 하나는 미국에 있는데, 지금 한의사 공부하고 있어요. 대를 이어 3대째 한의사 되지요. [우리 집처럼 선대가 해온 경우에는 한의사] 저절로 되기가 쉽지요. 이 직업이 물론 좋기도 해요. 편안하지요. 아무 간섭 안 받고, 생활해결 되고요.

[환자 대하면서] 하루 종일 말하지요. 이렇게 움직이지. 이게 내 건강에 참 좋아요. (침 맞으러 왔던 뚱뚱한 60대의 여성 환자를 가리키며) 저 사람은 10년 이상 된 단골이거든요. 자기 집에 오는 것처럼 여기를 들락날락거리지요. 참 일한다는 것이 낙이라요. 내가 이것 안 하면 [지금] 무엇하겠어요. 화투도 못 치고, 춤 출 줄도 모르니까 실제로 하루 보낼라고 하면 참 따분할 건데. 하루에 10시쯤 나와 가지고 침놓는 사람, 환자하고 대화도 나누잖아요. 오는 사람 중에는 각계각층의 사람들이 많아요. 이들한테 배우는 것도 많아요.

오후 6시에 퇴근해 들어가면 초저녁에 곧바로 잠이 들어요. 7시간 자고나면 새벽 3시에 잠이 깨요. 첫째, 성경 보고요. 그 다음에 수필집이나

문학책 보고요. 아침마다 뒷산에 올라가서 40분정도 체조해요. 집에 와서는 찬송가 부르길 좋아해요. 200곡정도 알아요. 서울에서 중학시절 가곡들을 많이 불렀지요.

대구 경북중학교는 공립인데, 여기 다니는 친구들 만나면 전부 일본노래, 군가를 많이 불러요. 나는 여운형, 조만식 등 독립투사 모두 알았는데. 그때는 민족의식이 있었잖아요. '내 희생되더라도 조선총독부 건물 부술 수 있다면……' 하는 생각도 있었어요. 내가 부근의 효자동에서 하숙했었거든요. 근~데 대구 공립학교 다니던 사람들은 일본 군가 부르고 일본사람 다 되었어요. 황국신민. '울밑에 선 봉선화' 부르면 이들은 무슨 노랜지, 무슨 뜻이 있는지 몰랐어요. 그래서 요즘도 노래를 간혹 부릅니다.

일본 학회에 올해도 가는데, 작년에는 오사카에서 6월에 했고 올해는 히로시마, 괌도에서 합니다. 이때 저녁 간담회에서 한국 대표로 장기 자랑할 때 노래도 하는데, 재작년에는 내가 '돌아오라, 소렌토로'를 불렀어요. 동경 가서는 '토셀리 세레나데' 그걸 불렀어요. 일본 사람들은 노래 잘한다고 놀래요. 인생은 즐겁게 살아야 해요.

아침마다 안식구하고는 가정 예배를 봐요. 찬송가 2~3곡 부르고 기도하고 성경도 주일날은 6페이지 보고, 보통날은 4페이지씩 읽었어요. 성경은 1년간 『창세기』부터 『요한계시록』까지 다 볼 수 있지요. 일본 성경은 4독 했고, 한국 성경은 40독 했어요. 성경은 읽을수록 진미가 있지요.

내가 만일 기독교를 안 믿었으면 어떻게 되었을까 하는 생각을 해봅니다. 내가 비교적 여유 있는 가정에 태어났잖아요. 우리 아버지는 고생했지만요. 그런데 일제 때 서울 을종중학이라도 서울에 유학하면서 한 달 먼서기 월급을 소비하면서 댕겼잖아요. 그 정도면 화투, 댄스, 도박, 술 등 나쁜 일을 할 수 있는 기회가 많잖아요? 그런 소질이 또 내게 있잖아요?

옛날 30년 전에 일본학회 가니 전축이 울리는 댄스홀에 함께 갔었는데. 내가 일본말 잘 하겠다, 100m에 13초 뛰는 육상선수였어요. 800m

중거리도 뛰었어요. 대구시청 보건과에 있을 때 100m, 200m, 400m까지 뛰었지요. 보건과 대표였지요. 노래도 잘 하지요. 그런데 성경에는 그게 죄라요. 하고 싶은 거, 먹고 싶은 거 안 했어요. [이런 기독교적 삶에 충실한 게 모두] 오늘의 건강과도 관련되지요. 또 산 24만평을 기초로 재단 만들어서 '청강보육원'을 만들었어요. 지금은 지체부자유자까지 확대했어요. 또 10년 전에 5억 들여, 집 두 채로부터 한 달에 300만 원씩 세 들어오는 거 가지고 전부 장학금으로 지불합니다. '일맥장학재단'도 만들었어요. 이런 걸 할 수 있도록 한 게 무엇이겠어요? 모두 하나님의 힘이지요.

■ 일맥한의원의 한방 물증

▶ 부친의 약장 :

이거는 130~150년 정도 되지요. 아버지가 34세에 나를 낳았습니다. 그전부터 의원 질 했어요. 내 위에 4명이나 갔으니까요(죽었으니까요). 우리 집이 의원이니까 폐렴, 백일해, 홍진 등 그때 전염병이 막 왔잖아요? 그러니 우리 집 아이들이 막 전염되어가지고 위에 형 둘, 누나 둘이 죽고 내가 다섯 번째 만에 살아났어요.

이거는 아버지가 15세 무렵 영천의 어의(御醫) 출신 집에 들어가 일했는데, 그 어른이 쓰시던 것을 아버지가 독립할 때 주신 것이지요. 서랍은 2칸인데, 손잡이 장식은 후에 내가 새로 했어요. 옛날에 여기 넣으면 약 한제씩을 지었거든요. 예전에는 많이 짓는 사람이 한 번에 약 두 첩 지어 갔고, 보통 다섯 첩, 일곱 첩 정도씩 지어갔지요. 감기 같은 것은 세 첩만 지어가도 잘 나았어요. 요즘은 10첩 먹어도 그때 3첩 먹은 것만큼 효과가 안 나요. 예전에는 약 2제, 3제 먹는 경우는 거의 없었어요. 경제 문제도 있었지마는요.

이 약장이 6.25전쟁 때 비를 맞고 바깥에 나왔거든요. 우리 집이 인민군 본부가 되어 불탔을 때, 아버지는 피난 나와 가지고 안 계시니까, 동네 사람들이 "저 집에 약장이나 꺼내 줘라." 이래가지고 바깥에 꺼내놓았던 것이지요. 아버지가 올 때까지 비 맞고 바람 맞고 형편없었지요. 그래서 떨어지고 녹슨 것을 내가 고쳤지요. 예전 약궤(藥櫃) 한 개는 그냥 불탔어요. '영'(令)을 봐오면 약장에 넣고 남은 약재를 넣어두었던 약 궤짝이었어요. 그래서 이 약장은 목숨이 귀하기도 할뿐더러 아버지가 쓰시던 것이므로 내가 살아있는 동안은 가보로 가지고 있을 것입니다.

이걸 보면 참 그렇게 가난한 우리 가정에서 우리 아버지가 의생이 됨으로써 큰집에 논 3마지기 사주고 집 짓고, 작은 집에도 논 2마지기에 집까지 지어주고 그 다음에 우리 집을 샀지요. 또 동생 데려다가 국민학교 시켜가지고 의생 합격시키고 장가보내고 살림 내어주고 했지요. 형제우애는 참 우리가 생각하기에 상상도 못하지요. 요즘 세월에는요. (웃으면서) 이 약장에서 그런 모든 일들이 나온 거라 봐야지요. 저는 이걸 볼 때 아버지 가난할 때 모습도 알게 되고 우리 백부, 숙부, 고모님들 생각나지요.

우리는 아버지 때 참 가난했어요. 참 하늘 아래 첫 동네라 할 수 있을 정도로 지대가 높고 산골이었어요. 거기서 살다가 아버지 4세 때 할머니가 돌아갔어요. 아버지가 당시 서당에 82명이 다녔는데, 매년 1등 했어요. 그때 『명심보감』 2페이지를 세 번 읽어 상 받았다는 이야기를 듣기도 했어요. 함안 조씨가 살았는데 부친을 평하기를, "약국 어른은 밤중에 와도 알 양반이었다."고 했어요. 걸음걸이 하나라도 참 흐트러지지 않고 행동이 바르셨다고 해요. 형제들 먼저 살리고 셋째 아들이지만 양부모 모시고 동생 공부시키고, 교회 장로이고 동네에도 절대 유지이기도 하고, 또 한학에 대해서도 『논어』, 『주역』 마스트하시고 참 귀하시지요.

처음에 약장 손잡이는 납작하게 '나백이'처럼 그렇게 생겼어요. 나무는 기목나무지 싶어요. 옛날에 칠할 때 문채(紋彩)도 참 좋았어요.

▶ 구술자 약장과 제약 탁자 :

이건 내가 1956년 개업할 때 제작해서 들여놓은 거지요. (다른 2개의 약장을 가리키며) 저것들은 지인에게서 얻은 55년, 40년 된 약장들입니다. (제약 탁자를 가리키며) 이건 입식으로 만든 약 짓는 탁자인데, 약장을 만들던 1956년에 같이 제작해서 들여놓은 것입니다. (웃으면서) 내 한 의업의 역사와 함께 합니다.

▶ 철제 캐비넷(대형) :

40세 때 대구에 정착하면서 구입한 것입니다. 녹용과 인삼, 우황, 웅담 등의 귀중 약과 중요한 의학서적, 진료부 등을 보관합니다.

▶ 독·극약장 :

(소형 철제 캐비넷을 가리키며) 이건 독·극약을 보관하기 위한 것입니다. 독·극약은 주의해야 하므로 캐비넷 안에 넣어 잠가둡니다.

▶ 약통 :

약 탁자 밑에 6~7개의 플라스틱 약통이 있고, 위에도 소형의 약 바가지에 7~8종류의 약재가 담겨있습니다. 건물 2층에는 약재 창고가 있는데, 한꺼번에 100근, 200근씩 구입하는 약이 있잖아요? 30가지 정도는 굉장히 많이 쓰는데, 연간 몇 백 근씩 씁니다. 그 다음에 50근씩 사용하는 것도 있고요. 연간 한 번도 안 쓰면서도 준비해 놓아야 하는 약도 많아요. 첫째, 독·극약이 거기에 속하고 옛날에 신경환자한테 쓰는 약이 별로 안 나갔는데, 요즘은 그게 많이 나가요. 요즘은 기질적인 약이 옛날보다 덜 나갑니다. '기질적'이라 카면 몸에 나타나는 병이고, '기능적'인 병은 소위 안 나타나는 병이지요. 요즘은 안 나타나는 병이 많아 그런 약이 많이 나갑니다.

탁자 위에 그릇에 담긴 이런 약은 많이 쓰이는 약이지요. 당귀(當歸), 백출(白朮), 황기(黃芪), 작약(芍藥), 복령(茯笭), 천궁(川芎), 감초(甘草), 길경(桔梗), 소엽(蘇葉), 건강(乾薑), 진피(陳皮) 이런 거는 굉장히 많이 쓰입니다. 또 향부자(香附子), 반하(半夏)도 있지요. 탁자 밑과 위에 있는 약들이 가장 많이 쓰이는 약이지요. 반하는 생강 물을 섞어 독을 빼어 법제하지요. 원래는 하얀 색깔인데, 법제 후에는 저렇게 다소 누리끼리 합니다. 약 하나가 작용이 많아요. 진피는 거담제(祛痰劑)에다 소화제도 되고요. 길경은 기침, 거담, 편도선염 등에 쓰지요. 건강은 속이 차가와 설사하는 데 쓰고요. 천궁은 모든 약 기운을 유도합니다. 특히 보약을 각 기관에 전달해주는 데 커다란 역할을 합니다.

작약은 보약이고, 복령은 강심, 이뇨 등에 쓰고요. 황기는 밤에 잘 때 땀을 많이 흘리는 사람들에게 쓰지요. 몸이 허약할 때 자한(自汗)에 쓰지요. 백출은 보약 겸 소화제이고요. 당귀는 보혈제, 피를 보하는 데 가장 많이 쓰지요. 여기에다 십전대보탕 카면 작약, 천궁, 당귀, 백출, 복령, 황기, 육계, 지황 등 10가지를 넣지요. 소엽은 해열작용과 마음의 울화증, 울(鬱)을 빼는 데 쓰기도 하고, 몸속에 습기를 빼는 등 여러 가지에 쓰지요.

▶ 탕약 봉투 광고 :

1회용 한약 비닐 팩(Retort Pouch) 전·후면에는 "한약은 한의사의 진단 처방으로!"(전면), "양약은 양방에서, 한약은 한방에서!"(후면) 등의 의료 정치적 성격의 광고 문구가 적혀 있다. 이는 일간지 한약 광고에서도 적시되고 있듯이, 최근 양방과의 갈등에 대한 대응책의 일환인 듯하다.[39] 이러한 광고 문구는 대구한의사협회 공동사업 방식으로 활용되는 것으로 한약업사와 양약사 모두에 대한 견제의 의미를 지닌다.

---

39 이를 반영하듯, 한방계(한의사회)에서는 일간지에 '감기는 한약 처방으로' 할 것을 강조하는데 비해, 양방에서는 '한약 처방은 부작용이 많다'는 것을 강조하고 있다.

여러 약재들   약재 : 당귀   약재 : 소엽

▶ 탕제용 물 항아리 :

경북 군위군에 마련해둔 농장 터의 지하수를 가져와서 2개의 항아리에 담아두고 이물질을 침전시켜 제거한 다음 탕제용 물로 활용하고 있다. 이는 '치병삼보(治病三寶)'의 일환으로 환자에게 정성을 다하는 노력을 나타낸다.

의사와 한의사 면허를 겸비한
삼성한의원 배만근
-1926년 생-

．
．
．

◆ 인터뷰 후기
달성군 교항리 출생, 대구농림학교 수의축산과 수학
미창(米倉)과 신탁회사 농원, 농촌지도소 근무
한방치료에 매료되어 한의학 입문
한약 실물 공부와 동양의학전문학원 수강
제4회 한의사 시험 합격, 한의사 면허 취득
대구 대봉동 삼성한의원 개원
아내의 유방암 치료
한지의사 시험과 무의촌 배치
비방(秘方), 가업 계승의 어려움
삼성한의원 한방 물증.

인터뷰 후기

.

.

 2007년 3월 29일 소재 확인 및 면담 가능성을 타진하기 위해 배만근 원장의 삼성한의원으로 전화를 걸었다. 전화를 받은 장남(51세, 회사원)은 부친이 연로하여 건강 문제뿐만 아니라, 면담에 잘 응하지 않는 성격 등으로 인해 만남이 어려울 것이라고 했다. 연구자는 비록 면담은 불가능하더라도 꼭 한번 만나길 간청했다. 면담 여부를 타진하는 동안 소재가 파악된 구술자 위주로 면담을 해나가느라 2개월이 지났다.

 구술자는 특별한 지병은 없었지만, 연로하여 정상적인 의업 활동이 어려울 정도로 몰골과 기력이 쇠해 있었다. 소재가 확인된 이상 어떻게 해서든지 만나봐야겠다는 생각으로 포기하지 않고 접촉을 다시 시도했다. 응답은 마찬가지로 '불가'하다는 것이었다. 접촉 중이던 구술자는 이미 5회까지 면담 진도가 나간 상황이지만, 소재가 파악된 상태에서도 얼굴조차 볼 수 없다는 것은 정말 애가 타는 일이었다. 얼마간의 시간이 더 흐른 시점에서 연구자는 조금의 모험을 생각해 냈다. 환자로 가장한 채 전화를 걸어 구술자가 한의원에 있다는 사실만 확인되면 면담 가능성 여부를 떠나 일단 만나 볼 작정을 했다. 이전의 두 차례 통화 모두 동거자인 장남이 응했던 것처럼, 이 날도 장남이 전화를 받았다. 한의원의 위치를 묻는 질문에도 면담이 어렵다는 말만 되풀이하며 가르쳐주지 않았다.

 연구자는 한의사 명부상에 나와 있는 주소(대구광역시 달서구 송현1동 1945번지)를 들고 발품을 팔지 않을 수 없었다. 송현동은 여러 개의 동으로 나누어져 있는 만큼 상당한 규모의 동네였다. 행인에게 물어 송현1동 동사무소를 찾아가서 담당 공무원에게 사정을 이야기한 후 해당 번지의 위치를 대충 파악했다. 그런 다음 상당한 발품을 들여 삼성한의원을 찾아낼 수 있었다.

연구자는 '방문' 의사를 알리지도 않은 채 래포(rapport) 용도의 음료수 한통을 준비하여 한의원을 들어섰다. 2007년 5월 23일이었다. 연구자를 맞이한 장남은 문간에 선 채로 이전의 전화 통화에서처럼, 만나기가 어렵다는 말만 되풀이 했다. 한의원 내부로 발을 들여놓지도 못한 채 "다음에 인사만이라도 할 수 있도록 배려해 달라."는 간곡한 부탁과 함께 발길을 되돌려야만 했다. 약 2시간의 발품 끝에 문전박대를 당한(?) 심정은 다소 허탈하기까지 했지만, 구술자의 소재지를 확인한 것으로 위안을 삼았다.

이러는 동안 70대의 구술자 5명과 경북 영천의 구술자 3명(80대 2, 70대 1)에 대한 면담까지 이루어졌다. 2007년 7월 14일 다시 전화를 걸었다. 이 날은 구술자의 대학생 손자가 전화를 받았다. 구술자가 한의원에 나와 있는데, 1시간 후에나 오라는 대답이 나왔다. 곧바로 차를 달려 삼성한의원에 들어섰다. 손자가 연구자를 안내했다. 명함을 꺼내 구술자에게 전해줄 것을 부탁했다. 조금 후에 손자는 "할아버지가 편찮아서 면담이 어렵다."고 응답했다.

숨차게 달려온 다리에 힘이 빠졌다. 환자 대기실 벽면에 내걸려 있던 7점의 관련 표징들이 시야에 들어왔다. 구술자의 손자에게 "그럼, 여기 자료들이나 좀 보고 가겠다."면서 한의사와 한지의사 관련 자료들을 살펴보았다. 자료들은 한의사와 한지의사의 두 부분으로 나뉘어 전시되어 있었다. 하나는 '한의사 시험 합격증서(413호, 1954년)'와 '한의사 면허증(301호, 1974년 갱신)', '한의사 보수교육 수료증(31호, 1963년)' 등 3종이었다. 다른 하나는 '한지의사 합격증서(257호, 1970년)', '한지의사 면허증(466호, 1974년)', '루우프 시술의사 훈련 수료증(26호, 1971년)', '한지의사 보수반 훈련과정 수료증(153호, 1971년) 등 4종이었다. 연구자는 이들 자료들을 사진 촬영과 동시에 내용을 노트에다 빠짐없이 기록했다.

이러기를 10여 분이 지나자, 손자가 다시 나와 "할아버지께서 나왔으니 들어오라."고 귀띔했다. 진료실로 들어가니, 구술자는 힘겨운 모습으로 의자에 앉아 있었다. 면담을 거절했음에도 불구하고, 되돌아가지 않고 버텼던 것에 대한 응답으로 판단했다. 이렇게 해서 약 1시간 반 동안의 만남이 가능했다.

연보
· 1926년 - 경상북도 달성군 옥포면 교항리(橋項里) 출생
· 1945년 - 대구농림고등학교 수의축산과 졸업
· 1945년 - 4세 연상의 여성과 결혼
· 1945년 - 미창(米倉)과 신탁회사 농원, 농촌지도소 근무
· 1953년 - 한의학 입문
· 1954년 - 한의사 면허 취득, 삼성한의원 개원
· 1970년 - 제1회 한지의사 국가시험 합격
· 2007년 - 대구광역시 달서구 송현1동, 삼성한의원 운영 중

■ 달성군 교항리 출생, 대구농림학교 수의축산과 수학

성주 배(裵)가입니다 나이는 83세입니다. 생년월일은 1926년 1월 11일 생으로 되어 있습니다. 나는 일제시대 태어났어요. 고향은 경상북도 달성군 옥포면 교항리(橋項里)입니다. 큰 동네입니다. 옛날에는 고령과 대구 간에 제일 큰 동네라 했습니다. 일제시대 때도 마을이 컸어요. 그때도 내가 생각하기에는 약 200호 정도 되었어요. 그기에 자라다가 후에는 늘 객지에 있었어요. 대구로 중학교에 입학하고부터요. 내가 태어날 때 조부님은 돌아가셔서 안계시고요. 아버지는 농사짓는 촌로(村老)였어요. 내 형제는 5남매인데, 이제 다 가버리고, 혼자 남았어요. 2남 3녀 중 내가 막내였습니다.

어렸을 때 뭐 공부깨나 하니까 그래서 상급학교에 보냈겠지요. 촌에서 뭐 큰 뜻을 가지고 보냈겠어요. 농토는 조금 있었겠지만, 큰 지주라든가 '몇 천석 한다'라는 말까지는 할 수 없었어요. 옥포보통학교 다녔어요. 담임선생님 이름도 재작년까지는 기억했는데, 이제 기억이 안 납니다. 다 돌아가셨을 겁니다. 또 일본 사람들이고 하니.

담임이 1, 2학년까지는 한국 사람이고 3학년부터는 늘 일본 사람이었지요. 한글도 물론 가르쳤어요. 학제가 여러 번 바뀌어가지고……보통학교에서 심상소학교로 학제가 개편되어가지고 거기서 교육을 받았습니다. 그 후에는 또 대구농림학교로 진학했습니다. 일제 말기 대동아전쟁 시기지요. 징용도 되고.

대구농림 들어갈 때 시험 쳤는데, 나중에 따져 보니 우리는 그때 17:1 정도 경쟁률이 되었어요. 그때 대구농림에 내하고 친구 한 분하고 갔고, 대구사범학교에 한 분, 대구상업학교에 한 분하고 4명이 합격했어요. 동

기생이라 봤자 전부 32명밖에 안되었는걸요. 한 반도 안 됐지요. 5, 6학
년을 합쳐가지고 한 교실에서 가르쳤어요. 상급학교에 이 정도 진학하면
그때 농촌에서는 대성공입니다. 대구농림학교는 4년까지도 못 마쳤어요.
그만둔 것도 아니고, 그냥 그렇게 되어버렸어요. 전쟁 때문에요. 징집 관
계도 있고. 4년도 채 못 채웠어요. 학교 마칠 당시 20세 정도 되었어요.
시내에서 하숙생활 했습니다. 당시 대구농림학교는 지금의 수성파출소에
서 경산 쪽으로 조금 나가다가 약 100m 떨어져 있는 데 있었지요.

대구농림 수의축산과 다녔습니다. 한의업(韓醫業) 하고도 다소 연관이
되지요. 그래서 내가 이쪽으로 왔다고 해도 과언이 아니지요. 수의축산과
가 50여 명 되었어요. 임과(林科) 하고 농과(農科) 등이 또 있었습니다. 각
과가 50여 명씩 되었어요.

■ 미창(米倉)과 신탁회사 농원, 농촌지도소 근무

공부는 순전히 내 혼자 독학했습니다. 약물 일체는 날 또 도와주는, 약
전골목에서 한약방을 하고 있던 한분이 계셨어요. 그분이 조금씩 여러 가
지 한약재 표본을 내어가지고 이름을 써가지고 날 주어서 그걸 보고 약
재를 공부했습니다. 한약방에 일을 거들면서 그런 게 아니고요.

그 당시에 나는 직장을 가지고 있었습니다. 처음에는 미곡(米穀) 창고
카면서, 칠성동(七星洞) 가는 데 양쪽에 창고들이 많이 있었잖아요? 그 창
고가 주식회사로 되어 있었어요. 미창(米倉)이라고 했습니다. 북성로(北城
路) 공구골목 뒤쪽입니다.

그때 우리는 사원으로 있었습니다. 서기 일을 했지요. 몇 년 동안도 아
니고. 그때 일본 놈들이 전세가 많이 불리하고 하니까, 아주 요긴한 자리
가 아니면 전부 징발을 다 했어요. 그래서 나는 인자……그때 농림학교

내 후배 하나가 지금은 이름도 잊어버렸어요. 정(鄭) 씨인데. 그 후배의 어른이 그때 신탁회사 소장으로 있었던 모양이지요. 그것이 나중에는 신탁은행으로 되었습니다. 조그만 지점 소장이었지요.

신탁회사에서는 조선 사람 토지를 관리하는 데가 있어가지고. 그게 신탁회사라도 조선 사람 토지를……일본 사람 토지는 동척(東拓-東洋拓植)회사이고, 신탁[회사]은 조선 사람 토지를 관리하는데, 거기 농원(農園)이 하나 있었습니다. 농원 카는 게 뭐고 하면, 말하자면 지주들의 토지를 위탁받아가지고 관리하는 곳인데, 그게 [경남] 창녕에 있었습니다. [후배가] 그게 자기네 것이라고 하면서, 자기 어른한테 "이야기 하겠다."고 하면서 가더니만, 그래 자기 어른이 내 이력서를 보고나서 거기로 오라고 했어요. 그래서 창녕에 갔습니다. 미창에는 군에 징발되니까 못 있겠고, 여기는 농업요원이 되니까 징발을 면했습니다. 거기서 해방을 맞았습니다. 농업요원이니까 식량증산에 필요하다고 하면서 징발을 면했어요.

미창에서는 6개월 정도 일했습니다. 농림학교 졸업하자마자 들어갔습니다. 1945년도에 해방되었으니까, 1943년인가, 43년 그 때이지 싶어요. 신탁회사 농원에는 해방되고 난 뒤에 2년 동안 있다 나왔습니다. 농원에서는 농장관리를 했습니다. 회사에서 한 일이 그거니까요. 관리라도 인자……농장인께 수곡(收穀) 카는 거, 곡수(穀數) 받는 그 일이지요. 신탁회사에 곡수를 가져오잖아요. 그걸 수납하는 일입니다.

아이 아픈 거는 훨씬 이전의 일입니다. 미창 다니던 그때는 아니고요. 창녕 갔다가 대구 와서 그랬습니다. 너무 옛날이어서 선후관계가 좀 헷갈리네요. 대구 와서도 계속 직장에 댕겼지요. 요즘의 농촌지도소 카는 데 있었습니다. 그전에 미창 가는 데도 거기지만, 농촌지도소도 미창 건너가기 전에 거기에 있었습니다. 그 언저리에요. 거기 근무하던 중에 아이가 아팠습니다. 내가 농촌지도소 근무 중에 한약방으로부터 약물을 받아다가 약재 공부했는지는 기억이 확실하지가 않네요. 너무 오래 돼놔서.

■ 한방치료 효과에 매료되어 한의학 입문

어느 부모인들 안 그렇겠습니까마는, 자식에 대한 애착이 굉장히 강하잖아요? 내가 어린 애를 하나 낳았는데, 애가 출생 후 3일 만에 울기 시작했어요. 그런데 보통으로 우는 게 아니었습니다. 그래서 그 당시에 지금의 중앙파출소에서 반월당(半月堂)으로 가는 중에 그 부근에 길 가에 대산소아과라고 있었습니다. 거기가 대구에서 가장 유명하다고 하는 소아과였습니다. 그런데 거기에 데려가도 안돼요. 울음을 멈추지 않아요. 애가 계속 3일, 72시간이라요. 밤낮으로 잠도 안자고 울면서 멈추지 않아요. 그때 시내에 의사라는 게 대산소아과 하고 나중에 호동소아과가 하나 더 생기기는 했지만 거기서도 안 되고, 어디를 가서도 안돼요. 대구에서요.

그때 대구에 농림학교 선배 한 분이 삼덕동에서 조그만 사업을 하고 있었어요. 그 선배도 내 사정을 보니, 애가 그렇게 울어대니 딱하거든요. 그래서 인자 그 선배가 시내에 돌아 댕기면서 방책을 강구한 게……그 당시에 사람들이 스무나뭇(20여 명)이 모여 있으면 큰 모임이거든요. 요새처럼 인구가 많은 게 아니었으니까요. 서문시장 들어가는 데 경남영업소라고, 창녕 가는 버스 영업소가 있었습니다. 그기에 사람들이 스무나뭇(20명가량) 모여 있었습니다. 내 선배가 거기 가서 사람들한테 내 사정을 이야기했는 모양이라요. "사정이 이러한데 좋은 데가 없느냐?"라고요. 물으니까 그 중 한 사람이 "한 분 계시는데 거기 한번 가보라." 카더래요. "거기가 어디냐?" 카니까, 거기 이름이 이인제⁴⁰ 씨라고 하더래요. 집을 물으니까, 대봉동 거기에 집이 있었습니다. 한의사도 아니고, 면허도 없었어요. 그런

---

40 1950년대 이인제 문하에서 4~5년간 수종하며 한약을 배웠던 진영원(1925년생, 진가한약방)에 의하면, 그는 학식(유학)이 깊은 '유의'(儒醫)로서 남산동 복명학교 근처에서 이인제약방을 운영했다. 아울러 불교 사상가이면서 고서화나 도자 등 민속예술품에 대한 안목도 상당하였다.

데 점잖은 분이라요. 학문적으로 [한의학을] 배웠다기보다는 한의학 방면에 공부를 하고 있는 분이었어요. 연구를 하고 있었습니다.

그래서 가서 사정을 이야기하니까, "이야기만 들어서는 모르겠으니, 집에 한번 가보자."고 했습니다. 그때 초봄인데, 초봄이라도 추위가 늦게 와가지고 눈도 오고 길이 얼었다 녹았다 하니 그때는 어디 포장도로가 있었습니까? 물이 고이고 이랬는데……내가 하도 미안했어요. 그래도 내가 답답하니까 미안한 것도 불구하고 집으로 모셨지요.

그분이 애를 보시고는, "이 애는 내가 아니었으면 큰일 날 뻔 했다."고 말했습니다. 병을 대번에 알아차렸다는 말이지요. 그러고는 자기 집을 다부(되돌아) 가자고 해요. 그래서 가니 처방을 하나 내어 주었습니다. 처방전을 가지고 나올라 하니까, 하는 말이…… "대봉동에서 약전골목까지 가려면 시간이 걸릴 테니, 앞에 저기 가면 한약방이 하나 있는데, 거기에 가서 약을 지어가라."고 해요. 그때 그 분 집이 대봉동이지요. 그런데 이 양반이 내 뒤를 따라 와가지고 약방 밖에서 바라꼬(기다리고) 있었어요. 그런데 약방에서는 약 한 가지가 없다고 했습니다. 모두 12가지였어요. 그래서 상의를 하려고 처방 내어준 그 분한테 가려고 하니까, 그분이 한약방 밖에 기다리고 있었어요. 그래서 "한 가지가 없다."고 하니까, 다른 약재 한 가지를 대체할 수 있도록 해주었습니다. 지금 보니까 소화제 계통이라요. 처방 이름은 없었습니다.

애가 그러니까 내 선배도 나를 계속해서 따라 다녔습니다. 그때는 전부 숯불을 피워가지고 약을 달이고 이랬거든요. 안식구는 어린애한테 매여가지고 움직이지도 못하고, 선배가 숯불을 피워가지고 약을 달였어요. 약을 달이다가 그저 약을 한번 푹 끓이고 나서, "우선 급하니까 이거라도 먹어보자." 카면서, 약물을 조금 딸아 가지고 왔어요. 옛날 숟가락은 커서 떠서 먹일 수도 없고, 숟가락을 약물에 담궜다가……아이는 입에 빨 힘도 없지요. 그래서 수저에 묻은 약물이 입 속에 들어가도록 했지요. 두 번 하고 세 번째 그렇게 하니까, 아이가 약 숟가락을 입에 물고 자요. 비로소 아이가 울음을 그친 거지요. 그래서 '아~ 여기에 무엇이 있구나.' 이렇게 생각하고, 비로소 한방(韓方)을 연구하기 시작했어요. 내가 경험한 것이므로, 나 말고는 이 이야기를 믿기가 어렵겠지요?

이때가 해방 후이므로, 내가 사회생활 하면서 그런 일이 있었지요. 당시는 조혼(早婚)시대였습니다. 그때가 내 나이 27, 28세쯤 되었습니다. 결혼은 20세에 했습니다. 부인은 4세 위입니다. 첫 아이는 아니었습니다. 몇째 아이인가는 모르겠지만 그 위에 딸이 하나 있었는데, 지금 63세입니다. 아팠던 그 아이는 뒤에 죽었습니다. 그 후에 내가 한의업을 하면서 가만히 생각해보니까, 아마도 영양실조가 아니었든가 싶어요. 4세에 죽었습니다.

그 당시까지만 하더라도 한의학 공부가 조금 색다른 길이었거든요. 그래가지고 내 동기 두 명하고 같이 "이거 우리 한번 해보자."고 했어요. 학교에서 배운 것도 수의과 관계로 했기 때문에 좀 연관이 되었지요. 하다가 2명은 결국 중간에 떨어져버리고 내 혼자 계속하게 되었습니다.

■ 한약 실물 공부와 동양의학전문학원 수강

내가 안다는 한약방 하는 그분이 약물을 봉다리(봉지)에 많이 싸가지고 주어서 그걸 가지고 공부했습니다. 그 분은 서울 가 가지고 없는데, 아마 별세했을 겁니다. 연락 끊긴지도 3, 4년이 됩니다. 방한철[41] 씨라고요. 나중에 한의사 시험 쳐가지고 한의사 되었습니다. (웃으면서) 약재가 수백 가지라도 상용되는 것은 많지 않거든요. 그 때는 내가 머리가 좀 똑똑했

---

41 작고. 대창한의원을 운영하며 대구동양의약전문학원에서 약물학(藥物學)을 강의했다.

어요. 봉지에 싸서 건네주는 약재를 가지고는 첫째 모양에 주안점을 주고 익혔습니다. 그 다음에는 맛이고, 냄새고, 효능하고 그런 것이지요.

의서(醫書)는 안 본 책이 없습니다. 『동의보감(東醫寶鑑)』이니 『의학입문(醫學入門)』 등 많은 책을 봤습니다. 한학은 우리가 중학교 다니면서 한문을 많이 배웠고, 보통학교 다니면서도 한문을 많이 썼고요. 따라서 의서를 읽는 데 큰 어려움이 없었습니다. 의서를 읽다가 모르는 부분도 있었지만, 그런 것들도 내 노력으로 해결했습니다.

학원에 등록도 해가지고 공부해 봤습니다. 약전골목 동양의학전문학원에 들어가서 6개월인가 8개월 정도 공부했습니다. 물론 배우는 대가로 돈을 주었지요. 또 밤에 공부했고요. 학원에서는 주로 한의사 국가시험에 대비해서 관련 내용을 가르쳤습니다. 20여 명 넘게 공부했지요. 대남약방 여원현(呂元鉉)[42] 씨가 자기가 돈을 내어가지고 학원을 만들었습니다. 그때 학원이 제일교회 건너편 쪽으로 사이에 조그만 길이 하나 있었어요. 그 길모퉁이(모서리) 옆에 이가(李家)한의원이라고 있었습니다. 주인이 이종필[43]입니다. 그 분 부속건물이 있었는데, 거기에 학원이 있었습니다. 약물, 생리, 해부, 침구, 처방……등등의 내용을 배웠습니다. 거기서는 그저 인제 공부하는 범위 그 정도 알았지요. 크게 새로운 걸 배운 거는 없고, 순전히 내가 독학으로 했습니다.

특별한 사사(師事)는 없는데, 단 거기 유명한 한분 선생님한테 자주 출입하면서 거기서 그 선생님의 이야기도 많이 듣고 그러면서 익히기도 했습니다. 그분의 실력이 상당했습니다. 김재성[44] 선생님입니다. 지금은 별세했고. 그 분은 충남 분인데, 성남한의원을 했습니다. 6.25사변 때 대구로 피난 와서 살았습니다. 돈은 주지 않았습니다. 이 사람이 당시 날 테

---

42 대남한의원을 운영하며 1949년 대구동양의약전문학원을 설립하여 한의학 전승에 일조하였다.
43 이가(李家)한의원 운영.
44 성남한의원을 운영하며 대구동양의약전문학원에서 상한론을 강의했다.

스트해 봤는 모양인지, '이 사람은 데리고 있으면 좀 되겠다.' 싶었는지, 늘 좋은 처방 같은 게 있으면 나한테 이야기도 해주고 상의도 하고 그렇게 지냈습니다. 한의학에 대한 내용하고, 처방 등에 대한 거지요. 거의 매일처럼 해서 2년가량 다녔습니다. 사제지간(師弟之間)이지요. 그렇게 [스승으로] 받들어 왔습니다.

교재도 없이 서로 대화로 한 거지요. 한번 가면, 주간에는 오전에 가서 점심까지 그 집에서 같이 먹기도 하고……오후에 가면 오후 내도록 있다가 저녁까지 있기도 했어요. 그러는 중에 환자가 오면 진료하는 모습도 지켜보고, 그런 과정을 또 배우기도 했습니다. 2년 동안 이렇게 하는 과정 속에서 많은 공부가 되었습니다. [경북] 경산에서 동광한약방을 하고 있는 박경열 씨도 잘 압니다. 내하고 대구농림학교 동기입니다. 농과였지요. 내하고 친합니다. 경열이도 당시 같이 김재성 선생님한테 다니면서 공부했습니다.

■ 제4회 한의사 시험 합격, 한의사 면허 취득

내가 30세에 한의사 시험에 합격했지 싶습니다. 내가 1926년생입니다. 1954년도에 면허증 받았습니다. 한의학을 처음으로 공부한지 4. 5년 정도 걸렸습니다. 내가 제4회 한의사 시험에 합격했을 겁니다. 1, 2부로 나뉘어 시험 쳤습니다. 1부[시험] 카는 게 뭐냐 하면……2부는 본 시험이고 국가시험이지요. 1부가 검정이고요. 본 시험이 국가시험이고요. 1부 시험 치고 나면, 본시험 국가고시 칠 수 있었어요. 나는 한꺼번에 모두 합격했습니다. 어떤 사람은 다섯 번 이상까지 치기도 했습니다. 그게 인제 과락(科落)해서 어떤 과목이 떨어지면 다음에 다시 시험 쳐서 마저 채워 넣어야 하거든요. 또 다시 과락하면 그 다음 해에 또 해야 하거든요. 그러므

로 5년씩, 4년씩 하는 사람이 많았어요. 나는 딱 한 번 쳐서 했지요. 내가
노력을 좀 했어요.

시험은 서울에서 쳤습니다. 예비시험(검정시험) 이틀 걸렸어요. 아마
그때 우석의과대학에서 쳤지 싶어요. 당시 대구에서 두서너 사람이 같이
시험 치러 갔는데, 지금 개업하고 있습니다. 성서 조약국(홍생한의원) 그
기도 내하고 같이 시험 쳤어요. 서울 가서는 여관 잡아 놓고 하루 묶으면
서 쳤지요.

(생각에 잠기며) 의사 시험 칠 때는……의사 시험은 내가 몇 살 때 쳤
노? 그때는 1차 시험 치고 합격 여부를 보고 1개월 정도 있다가 국가고
시를 봤어요. 그래서 1달 동안 늘 서울에 있었습니다. 예비시험 끝나고
거기 합격해서 국가시험 볼 수가 있었으니까요. 그 사이가 1달쯤 차이가
있지요. 그 사이에 서울에서 하숙을 하면서 여관에서 1달 지내면서 공부
하며 국가시험 쳤습니다.

나는 한 해에 예비시험과 국가시험 모두 합격했어요. 학교도 없고, 개
별적으로 가서 시험 쳤기 때문에 주위에서 누가 합격했는지 그런 내용은
세세히는 모르지요. 1달 동안 준비는 거의 필사적이지요. 그럴 것 아니겠
어요? 여관방 안에서 계속 공부했지요. 합격증은 우편으로 왔어요. (환자
대기실을 가리키며) 밖에 저기 걸어놓았을 겁니다.

▶ 한의사 시험 합격증서

```
┌─────────────────────────────────────────────────────┐
│                   合 格 證 書                          │
│                                                       │
│   본적 : 慶尙北道                                       │
│                                                       │
│                        裵萬根                          │
│                        檀紀 四二五九年 一月 一一生       │
│                                                       │
│                                                       │
│      右者는 檀紀 四二八七年 七月 七日 施行 第四回 韓醫師   │
│                                                       │
│   國家試驗에 合格하였음을 證함                           │
│                                                       │
│                                                       │
│      제413호                                           │
│                                                       │
│              保健社會部長官 高 在 裕                     │
│                                                       │
└─────────────────────────────────────────────────────┘
```

■ 대구 대봉동 삼성한의원 개원

내가 국가시험 치느라고 직장까지 그만두었거든요. 그러니 한의사 면허증 나온 후 곧바로 개업해야지요. 시험 준비하느라고 몇 개월 전에 직장을 놓았어요. 맨 처음 [대구시 중구] 대봉동에서 개업했어요. 삼성한의원으로요. 아까 얘기했던 김재성 씨에게 개업한다고 이야기하니까, 그분이 옥호를 나한테 지어주었어요. 세를 얻어 들어갔습니다. 개업비용은 빚내지 않고 벌어 놓았던 것으로 충당했습니다. 목돈 같은 거 들어간 데는 없고, 벌어가면서 차차 갖추어 나갔지요. (진료실 안의 약장을 가리키며) 저기 있는 약장은 개업 후에 다시 만들었어요. 개업 때 처음으로 만들었던 약장은 볼품이 없어 버렸습니다.

첫 개업해놓고 보니 돈이 잘 벌릴 택이 없지요. 이름도 알려지지 못했지만……그 때는 애초 이걸 모두 경영적으로 하지 않았어요. 내가 처음 시작할 적에는 모두 돈 들어오면 들어오는 대로 안 들어오

삼성한의원 진료실

면 안 들어오는 대로, 많이 들어오면 많이 쓰고 적게 들어오면 적게 쓰고 그렇게 살았거든요. 그 전에는 개업 후에도 내도록 공부만 했지요. 지금은 나이가 많으니까 책 볼 기회도 없으니까 그런데, 나는 뭐 계속 공부만 했으니까요.

침술은 내가 별로 안했어요. 침을 그렇게 안 믿었고요. 그랬기 때문에 내가 침술 공부를 별로 안했겠지요. 그기에 중요성을 별로 안 두었어요. 개업 당시 의료 환경은 별로 안 좋았어요. 내 시험 동기는 조경제하고……딴 분은 다 죽었지 싶어요. 영주한의원 허일 씨, 영남한의원 정화식 씨는 선배 됩니다. 내가 요새 출입을 안 하니까 누가 죽었는지 살았는지 몰라요.

내가 처음 한의원 개업했던 곳은 이쪽에 거기 대봉파출소 있지요? 거기서 산○동으로 넘어오는 길 있지요? 거기 조금 가다보면 대구중학교 올라가는 샛길이 있습니다. 시장 옆으로요. 거기로 조금 올라가서 거기라요. 건들바위 앞이지요. 한옥건물이었습니다. 개원했던 모습을 촬영한 사진은 남아있지 않아요.

■ 아내의 유방암 치료

그때 사망하는 원인이 되는 병은 주로 간 경화증이었습니다. 간경화가 제일 많았지요. 간병 쪽으로 많이 치료해주었다기보다는……나는 안식구가 유방암에 걸려가지고 그기에 골몰하느라……아내가 50세 거의 다 되어가지고요. 내가 유방암을 맨 처음으로 발견한 것은……날짜를 쭉 더듬어 본께, 6월 22일이 하지(夏至) 아닙니까? 그날이지 싶습니다. 그때 하도 몸서리나는 병 아닙니까? 그 병 같으면 가는 게 아닙니까? 그기에 하도 골몰해 놓으니까. 어느 해 6월 22일입니다.

그 날을 왜 내가 확실히 아느냐 하면, 내 동서 부친이 별세해가지고 산소에 갔다 내려오는 데서 내 국민학교 동기가 보리를 베고 있는 걸 봤어요. 그래서 같이 술집에 가서 밤새도록 술을 먹었어요. 그래서 이튿날 집에 오니, "여기 좀 만져보라."고 했어요. 보니 내 생각에 틀림없이 종양(腫瘍)이라 판단했어요. 그로부터 12월 가까이 반년 정도 골몰했지 싶어요. 고민하고. 당시 치료방법이 없었으니까요. 아내를 치료하기 위해서는 '이걸 내가 개척할 수밖에 없다.' 싶어가지고요. 앞으로 내가 상처(喪妻)하는 걸 전제하고 생각하니까 여기에 골몰할 것 아닙니까?

병을 확인한 후 각종 한의서를 뒤졌지만, 그때 암이라는 병은 그렇게 흔한 병이 아니니까 치료방법이 없었지요. 더구나 한의서가 편찬되던 더 오랜 이전에는 더욱 그런 병이 드물었으므로 의서에도 마땅한 처방이 없었지요. 그러니 연구를 해야 했지요. 관련되는 약재를 모두 추려내어 무수한 임상을 했습니다. 약재 가지 수와 배합 량, 복용 회수와 양 등에서요. 여기에 드는 노력이 문제라기보다는 얼마나 고민이 되었겠어요. 잘못하면 곧바로 보내버릴 수도 있잖아요? (연구자가 재차 유방암을 치료했던 처방에 대해 질문하자) 에! 그건 내가 조금 비밀로 하고 있습니다. 이게 곧 '비방'(秘方) 택이지요. 사실 비방이라는 건……절대적인 비방은 없는

데. 나로 봐서는 그게 비방이지요.

그러고 난 뒤에 나중에 종양이 차츰 커져가지고, 답답해서 딸하고 같이 안식구를 데리고 파티마병원, 경대병원, 나중에 저기 지금 동산병원하고 또 한 군데 병원을 더해서 4군데까지 검사하여 암이란 걸 확인했습니다. 당시 가톨릭병원은 아직 없었어요. 그래가지고 치료를 했는 것이……그해 9월 2일부터 내가 치료를 시작했습니다. 그 전에는 내가 병원에 가니까, 양방 쪽에는 전부 다 "수술밖에 도리가 없으니 수술하자."고 하고, 환자는 "죽어도 [유방을] 들어내어 가면서 수술 안한다." 카고. 그러면서 본인이 우겨가지고 수술을 못했지요. 그래서 내가 치료를 시작했어요.

그걸 내가 눈으로 본께, 종양 덩어리가 크다는 그것만 확인했지요. 만져보니 그게 처음에는 대추씨만큼 했는데, 6월쯤에요. 그런데 9월쯤 되니까 커져서 손바닥을 구부러서 가려질 정도였어요. 엄청 커졌지요. 그래서 병원에 보내 놓으니까 수술 외에 딴 방법이 없다 카지요. 본인은 수술 안할라 카고 그래서 수술도 못 받고. 그래서 인제 내 약을 가지고 하는 수밖에 없다고 해가지고. 그러는 동안에도 부인한테는 이야기하지 않고 늘 내 혼자서 그에 대한 처방을 여기저기 문의도 해보고 계속해서 연구를 해왔지요.

이런 과정 끝에 당해 9월 2일부터 약을 쓰기 시작했어요. 왜 9월 2일이라는 기억이 남는가 하면, 당시 시내에서 몇 사람이 모이는 한의사 모임이 있었어요. 매달 24일 모이는 모임이지요. 그 달은 내가 하도 슬픈 달이 되어가지고, 어쩌면 곧 상처할지도 모른다는 사실 때문에 24일보다도 조금 더 늦추어가지고 구미 금오산으로 올라갔는데, 그게 8월 31일이거든요. 내가 모임을 연기시켰거든요. 그 다음날이 [달성] 화원장날이고요. 그래서 찾아오는 다른 손님 때문에 못하고, 9월 2일부터 약을 쓰기 시작한 거지요. 그래서 그것을 기억하는 겁니다.

(연구자가 처방 내용에 대해 묻자) [유방암 관련] 약이 최종적으로 완성된 가지 수는 처방을 내어봐야 알지요. 이것 넣고 저것 넣고 여러 가지 약재를 넣고 빼고 하는 등의 무수한 임상을 거쳤지요.

■ 한지의사 시험과 무의촌 배치

그 담에는 내가 또 의사 시험을 봤어요. 그때는 '한지'(限地) 카는 제도가 있었지마는, 다른 방법이 없으니까 우리에게 '한지'라 카는 걸 주었어요. 양의(洋醫) 택이지요. 그건 의사 시험입니다. 그래 왜정 때는 내가 농림학교까지 나왔고, 거기서 축산수의(畜産獸醫) 그걸 공부했고, 그래서 한방을 해도 나는, 늘 한방에 대해 불만족이었어요. 그것이 뭔가~ 내가 보기에는 조금 과학적으로 완전하게 정립이 안 된 것 같고 해서 늘 불만족이 있었는데. 또 그때 의사 카면 상전이고, 한의사는 인정을 안했어요. 옛날에 사회에서는요. 그래서 내가 의사 시험을 쳐야 되겠다는 생각을 해서 쳤지요.

(환자 대기실 내벽에 게시된 각종 표징을 가리키며) 저기 바깥에 의사 국가시험 합격증과 면허증이 있지요. 1970년 12월 5일 시험 쳤습니다. 이것도 예비시험 쳐서 자격을 받아가지고 국가시험 쳤어요. 합격증은 열흘 정도 있다가 12월 16일에 나왔어요. 나는 한방, 양방의사 자격을 모두 가지고 있습니다.

의사 자격에 '한지'라는 말이 붙은 이유는……그 때는 의과대학을 나오지 않으면 의사 될 제도가 없었거든요. 그런데 우리는 특수한 케이스가 되어가지고, 시험 쳐가지고 의사 면허를 주어야 되겠다 싶어가지고 주었습니다.

▶ 한지의사 합격증

합 격 증 서

합격번호 : 제257호
본적 : 경상북도
주민등록번호 : 191007-108○○○

성명 : 裵萬根
서기 1926년 1월 11일생

위의 사람은 1970년 12월 5일 시행 제1회 한지의사
국가시험에 합격하였음을 증함

1970년 12월 16일

국립보건원장

▶ 한지의사 면허증

한지의사 면허증

제466호

사 진

본적 : 경상북도
성명 : 裵萬根
생년월일 : 1926. 1. 11
주민등록번호 : 191007-108○○○

위의 자에게 한지의사 자격을 면허함

1974년 11. 6

보건사회부장관 고재필

| 한의사 시험 합격증서 | 한지의사 면허증 |

‘한지’라는 말은 저게 왜놈의 제도라요. 그래놔 놓으니까 ‘한지’라는 말이 붙지요. 그때만 하더라도 의과대학을 모두 다닐 수 없으니까 의료 인력이 부족해가지고 국가에서 시험을 치어가지고 그 사람들한테 ‘한지’ 카는 걸 붙여가지고 의사 면허를 준 거지요. 무의촌에 보낸 것도 아니고. 그때 시내에서 합격하면 시내 여기서도 하고 그랬지요. 단지 지역을 정해 주어 가지고 한정된 지역 외로는 이동을 못하게 했지요. 우리 의료제도 가……촌에 의료인이나 의료시설이 없는 무의촌이 많이 있으니까 이걸 해소하려고 국가에서 한의사를 동원했어요. 양방 교육을 좀 시켜가지고 이들을 무의촌으로 보내 배치시켰어요.

정부에서 모두 부려먹었어요. 그 다음에 그 제도를 없앨라 카니까 자기가 이제껏 부려먹었는데 그냥 없앨 수는 없잖아요? 그러니까 “그저 너희가 덮어놓고 의사 면허 달라 카지 말고, 국가시험 쳐라.” 그래가지고 쳤는 기 한지의사 제도입니다. 지금은 ‘한지’ 카는 제도는 없고 그냥 의사 면허로 되어 있습니다.

한지의사가 되기 위해서는 처음에는 여기 경북대학교 의과대학에서 [교육을] 받았고, 나중에는 또 서울 국립의료원에서도 교육을 시켰어요. 경북대학교에서는 1년 정도 교육받았습니다. 한의사와 의사 [면허] 두 가지가 있으니까 이론적으로 이게 자꾸 정리가 되거든요. 한의 쪽의 과학적 미비점이 양의 쪽으로 공부함으로써 보완이 되었지요. 의학 지식이 좀 더 심화되는 장점이 있지요. 그렇다고 정부에서 커다란 혜택을 주고 하는 거는 없습니다.

의료사업 과정에서 지역제한을 받지 않았습니다. 그런데 나는 양의 쪽으로는 안했습니다. 예전에 하던 대로 계속 한의사를 했습니다. [양의] 자격만 받아놓고요. 한지의사 면허 받고 촌으로 가서 의업을 해온 사람도 몇이 있습니다. 이들은 모두 한의사, 양의사 자격 가지고 있습니다. 양방과 한방을 겸비했으므로 일반인들은 조금이라도 신뢰감을 갖게 되었다고나 할까요. 그런 정도지요.

■ 비방(秘方), 가업 계승의 어려움

그저 내과 관계로 많이 치료했습니다. 우리가 약물을 상당히 소중하게 여겼는데, 나는 늘 치료 안 되는 병을 치료해 보려고 시도해 보았습니다. 그런데 그게 잘 안 되고. 암에 대해서도 내가 조금 자신 있는 과목인데, 요새 추세가 약으로 암을 고친다고 하면 "저 사람이 미쳤다."고 할 기라요. 특히 양방 쪽에서요. 그래서 내 혼자 속으로만 간직하고, 자식들한테 "혹시 해당 상황이 생기면 이 처방을 써 봐라."고만 이야기 해놓았지만, 아직까지 자식들한테조차도 처방에 대한 자세한 이야기는 하지 않았습니다.

(오랜 시행착오 끝에 가족의 병을 다스린 것으로 증명이 되지 않았느

냐고 묻자) 요새 미친 세상 아닙니까? 그저 '한방'(韓方) 카면, 한약으로 암을 고친다고 하면 미쳤다고 하지 않겠어요? 그러니 나는 그런 소리 듣고 싶지 않고요. 그런 시선을 받기도 싫습니다. 그래서 환자가 나를 알고, "꼭 이 환자를 고쳐주세요." 카면 몰라도, 그 외에는 '암을 고친다.'는 말을 하기가 싫어요. 내 혼자만 간직하고 있습니다.

(특별히 기억에 남는 치료 사례를 질문하자) 그런데 그거 임상 공개 했는 걸 세세히 정리가 되어있지 않기 때문에 여기서 이야기 할 수가 없습니다. 그런 기록이 없어요. 나는 주로 내과 환자를 보아왔지만, [치료율이 높은 부문에 대해서는] 지금 정리가 안 돼요. 내 머리에요. (기존 처방으로 유사한 다른 환자들을 치료한 경험을 묻자) 그런 환자가 와야 활용을 하지요. 그 처방은 기록으로 남겨두었습니다.

(동거하는 장남을 지칭하며) 재~는 말이라요. 한의학에 관심이 없어요. 관심이 있었으면 한의학을 시켰을 텐데, 저 놈은 그 때만 하더라도 기계가 좋은 때라서 기계과 거기 나왔어요. 서울에서. 그때만 하더라도 아이들이 한의학을 좋아하지 않았어요. 물론 한의학을 가업으로 일군 내 입장에서는 후대에 이게 이어지길 바랐지만, 그래서 자식들에게 "한의학 공부를 해봐라."고도 했지만, 아이들이 반대하니 어떻게 하겠어요?

아들 둘에 딸이 셋입니다. 위로 딸이 계속 둘이고, 그 밑에 장남이고. (장남을 가리키며) 자~ 밑에 딸이 있고 또 아들이 있지요. 2남 3녀 중 가업을 잇는 애가 없습니다. 양방 쪽으로도 없고요. 이런 현실에서 가업으로 이어지지 못하니 좀 아깝기는 하지요.

■ 삼성한의원 한방 물증

▶ 한의사 면허증

<table>
<tr><td colspan="2" align="center">한의사 면허증</td></tr>
<tr><td></td><td>제301호</td></tr>
<tr><td></td><td>사 진</td></tr>
</table>

한의사 면허증

제301호

사 진

본적 : 경상북도
성명 : 裵萬根
생년월일 : 1926. 1. 11
주민등록번호 : 191007-108○○○

위의 자에게 한의사의 자격을 면허함

1974년 12. 2

보건사회부장관 고재필

▶ 한의사 보수교육 수료증

수 료 증

제31호

본적 : 경상북도
주민등록번호 : 191007-108○○○

성명 : 裵萬根
1926년 1월 11일

상기자는 보건사회부 위탁에 의하여 당 의과대학에서 실시한
제1기 한의사 보수교육의 전 과정을 수료하였으므로 본 증을 수여함

1963년 4월 9일

경북대학교 의과대학장 소주영

▶ 한지의사 보수반 훈련과정 수료증

수 료 증

제153호

직명 : 한지의사
성명 : 裵萬根   서기 1926년 1월 11일생

위의 사람은 1971년 2월 8일부터 제4기 한지의사 보수반 훈련과정을
수료하였으므로 이에 수료증을 수여함

서기 1971년 3월 6일

국립보건원장 허용

▶ 루우프 시술의사 훈련과정 수료증

수 료 증

제26호

소속 : 경상북도
직명 :
성명 : 裵萬根   서기 1926년 1월 11일생

위의 사람은 1971년 2월 15일부터 동년 2월 20일까지 제1기
루우프 시술의사 훈련 과정을 수료하였으므로 이에 수료증을 수여함

1963년 4월 9일

경북대학교 의과대학장 소주영

▶ 액자 '명제생춘(明濟生春)' :

"환자의 병을 명쾌하게 낫게 함으로써 생명의 기운을 봄의 생기처럼
돋아나게 한다."는 의미로, 지인 송정(松亭) 정재원(鄭在元)이 '발전'과 '다
복'을 기원하면서 건넨 것이다.

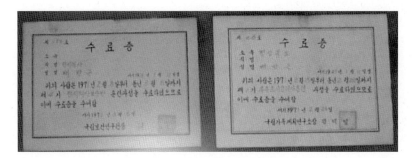

한의원 표징들 : 교육 수료증

대구시한의사회 회장을 세 번이나
연임한 동인한의원 서남수

-1931년 생-

·
·
·

◆ 인터뷰 후기
10대에 복양당한약방, 동일한약방 근무
동양의학전문학관 진학, 한의학 수련
6.25전쟁, 두 번의 군 입대
군 복무 중 한의사 시험 합격
대구 동인동 동인한의원 개원과 후진 양성
대구시한의사회 9~11대 회장, 누락된 역사
수일양행, 춘강원, 서라벌공원묘지 경영
경험방 『제중신편』 간행과 비방에 대한 인식
한지한의사 제도와 대구지역 한의학의 인력 기반
간경화 자가 치료 및 환자 치료 사례
한의학에 대한 인식과 일상생활
동인한의원의 한방 물증

인터뷰 후기

·

·

2007년 현재 77세인 원로 한의사 서남수는 10세 무렵부터 이른 시기에 한의학에 입문한 특수한 사례에 속한다. 초등학교 2학년 때 학교 공부가 싫다 하여 집으로부터 쫓겨나다시피 해서 경북 상주읍내 어느 한약방에 들어가게 된 것이 한의사로 평생을 살게 된 계기가 되었다. 그는 한방업소에서 일상적인 일과 실물교육을 받으며 고학으로 중등학교 공부를 하면서도 한의학과의 인연을 이어나갔다. 그래서 1948년부터 한의학 교육기관인 서울의 동양의학전문학관(東洋醫學專門學館) 2년 과정까지 마쳤다.

이처럼 어려운 날들을 오로지 한의학 수련을 위한 일념으로 극복한 내공 때문인지 연구자와의 면담 접촉은 순조롭게 이루어졌다. 2007년 4월 18일 그의 한의원으로 전화를 걸었다. 흔쾌히 방문을 수락했다. 환자가 내원하여 진료해야 하는 바쁜 와중에서도 기꺼이 그리고 충실하게 면담에 임해주었다. 첫 번째 면담에서는 출생과 성장, 한의학 입문과 수학과정, 한의사 시험, 대구시한의사회 회장 역할, 제약회사와 결핵요양원 경영을 비롯하여 한의사 제도, 치병 사례, 집증법 등 다양한 이야기를 거침없이 해주었다. 한의사회 회장 재직 때는 영남지방을 중심으로 전국의 원로 한의사들이 보유한 '경험방'을 수집하여 자료집으로 만들어 배포하기도 했다. 지식 공유를 통해 더 많은 환자를 치료해야 한다는 생각에서 스스로 애써 창안한 모든 '비방'까지 공개하는 개방적인 사고는 대단히 인상 깊었다.

두 번째 면담은 2007년 6월 29일에 이루어졌다. 2차면담에서는 1차면담에서 미흡했던 내용을 보완함과 더불어 누락된 부분에 대해서는 추가

질문하였다. 동양의약전문학관 시절의 학습 방법과 6.25전쟁 경험, 한지 한의사 제도, 한의원 개업과정, 가족관계, 계모임, 한의사 직업에 대한 인식 등이 주된 질문 내용이었다. 간호사가 자리를 비운 터라 걸려오는 전화를 받고 탕제 중인 약탕기를 관리하는 등으로 면담의 집중도가 떨어지기도 했다. 고객과의 전화 상담이 길어지는 틈을 타서는 한의원 내부를 이리저리 관찰하며 한의원 공간구성과 약재 보관상태, 관련 물증 등에 대한 자료를 수집했다. 한방 인테리어 용도의 여러 액자와 사진, 약 자루, 약장, 약통, 제약탁자, 면허증, 진료부 등을 사진 촬영하고 관련 내용을 기록했다.

연보
· 1931년 - 경북 상주 출생
· 1940년 - 상주 옥산심상소학교 2년 중퇴, 복양당한약방 근무
· 1945년 - 상주 남산중학교 입학
· 1950년 - 동양의학전문학관 2년 재학 중 6.25참전
· 1956년 - 9월 5일, 군 복무 중 한의사시험 합격
· 1957년 - 2월, 대구에서 동인한의원 개원
· 1962년 - 제9대 대구시한의사회 회장(1967년까지 10대, 11대 연임)
· 1963년 - 제약회사 수일양행 대표
· 1973년 - 결핵요양원 춘강원 원장
· 1975년 - 서라벌공원묘지 대표
· 2007년 - 대구광역시 중구 동인동2가, 동인한의원 운영 중

■ 10대에 복양당한약방, 동일한약방 근무

저는 경북 상주에서 태어났어요. 그때는 소학교지요. 일제시대 소학교요. 상주 공성면 옥산 심상소학교를 다니다가. 그때 어릴 적에는 서당을 다니다가 한문을 좀 배웠어요. 그때 소학교에서는 교재 내용이 가지, 미나리, 오이 이런 걸 가르치니 [서당에서] 『통감(統監)』배우다가 이걸 배울 게 없다고 학교 안 다니겠다고 했어요. 학교에 다녀봐야 아무 것도 배울 게 없다고 뭘 다니느냐고 했어요. 그때 우리가 29명이 서당에 다녔는데, 그 중에서 내가 제일 높은 단계의 것을 배웠거든요. 서당에서요.

그런데 할아버지가 엄했거든요. 할아버지가 "그럼, 좋다. 안 할라 카면, 학교 안다닐라 카면, 소 몰고 가서 밥 싸가지고 가서 풀 베어 오너라."고 했어요. 그래서 풀을 베러 갔어요. 가서는 희한하게 정말 베어오거든요. 그런 식으로 자꾸 풀을 베어오고 하니까, "이거 인간되지 않겠구나."라고 생각하여 집에서 나를 그냥 내쫓아 버렸어요. 소학교 2학년 때요.

그래가지고 상주읍에 가서 취직을 하려고 했는데……열 살 무렵이지요. 어떤 한약방에 들어갔어요. 한약방 주인이 "너, 한문 좀 아느냐?" 카면서 시험 형식으로 무엇을 보여 주길래, 그걸 내가 잘 하니까, "너, 됐다. 여기 있거라." 캐서 거기서 일을 했지요. 여기서 5, 6년 동안 일을 했어요. 해방 후까지요.

당시 한약방에 종업원이 5명 있었는데, 거기 처음 들어가면 아궁이에 불 때는 걸 해요. 겨울 군불 때고 밥상 나르고 그래요. 그 다음에 조금 경과하면 약을 썰지요. 좀 더 잘하면 약을 짓기도 하면서 약을 배우는 거지요. 약 배달 심부름 같은 거는 별로 안했어요. 약방이 커서 손님들이 상당히 많았어요. 그래서 '이걸 배워야 되겠다.' 싶어 책(한의서)을 보기 시작했지요. 약방에서는 하루 중 언제까지 일을 했냐 하면, 밤 10시까지

해요. 혹사지요. 일제시대 아닙니까? 매일처럼 밤낮으로 10시까지 일을 해요. 하루 일을 마치고 10시 후에 책을 놓고 좀 보기라도 하면, 우리 선생 돌아가신 양반 말하기가 안됐지만, "안 된다." 카면서 책을 감추어버려요. 책을 못 보게 자물쇠로 잠가 버려요. 책을 보면 빨리 배우게 되고 그러면 곧바로 약방을 나가버린다고 생각했기 때문이지요.

약재 실물 지식은 옛날에 상주 있을 적에 익혔지요. 어릴 때부터 복양당한약방에서 매일 만지는 게 그건데요. 약 썰고 말리고 작근하고 그런 과정에서 자연적으로 알게 되었지요. 약성가(藥性歌)도 외우고요. 그건 혼자 배워도 제일 쉬웠어요. 약성가도 거의 외웠어요. 예를 들면, 인삼에 대해서는, '인삼미감(人蔘味甘) 보원기(補元氣), 지갈생진(止渴生津) 조영위(調榮衛)' 카지요. 감초(甘草)도 그렇게 외우고, 당귀(當歸) 등 모두요.

때로는 약을 썰면서도 중얼중얼 외웠어요. 방법이 없어요. 노력 안하면 안 돼요. '복양당'이라는 상호 이름은 같지만, 대구 약전골목에 있었던 김관제(金觀濟)[45] 약방하고는 달라요. 주인이 조석주 씨라고 창녕 조(趙)씨였어요. 내가 근무할 때 그 어른이 50대였어요. 6.25동란 때 대구에 와 있다가 죽었어요. 내가 한의학 입문 후 처음으로 인연을 맺었던 선생이지요.

또 다른 선생으로는 상주의 동일약방이라고 있었는데, 주인은 차일기 씨지요. 그 사람의 형이 차일근이라는 노인인데, 학자지요. 한의학에 대해 많이 알아요. 이 사람한테 책 펴놓고 배웠어요. 『동의보감』이나 『의학입문』 이런 책을요. 돈을 주고 배웠지요. 거기서 몇 년 배웠어요. 복양당한약방 같은 데서는 아무 것도 배운 게 없고요. 내가 일하며 근무했고요. 동일한약방 차일기 백씨 차일근씨한테 사정해 가지고 책을 펴놓고 좀 가르쳐 달라고 했어요. 대강만 가르쳐 주면 되거든요. 이전에 내가 공부를

---

45 1885~1950. 일제 강점기 한지의생으로서 대구 약전골목에서 복양당한약방을 운영하며 독립지사들의 병을 돌보고 독립자금을 지원하는 등 국권회복운동에 일조하기도 했다. 광복 후에는 건국준비경북치안유지회 위원장을 맡아 좌우 진영의 통합을 위해 힘썼다.(김도형, 『근대 대구경북 49인』, 혜안, 1999, 134-152쪽.)

많이 해놓았기 때문에 대개 다 알지요. 그러니까 배우기가 훨씬 수월했어요.

복양당에서는 꼼짝도 못했으므로 공부를 더 하기 위해서는 거기서 나와야 했어요. 그 후에는 상주 동일약방에 들어가서 일해주고 누워 자가면서 밥 얻어먹어 가면서 약방 주인 형이던 그 어른한테 배웠지요. 미리 가서 이야기 하고 거기 들어가서 일을 열심히 해준다고 하고 배운 거지요. 아까도 이야기 했지만, 일제시대 학교 쪼매(조금) 다니다가 말았고. 한문만 배웠기 때문에……그래도 복양당한약방에서 서러움 받은 것을 생각해서라도 이를 배워야 되겠다고 마음먹었지요. 그래서 난 데 없이(예상치도 않게) 한의사 길이 뚫렸지요. 그런 각오 때문에요. 나는 선고도 한의업 안 했고, 아무도 주위에서 영향을 주지도 안 했고, 스스로 하고자 하는 생각을 해서 이쪽으로 나간 거지요. 동일한약방에서 2년 동안 일을 했어요. 또 공부하고요.

■ 동양의학전문학관 진학, 한의학 수련

이렇게 생활하다가 해방되고 난 뒤에 '그래도 좀 배워야 되겠다.' 싶어 가지고 내 스스로 중학교에 들어갔어요. 현재의 상주 남산중학교입니다. 한약방에서 나와 가지고요. 2년 정도 고학을 하다가 도중에 서울로 올라갔어요. 그래서 서울 가 가지고 노량진 역전에 가면 한성전선 자리지요. 지금의 한의과대학 전신인 동양의학전문학관, 동양대학관[46] 할 때 그기에 들어갔어요.

거기 1회가 아니고요. 정확하게 따지면, 김구 선생 죽던 해에 입학했어

---

[46] 1948년 한의약 전문 고등교육기관으로 최초로 문을 열었으나, 아직 정식 인가를 받지 못했다.

요. 2년 뒤에 6.25가 났으니까요. 1948년일 거예요. 옳게 졸업은 못했지 만요. 당시에는 9월 1일이 학기 초입니다. [서울] 노량진역의 한성전선 자리에서 동양대학관 하고 동양의학전문학관이 같은 건물 안에 2개가 있었어요. 나는 그때 동양대학관에 들어간 게 아니고, 같은 해에 동양의학전문학관에 들어갔어요. 동양대학관 학장은 박호풍 씨고, 동양의학전문학관 학장은 김동원 씨입니다. 동양대학관은 4년제고, 동양의학전문학관은 2년제였어요. 그러다가 6.25가 나 가지고 부산 동대신동 75번지에서 서울한의과대학으로 승격해가지고 4년제로 된 거지요.[47] 6월 27일까지 학교에 나가고 그 뒤로는 못나갔지요.

교수도 보면 서울약학대학의 신길구 선생도 여기 오고 그랬어요. 손성민 선생도 그랬고요. 이창빈 교수도 지금도 있지만, 마찬가지로 대학관에도 가고 전문학관에도 오고 그랬어요. 교수들은 왔다 갔다 했어요. 내과(內科) 가르쳤지요. 손성민 씨도 내과고요. 이들은 모두 양의사입니다. 손성민 씨는 6.25전쟁 나고 가보니까, 같잖게도 [서울] 영등포구 문학동맹위원장을 했어요. 공산주의 시대에요. 강필모 씨는 후암동에서 후암내과를 경영했어요. 6.25나서는 헤어졌지요. 동양의학전문학관에서는 주로 한의학을 가르쳤지만, 양의학, 일반 신의학 내용도 강의했어요. 손성민 씨나 강필모 박사 등이 이걸 가르쳤지요. 당시 학생들이 상당히 많았어요.

이때 내 나이가 정확할지는 모르겠지만, 6.25사변 나던 해가 1950년도고요. 단기로는 4283년이라요. 그럴 적에 내가 2학년 말이라. 동양의학전

---

47 초기 한의학 교육기관의 변천 내용에 대해서는 다음을 참조하시오.(대구광역시한의사회, 『大邱廣域市韓醫師會五十年史』, 2004, 21~23쪽 참조)
 ·1948. 3. 24 - 동양대학관 설립(서울, 4년제)
 ·1953. 3. 1 - 동양대학관 폐교 후 서울한의과대학 설립(부산, 4년제), 동 년 10월 서울 이전
 ·1955. 1. 8 - 서울한의과대학을 동양의약대학으로 개명(4년제)
 ·1964. 12 - 동양의약대학을 6년 학제로 개편
 ·1966 - 동양의약대학이 경희대 의과대학으로 병합됨(6년제)

문학관에요. 왜 그런가 하니, 그때는 9월 1일이 학기 초이지요. 6월 25일에 전쟁이 났으니까 2학년 말에서 3학년에 못 올라가고 그만 두었거든요. 당시 동양대학관이 2년짜리도 있고, 4년짜리도 있었는데, 나는 4년짜리 바라보던 때였어요. 이 시기는 아직 한의사 제도가 없을 때지요. 그러던 중에 6.25사변이 나버리니까 그 학교가 어디로 갔냐 하면 부산 대신동 75번지에 서울한의과대학이라고 떡 생겼어요. 6.25전쟁 이듬해이던 1951년이지요. 그래서 다시 거기에 들어가려고 하니까, 주위에서 "그러지 마라. 한의사 시험이 곧 있는데, 너는 시험 보면 되는데 왜 돈도 없는데 애 먹어가며 할라고 하나?" 캐서 그러려고 생각하던 중에 6.25전쟁 통에 군에 가게 되었어요.

실물은 복양당한약방에서 배웠고요. 이론은 차일근 선생으로부터 사사(師事)하고 군대서 독습하고, 또 서울 노량진 동양의학전문학관 학교에서 2년 동안 배웠어요. 학교에서 침구과는 이창빈 교수가 했고, 내과는 박호풍이 총장이면서 가르쳤어요. 약학과는 서울 약대의 신길구가 직접 가르쳤어요. 당시에는 약물학의 제1인자로 알려졌지요.

그럴 때 모습이 지금도 생생해요. 그 양반은 머리가 까져서 완전히 없어요. 선생님은 인삼이나 도라지나 똑 같다고 했어요. 인삼은 사포닌 성분이 많기 때문에 도라지보다 나을 뿐이라고 했어요. 하지만 몇 해 후에 독일에서 한국 인삼이 대단히 우수하다는 발표가 났거든요.

그리고 나서 1972년도인가 중앙일보가 창간되고 난 뒤에 동경에서 세계약학자대회가 열렸어요. 거기서 인삼하고 녹용에 대한 내용들이 모두 나왔어요. 그러니 신길구 박사가 얘기한 게 상당한 차이가 있었지요. 그때 봐서는 신길구 박사가 한국에서는 최고라고 믿었는데, 나중에 발표되는 걸 보니 그랬어요. 그 외에도 여러 가지가 있었는데, 상한론은 손성민 박사가 가르치고요. 음양오행론도 있지요. 이거 없으면 첫째 안 되지요. 운기학(運氣學)도 거기 다 포함되지요. 운기학은 김동원 선생이 가르쳤어요. 음양오행학은 운기학과 같은 거예요. 이게 한방의 기초가 되지요.

음양오행론 원리는 간단하지요. 예를 들어, 우리가 서양에서 따지면 토요일이 주말이지요. 일요일은 주초지요. 주초면 양(陽)이지요. 일(日)은 태양이라. 월(月)은 음이라. 그 다음에는 '金木水火土' 오행(五行)이지요. 이게 바로 음양오행(陰陽五行)입니다. 그러니 일주일 자체가 음양오행입니다. 그런께 이것보다 더 기본이 없지요. 4계절 춘하추동도 마찬가지입니다.

그러나 알기 쉽게 말하면, 태극기가 제일 정확해요. 태극기가 뭔고 하니, 빨간색이 있어요. 빨간색은 남쪽이지요. 여름 절기이고요. 그 다음에 검은 것은 북쪽이고, 물(水)이고요. 파란 것은 동쪽이고, 흰 것은 서쪽이고, 노란 것은 중앙인데……태극기 카는 게 무엇입니까? '건(乾) 카는 '건삼연'(乾三連) 카는 거는 하늘이고, '곤삼절'(坤三絶) 검은 괘가 세 동가리(쪼가리) 난 거는 땅이고요. 음양은 좌우이고, '이허중'(離虛中)은 복판에 하나 비었거든요. 그게 화(火)입니다. '감중연'(坎中連) 카는 거 가운데 하나가 연결되고 두개가 양쪽에 떨어져 있는 거는 물(水)입니다. 이게 북쪽이라요. 그러니 동서남북이 모두 연결됩니다. 그런께 이거 기본이…… 음양오행이 기본이고, 그게 곧 운기라. 그게 운기학이라요.[48]

음양오행 없으면 아무 것도 안 돼요. 그냥 말이 안 되는 기라요. 그런께 예를 들어서 우리가 산에나 어디 가서 아무 음식이나 풀뿌리를 캐서 먹는다고 칩시다. 새파란 거는 간을 도울 것이고, 뜳으면 ○하고 뭐를 막아줄 것이고, 지독히 쓰면 이를 내려주려는 것이고, 단맛은 독을 따뜻하게 해주는 기고, 매우면 이걸 발산시켜주는 것이어서 땀을 내게 하는 것이고.

암만 몰라도 보면 색깔하고 맛하고 형태하고만 알아도 돼요. 단단한 거는 내려가는 것이고, 속이 빈 거는 발한제(發汗劑), 거죽으로 펴야 하는

---

48 태극의 4괘(乾·坤·離·坎)는 각각 다음을 의미한다. 건(天·春·東·仁), 곤(地·夏·西·義), 이(日·秋·南·禮), 감(月·冬·北·知)

기고. 이거는 정말 음양오행학적으로 다 알게 되어 있고, 그것 모르면 설명이 안 돼요. 인체하고 연결시켜 설명해도 마찬가지지요. 그래서 가령 짠 거는 신장으로 들어가는 약이고, 매운 거는 발산시키는 데 쓰는 약이고, 시그러운(신) 거는 수습, 수음(收陰)하는 약이고. 뭐 무슨 단 것은 속을 떠수는(따뜻하게 하는) 약이고. 이런 식으로 모두 맞추어서 들어가요.

그리고 또 색깔이 희면 폐로 들어가는 기고, 검으면 신장으로, 빨간 거는 심장으로 들어가는 약이고, 누런 거는 비장이나 위장약이고. 이런 식으로 전부 다 맞추어 들어가지요. 그게 모두 오장육부로 연결돼요. 이건 인체가 '소우주'라는 말과 관련되지요.

환자를 진료할 때 얼굴 색깔이나 장부의 위치하고 그런 것을 연결해서 병을 알아내는 방법과도 관련되지요. 그것까지는 알 필요가 없지마는 그러나 그게 대개 맞아요.[49]

(이상의 면담 내용과 연결지어) 따라서 한방에선 운기하고 음양오행 빼면 아무 것도 안 돼요. 서양도 마찬가지잖아요? 일주일도 마찬가지지요. 일월은 음양이고, 화수목금토 이거는 오행 아닙니까? 음양오행이거든요. 예를 들면, 나쁘게 말하면, 얼마 전에도 그랬지만, 해돋이를 양력 1월 1일 날 가요. 그것도 맞지만, 그것보다도 더 정확한 날짜가 있다 캤어요. 그게 동짓날이지요. [음력으로] 12월 22일이지요. 열흘 후에는 양력설이지요.

우리 음양오행설에는 '동지(冬至)에 일양시생(日陽始生)이라.'는 말이 있어요. 동지에 양기(日陽)가 처음으로 하나 나와요. 그렇다면 절후를 만드는 데 기준이 동지가 되는 겁니다. 동지에 해가 제일 짧고 하지에 해가

---

49 이때 손님이 내원하여 침을 놓아주라고 했지만, 구술자는 "그 전에는 침을 놓았지만, 이젠 늙어서 안 놓아요."라면서 거절했다. 그 이유를 다음의 구술과 같다. "옛날에는 침을 놓았지만 안 놓은 지가 오래 되었어요. 옛날에 침을 놓으니까 잠을 못자요. 사람들이 저녁으로 아이를 데려와 가지고요. 경기(驚氣) 걸린 아이들도 데려오고요. 밤중에도 오고해서 잠을 못자서 도저히 안 되겠어요."

제일 긴 이게 기준입니다. 이게 맞아요. 음양오행을 빼면 안 되는 거라요. 한의학은 될 수가 없어요. 환자의 몸이 아픈 것도 음양오행으로 설명이 되는 부분도 있지요. 몸의 불균형……그런 거는 있지요.

사상체질론 그건 내가 잘 하지 않는데, 그래도 대충 보면 태음인(太陰人)이라 할까요. 사상체질로 태음인은 대개 건강하대요. 나쁘다 카면 술을 잘 먹고 그 다음에 대장이 잘 나빠져요. 그 다음에 고집이 세기 때문에 신경병하고 기관지가 잘 나빠져요. 그렇게 이것도 생긴 모양 그대로 나와요. 거의 모든 병이요. 그리고 소음인(少陰人) 이거는 매일 위장부터 탈이 나는 기라요. 퍼뜩하면 체하고 소화가 안 되고 하는 기라요. 속이 냉하니까요. 그렇게 생긴 모양이 꼭 그렇잖아요? 또 소음인들은 아이들을 많이 낳아요. 이것도 운기학하고 관련돼요. 열성적으로 태어나지요. 나는 태음인입니다. 선생은 글쎄요. 태음인 아니면 소음인 같은데요. (연구자의 손목을 쥐어본 후) 태음인 맞네요. 이게 좀 굵어요. 하지(下肢)도 굵고요. 대개 태음인은 에이(A) 형 혈액형이 많고요.

내 세 번째 선생님은 없다고 봐야지요. 나머지는 거의 내가 독학한 겁니다. 침구는 학교에서 이창빈 선생이 가르쳤는데. 학교에서 배운 것만 해도 가능합니다. 동양대학관의 선생들도 스승에 속하지요. 동양대학관 졸업생은 검정고시 면제되고 국가시험만 봤지요. 6.25전란 중 부산 동대신동 75번지에서 서울한의과대학으로 있다가 나중에 서울 안암동으로 가서 동양의약대학 카다가 나중에 경희대 하고 합쳐가지고 한방과 이렇게 됐지요. 전신인 셈이지요.

■ 6.25전쟁, 두 번의 군 입대

1950년 6월 27일 날 학교 가니까, 그때 학생 중에 태동신문사 주필인

권○○ 씨가 있었거든요. "6.25전쟁 났으니 의용군에 가자."고 공공연하게 얘기하곤 했어요. 완전히 좌익이지요. 학생들이 많이 모여가지고 "이제 의용군에 가든지 해야 안 되겠나?" 카면서, 인민군을 환영하는 분위기가 더러 있었어요. 참~ 기가 딱 막히기도 했어요.

6월 28일 영시 무렵에 나는 피난 나와 버렸어요. 밤 12시 조금 못되어 밤에 나왔는데, 노량진에 나와 보니 군인하고 피난민하고 가득 나왔어요. 비가 슬슬 오고 있었어요. 상도동 쪽에 와보니 한강교를 파괴하는 '꽝!' 하는 소리가 들렸어요. 우리는 건너편에 살아가지고 강은 건널 필요가 없었어요. 상도동까지 걸어왔는데, 여하튼 불덩어리가 눈앞에 왔다 갔다 하고요. 나중에 알고 보니, 한강 인도교를 부쉈던 거지요.

그땐 좀 [나오기가] 수월했어요. 그때 노량진에서 한강을 건널라고 하면서 저 밑에 ○○부교(浮橋) 있고, 인도교는 모두 끊어져버렸기 때문에 배로 건너 주는데, 그때 5원인가 50전인가 받고 건너 주었어요. 헌병 한 명한테 신분증 검사를 3번, 4번씩 받았어요. 그때 대대장 김기용 씨 증명을 받았거든요, 내 도저히 안돼 사정을 해가지고 '귀가증'을 받았으니까요. 그래도 그것 가지고는 오랫동안 가지(유효하지) 않아요.

그래서 신분 보장하기 위해 수도경찰학교 입학했지요. 그때가 1950년 10월 23일인가 24일인가 시험 쳤거든요. 왜 날짜를 잘 아는가 하면요. 시험 때 국제연합일에 대한 논문을 [시험문제로] 쓰라고 했기 때문이지요. 기타 '마이동풍'이니 뭐 한자 사자성어 같은 문제들은 쉽게 풀었는데. 그때 우째 신문을 보니까, '유엔 데이'에 대한 거 국제연합일 사설이 나왔거든요. 그게 기억이 나가지고 써서 합격이 되었지요. 그런데 얼마나 훈련이 세었든지 도저히 어려워가지고 다시 나왔지요.

그래가지고 고향 상주로 내려왔어요. 상주에서 다시 피난 소개령(疏開令)을 받았어요. 부산까지는 못 내려갔지요. 그런데 상주에서 붙들려가지고 1사단 12연대 3대대에 배속됐지요. 그 당시 대대장이 김기용 소령인

데. 그래가지고 임진강 고량포까지 갔는데, 못하겠다고 1.4후퇴 때 탈영
했어요. 서울로요. 그 당시에는 군번도 없고 영장 발부도 없이 그냥 오라
캐가지고 입대했지요. 아무 것도 아니지요. 붙들려가지고, "너, 가자." 캐
가지고 그냥 따라 가는 거예요. 훈련도 없었고요. 전투도 못하고, 심부름
좀 해주다가…….

그런께 탈영했는데, 그 후에 다시 정식으로 입대 영장이 나왔어요. 결
국 군에 두 번씩이나 갔지요. 그래가지고 군대생활 하다가……군대에서
내가 시간이 좀 있었어요. 제1훈련소에서 우리가 교육을 다 못 받았어요.
교육 받던 중 워낙 [전세가 급하니까] 60일 이상 받은 사람들은 모두 전
방으로 갔어요. 교육도 못 받고 전방 가서 병신 되고 죽고 모두 그랬는
데, 나는 다행히도 전방으로 안 갔어요. 모두 다 갔는데, 우리 중대에서
나는 다행히도 내 혼자만 안 갔어요. 의무병 쪽으로 빠졌기 때문이지요.
훈련 ○○중대로 발령나가지고, 이등병 때에 그래서 98육군병원에 파견
되어 가지고 거기서 근무했어요. 제주도 남군 대정면 하모리에 있었어요.
모슬포. 98육군병원이 거기 있었지요.

처음에는 거기 근무했는데, 4년 8개월 동안 오랫동안 군에 근무했어요.
당시에는 [군 복무가] 일정한 연한이 없었어요. 계급정년이니 뭐니 이래
가지고 무슨 이유를 대가지고 내보내 주지를 않아요. 전쟁 끝나고도 상당
기간 동안 군에 있은 거지요. 그래가지고 내가 군에 있으면서 한의사 면
허시험을 보았어요.

내가 부산 동대신동 75번지 서울한의과대학 개설했을 때 한번 갔어요.
그런데 이창빈 선생이 "당신, 검정고시 쳐라. 왜 복잡하게 돈 들여 가지
고 학교 들어와서 할라 카나?" 했어요. 그러던 차에 군에 가 있었지요. 시
험 칠 여가가 있겠어요? 이등병 졸병으로 갔으니까요. 그러면서도 틈틈이
공부해가지고 군대 있을 때 시험 쳤어요. 검정고시도 국가고시도 모두 군
에 있을 때 쳤지요. 그때 동양대학관 졸업생들은 검정시험 면제해 주었어

요. 졸업 안하면 안 되고요. 동양대학관은 뒤에 서울한의과대학이 되었으니까요. 한의과대학을 졸업한 거니까요.

■ 군 복무 중 한의사 시험 합격

옛날 군대 있을 때 책(한의서)을 참 많이 봤습니다. 육군병원에 있었는데. 최종 제대했던 곳이 대구 신암동에 있던 제1육군병원이지요. 98육군병원에서 2년 넘게 있었고, 또 경주 165육군병원에서도 좀 있었어요. 대구 제1육군병원에서 제대했어요. 여기 있을 때 내가 한의사 면허 병리시험까지 쳤으니까요. 군에 있을 때는 밤에 술이나 한잔 먹고 놀고 또 책을 펴놓고 공부하고 했어요. 낮에도 일이 크게 많지 않으므로 대개 공부해요. 그때는 한문책(한의서)을 좀 많이 봤어요. 책 내용을 웬만한 거는 모두 외웠어요.

첫 해는 1954년도에 시험을 치러 갔지만, 연령 미달로 치지 못하고 이듬해인 1955년도에 검정시험을 치고 1956년도에 국가고시 합격했어요. 한의사 밑이나 한약방에서 근무한 10년 이상의 경력이 필요했어요. 나는 그럴 적에 도장 안 받아도 한약방 등에 오랫동안 있었으므로, 일제시대부터 있었고 서울에 학교를 다녔고, 그 후에도 본 게 좀 있었으므로 그렇게 억지로 맞추어가지고 시험을 쳐서 1956년 6월 5일 국가고시 합격했어요. 경력이 모자라지는 않지만, 나이가 어리므로 인정을 안 한다 이거지요. 1954년도에 시험을 못 쳐서 1955년부터 쳐가지고 1956년 6월 5일에 국가고시에 합격한 거지요. 그래가지고 한의사 되고 난 뒤에도 군대에 있었어요.

가장 먼저 검정시험 1부가 있어요. 5~6개 과목이 있는데, 시험을 하루만에 모두 치는 게 아니고요. 전국 어디 있더라도 서울 가 가지고 보건사회부에 등록해 가지고 접수증 받아가지고 그 다음에 어느 학교로 시험 치러 가서 오늘 몇 과목 치고 또 내일 몇 과목 치고 했지요. 그게 1부지요. 1부를 모두 합격하면, 과목 합격자는 다음에 치고. 이전에 합격한 거는 빼고 치지요. 우리는 다행히도 운이 좋아가지고 전 과목이 한 번에 합격했어요. 그 다음에는 2부 시험이 있어요. 1년 후에 치기도 하고, 곧바로 치기도 해요. 그리고 나는 2부에도 합격했어요. 그런데 그걸 잘 모르고 2부 시험을 치러 그 다음 해에 또 서울 갔지요. 원서까지 내고요. 1956년도에요. 보사부에서 "당신은 작년에 모두 합격했는데, 뭐 하러 왔느냐?"고 했어요. 그 후에는 3부까지 있었는데, 우리는 2부까지만 했어요. 이제는 국가고시 봐야 되어가지고 그걸 봤지요. 그 후에는 [국가고시까지] 모두 4단계까지 있었지만, 우리는 그때 3단계까지만 하면 됐어요.

검정고시는 정상적으로 한의과대학을 나오지 않은 사람들에게 한해 치는 거지요. 한의과대학을 나온 사람은 면제지요. 정상적으로 [학교 과정을] 안 나왔기 때문에, "네가 자격이 있나?" 카는 검정이지요. 말 그대로 학력 검정이지요. 그런 검정을 두 번, 세 번씩이나 거친 거지요. 우리는 1, 2부로 끝났지만, 그 뒤에는 3부까지 했지요. 가다가 중단한 사람도 많아요. 가다가 중단하지요. 나는 1955년도에 검정시험 2차까지 합격된 걸 모르고 1956년도에 또 [시험 치러] 갔거든요. "당신은 [검정시험] 합격했으니 치지 마라."고 했어요. 그래서 국가고시만 봤어요.

검정고시도 한의원이나 한약방에서 몇 해 동안 있었다는 증명이 있으면 가능했어요. 학교를 정식으로 안 나오면 1부, 2부 검정고시 시험을 봐야 해요. 그 다음에 좀 있다가는 3부까지 봤지요. 처음에는 2부까지 봤는데요. 1부 시험을 금년에 쳐도 가령 7과목을 쳐서 1과목만 합격해도 내년에는 [합격한 과목] 1과목만 안 봐도 됐어요. 이게 5년이 지나면, 5년 동안 모두 [합격] 안 되면 다시 쳐야 돼요. 기존 합격한 과목도 무효가 돼버려요. 과목 합격한 것도요. 5년 기간이지요.

시험과목은 정확히 기억나지는 않지만, 약물도 있고, 병리, 생리도 있고 뭐 별거 다 있어요. 과목이 많아요. 내과가 상한(傷寒)인데, 필수과목이지요. 상한 이거는 요새 말로 알기 쉽게 말하면 감기지요. 부인과, 소아과 과목도 있고 진단도 있고요. 처방도 있는데, 그건 약물학 과목에 포함돼요. 이런 과목들에 대한 공부는 거의 군대 있으면서 독학으로 한 거지요. 책으로 본 것이지요. 거의 독학입니다.

실물시험은 없어요. 진단 요령 등과 관련한 현장 지식 비슷한 것도 물어요. 그런데 그건 별 거 아니고요. 검정고시가 국가고시보다 훨씬 어려웠어요. 내가 검정시험 합격했다는 소리 듣고 국가시험을 서울 안암동 10번지에서 안암국민학교에서 봤는데, 시험 치러 가던 날까지 책을 한 번도 보지 않았어요. '국가고시 그거야 누워서 떡먹기지.' 카면서요. 그런데 시험 보니까 생각보다 어려운 거라요. '잘 못하다가는 떨어지겠구나.' 싶어가지고 서울약주 몇 되 하고 사과 몇 개 사가지고 이걸 먹으면서 하숙집에서 밤새도록 책을 봤어요. 시험 치고 나서는 안심하고 내려왔지요.

시험 합격자는 보사부에서 각 도의 보건과로 통보되어요. 점수까지는 모르겠고요. 합격자 통지는 그렇게 내려왔지요. 나는 당시 군대생활 졸병으로 했기 때문에 합격된 것도 모르고 그 다음 해에 또 시험 치러 가기도 했어요. 합격 사실을 학인하려 서울까지 갈 수 없는 거 아닙니까.

그런데 말이 그렇지요. 시험 치러 가는데 돈이 없어가지고 서울행 12열차를 타고 밤에 가지요. 군인에게는 공짭니다. 서울 용산역에 내려서는 군인들이 공짜로 잠자는 데 누워 자고, 버스 타고 고사장으로 갔어요. 잠깐 몇 시간 치는 것이 아니고, 서울 가서 이틀 시험 치고, 하루 전에 또 가야 되고 하면 굉장히 힘들어요. 처음에 1부 시험 칠 적에는 누구하고 만나가지고 방 하나 잡아가지고 그래가지고 했고. 또 국가고시 때도 방 하나 얻어가지고 쳤어요. 그때도 군대생활 현직에 있으면서 했지요.

대개는 1부 치고 나서 그 이듬해에 2부를 보았지요. 내가 칠 그때는 좀 달랐어요. 2부 시험이 너무 어렵게 나와 가지고요. 지금도 그때 일을 잊어버리지 않아요. 검정시험 응시자가 787명이었는데, 전 과목 합격자가……그때 경무대 비서실장 하던 유홍목 씨 당숙하고 나하고 세 사람밖에 없었어요. 2부 전 과목 합격자가요. 4~5과목 되었어요.

그래가지고 시험을 한 번 더 쳤어요. 국가에서 한 번 더 친다고 해서요. 한 과목이라도 통과되지 않으면 그 다음 해에 그걸 반드시 다시 봐야 돼요. 5과목 중 만일 1과목만 합격하면, 다음에 가서는 나머지 4과목만 보지요. 그게 5년이라요. 5년 지나면 합격했던 것도 무효 돼요. 5년 지나면 합격한 것도 다시 쳐야 돼요. 나는 검정고시 1·2부를 같은 년도에 모두 패스하고 국가고시도 다음 해에 한 번 만에 패스했어요. 1955년도에 검정고시 패스하고, 1956년도에 국가고시를 패스했어요. 운이 좋아서 그랬지요. 사실 노력은 많이 했어요. 노력 안 하면 안 되지요.

나는 우엣는지 빨리 합격했어요. 1부도 합격하고 2부도 바로 합격했어요. 그 다음에 국가고시도 바로 합격했지요. 시험과목은 외과, 내과 등 여러 가지가 있었는데. 그때 내가 시험 칠 때는 그 전에는 양방 관련 과목을 많이 봤어요. 나도 그걸 많이 준비해 가지고 갔었는데, 아~ 내가 갔을 때부터는 그건 안 보고 순전히 한의학 과목만 봤어요. 그래서 내가 빨리 합격했지요. 그 다음에 그럴 적에 270여 명이 시험을 쳤는데, 전과목 합격자가 몇 명 안 되어가지고 다시 쳤지요. 너무 어렵게 나와 가지고요. 내가 어떻게 운이 좋았겠지요. 내가 시험 친 이후에는 검정고시를 3번씩이 봤어요.

나는 1956년 6월 5일 면허를 받았어요. 내가 몇 회째 받았는지 그거는 모르겠고요. 내 면허번호가 771번째입니다. 지금은 1만 명도 넘었어요.[50] 대한민국에서 771번째입니다. 지금은 앞에 선배가 죽고 100번이 안될 거예요. 언젠가 한번 파출소에서 나와 가지고 면허증 번호를 보여주라고 해

---

50 2006년 현재 한의사 수는 16,000여 명으로 나타난다.

서 771호라 하니 "그런 번호가 어디 있습니까?" 캐요. 면허증은 한번 갱신되었어요. (벽에 걸려 있는 면허증을 가리키며) 저건 처음 받은 게 아니에요. 보건복지부에서 저렇게 해 주대요. 처음 받은 면허증은 반납했어요.

■ 대구 동인동 동인한의원 개원과 후진 양성

맨 처음에 대구 동인동 208번지 저기 골목 안에다 개업했지요. 1956년 6월 5일부로 한의사 합격증이 나왔고, 1957년 1월인가 제대 후에 여기 와서 개업했지요. 골목에 있다가 저 큰 길 가에로 옮겼다가 이리로 왔지요. 당시 세 들어 개업했지요. 제대 후에 무슨 돈이 있었겠습니까만, 그래도 어떻게 해가지고 개업했지요. 우리는 시험 치러 갈 때 군인인께나 서울 가서 용산 군인무료 숙박소에 누워 자면서 시험 쳤고······.

여기 개업할 때는 적당하게 남의 집에 조금 돈을 얻어가지고 했어요. 큰 빚들이지는 않고요. 만 51년째 여기 동인동에서 한의업을 계속하고 있어요. 여기 사람들 모두 알지요. 알 뿐입니까? 동인동 초대 명에 파출소장도 하고, 초대 방범위원장에다가 초대 정화위원장도 하고. 또 개발위원장도 이 동네에서 19년인가 했어요. 그런께 이 동네야 환하지요. 이젠 늙어서 아무 것도 안하지만, 젊어서는 그랬지요.

종업원은 많이 쓸 때는 한 번에 2명, 3명까지 썼지요. 예전에 초기에는 약재를 손으로 절단했지만, 이후 절단기가 나온 다음에는 좀 수월했지요. 맨 처음에는 나 혼자 약재를 잘라가면서 했지요. 약재는 연락만 하면 여기 약전골목에서 모두 가져다주었지요. 자전차로 모두 실어다 주고요. 초창기에는 많은 물량은 원형 그대로를 주었고요. 작은 거는 썰어 달라 카면 썰어 주는데, 가급적이면 내가 썰어 했지요. 내가 썰어 사용했어요. 남이 썬 거는 맘에 맞지를 안했어요. 왜 그러냐 하면, 가령 당귀(當歸)라

하면 버려야 할 것도 같이 썰어주고요. 버릴 부분을 옳게 안 가려서 해주니까요.

고객을 관리하는 특별한 방법은 없어요. 그냥 손님들이 오면 치료해주고 그러지요. 처음에 내가 침을 좀 놓아보니까 안되겠어요. 잠을 못자겠어요. 밤에도 환자가 집에 오고. 또 침을 잘 놓니, 못 놓니 캐 사서(이야기를 하곤 해서) 이제 일체 안 놓아요. 그냥 성실히 해주는 것 뿐이라요.

최고로 벌이가 좀 나았다 카는 시기는 내가 개업하던 초창기지요. 내가 한의사 회장 하던 그때부터 해가지고 1975년 무렵까지지요. 1960년대부터 해가지고 1970년대 후반까지지요. 그 전에 삼원오행침을 이야기 하곤 했는데. 그런데 침은 손을 뗀 지가 오래되어 가지고 침은 전혀 모릅니다. 순금절침법이니 청강학술회니 그런 것은 전혀 기억이 나지 않고요.

그 전에는 저기 한의학 전문학원에 강사로 나가고 했어요. 박종갑이라고 그 사람이 많이 했어요. 학원 이름은 모르겠어요. 강의하러 학원에 많이 나갔지요. 그럴 때 학생회장이 홍경열 장로였는데. 나는 그때 한 서른 살 먹었지만 이 양반은 나이가 57세라. 그 전부터 강의를 했는데요. 박종갑 씨가 갑자기 "오늘부터 해 달라."고 해서 "교재를 보내 달라."고 했어요. 오후 4시에 가져왔는데, 5시부터 강의를 해달라고 해요. 1시간 봐가지고 강의가 됩니까? 그래서 가 가지고 "교재도 못 받고, 한의학을 배운다고 하니 지금 내가 그에 관한 한 가지를 이야기 하겠습니다." 카면서 한 '일'(一)자를 칠판에다 써놓고……그런데 대학까지 나온 사람들이 이걸 보고 막 웃어요. 그래서 "여보세요! 이 한 '일'자는 '수지일'(數之一)이고……숫자 헤아리는 데 쓰는 일이지만, 이거 말고는 무엇인지 아는 분 말을 좀 해주이소." 카니까, 정신 없어하는 기라요. 이걸 가지고 그날 세 시간 강의했어요. "내일은 두 '이'(貳) 자입니다. 연구 좀 해놓으소." 카면서 강의를 끝냈어요. 일(一)은 양(陽)이다. 양은 어떤 거냐? 이런 식으로 강의해 나가니까 정신이 없거든. 처음에 이렇게 강의했어요. 그래서 내가 명강의 한다는 소리를 들었어요. 천지 교재가 없으니 어쩝니까?

작년인가 금년 봄인가 경북 군위군 소보면에서 어느 영감님이 한분 오셨어요. 나는 모르는데, "아이고! 선생님! 아직 살아계십니까?" 캐요. 나이가 구십이 넘었을 겁니다. 그 영감이 나보고 "구십이 훨씬 넘었지요?" 캐요. 그래서 "아이구! 무슨 말씀을요. 내가 지금 79세입니다." 캤지요. 그러니 "아니요. 내가 지금 89세인데요. 그때 내가 선생님의 '한 일' 자 강의 들었는데요." 캐요. 한의업을 하는지는 모르겠지만, "죽기 전에 한번 뵙고 싶었다."면서 아이들한테 물어서 찾아왔었데요. 일부러 찾아왔어요. (웃으면서) 저거 딴에는 공부를 좀 한다고 했는데, '한 일' 자 가지고 강의하니까 참 죽을 맛이더래요.

그 전에는 가르치고 한다고 [한의학 관련 원고를] 좀 써놓았는데, 여러 제자들이 왔다 갔다 하더니 책도 가져가고. 학원에서도 가르쳤지만, 내 밑에 와서 배웠던 제자들도 많아요. 한의원 수종자도 아니고, 저녁마다 내한테로 직접 와서 배웠지요. 『동의보감』이나 『방약합편』 등을요. 『의학입문』을 많이 가르쳤어요. 그 전에는 기록도 하고 내가 책자도 만들었는데, 내 제자들이 공부한다고 가져 가가지고 지금은 하나도 없어요.

■ 대구시한의사회 9~11대 회장, 누락된 역사

여기 대구에 오니까 그때 한의사회 초대 회장이 호남한의원 반형윤 씨고, 2대가 영천한의원 이호진 씨고, 3대가 청구대학 학장 하던 최해청 씨형 최해종 씨라요. 4대 회장이 신현덕이고, 5대가 정현곤이고, 6대가 대남한의원 여원현 씨고, 7대 회장이 인화당한의원 이희중 씨였지요. 이희중 씨는 구십 몇 세인데, 아직 살아계십니다. 그 전에 저기 대한극장 앞에서 영업했는데, 아직 살아계십니다. 내가 9대인가 돼요. 내가 내리(그

후로 계속해서) 세 번인가 했어요. 마지막 11대 회장 할 때는 내가 임기를 덜 채우고 사표를 내버렸어요. 그만 할라고 그랬지요. 그 다음에는 홍길수 씨가 했지요. 경산한의과대학 총장인 변정환 씨도 나왔거든요.

여기 처음 오니까, 얼마나 괄시가 심하든지요. 내가 군 복무 중에 한의사회에 입회했거든요. 대구 사람들 정말 말도 못했어요. 그때는 더 심했지요. 죽은 사람을 말해서 안됐지만, 대남한의원 여원현 씨를 기준으로 해서 학원도 해가지고 여기 사람 아니면 봐주지를 안 해요. 그래가지고 그기 두 파가 있었어요. 지금도 있습니다만 살구 '행'(杏) 자, '행우회'(杏友會)가 지금도 있습니다. 한의사들이 24일날 모이지요. 한의사들 그 계통의 모임입니다. 또 다른 하나는 정현곤 씨하고 이쪽 파이지요. 그 전에 여기 대구에서 대남한의원이 시험관도 해서 그기에 모인 사람은 그쪽(행우회)으로 모이고, 이쪽에 모인 사람들은 사람은 똑똑한데 아부를 적게 하지요. 바른 말을 잘하는 사람들이 따로 모였어요. 날 자꾸 거기 들어오라고 하고 또 저기 들어오라고 했지만, 아무 데도 들어가지 않았어요. 그래가지고 나도 고통을 좀 받았는데, 마침 청구대학 학장 최해청 씨 형인 최해종 씨가 "우리가 잘못했다. 입회해라."고 했어요. 입회했던 것을 "나 안 한다."고 하면서 취소했거든요. "난 대구에서 도저히 개업 못하겠다. 객지 사람들을 이렇게 괄시해가지고 어떻게 하나?" 이렇게 말했지요.

말도 못해요. 개업을 못하게는 하지 않는데, 사사건건 말을 해도 "너 개업 할라고 면허증 찾으려고 여기 왔지? 젊은 놈이." 카고요. 노골적으로 이렇게 해버려요. "네가 뭘 안다고 까불라 샷노?" 캐요. 그래가지고 최해종 씨가 나를 달래면서 1958년도인가 1959년도인가 경상북도 한의사회 학술위원장 감투를 주데요. 그 때는 내가 20대지요. 그런 다음부터는 마음 놓고 했는데, 그 때부터는 괄시를 안 받았지요. 그래도 인제 아무도 안 들어온다 해가지고 대남한의원 여원현 씨 같은 사람한테는 많이 당했어요. 심지어는 내가 자기한테 잘못했다고 공격을 해놓으니까, '식도원'에 가서 술을 사놓고도 술값을 내 앞으로 달아놓기도 했어요. 그 당시 중앙통 어딥니까? 종로(鍾路)에 있는 음식점인데, 식도원이라는 큰 음식점이 있었거든요. 벌써 없어졌어요. 대남한의원에서 가까우니까, 그쪽 파들이 거기 자주 갔지요. 이쪽 파는 잘 안가고요. 그때 완전히 우스웠어요. 그래도 잘 지냈어요. 당시 대구와 경북을 합쳐가지고 회원이 240~250명 정도 되었어요. 정확하게는 내가 [회장 되어] 받을 때는 134명이었어요. 입회한 회원이요. 대구에요. 내가 인계해 줄 때는 회원이 128명이었어요. 줄어들었어요.

내가 한의사회 회장할 때 일을 한 가지만 더 이야기해야 되겠어요. 대한민국 한의사 제도를 5.16 후에 없앴습니다. 그때 아까 내가 반대파 한다고 하던 사람, 행우회 말고요. 상주한의원 김만호 씨 하고 극농한의원 이공호 씨 하고 몇 사람이 모여가지고 구미 상모동에 가서 박정희 최고회의 의장의 백씨를 찾아갔어요. 가서 이야기 다 하고 "서울 가서 좀 바르게 하자." 캐가지고 갔어요. 그때 밤차 타고 가서 새벽에 박정희를 만나러 갔지요. 최고회의 의장 형이라 카니, 안 들여다 보낼 수 있겠어요? 그래서 "여태까지 있던 한의사를 왜 없앴느냐?"라고 물었지요. 그러니 의장이 비서실장을 불러 물어보니까, 실장이 "예. 그리 모두 결정하고 최고회의에서 결의해가지고 [한의사 제도] 없애기로 했습니다." 이렇게 하지요. 그러니까 박정희가 "그것은 안 되지."라고 했어요. 그래가지고 한의사 제도가 새로 생겼지요.

알기 쉽게 말하자면, 한의과대학 12기 아니 14기……한의사 국가고시 14기가 누군고 하니 장세환이라고 있는데, 신천동에서 동보한방병원 하는데, 키가 조그만 해가지고요. 그 사람이 학교 다닐 적에 저도 알아요. 제가 이 사실을 이야기 하니까 알아요. 그 후에 중앙에서 나오는 책자에는 이런 사실들이 모두 빠졌어요. 그걸 모두 자기들이 잘했다고 했어요. 실은 그걸 대구 사람들이 살려놓은 겁니다. 중앙에서 만들어진 한의사 역사에 나오는 걸 보니 전혀 그런 게 없었어요. 내가 한번 항의를 했어요. 아직까지 이 사실이 바르게 안 되어 있어요.

우스운 이야기를 하나 더 해야겠어요. 대구에 한의사회가 창설된 지가 1952년 5월 7일입니다. 경상북도 한의사회는 동 년 9월 3일입니다. 그랬는데 지금 행사하는 걸 보면 5월이 아니라 8월에 해요. "왜 그러느냐?"고 물어보니, 대구직할시 되고난 뒤에 만들어졌기 때문이라고 해요. 그럴 경우에는 우리가 회장 되었다는 명단도 없습니다. 그뿐입니까? 아까 이야기했지만, 초대부터 회장들 사진이 사무실에 쭉 걸렸어요. 언젠가 한번은 그런 [원로급] 회장들 사진을 모두 부숴버렸다는 거예요. 내 사진도 물론이고요. 그때 내가 회장한테 꾸중하니까, "학생들이 그렇게 했어요."라고 답하길래, "다시 해놓으라."고 했지요. "역사가 그런 게 아니다. 역사는 중요한 거다."고 말했어요. 그러면 한의사회 창립 기념일도 틀리고, 이런 것도 하나도 없고요. 날짜도 모르고. 지금 회장도 몰라요.

그런데 내가 회장한 거는 대구한의사회 50년사 자료집[51]에 9~11대 회장으로 기재되어 있습니다. 11대 회장 때는 사표 내버리고 나왔어요. 임시총회 소집해가지고 억지로 나왔어요. 당시 나보다 나이 많았던 조경제, 최복해 씨 등도 내 밑에 부회장 했어요.

■ 수일양행, 춘강원, 서라벌공원묘지 경영

처음에 한의원을 저 건너 할 적에는 돈을 조금 벌었어요. 벌어가지고 동인로터리에서 큰 길 가에 2층집을 비교적 빨리 지었어요. 몇 년 안 되어서 지었지요. 내가 잘못해가지고 수일양행을 해가지고. 광동제약하고

---

51 大邱廣域市韓醫師會, 『大邱廣域市韓醫師會 五十年史』, 2004.

고려제약하고 개풍양행하고 4개가 똑 같은 걸 했지요. 제일 나은 게 개풍양행이고, 내가 두 번째지요. 고려[제약이]라든가 광동제약은 좀 못했거든요. 하지만 경쟁관계에서 희생되다시피 해서 죽어버렸어요.

한국일보에다 이 모(某)씨라는 사람이 기사를 엉망진창으로 영~ 엉터리로 썼어요. 그러자 대구지방검찰청에서 와서 조사해 가지고 갔어요. [서류를] 압수해가지고 조사하는 중에 시간이 오래 걸리고 하는 동안에 결국 혐의는 없는데, 기사도 엉터리고 했는데, 회사는 망했어요. 그 바람에요. 그때 수일양행 직원이 600~700명까지 되었어요. 전부 망했어요. 그래가지고 그 다음에 [그 쪽에서] 하도 어렵다 캐가지고 공원묘지, 서라벌공원 내가 허가 내어가지고 했잖아요. 벌어 놓았던 돈이 이런 데 많이 들어갔어요.

제약회사인 수일양행 그것도……그럴 적에 누구 누군고 하면 똑 같은 거를 고려제약, 광동제약, 개풍양행 하고 내하고 너이(4명)가 했어요. 이 중 제일 센 것은 개풍양행인데, 국일순 씨라고 이북 개성 사람이지요. 여잔데요. 이 양반이 원체 잘 하니까, 서울 사람들이 와가지고 그냥 죽여버리데요. 그 다음에 내한테 와가지고 신문에 내고 해가지고 날 죽였어요. 그래서 그걸 못했어요. 그 당시 [수일양행이] 상당히 컸어요. 전국에 지사까지 모두 다 있었지요. 고려제약 사장이 이덕화이고요. 광동제약 사장이 최수부이고요. 아마 지금도 회장 할 겁니다. 이들 모두 한방제품을 만들었어요. 한국일보에 대서 특필해가지고 온갖 나쁜 이야기를 조사해 갔어요. 전부가 압수되고요. 이런 일이 몇 개월이나 걸리고 하니까, 그냥 사업이 안됐어요. 조사 후에는 아무 이상이 없어 처벌은 안 받는데, 회사는 망해요. 이미지가 큰 타격을 받아서 그렇지요.

당시 수일양행에서는 경옥고(瓊玉膏)[52] 하고 사물탕(四物湯)을 제조했지

---

52 인삼, 생지황, 백복령(白茯笭), 백밀(白蜜) 등의 약재를 단지에 넣고 수일간 고와서 만든 고급 보약재로서, 기혈을 보충해 주고 피를 맑게 해 체내의 어혈을 풀어준

요. 공장은 [대구시 중구] 인교동 220번지에 있었어요. 초창기에는 돈을 좀 벌었는데, 나중에는 오히려 더 들어갔어요. 내가 처음에 시작한 거는 아니고요. 아는 사람을 시켜가지고 하도록 한 후 내가 했지요. 어느 정도 인가 하면 전국에 지사망이 구축되어 있었지요. 직원들도 몇 백 명이나 되었어요. 전국망이었거든요.

1975년에 요양원 했던 것은 선심을 좀 써보겠다고 해서 시작했고요. 1972년도인가 73년도인가 시작했지요. 그것도 너무 힘들고 해서……서 라벌공원은 당시 허가를 낼 수가 없었어요. 그렇지만 내가 허가 내어가지고 당시 공원묘지협의회 회장도 했어요. 그걸 해보니 좋았는데, 안 되는 게 1975년인가 윤8월인가 있었어요. 관리한다고 아침마다 가곤해도 돈이 몇 백만 원이 없어졌어요. 술 먹었대요. 저녁마다 거기 가서 술을 퍼먹어 놓았으니까요. 그래서 내가 "결제 안한다. 그만 둔다."고 했어요. "내가 좋은 일은 못할망정 왜 징역 갈 일을 하겠는가?" 카면서 못한다고 했어 요. 지금도 경주 건천에 이게 있어요.

당시에는 결핵환자가 상당히 많았어요. 완전히 무료로 해주었지요. 그 때 돈으로 월 250만원은 꼭 들어가요. 그래도 안 되어가지고 집도 팔고 했지요. 지금의 달서구 송현동 982번지이지요. 왜 내가 이런 자선사업을 했냐 하면요. 명색이 내가 동양철학을 조금 아는데, 내 제자는 많이 알아 요. 제자가 날 보더니만, "선생님! 암만해도 돌아가시겠습니다. 42세 나던 해 정월 초하룻날 인시(寅時)에 돌아가시겠어요." 캐요. 나도 그런 생각을 하던 차에 잘 알아보라고 하던 차에 그래요. 그래서 뭘 좀 해야 되겠다고 생각해서 춘강원을 한 것입니다. 살아있을 때 무엇인가를 좀 공헌을 해야 겠다고 생각해서 한 거지요. 그 당시에 경상북도 경찰서 정보과장 하던

다. 또 심장에 쌓인 화(火)를 풀어줘 기능을 높여주고 오장육부를 튼튼하게 만들 어 면역력을 증진시킨다. 『동의보감』 '경옥고편'에는 다음과 같이 기술되어 있다. "정력을 보충하고 원기를 회복함으로써 젊음을 되찾게 하며 육체를 충실하게 한 다. 흰머리가 검게 되고 빠진 이가 다시 나며 행동을 민첩하게 한다.

김상근 씨 같은 사람은 나를 잘 알아요. 제일택시 최용찬이란 사람이 있어요. 경주 사람입니다. 하루는 경찰 백차가 날 데려갔을 때……그걸 해결하는 걸 보고 깜짝 놀라요. 회사를 점령해서 엉망진창으로 만들고 했는데, 경찰이 수십, 수백 명이 있어도 그걸 해결 못하는 걸 내가 가서 해결했거든요.

결핵요양원은 5년 정도밖에 못했어요. 그기에 내 집까지 들어갔지만, 거기 돈이 좀 들어 있었어요. 산이 13만 9천 평이 있고, 논이 3천여 평, 밭이 2천여 평이 있었거든요. 요양원에 딸린 거지요. 대지 2천 평에 건평이 7백여 평 되었는데, 그것을 기반으로 했던 거지요. 만날(매일) 조심해 가지고……될 수 있는 한 남에게 해로운 것은 안 할라고 애를 써요.

■ 경험방 『제중신편』 간행과 비방에 대한 인식

『제중신편』은 내 혼자만 한 게 아니고요. 회원들한테 특수한 처방을 받았어요. 특수한 처방이 있으면 누구든지 공개하라고 했지요. 나는 지금까지도 비방(秘方) 같은 것은 없어요. 처음부터 지금까지 전부 공개해 왔어요. 그걸 남한테 공개 안하면 안돼요. 이런 걸 공개하여야 의학이 발전된다 이기라. 그런 점에서 이걸 했지요. 비방이란 자기만 알고 있는 경험방에서 나온 거지요. 이건 개인의 영업과 관련되기도 하지요. 하지만 난 모두 공개해요. 병에 잘 듣는 게 있으면, 누구라도 한사람이라도 더 낫게 하면 좋을 것이라는 생각에서 나는 모두 공개해요. 죽었지만, 덕신한의원 임채환 원장 같은 사람도 내한테 많은 처방을 받아 갔어요. 내가 공개하는 바람에요.

약 쓰는 게 달라져 버려요. 왜냐하면 자기들이 이제껏 쓰지 않던 것을 가르쳐주어서 쓰라고 하니까요. 그런데 그 사람 친구 하나가 [경북] 청송 어디 있는데, 조현제라는 사람이 같이 나하고 몇 번 만났어요. 이 사람도 얼마 전에 여기 왔었는데, 내가 가르쳐 주어가지고 약 쓰는 것이 달라져 버렸어요. 지금까지 써오던 것하고 비교해보면요. 비방 같은 거는 없어요. '이런 게 좋더라.' 카고 모두 공개해요. 누구에게라도요. 젊었을 때부터 그렇게 해왔어요. 비방이 흩어져서 누구에게라도 병을 많이 낫게 해주면 좋은 거지요. 나에게 올 환자가 흩어지면 어때요. 때때로는 자기 혼자 손님 많이 볼라고 하는 사람도 더러 있지만요. 나는 그런 생각 안 가져왔어요.

비방이라 할 게 아니고 경험방이지요. 경험방인데, 말하자면 오랜 경험을 토대로 해가지고 특정 부문에 잘 듣는 게 있어요. 그럴 때 해당되는 걸 쓰라고 하는데. 그 대신에 내가 쓰는 것은 일반이 잘 안 쓰는 약도 많이 쓰요. 왜 그러냐 하면, 내가 어릴 때 근무했던 [한약방] 우리 주인 선생이 쓰던 약방문(藥方文), 화제(和劑) 같은 것도 '왜 그럴까?' 해가지고 이런 걸 내가 스스로 시험해보고 쓰던 것도 있어요. 그런 것 기억하지요. 그거야 뭐 공부 못하라고 감추고 이랬는데, 얼마나 볼라고 애썼겠어요?

여러 해 동안 한 곳에 있으면, [선생이 환자 진료하는 것 들어보면서] 약 짓는 거 보면 처방을 무얼 내는가 하는 것도 다 알아요. 기록을 안 해두어도 다 알아요. 지금도 우리 집에 기록해 둔 것은 하나도 없어요. 처방이요. 하나도 없어요. 머릿속에 있어요. 내 머리가 비상한 것도 아닌데요. 요새 약을 지어도 한 번도 책을 펴놓고 한 적이 없어요. 수십 년을요. 그냥 내가 처방을 만들어요.

220방 『제중신편』은 내가 한의사 회장할 적에 이걸 각자에게 부탁 좀 해가지고, 공문도 내고 해가지고 나온 것을 가지고 발간했지요. 대구에 주로 했고, 그 외에 부산에도 했고, 부산 회장 같은 사람도 잘 알고 하니까 전국에 부탁해가지고 했지요. 3~4년간을 준비해가지고 1965~66년 사이에 간행했지 싶어요. 이를 회원들에게 배포했어요. 여기에는 내 비방도 여러 가지 들어가 있어요.

나는 '비방' 카는 거를 감추지 않고 누구한테도 모두 가르쳐 줘요. 내가 시험한 것 중에서 좋은 것을요. 비방은 자기만 알고 있는 것이지만, 나는 절대 그런 거 비밀로 안 해요. 예를 들어서, 5년 전에 내 넷째 사위 녀석이 임파선 암으로 인해 삼성의료원에서 수술을 했어요. 수술해도 잘 못하면 죽는다 카면서 수술은 했지마는요. 암세포가 그냥 있다고 해서요. 그래서 내가 약을 지어줬지요. 병원에서는 매월 1번씩 오라고 했는데……암세포가 많이 있다고 했으니까요. 그래서 내가 약을 오랫동안 지어주었지요. 젊은 놈이 돈 벌고 집 다 팔아먹고, 먹고 살 길도 없고 생활비도 없고 해서 해주었는데. 그래서 병이 완전히 다 나았어요.

이젠 죽었지만, 덕산한의원 임 원장이라든가 여러 사람들(동료 한의사)한테 모두 처방을 가르쳐 주었어요. 임파선 암 치료 처방을요. 나는 무슨 비방이든지 처방을 모두 공개해 버려요. 누구든지 해가지고 나보다 더 나은 사람은 연구를 많이 더 해가지고 더 잘 할 거고, 못하는 사람은 이거라도 배워가지고 한사람이라도 더 고치라 이 말이지요. 그게 옳지 않아요? 나는 모두 이렇게 합니다. 물론 다른 사람들은 비밀이라고 해서 적어놓고 그리 하지요. 나는 그런 것 없어요. 사위 병도 내가 연구해서 만들어낸 비방을 가지고 고친 거지요.

그리고 나 자신이 간경화증으로 암 검사를 하지 않고 내가 스스로 고쳤는데. 인화당한의원 같은 양반들은, 나이 많은 사람들은 아들이든가 간이 나쁜 경우 나한테 처방 얻으러 왔어요. 이희중 씨지요. 그분이 나한테 처방 얻으러 몇 번씩이나 왔어요. 그 전에 그래가지고요. 그런 사람들이 많아요. 그럴 때 나한테 상당히 많이 왔었어요. 처방 얻으려고요. 비방은 전부 공개를 해요.

■ 한지한의사 제도와 대구지역 한의학의 인력 기반

　일본 사람들이 한국에 와가지고 어의청(御醫聽)에 근무한 사람들, 어의는 아니더라도 돼요. 어의청에 근무한 사람들은 신청하면 의생(醫生) 자격을 주었어요. 그 외에도 시험을 쳐가지고 좀 잘 하는 사람들은 의생을 주었지요. 이조시대 하던 사람은 한약 쪽 아닙니까? 이조시대는 신의약이 아니잖습니까? 그랬는데, 우옛는고(어떻게 하였는고) 하니 이 사람들도 한의사 제도가 1종, 갑종(甲種) 한의사가 아니고, 2종 한의사였지요. 해방 뒤에도 바로가 아니고 몇 년 후인 1952년에 한의사 제도가 생기고 난 뒤에요. 그걸 '한지한의사(限地韓醫師)'라고 했어요. 한지한의사를 주었어요.
　대구에도 한지한의사가 많았어요. 이들은 마음대로 지역을 이동할 수 없었어요. 이동할라 카면 경상북도 의약과에 허가 받아가지고 해야 했어요. 지정된 그 곳에서 한의사이지, 다른 곳에 가면 한의사가 아니지요. 갑종한의사는 마음대로 어디서든 의업을 할 수 있어요. 시험을 안치고 의생으로 있던 사람은 을(乙)종, 전부 한지한의사이고, 국가고시 본 사람들은 전부 갑종입니다.
　갑·을종은 한의사 제도가 만들어지고 난 다음에 생겼습니다. 그 전에는 '한지의생'도 있었고 '의생'도 있었는데, 일제시대 일본 사람들이 꼭 의생만 주었던 것이 아니고 어의청에 근무했던 것을 신청만 하면 다 주었어요. 그래가지고 나중에 그것도 안 되어가지고 일제시대 일부에 대해서는 한지의생을 준 것도 있어요.[53] 이거는 "너는 그곳에서만 하거라."라는 식이지요. 요새 말하면 보건소처럼 맡겨놓는 것이지요.

---

53 일제는 1913년 '의생규칙'을 제정하여 이듬해에 '영구의생'(갑종의생)을 면허했다. 1915년부터는 3년마다 면허를 갱신토록 하는 '한년의생'(限年醫生)을 허가했지만, 1923년에는 의생규칙을 개정하여 당국이 지정한 한지에서만 개업이 가능한 '한지의생'을 허가했다.(신동원, "1910년대 일제의 보건의료정책", 『韓國文化』 제30집, 2002, 352~353쪽 주33 참조.)

1952년도에 한의사 제도가 생기면서……그 전에 이조시대에 어의는 물론이고 어의청에 있던 사람들에게 일본 사람들이 의생을 주었어요. 나중에 이들은 한의사 제도가 생긴 이후에 정부로부터 한의사 자격을 부여받았거든요. 이들이 한의사이긴 하더라도 '한지한의사'라요. 시험을 치는 대신 특정 지역에 한해 가지고 영업하는 한의사지요. 이게 싫은 사람들은 시험을 쳐가지고 정식 한의사가 되기도 했지요. 내가 대구한의사회 회장할 때도 허진 씨라든가 대구에도 한지한의사가 많았어요.[54] 그런데 경우에 따라서는 외지에 내보내기도 했지만, 거기 지정된 곳에서만 한의사 할수 있었지요. 이후에는 한의사 시험제도가 조건이 우습게 되었어요. 이후 5년간만 치기로 되었어요. 5년 안에 안 되면 응시자격이 이젠 주어지지 않게 되었어요. 동양의학전문학관 졸업생들도 검정고시 쳐야 했어요.

검정고시 출신자가 대구지역 사람들이 제일 많아요. 그 이유 중의 하나는 대남한의원의 여원현 씨가 학원을 만들어가지고 가르쳤기 때문입니다. 대구에 나이 많은 검정고시 출신자들이 많지요. 그만큼 대구에 한의학의 뿌리가 깊고 넓다는 이야기가 되지요.[55] 그때 학원 이름이 동양의학전문학원일 겁니다. 예를 들어, 영춘당한약방 이수기 같은 사람은 대구시장 하던 그 사람 아버지인데……그분 아들이 이 뭣인데……그 사람도 시험에 나왔는데 한 5년 정도 하다가 떨어지니까 그만 포기해 버렸어요. 검정시험을요. 그런 사람들이 많아요. 5년 동안 하다가 그만 둔 사람들이요. 합격 못하니 포기해야지요. 자꾸 하다가 안 되니까요.

검정고시 출신자들끼리 옛날에는 모임도 있었지만, 이제는 안 해요. 대

---

54 일제 강점기 한지의생이다가 광복 이후 대구 약전골목에서 한지한의사로 활동했던 사람으로는 김용석(계림한의원), 김관제(김관제한의원), 이호진(영천한의원), 반형윤(호남한의원), 지우삼(덕제한의원), 김현식(모동의원) 등이다.

55 동양의학(약)전문학원 설립 외에 350년 역사의 약령시가 존속해 옴으로써 수많은 전문 한약업인들이 이 지역을 기반으로 활동하였음도 한의학 인력의 저변을 확대시키는 데 일정한 역할을 했을 것으로 간주된다.

구지역에 참 많았어요. 100명까지는 안 될 겁니다. 약전골목에도 세창한 의원 장영상 원장이 하고. 그 사람은 고향이 경북 의성입니다. 죽은 임채환 원장하고, 박경희 원장도 죽고. 참 인교한의원 신상호 씨도 검정입니다. 그기는 우리보다도 나이가 많아요. 나는 호적상 1931년 1월 28일생입니다. 음력으로는 그것보다 빨라지지요. 78세입니다

한의업과 관련한 모임 중 행우회(杏友會) 그기에 나는 관여 안 해요. 싫어서 절대 가입 안했어요. 그거는 대남한의원 여원현 씨가 주축이 되어가지고 만들었지요. 내가 보기에는 꼭 자기편을 만들려고 애를 썼기 때문에 그런 데 들어가면 안 된다고 생각해가지고 안 들어갔어요. 24일마다 모였는데……그 다음에 그 반대파인 '동인친목계'가 있었는데, 그기에 모인 사람들은 좀 나았어요. 거기서도 나한테 들어오라고 했지만, 나는 아무 데도 안 들어갔어요. 왜 그랬냐 하면, 그기에 들어가면 어느 파에 속한다 이거예요. 나는 어느 파에도 싫다. 그래서 나는 내 혼자서 한다 캐서 모임에 안 들어갔지요.

그 후에 나한테 들어오라고 해도 안 들어갔던 또 다른 조그만 게 하나더 있었어요. 이름은 생각나지 않아요. 지금 살아있는 사람이라고는 성서의 '조약국'이라고 조경제 씨하고 내하고 그래 밖에 없어요. 다 죽어뿌고요. 옛날에는 회원이 제법 많았는데. 우재진 씨도 있었고, 정희수 씨도 있었고, 정○○도 있었고, 임채환이도 그기에 속했고 많이 있었는데 이제다 죽고 없어요. 다 죽고 또 안 모이고. 사람이 있어야 모이지요. 그래서 해체시켜 버렸어요.

지금까지 행우회가 제일 크고, 그 전으로 봐서는 동인친목계가 컸어요. 그 쪽에는 사람들이 좀 점잖고 학식이 좀 높은 사람들이 모였어요. 바른말 하고, 곧 죽어도 바른 말 하는 그런 사람들이 모였어요. 이들 모임에는 검정고시 출신들만 있었던 게 아닙니다. 내 모임에도 검정고시 출신아닌, 정식 한의과대학 나온 사람들도 많았어요. 모임은 1개월에 1회씩

했지요. 회비도 다달이 내고 경조사에도 서로 참여해서 도와주고요. 일종의 친목계 성격이지요. 학술적인 교류는 안했어요. 그런 필요성도 느꼈지만, 모두들 바쁘고 했으니까요.

■ 간경화 자가 치료 및 환자 치료 사례

한방은 환자를 집증(執症)하는 데 기계를 쓰지 않아요. 첫째, 맥이 약하면 허한 것이고, 맥이 빠르면 열이 있는 것이고, 맥이 강하면 실(實)한 것이기 때문에 맥을 우선 보지요. 그것보다도 우선 얼굴을 봅니다. 얼굴을 보면 대개 압니다. 색깔도 보고 또 얼굴에 살이 빠졌는가도 봅니다. 얼굴 보면 많이 알게 돼요. 주로 얼굴 보고 맥을 보면 대강 알아요. 눈동자 색깔도 봅니다. 그건 부득이한 경우에 봐야 할 때가 있어요. 예를 들면, 간이 나쁜 사람은 눈이 잘 노래지는 수가 있거든요. 혀도 봅니다. 의심이 가면 내어보라고 하지요. 백태(白苔)가 많이 끼어도 병이 있는 거지만, 그것보다도 혀가 갈라지는 경우도 있어. 누렇게 된 사람도 있어요. 이런 경우에는 심장병이나 열이 있어서 그렇지요. 그 외에 혈압 측정도 해보고요. 배를 만져보기도 하는데, 만져야 될 때도 있지요. 예를 들어, 간에 이상이 있을 경우 이를 만져보지요. 어느 정도 간은 만져져요. 만져보면 어느 정도 부었는가 또 여문가도(단단한지도) 알고요. 암 덩어리 같은 것도 만져져요. 이게 복진(腹診)입니다.

비방은 없고요. 환자들한테 내가 대개 묻습니다. "어디 아팠느냐?"고요. 아까도 이야기했듯이. 대개 약한 사람들은 속이 냉해요. 옛날에는 위암 환자를 몇 분 고쳐주었어요. 원한구라고 상당히 유력한 사람하고 그외 몇 사람을요.

내가 1964년도에 간경화 증세로 대학병원에 입원을 한 적이 있는데요.

그 당시 경북대학교에서 한의사 보수교육을 받았어요. 전국에서 모두 다 모였어요. 교육생 중에 내가 학생회장을 맡아 놓으니까, 매일이다시피 저녁마다 술을 마셨어요. 밤 늦도록요. 그러다 보니 탈이 나 가지고 그 당시에 의과대학 학장이 소주영 씨고, 정극수 씨, 김중명 씨라든가 이들에게 특진도 받고 그랬거든요. 아무래도 이상하니 간 조직검사를 받아보라고 그랬어요. 암일지도 모르겠다고요.

그래서 나는 병원을 나가버렸어요. 왜 그랬냐 하면……, "간 경화를 나술 수 있느냐?"고 물었어요. 못 나숫지요. "그럼, 조직검사 해가지고 나술 수 있느냐?"고 물었어요. 그러니 대답을 못하지요. 그래서 집으로 와 가지고……당시 내가 한의사 회장할 때이므로 상당한 회원들이 와 가지고 처방을 내어주어도 내가 안 한다고 했어요. 그래가지고 인제 죽는다고 하면서 누워있는데.

저 건너 살 때지요. 그 앞에 봄에 나무에 이파리가 움 터는 걸 보고 '그래. 사람이 났다가 다 죽는다. 그러니 내가 죽는 거는 죽는 기고……' 이런 생각도 들었어요. 그 때는 아이들이 아직 어리지요. 그 때는 부모도 또 살아 계셨지요. '이거는 내가 살아 있는 한 최선을 다해서 돌봐주어야 되는 게 맞고, 내가 죽고 난 뒤에는 거지가 되든지 문디~(문둥이)가 되든지 책임이 아니다. 있는 한 다해주어야 된다.'고 생각했지요. 그래서 세수하고 '내일부터 환자 본다.'고 생각했지요. 그 다음 날부터 한의원에 나왔어요. 그 전에는 병원에서 퇴원해가지고 집에 좀 누워 있었거든요. 그래 나와서 환자를 다시 보기 시작했어요.

그랬는데 1964년 12월 25일 날 '오스카'라는 술집이 있었어요. 그날만 통행금지가 없었지요. 거기서 술을 먹던 도중 김중명 박사하고 경북대학 병원 교수들을 만났어요. 그래 내가 인사를 하니, "죽은 줄 알았는데, 이게 어떻게 된 일이냐?"는 반응이었어요.

그러면 이걸 내가 나샀어요(낫게 했어요). 한약으로요. 자가 치료지요.

그게 크게 어려운 것도 아닌데……아까 이희중 씨라고 했지요? 인화당한 의원 한다는 양반이요. 이 양반의 아들이 십 수 년 전에 간경화에 걸렸다고 하면서 나한테 처방 받으러 왔어요. "좀 가르쳐 달라."고 하면서요. "응. 그러지요." 카면서 처방을 가르쳐 주었지요. 별 어렵게 안했어요.

비방이란 것도 없고요. 처방을 해서 내주었지요. 원리는요. 간염이 처음 왔을 때는 떠사~(따뜻하게) 주면 안돼요. 대신 간경화가 오래 되면 수개월 되고 오래 된 거지요. 그런 경우에는 무조건 떠사~ 주고 보(補)해주어야 돼요. 그러면 잘 나아요. 복수가 많이 채이잖아요? 설사제 그걸 쓴다든가 이뇨제 등을 써서 소변을 빼면 안 돼요. 몸을 떠사~ 주면 빠져요. 간단히 약 이름도 댈 수 있어요. 초과(草果)라든가 계피(桂皮), 사인(砂仁), 건강(乾薑) 같은 거 넣어가지고 하면 잘 빠져요. 인삼도 쓰요. 인삼 쓰면 큰일 난다고 하지요. 단 본래 체질이 뚱뚱한 사람은 안 쓰요. 떠사~ 주더라도요. 태음인 같은 사람들은요.

간염도 임시 염증은 괜찮고요. 간염도 많이 도와줄 때가 있어요. 떠사~ 주면 잘 나아요. 저는 간염도 그런 식으로 약을 썼기 때문에 간 나쁜 사람들이……요새 젊은 사람은 아니고 나이 많은 한의사들이 가끔 물으러 옵니다. 약전골목 임채환[56]이도 간에 대한 처방을 여러 번 나에게 와서 여러 가지 처방을 가져갔어요. 결국은 내가 선전을 한 것은 아닌데, 여러 사람들이 나한테 와요. 내가 간염 나은 것을 보고요. "거기 가서 물어봐라." 카고요.

소문이 좀 났는지는 몰라도, 그 후에 의과대학 학장도 나한테 와서 간이 안 좋아서 처방을 받아간 적이 있어요. 간병에 대한 약이 없대요. 신약에요. 요즘도 얼마 전에도 보면 가톨릭병원에서 내 친구 한사람이 간이 나쁘다고 해서 내가 약을 몇 제 지어주었어요. 나이도 많고 아이들한테 돈도 못 얻어 쓰고 해서요. 약 복용 후 가톨릭병원에 가서 검사해보니,

---

56 덕신한의원 원장(1933~2005).

"이젠 약 먹을 정도는 아니고 다 나았다."고 하더래요. 내가 3제 지어준 약을 먹고요. 한규하 씨라고 자주 옵니다. 이런 사람이 많아요. 특히 간에 대한 사람이요.

나의 경우 완치까지 어느 정도 했는지는 모르겠지만, 도저히 안 되어서 죽는다고 울진으로 갔어요. 약을 가지고요. 여기서 죽기 싫어서요. 울진군 귀성면 구산리에서 해녀들하고 방 얻어놓고 약을 달여 먹었어요. 당시 걷지도 못하고 환자를 도저히 볼 수도 없었지요. 그래가지고 해서 다 나아버렸어요. 몇 개월 해서 10제 정도는 약을 계속 썼습니다.

이 과정에서 여러모로 연구와 임상경험, 가감(加減) 등의 여러 시행착오를 거쳤어요. 그래서 이걸 이야기하면, 주위에서는 "미쳤다."거나 "큰일 난다."고 반응을 보였어요. "큰일 나기나 말기나 내 몸은 내가 잘 안다."고 하면서 내 방식대로 강행했어요. 그때 내가 한의사 회장 하니까, 모두들 와가지고 내 처방이 안 된다고 큰일 난다고 하면서 자기들 처방이 좋다고 약을 가져왔지요. 그렇지만 그런 거는 다 버리고 내 고집대로 했어요. "죽어도 내가 죽는다."고 하면서 그랬지요. 기성 처방과는 다른, 어쩌면 정반대되는 처방을 했기 때문이지요. 당시 간이 나쁘면 인진쑥이나 먹고 차가운 것 이런 거 해가지고 하라고 해요. 나는 그게 아니고 정반대로 모두 떠수는(따뜻하게 하는) 것만 쓸라 카니, 모두들 나를 미쳤다고 했지요. 그리고 복수 찬 거를 설사를 해서 빼면 기운이 빠져요. 하지만 떠수어 가지고 빼면 기운이 안 빠져요. 설사를 해가지고 빼는 거는 금방 부어요. 떠사~ 가지고 빼는 거는 붓지 않아요. 이거는 환자들을 치료하던 경험에 비추어서 해보니 그게 더 나아요.

간경화 중세의 경우에는 처방이 없잖아요. 기성 처방 그런 게 모두 잘못된 거예요. 그런 거 없어요. 없고. 지금 덕신한의원 거기 죽었지만……나하고 친하게 지내는 사람들은 전부 내 처방 그대로 합니다. 체질에 따라 좀 틀릴 때는 나한테 묻곤 하지요.

원○○ 그 사람은 벌써 죽었어요. 시의회에서도 인기 있고 그런 사람인데, 그 사람은 나도 몰랐어요. 약을 지어주고 오래 되었는데, 언제 술좌석에서 위암 걸려가지고 다 죽어가던 사람이었는데, 거기 있어서 깜짝 놀랐어요. 물어보니, "내가 그 약을 먹고 다 나았다. 병원에 가니 괜찮다고 하더라." 캤어요. 이런 식으로 좀 특이한 경우가 있어요.

[경북] 고령군 다산면 호촌동 김○○ 씨라는 사람이 있었는데, 이 사람이 결핵성 골수염을 앓아가지고 동산병원에서 최소한 대여섯 번은 수술한 것 같아요. 수술해도 자꾸 재발된다고 했어요. 그래서 불쌍해서 "오너라. 돈도 받지 않겠는데, 먹고 병이 나으면 네 성의대로 주라."고 하면서. 약을 10제 가량 그냥 해주었어요. 나중에 추석이나 설 명절 등에 술이나 와이셔츠 등을 사가지고 인사를 오곤 했어요. 약 복용 후 병원에서 검사해 보니 다 나았다고 했어요. 엑스레이 상에는 다 나았다고 하더래요. 대신 약값은 조금 받았어요.

작년인가 선산유리점의 박근화라는 사람이 골수염이었어요. 수술을 여러 번 했어요. "당신, 이 사람 찾아가 봐라."고 하면서, 내가 낫게 해준 김○○ 씨를 가르쳐주었어요. "동산병원에서 5번, 6번 수술하느라고 재산도 다 날린 사람인데……" 카면서요. 그러면서 "내가 약 지어 줄 테니 먹어보라."고 했지만 안 먹었어요. 결국 이 사람은 다리를 끊어버렸어요. 한약 안 먹고요. 이 사람도 서너 번 수술을 했어요. 결국 나하고 인연이 안 맞았다고 봐야지. 김○○ 씨는 처음 보는 사람인데 진찰해 보고, "내가 돈 내고 약을 쓰라 카면 안 쓸 기고, 내가 다 낫게 해 줄게. 다 낫고 나면 돈 주라."고 말했지요. 김○○ 씨에게 그렇게 했다는 이야기까지 하면서 내 약을 먹어보라고 했지요. 다리 끊는 것보다 얼마나 좋아요?

그런 약은 다른 사람은 잘 안 쓰요. 나만 쓰지요. 청송에 있던 임 원장[57] 친구한테도 내 처방을 모두 공개했어요. 골수염 처방이라든가 모두

---

57 약전골목에서 덕신한의원을 운영하던 임채환(1932년생, 작고) 원장.

요. 나는 처음에는 임 원장을 잘 몰랐는데, 나한테 자꾸 가까이 접촉하며 찾아오곤 했어요. 술도 마시곤 했어요. 벌써 오래 전이지요. 그래 자기가 이야기해요. 자기가 검정 아니 한의사 국가고시 치러 가야 하는데 돈이 없었나 봐요. 그런데 나한테 와가지고, 나하고는 잘 알지도 못하는데, 뜩 와가지고 보니 약을 몇 첩 팔더래요. 그래서 "돈 좀 빌려 달라."고 하길래 "없다."고 하니까, "오늘 약 판 것만 빌려 달라."고 해요. 그래서 "그것만이라도 빌려 주라."고 해서 그걸 빌려주었어요. 그래서 그걸 가지고 서울 가서 시험 쳐가 합격했어요.

그러니까 날 죽어도 못 잊는다 이거지요. 그래서 "그럼, 돈 갚아라." 카니까. "그때 다 갚았지. 왜 안 갚았나?" 캤지요. 그러니까 나는 그때 돈 빌려준 사실도 모르지요. 그걸 자기가 그렇게 말해주어서 알았지요. 이런 인연으로 내가 임채완 원장을 잘 알지요. 당시 임씨가 내 개업해 있는 데 와 있다가 약 지어주는 걸 보고 앉아 있다가 약을 몇 제 파는 걸 보고 "그것만이라도 빌려 달라."고 했대요. (웃으면서) 그러니 그걸 빌려주더래요. 그래서 나한테 평소 잘 해주었어요. 이젠 죽었어요.

■ 한의학에 대한 인식과 일상생활

가령 예를 들어서, 사상의학(四象醫學)이 이제마(李濟馬) 동무(東武) 선생에 의해 상당히 발전했지만요. 지금도 보면 요새는 혈액형도, 체질 같은 것도 판별 기준이 많이 발전되었지만, 한방은 많은 경험을 쌓아야 뭐가 돼요. 임상 경험을 안 쌓으면 뭐를 알지 못해요. 똑 같은 환자라도 경우에 따라서 약을 다르게 쓸 때가 많아요. 그러므로 여하튼 한의사 개인적으로 많은 경험을 쌓고 연구를 또 많이 해야 돼요. 아직까지 멀었어요. 그래야만 한의학이 더 발전될 수 있어요. 물론 과학적인 연구도 더 뒷받

침 돼야 하겠지만요. 제도적인 측면에서는 정부에서 요즘 하는 걸 보니 한방전문대학원[58]을 만들기도 하던데, 그런 거는 좋지요. 그렇게 함으로써 약으로만, 주사로서만 반드시 치료하는 게 아니고, 그렇게 안 해도 치료하는 여러 가지 방법이 있을 게 아닙니까?

직업으로서는 한의업을 좋게는 생각 안합니다. 내가 너무 고생을 해서요. 그래도 잘만 하면……요즘 얼마나 좋습니까? 옛날에는 그만큼 고생을 했는데, 자식들이 할라고 하면 시키고 싶어요. 손자들이라도 할라 카면요. 이걸 하면 고생은 고생인데, 의료업이 대개 그러한데요. (웃으면서) 어떤 의사든지 본인은 고생인데, 부인들은 좋아해요.

의료업이 대개 그러한데, 이게 잘만 되면 좋아요. 그래도 이게 잘만 되면 보람 있는 일이라요. 아픈 사람 하나 고쳐주면 얼마나 좋아요. 저기 [경북] 고령의 김○○이라는 사람은 골수암으로 동산병원에서 수술을 세 번, 네 번인가 해도 안 되는 것을 돈도 없다 캐서 "낫거들랑 도라(주라)." 카고 내가 낫게 해주었던 일도 있거든요. 이렇듯이 이런 재미나는 일도 있어요. 그런 게 곧 보람이거든요. 돈을 받고 안 받고가 문제가 아니고요. 그런 게 있어요. 이런 부분은 참 좋은 거지요. 아울러 경제적인 여유가 생기니까, 또 좋은 점이지요. 그 외에 별다른 점은 없어요. 또 요즘은 그래도 괜찮은 게요. 일찍 문을 닫지요. 일요일마다 놀지요. 일 볼 거 있으면 볼 수 있지요. 이젠 늙어가지고 놀러 갈 데도 없지마는요.

안 좋은 점은 좀 같잖은 점이 있어요. 좀 성의 있게 해줘도 나쁜 사람도 있거든요. 뭘~ 티를 뜯는(꼬투리를 잡아 불만을 터뜨리는) 사람도 있어요. 그런 게 같잖은 기라. 간혹 그런 경우도 있지요. 뭐~ "병이 낫지 않니, 어쩌니……" 하지요. 시키는 대로는 하지도 않으면서요. 또 "병이 더 하다." 카는 사람도 있고요. 더 하기도 덜 하기도 할 수도 있는 법인

---

58 관련법에 의해 2006년 처음으로 국립대학인 부산대학교에 한방전문대학원이 설치 되었다.

데……. 이런 부분이 스트레스를 주지요. 한의사도 감정이 있는 인간이기 때문이지요.

나는 앉은 채로 말도 못하게 일을 많이 했어요. 앉아서도 아니고 무릎까지 꿇고 많이 했어요. 그렇게 하라고 하니까 한 거지요. 처음에 내가 남의 집 생활할 때도 그걸 몇 개월 동안 했기 때문에요. (팔을 들어 보이며) 일을 하도 많이 했기 때문에 현재도 오른팔은 길고 왼 팔은 좀 짧아요. 내가 금년 봄엔가 작년엔가 대학병원에 다니다가 가톨릭병원에 가니까 최창혁 카는 전문의가 "젊을 때 일을 하도 많이 해가지고 오른쪽 팔을 너무 많이 써가지고 인대가 모두 끊어지고 없습니다." 캐요. 그런께 앉아서 너무 일을 많이 해가지고 골병이 들었지요. 허리고 뭐고 모두요.

그래서 허리도 대학병원에서 아니 저기 어딥니까? 허리 전문으로 보는 병원이 월배(月背)에 있어요. 수술을 했어요. 그런데 수술을 잘 못했는 기라. 차라리 안했으면 좋았을 긴데. 더 안 좋아요. 어려서부터 너무 앉아서 일을 많이 해서 그렇지요. 그땐 밤 10시까지 약 썰고 약 짓고 법제하고 하는 등의 일을 했어요. 일종의 직업병이지요.

우리 할아버지는 한학자로서 이조 말엽에 홍릉 참봉(參奉)도 했는데, 아버지는 농사지었어요. 아무 것도 아니지요. 무식하셨고, 우리 형님도 서당에 나보다 먼저 다녔는데, 공부를 잘못하고 내가 더 잘한다고 형한테는 "너는 가지마라."면서 나를 오히려 다니라고 했지요. 내 형제는 3남 2녀입니다. 그 중 내가 차남이지요. 내 자녀는 2남 4녀입니다. 자녀가 여럿 있지만, 후대에는 한의업을 가업으로 이어나가지 않습니다.

가업 계승 문제를 나도 생각했었지만, 재수를 시켜도 한의과대학 못 들어가고 그래서 나도 포기했어요. 장남, 차남 모두를 시켜보려고 했지만, 둘 다 실패했어요. 딸을 시키려고 했으면 가능했겠지만, 딸은 생각 못하고 아들 시켜보려고 했다가 못했지요. 딸이 위에 있고, 아들이 밑에 있었거든요. 아들이 먼저 있었고 딸이 뒤에 있었으면 시켰을지도 모르지요.[59]

딸은 경북대에 들어가 장학금 받고 그랬거든요. 한 놈은 구청 공무원인데, 중구청 총무과에 있어요. 건축과 나와서 건축사인데, 총무과 건물 담당을 하고 있어요. 애가 차남입니다. 장남은 장사한다고 하던데, 지금은 뭐하고 있는지 모르겠어요. 계승시키려고 애를 써도 안 되는데요. 손자에게도 기대 안합니다. 작은 아이 손자는 너무 어리고 큰 아이 맏손자는 지금 군대 가 있는데, 영남대학 다니지요. 한 놈은 내년에 대학 들어갈 것인데. 손자녀라도 한의업을 잇는다면 정말 좋겠지요. 내가 이야기해 줄 것도 많고요.

여가나 취미생활 특별한 거는 없어요. 별 거 없고요. 아무 것도 없어요. 나는 혼자도 더러 나가고요. 안 그러면 맘 맞는 친구 있다면 대폿집 가서 술이나 한잔 먹고 이야기하는 정도지요. 과음은 안하지만요. 지금도 그렇습니다. 특별히 음악도 모르고요. 아무 것도 할 줄 모른께나요. 천상 일요일이나 되면 어디 마음 맞는 친구들이랑 포항이나 가서 회나 한 그릇 먹고 그러지만, 대구시내에선 회를 먹지 않아요.

어떤 친구들이 카데요. 일본에서는 못쓰게 되어 있는 약품을 한국에서는 생물에 쓰고 있다고 해요. 고기를 운반해 오는 과정에서 마취시킨대요. 약을 안 넣으면 생물끼리 부딪쳐서 죽어 버리니까요. 그 약 자체가 발암물질이라서 일본에서는 안 쓴대요. 대폿집 가는 친구들은 한의업 하는 사람들이 아니고, 이웃에 아무나 좋아요. 아무나 불러가지고 술 한 잔 하자고 하지요.

예전에는 일요일도 일했어요. 1960년대에는 밤에 9시, 10시까지 문을 열었어요. 아침에는 8시부터 시작했지요. 그러니까 하루 일을 마치고 나면 지엽지요(지겹지요). (웃으면서) 인제 게을러가지고 오후 6시 되면 문 닫아요. 일요일 놀기 시작한지는 4~5년, 5~6년 밖에 안 돼요. 얼마 안 됩니다.

---

59 아들이 먼저 모두 실패할 경우 차선책으로 딸에게라도 한의업을 잇게 했을 것이라는 의미로 해석된다.

■ 동인한의원의 한방 물증

▶ 액자 :

· 「헌기묘술(軒歧妙術)」 - 의서 『皇帝內經』을 집필한 황제 헌원(軒轅)과 그의 신하이자 명의였던 기백(歧伯)과의 토론 내용으로 의술의 오묘함을 강조함. 30여 년 전(신해년) 서예가인 어느 지인이 자필로 써서 선물로 준 것.

· 「서박명진성중보(徐博名診城中寶) 남국○자만존수(南國○子滿存洙)」 : 구술자 서남수(徐南洙)의 이름을 중심으로 그의 의술을 찬양하는 글.

▶ 약장 :

1957년 동인동 개업 때 만들었던 약장으로서 지금까지 51년째 구술자와 고락을 함께 해오고 있다. 기목나무 재질로서 주로 1칸 서랍으로 되어 있다. 가장 밑 부분 칸은 보통 것의 2배 크기다. 가로형 약장은 본 약장보다 키가 작지만 길이가 길고 약 서랍 규모도 크다. 여름철이라 약 서랍을 반쯤 빼놓음으로써 통풍 효과를 도모한다. 약 서랍 공간이 넓은 것으로 보아 비교적 많이 사용되는 약재를 보관하는 용도로 활용하는 듯하다. 이 약장도 첫 개업 때 구입한 것으로서 51년째 사용 중이다.

▶ 제약탁자 :

본 약장과 가로형 약장, 약을 짓는 직립 탁자가 제약실 대부분의 공간을 차지한다. 1960년대는 한방 업소에서 직립 제약탁자가 아직 설치되지 않아 대부분 앉은 상태로 환자를 진료하고 약을 짓는 등의 일을 했다. 최초 개업 때 2종류의 약장과 함께 직립식 제약탁자를 구비하였다.

제약실 전경 : 약장,　　　　가로형 약장　　　　약장 서랍 : 길경(桔梗),
제약탁자　　　　　　　　　　　　　　　　　　　당귀(當歸), 황기(黃芪),
　　　　　　　　　　　　　　　　　　　　　　　구기자(拘杞子)

▶ 약통 :

1.5m 높이의 종이로 만든 대형의 약통이 여러 개 활용된다. 이는 약장
에 보관하고 남은 정제된 약재를 담는 용도로 쓰인다. 통풍을 위해 모두
뚜껑을 열어두고 있다.

▶ 진료기록부 :

5년 동안 보관된 진료기록부가 철해진 상태로 2칸 책장에 적재되어 있다.

▶한의사 면허증 :

액자에 표구되어 벽면에 부착되어 있으며, 1956년 발급된 후 1973년
갱신되었다. 내용은 '제771호, 본적, 성명, 생년월일, 주민등록번호, 위의
자에게 한의사의 자격을 면허함, 1973.12.2. 보건사회부 장관 고재필'이
라 되어 있다.

대구한의과대학을 설립한
제한한의원 변정환
-1932년 생-

.
.
.

인터뷰 후기

·

·

　향산(香山) 변정환은 한의사로서는 세계 최초로 종합한방병원을 설립한 병원 경영자이자 동시에 대구한의대학교의 총장이기도 하다. 학교 경영 외에 일주일에 이틀씩은 한의대에서 강의와 외래 진료까지 하고 있다. 그래서 그를 만나기 위해 비서실과의 조율 속에 면담 약속을 짜야 했다.

　이런 상황에서 연구자는 수차례의 전화통화와 면담 목적을 적은 '협조 공문'까지 비서실로 보냈다. 마침내 첫 면담이 2007년 4월 23일로 정해졌다. 총장 비서실장 김광수 씨는 면담 당일 친절하게 전화까지 걸어와 시간을 다시 확인해 주었다. 이날 연구자는 감기몸살 기운으로 컨디션이 좋지 않았지만, 어렵게 잡은 일정이라 연기시킬 수도 없었다. 쫓기는 시간 때문에 점심도 단 10분 만에 끝내고 약속시간 5분 전쯤 대구한의대 총장실로 들어섰다.

　하지만 비서실에 도착하자 문제가 생겼다. 처음에는 오후 2시 교내 회의에 총장이 참석하지 않는 것으로 되어 있었으나, 갑자기 참여 쪽으로 계획이 바뀌어 면담 시간을 대폭 줄이지 않으면 안 되었다. 학교 업무가 바빠 도착한 후에도 상당 시간 동안이나 비서실 공간에서 기다려야 했다. 심층면담을 전제로 하는 만남이므로 최소한 2시간 정도는 면담시간이 필요하다고 했지만, 당일 연구자와의 면담은 30분으로 제한되어 버렸다. 비서실장 김광수 씨는 몇 번이고 미안하다고 했다. 연구자도 난감했지만, 어쩔 수 없는 일이었다. 바쁜 일정으로 시간을 쪼개가며 움직이는 변 총장의 스케줄을 빈틈없이 관리하기 어려울 것이라고 생각했다.

　변 총장을 목전에서 대하니, 잡지나 언론매체를 통해 접했던 것처럼 인자한 모습이었다. 76세의 나이답지 않게 비교적 건강하고 당찬 모습이었다. 한편으로는 오랜 세파를 이겨온 연륜이 인자한 미소 뒤에 자리함을 느꼈다. 방문 목적을 이야기한 후 면담을 시작했다. 면담 내용을 녹음해도 좋다는 허락까지 받았다. 어린 시절 이야기부터 이끌어 나갔다. 그의 조부는 일제 강점기 한의사 격인 의생(醫生)이었다. 부친은 약초를 재배하는 농사꾼이었다. 조부가 임종 시 남긴 말씀이 사범대학 대신 한의과대학을 지망하게 된 커다란 지침이 되었음을 강조했다. '어진 선비(혹은 재상)가 될 수 없거든, 좋은 의사가 되라.'

그는 어린 시절을 회고하며 차분하게 이야기를 이끌어 주었다. 일제 강점기 조부가 조상의 묘지 때문에 7년 동안이나 일본 관헌을 상대로 법적 소송을 진행하느라 가산까지 소진했던 이야기. 그래서 자신이 한의과대학을 진학하던 무렵에는 가정 사정이 어려워 고학을 해야만 했던 이야기. 일제 강점기 식민통치 차원에서 일제가 한의학을 철저히 탄압한 이야기. 친일파 득세로 해방 이후에도 한의학이 부흥되기 어려웠던 이야기 등등.

이렇게 막 이야기를 풀어나가고 있는데, 비서실에서는 회의 참여를 알리는 메시지를 전달했다. 벌써 정해진 30분이 흘렀다. 아쉬웠지만, 다음에 다시 만날 것을 기약하며 면담을 중단하지 않을 수 없었다. 변 총장은 비서실 직원을 통해 일전 집필했던 자서전과 수상록 등 3권의 책을 건넸다.[60] 이들은 구술자의 지난 삶을 이해하는 데 많은 도움이 되었다.

연구자에게 건넨 이들 자료 외에도, 구술자는 『한의학의 맥박』, 『맥』, 『치료의학으로서의 동양의학』 등의 저서들을 더 남겼다. 작가 오소백(吳蘇白)이 지은 『낮이나 밤이나-다큐멘터리 한의사 변정환-』(현수사, 1980)이라는 책도 그의 삶을 이해하는 데 귀중한 자료가 되었다. 사정상 그와

---

60 변정환, 『아직도 쉼표를 찍을 수 없다』, 행림출판, 1992; 변정환, 『일흔 새벽-변정환의 삶 이야기-』, 도서출판 솔, 2002 ; 변정환, 『자연의 길, 사람의 길』, 도솔출판사, 2003.

의 이후 만남은 이루어지지 못했다. 빈약한 구술 자료를 보완할 요량으로
위의 몇몇 자료들에서 구술자의 삶을 읽어낼 수 있는 중요한 부분만을
발췌하여 덧붙였다.

연보
·1932년 - 경북 청도 출생
·1959년 - 경희대학교 한의과대학 졸업
·1959년 - 제한의원 개원
·1964년 - 제한한의원 개칭
·1985년 - 서울대학교 대학원 보건학 박사
·1986년 - 경희대학교 한의과대학 한의학 박사
·1970년 - 제한한방병원 개원
·1976년 - 국제동양의학회 회장
·1980년 - 대구한의과대학 설립
·1991년 - 대구한의과대학을 모태로 경산대학교 설립
·1992년 - 경산대학교 총장 역임
·2007년 - 현 경산대학교 총장 재임

■ 일제에 항거했던 할아버지

[경북] 청도군 이서초등학교를 졸업했지요. 일제시대요. 진학할 꿈도 갖지 못하고 한학을 공부했지요. 그 후에는 면사무소 호적계에 취직을 해가지고 고학을 좀 했지요. 거기서 한 2, 3년 일했지요. 이 때가 스무 살이 조금 못 되었어요.

정치가로 못 나가겠거든, 한의업으로 나가게 했지요. 조부님께서 명령을 하셨지요. 일제 말기에 할아버지께서 별세하셨기 때문에 가업이 결국 어려워가지고 서당공부만 하다가. 그 때는 학교를 아예 생각도 못했어요. 면사무소에 근무하면서 호적을 떼어주다 보니까……공부도 형편없이 못했던 놈들이 진학한다고 밤낮처럼 호적등본을 떼려오니 화가 나가지고 나도 공부를 해야 한다고 마음먹었지요.

당시 물론 가세가 어려웠지요. 아버지는 할아버지를 도와서 약초를 재배하기도 하고 채취도 했지요. 우리가 경제적으로 어렵지 않았을 수도 있었는데……할아버지가 증조할아버지 죽은 후에 마을 뒤에 우리 산에다 묻었지요. 그런데 일본 사람들이 묘지 법에 어긋난다고 하면서 이장하라고 통지를 했지요. 이에 할아버지는 "우리 땅에 우리 산소를 쓰는데 무슨 간섭이냐? 나는 이장 못하겠다."고 하면서 소송을 냈어요. 그래서 1심, 2심 재판에서 모두 지고 대법원까지 올라가는 중 7년 간 일제를 상대로 투쟁했지요. 변호사까지 고용해가지고 소송하시느라 가세가 모두 탕진되었지요. 그래서 학교 진학할 생각도 못했던 거지요. 그런데도 학교 갈려고 마음먹었던 것은 호적 떼어주면서 자극을 받아 그런 거지요. 항상 할아버지께서는 훌륭한 정치가가 되지 못하겠거든 훌륭한 의사가 되라는 말씀이 있었기 때문에 어릴 때부터 항시 그걸 염두에 두고 있어서 그렇지요.

집에 할아버지만 해도 7년 동안 일본을 상대로 행정소송까지 해서 결국 이겼지요. 증조부님 묘지를 끝까지 이장하지 않았으니까요. 묘지 법 만들어서 허가 안 받고 하면 이장하도록 자기네들이 압력을 넣었지요. 그런 투쟁과정에서 심지어 숟가락까지, 솥까지 팔아 소송비용으로 댔지요. 심지어 솥까지 없어가지고 환자들이 쌀을 가지고 오면 심지어 깨진 옹기를 솥처럼 걸치고 거기에다 쌀을 넣어 밥을 하다가 터져가지고 가족들이 울면서 잿밥까지 먹으면서 연명을 하기도 했지요.

어쨌든 한의학을 하는 것은 우리 민족의 주체성과 관련되고요. 독립운동을 했던 사람들의 후손들로서는 한의학과 뗄 수 없는 인연이 있다는 걸 알고 있지요. 이승만 대통령의 최고 실정은 친일파를 기용한 것입니다. 그러니 친일파는 자기네들 행적이 탄로날까봐 독립운동 했던 사람들을 완전히 적으로 생각한 것이지요.

해방이 되니까, 독립운동 하던 사람들이 "해방됐다."고 기뻐 날뛰고 했는데, 나중에 친일파들이 그 길을 모두 막으니 이들이 어디 설 땅이 있습니까? 그러니 당사자들은 물론 그 자손들까지 지금까지도 길이 다 막히고 있습니다. 친일파 후손들이 집권해가지고 그렇지요. 모두 차단하니까요. 친일파 했는 사람들이 일본 놈한테 받은 땅을 50년이 더 지난 이 시점에서 이제 환수한다니 말이 됩니까? 다 팔아먹고 0.6% 남은 것을 말이지요. 그 외에도 눈에 보이지 않는 억울한 일이 얼마나 많겠어요? 이런 맥락에서 해방 후 그냥 어려웠던 게 아니고 한의학이 입법, 행정, 사법 모두에서 완전히 서자 취급만 받아 왔지요. 의료정책이 양의학 일변도로 나가가지고요.

■ 민족의학으로서의 한의학

한의학이란 것은 민족의학이기 때문에 민족문화를 연구하는데 있어서는 한의학이 빠져서는 안 되지요. 우리 민족의 역사, 그야말로 단군신화로부터 한의학이 등장했고, 그 다음에는 3억 5천 년간 우리나라에 나는 약을 우리가 캐가지고 심어가지고 이것을 가지고 우리 병을 고치라 해가지고 이런 의도에서 향약집성(鄕藥集成) 해가지고 우리나라 한의학이 독자적으로 발전해 나왔지요. 그런 것이 2천 4, 5백 년 전에 중국 한나라에서 한의 서적이 먼저 발간되었지요. 『황제내경(皇帝內經)』이니 『본초강목(本草綱目)』 이런 서적이요. 우리나라는 전통적으로 [한의학이] 있어왔지마는 서적이 대내외적으로 많이 발간되기는 중국이 앞섰지요. 그래가지고 그게 한의학(漢醫學), 한의사(漢醫師)가 되었지요.

하지만 우리 민족의 역사상에 한의학을 빼놓을 수가 없지요. 우리 민족이라면 한의학에 의해서 생명과 건강을 유지해 왔고, 한의학에 의해서 민족사가 마련되었는데, 그것이 임진왜란 이후로 일제가 결국 우리나라를 침략하면서부터 우리 민족을 완전히 자기 나라로 만들기 위해 강점해 왔지요. 그때 일제가 가장 골치 아파했던 것이 독립운동 하는 사람들이었지요. 생각지도 않았는데 독립운동이 곳곳에서 일어나고 하니까, 이걸 발본색원해야 되겠다 싶어가지고 독립운동 하는 사람들에 대해 신원조사를 해보니까, 또 독립자금줄을 모두 조사해 보니까 대부분이 한의학 하는 사람들에게서 나왔다는 겁니다. 왜 그러냐 할 것 같으면, 조선조나 일제시대에 걸쳐 보면, 무식한 사람은 역사가 어떻게 되는지 민족의식도 없는 거고요.

좀 유식한 사람은 한문을……유일한 지식이 결국 한문 지식입니다. 한문을 한 사람들은 농사도 못 지었고, 시장바닥에서 장사도 못했고, 그 사람들이 먹고 살길은……한의학을 해서 먹고 살 수밖에 없었습니다. 그런데 임진왜란 이후에는 독립운동 하던 사람들입니다. 그리고 독립운동 하던 자금이 모두 한약을 팔았던 돈이고요. 일본 사람들이 관찰해 보니까, 독립운동을 발본색원하기 위해서는 한의학을 말살시켜야 되겠다고 생각해서 한의학 말살정책을 썼지요. 총독부를 통해서요.

한의학을 말살시키려고 하면 전염병이 유행한다든지 할 때 대체의학을 보급해야만 지장이 없겠다 싶어서 제일 먼저 100년 전에 서울과 대구에다 의과대학을 세웠지요. 서울의대 하고 대구의대 하고요. 당시 일제는 의과대학에 입학하는 사람들을 일제 식민정책에 동조, 찬동하는 사람들에 한해서만 입학을 시키려고도 했지요.

■ 좋은 의사가 되라는 조부님의 가르침

대제학을 지낸 선비의 후손으로 몰락한 집안을 추스르시던 조부께서는 그 애옥살이를 나에게 한문을 가르치시는 것으로서 달래셨습니다. 덕분에 신학문의 세례를 받기 이전에 이미 한문에 익숙해질 수 있었던 것입니다. 역설적이게도 조부의 신산한 삶이 오히려 오늘의 나를 있게 한 계기가 되었으니, 인연의 지중함은 사람이 헤아릴 수 없는 것인가 봅니다.

그런 조부께서 임종을 앞두고 나에게 이렇게 말씀하셨습니다. "어진 선비가 될 수 없거든, 좋은 의사가 되어라." '불위양상(不僞良相), 영위양의(寧僞良醫)'이지요. 그 말씀은 주술적인 힘이라도 지닌 양 내 귓전을 스치기도 전에 가슴 깊이 각인이 되었습니다. 내가 과연 좋은 의사인지는 장담할 수 없습니다. 하지만 조부의 말씀을 한시도 잊은 적은 없습니다. 어느새, 내 나이도 그 옛날 조부님이 내게 그러하셨듯이, "좋은 의사가 되어라."는 말을 할 때가 되어버렸습니다.

환자를 객체로만 대할 때, 기술자로 전락하고 맙니다. 좋은 의사라면 무엇보다도 우선하여 환자에게 '신뢰'라는 처방전을 내보여야 합니다. 의사(醫士)가 아니라 의사(醫師)인 까닭이 여기에 있습니다. 최고의 치료를 위해서는 의사와 환자 사이에 신뢰가 선행되어야 합니다. 그러기 위해서는 의사는 환자의 몸을 자신의 몸으로 여길 줄 알아야 합니다. 의술을 일러 인술이라고 하는 까닭은 거기에 있습니다.

대학 시절 나의 꿈은 좋은 의사가 되는 것이었습니다. 고전의학서의 원전에 도전했습니다. 조부로부터 물려 받은 한문에 대한 소양은 남보다 빨리 고전의학을 섭렵할 수 있는 밑거름이 되었습니다. 그리고 나는 임상에서도 특별한 노력을 기울였습니다. 내 몸에 침을 꽂았습니다. 책에서 본 것만으로는 부족했기 때문입니다. 환자의 생명을 책임지기 위해서는 이론만으로는 부족합니다. 좋은 의사가 되기 위해서는 먼저 정직한 의사가 되어야 합니다.

한의사로서 내 꿈은 결코 명의(名醫)가 아니었습니다. 명의라는 말 속에 숨어 있는 비합리적인 요소가 싫었습니다. 명의라는 말에 따라붙는 '비방(秘方)'이라는 것은 한방의 과학화를 가로막는 일일뿐만 아니라, 역사적, 사회적 자산의 사유화에 지나지 않습니다. 사실 비방 같은 건 없습니다. 모든 처방은 그 전거가 고전입니다. 그럼에도 일부 의사들은 원전 접근이 용이하지 않은 틈을 이용해서 그것을 자기만의 것으로 여깁니다.[61]

■ 동양의약대학 수학

집에서는 내게 학비가 적게 들고 또 졸업 후에 취직자리가 보장되는 대구사범학교로 진학하기를 바라고 있었습니다. 나는 그것이 불만이었습니다. 우선 사범대학은 입학하는 순간부터 자기 자신의 평생 진로가 확정됨으로써 장래에 대해선 더 이상의 선택의 여지가 없어지기 때문입니다. 게다가 당시는 남을 가르치는 교육자라는 직업을 따분한 것이라고 여기

---

61 아래 내용은 구술자의 저서 『아직도 쉼표를 찍을 수 없다』, 『일흔 새벽-변정환의 삶 이야기-』 중에서 발췌한 것이다.

던 때였습니다. 그보다 내 정신을 붙들고 있던 할아버지의 말씀이 있었습니다. '불위양상(不僞良相) 영위양의(寧僞良醫)! 이는 어린 내게 입버릇처럼 되뇌던 말씀이셨습니다. 더구나 할아버지께서도 한의학을 하신 터라 가업을 잇는다는 점에서도 한의학을 공부하고 싶었습니다. 하지만 당시 한의대학은 서울의 동양의약대학 뿐이었습니다. 이는 현 경희대 한의대 전신입니다.

그 시절 활자화된 한의학 관계 서적은 전무한 상태였습니다. 그래서 대부분의 교수님들은 고서적을 프린트한 것을 교재로 썼는데, 전문 프린트사에 의뢰를 해도 필경사들의 한문 실력이 모자라 오자와 탈자가 많아 애를 먹었습니다. 더구나 프린트를 하면서 한글로 주석을 달다보니 비용도 만만치 않았습니다.

나는 대학시절 운 좋게도 임창순(任昌淳) 교수님의 연구실에서 한의학 서적을 정리하는 일을 했습니다. 내게 그보다 더 좋은 아르바이트는 없었습니다. 고서적을 등사용 원지에 철필로 옮겨 쓰는 일이 내가 할 일이었습니다. 물론 한글로 주석까지 달았습니다. 그 일은 내게 있어 돈을 벌 수 있다는 것일 뿐만 아니라, 그 자체가 공부였습니다. 그 다음에는 선생님의 문간방에 기거하며 선생님이 하시는 고문헌 번역작업을 돕는 일이었습니다. 요즘으로 치면 대학의 조교 역할이었습니다. 처음 맡은 일은 당시 주해서의 원고를 원지에 철필로 옮겨 등사를 하는 일이었습니다. 몇 달 걸려 작업이 끝나자, 이번에는 『왕운오대사전(王雲五大辭典)』 번역작업이 시작됐습니다.

어쨌든 나는 덕망 높으신 은사의 문하생으로 긍지를 잃지 않으려고 항상 조신(操身)하게 행동했습니다. 그리고 한자대사전 편찬 작업을 도와드리면서 새삼스레 한자 어휘의 심오함을 깨달을 수 있었으니, 크나큰 복이 아닐 수 없었습니다. 한자는 그 쓰임새에 따라서 낱낱의 의미가 달라지고 복합적이어서 그야말로 한문의 뜻을 깨치게 되나보다 생각했습니다. 그런 여과과정을 그치지 않고 지금까지 배워왔던 한문에 대해 재검토하게 된 것도 선생님의 덕분이었습니다. 예전에는 겁 없이 달려들던 문장을 어휘 하나하나를 다시 분석하고 입체적으로 해석하기 시작한 것도 이 때부터였습니다. 선생님은 내게 있어 할아버지 마음으로 많은 깨우침을 주신 분입니다.

그 다음에 우리는 실습을 겸한 한의원 개업을 함으로써 또 다른 아르바이트를 모색했습니다. 우리가 개업을 한다고는 해도 한의사 면허증이 있는 것도 아니어서 엄밀히 따지면 위법이었습니다. 하지만 당시에는 보건 당국에서도 한의대 졸업반 학생이 진료행위를 했다고 하여 잡아 가두지도 않던 시절이었습니다. 간단한 약병과 진료기구를 구입해 놓고 의원을 한다고 주인아주머니에게 소문을 퍼뜨리도록 했습니다.

그랬더니 간판도 없고 면허도 없는 의사 지망생에게 환자가 찾아들기 시작했습니다. 처음 개업을 했을 때 우리는 양방으로 환자를 치료했었습니다. 주사도 놓고 간단한 수술도 하였으며 약도 양약을 썼습니다. 그러다가 차츰 한방을 겸해 치료했습니다. 그러던 어느 날 공연히 딸꾹질이 나기 시작하여 20여 시간이나 멎지 않아서 참다못해 침을 꺼내어 중완(中脘)에 꽂으니 멎었습니다. 그 일이 있고부터 나는 침에 심취하여 많이 사용하게 되었습니다. 나부터 먼저 맞아보고 환자에게 시술했는데 그 효과와 반응은 적중했습니다.

그로부터 얼마안가 내가 신침(神鍼)이라는 소문이 나기 시작했습니다. 종암동, 미아리, 장위동, 수유리, 쌍문동 등에서 신침을 맞으러 찾아오는 사람들이 줄을 이었습니다. 그러다 이번에는 왕진 요청까지 쇄도했습니다. 나중에는 응급환자까지 몰려드는 판국이었습니다. 이제는 '회춘의학진료소'라는 간판까지 내걸었습니다.

■ 한의사 면허 취득, 제한의원 개원

마침내 1959년 3월 27일, 나는 꿈에도 그리던 학사모를 쓰게 되었습니다. ~ 한의사 국가고시 합격통지서는 1959년 4월 15일에 받았습니다. 보사부장관 명의로 된 한의사 면허증은 7월 21일이 되어서야 나왔습니다. 나의 면허증 번호는 1441호. 면허증을 사랑방에 걸어놓고 개업을 해야 한다고 생각하니, [서울에서] 짐을 싸올 때와는 달리 혈기가 치솟아 미칠 지경이었습니다. 그렇다고 아버지의 엄명을 어길 수도 없어서 청도 고향의 집에서 환자를 받았습니다. 개업 신고도 하지 않은 채였습니다.

어느 날 지서에서 순경이 찾아왔습니다. 시골이라고 해도 간판도 없이 진료를 했으니 위법이라는 것입니다. 나는 간판 대신 사랑방 문 위에 붓으로 붙여둔 '회춘의학연구소'라는 글씨를 가리켜 보였습니다. 그랬더니 또 연구소 명칭을 가지고 진료행위를 할 수 있느냐고 따졌습니다. 면허증이 있다고 해도 당국에 정식으로 개업신고를 하지 않으면 의료법 위반이라는 것이었습니다.

고향에서 몇 달간 진료를 해서 모아둔 돈을 가지고 대구로 나왔습니다. 그런데 내가 대구에 개업하러 왔다는 소식을 들은 선배들이 찾아와서는 한결같이 개업을 하지 말라고 말리는 것이었습니다. 한편 오기가 끓어올랐습니다. 도대체 대구 사람들이 얼마나 배타적이고 보수적인지 알 수 없으나, 선배들이 못 뛰어넘은 그 벽을 내가 뛰어넘어보고 싶었습니다.

어떻게든 자리를 잡아서 앞으로 개업할 후배들에게 힘이 되어주어야 한다는 사명감 같은 것도 느꼈습니다. 그래서 마음을 추스르며 포기하지 않고 자리를 찾다가 마땅한 장소 하나를 얻게 되었습니다. 지금의 동아양봉원 골목인 봉산동 152번지 2층집이었습니다. 첫눈에 마음이 들었습니다. 집주인은 제일교포였으므로 건물을 관리하는 사람에게 사정을 하여 10개월 사글세로 얻을 수 있었습니다. 개원 날짜는 [1959년] 12월 6일로 잡았습니다. 그러고는 한의사회와 행정관청을 돌아다니며 개업에 필요한 절차를 밟았습니다. 의원 이름은 제한의원(濟漢醫院)으로 정했습니다.

개업식 날 나는 조촐하지만, 사이다와 탁주, 과일 등을 준비해 인근에 사는 주민들과 하객들을 대접했습니다. 그런데 오후가 되면서 이상한 일이 벌어졌습니다. 하객들보다 환자들이 더 많이 찾아왔던 것입니다. 어제 오후에 있었던 그 일(의원 간판 부착 시간에 눈을 하얗게 뜬 채 입에 거품을 물고 쓰러진 소녀를 침으로 다스렸던 일)로 벌써 소문이 났던 것이다.

■ 한의원 이전과 성업, 동네 변화

처음에 내가 개업한 곳은 돈에 맞춰 집을 얻다보니 협소하고 불편한 점이 한두 가지가 아니었습니다. 더군다나 주변에 술집이 많아서 환자들이 드나들기도 거북해졌습니다. 그런데도 집 주인은 돈벌이가 잘된다면서 해마다 집세를 올려달라고 요구하는 것이었습니다. 나는 이런저런 이유로 좀 더 넓은 곳을 물색하기로 했습니다. 그런데 마침 삼덕교회 앞쪽 대로변(봉산동 148번지)에 집이 하나 나왔습니다. 찾아가 살펴보았더니, 지금 있는 곳보다 모든 점이 나았고, 환자들도 찾기가 수월하게 보여 그 즉시 이전했습니다. 어느덧 개업한지 2년이 지나 있었습니다.

장소를 옮기고 나자 환자들은 그 전보다 더 많이 찾아왔습니다. 하루 평균 몇 백 명씩 몰려오니 교통 경찰관이 나와서 병원 주변 교통정리까지 하는 촌극이 벌어지기도 했습니다. 1964년 1월엔 간판을 '제한(濟韓) 한의원'으로 고쳐 달았습니다. 그러나 사람의 능력이란 한계가 있는 법입니다. 나 혼자 아무리 쉬지 않고 진맥을 해도 하루에 150명을 넘기기가 어려웠습니다. 매일 아침 통금 해제 사이렌이 울리면 병원 문을 열고 환자를 보기 시작해서 자정이 가까워서야 일을 마쳤습니다. 그래도 찾아오는 환자를 전부 진맥할 수는 없었습니다. 그러다보니 환자들끼리 먼저 진찰을 받으려고 다툼까지 하기도 했습니다. 새벽에 문을 열어보면 벌써 밖에 줄을 선 환자들이 1백 명은 훨씬 넘었습니다. 생각 끝에 번호표를 만들어 순서대로 진찰을 받게 했더니, 이번에는 먼저 번호표를 받으려고 아우성이었습니다.

거리가 먼 시골에서 온 사람들은 대구에 살고 있는 친척들을 대리로 내세우기도 하는가 하면 병원 부근에서 민박을 하는 경우도 늘어났습니다. 그쯤 되자, 이웃사람들이 불평을 하기 시작했습니다. 불편한 몸을 이끌고 하룻밤 묵기를 사정하는데, 문전박대를 할 수가 없어서 받다보니 어느덧 여인숙처럼 되어가는 것이었습니다. 밥값에 숙박비를 받는 집이 있긴 있었지만, 모두가 그렇지는 않았던 모양입니다. 그러나 그걸 이용하는 동네 사람들도 있었습니다. 이문에 약삭빠른 사람들은 아예 집을 개조해 여관을 차렸습니다. 그러자 가게를 하던 집도 덩달아 가게 대신 여인숙을 차렸습니다. 동네가 변하고 있었습니다. 내가 병원을 옮길 때만 해도 하나도 없던 여관과 여인숙이 세월이 흐르자 무려 일곱 군데나 생기게 되었던 것입니다.

■ 농약중독 환자에게 사혈(瀉血) 및 시침(施鍼)

그런 어느 날 학교에서 돌아오다 집 앞에서 주인아주머니를 만났습니다. 그녀는 걱정이 가득한 얼굴로 나를 보더니 달려와 소매부터 잡는 것이었습니다. "왜? 무슨 일이 생겼습니까?" 나 역시 놀라 물었습니다. "큰일 났어요. 지금 의사 선생님 방에 사람이 죽어 있으니 얼른 들어가 보세요." 나는 영문을 몰라 더럭 겁이 났으나, 그렇다고 돌아서서 내뺄 수도 없는 노릇이었습니다. 그리고 무엇보다도 나는 의사였습니다.

황급히 집안으로 뛰어 들어가 내 방문을 열었습니다. 방 안에서 독한 냄새가 확 풍겨 나왔습니다. 농약 냄새 같았습니다. 나는 얼른 들어가 누워있는 사람의 손을 만져보니 이미 굳어가고 있는 중이었습니다. 다시 맥을 잡았습니다. 다행히도 조금은 뛰고 있었습니다. 급히 침통을 끄집어내어 사관(四關)을 트고 십정혈(十井血)을 출혈시켰습니다. 그리고 부위별로 차례차례 침을 꽂아나갔더니 굳어졌던 수족이 조금씩 움직이기 시작하였습니다. 그제서야 환자의 얼굴을 보니 그는 고향 친구 백영식(白永植)이었습니다.

백군은 침을 꽂고서도 한참이 지나서야 깨어났습니다. 링거를 팔뚝에 꽂아 주자 눈을 천천히 떴습니다. 눈을 뜨기 무섭게 누운 채로 울컥울컥 토악질을 하기 시작했습니다. 토악물에서 파라티온 냄새가 진동했습니다. 몸을 돌려 누이려고 했더니 바지엔 똥과 오줌이 흥건히 고여 있었습니다. 급히 옷을 벗기고 몸을 닦은 후에 내 옷으로 갈아입혔습니다. 주인아주머니는 그때까지 내 옆에서 그 모든 것을 거들어주었습니다.

나는 백군이 정신을 차릴 때까지 저녁도 거른 채 옆에 앉아 있었습니다. 백군은 새벽녘이 되어서야 겨우 정신을 차렸습니다. 나는 이게 도대체 어찌된 일이냐고 물었습니다. 그러자 백군이 사방을 두리번거리더니 눈물을 주르르 흘리면서 말하는 것이었습니다. "시골에서 뼈 빠지게 농사지어 봤자 입에 풀칠하기도 힘들고 그래서 무작정 상경했는데, 서울에 아는 사람도 없고 일자리를 찾을 수도 없었네. 그래 손쉬운 대로 용산 일대를 돌아다니면서 파리약 장수를 했네."

그 시절은 국민들의 위생에 대한 관념이 높지 않아서 여름철이면 대부분의 집에서 파리와 모기가 극성을 부렸습니다. 거기다가 빈대와 벼룩도 많았습니다. 그래서 생겨난 사람이 약 치는 사람이었습니다. 골목골목마다 약장사들이 외치고 다니면 집으로 불러들여 약을 치는 것이었습니다. "파리, 모기약 쳐요! 빈대, 벼룩도 끝내 줍니더!" 백군은 그날 새로 나온 파라티온 농약을 넣은 분무기를 들고 다니면서 몇 집을 소독해 주었다는 것이었습니다. 그런데 점심때가 되자 머리가 어질어질해지면서 손발이 마비되는 것이었습니다. 급하긴 급한데 잘 아는 병원도 없고 또 가진 돈도 충분치 않아 망설이다가 하월곡동에서 한의원을 개업하고 있는 나를 기억해 내고는 택시를 탄 뒤 목적지를 말하고 정신을 잃었다는 것입니다. 그 다음은 주인아주머니가 이튿날 말해준 것과 종합해 보니 대략 짐작이 갔습니다.

택시가 하월곡동에 도착했습니다. 택시기사가 돌아다보니 뒤 자석에 탄 손님이 의식을 잃고 있었습니다. 놀란 기사는 가까운 곳에 병원이 없느냐고 지나가는 사람들에게 물었습니다. 사람들은 의원이 있다면서 내가 하숙하고 있는 집을 가르쳐 주었다는 것입니다. 운전사는 백군을 들쳐 업고 들어와 내 방에 누이고는 혹시 이 사람이 죽으면 자신이 의심을 받을까봐 택시비고 뭐고 그냥 도망치듯이 가버린 것이었습니다.

아무튼 백군은 내 방에서 사흘 동안 링거를 맞으면서 몸에 밴 파라티온 독성을 빼냈습니다. 그러자 백군은 어느 정도 건강을 되찾았습니다. 나는 그에게 파라티온 농약이 얼마나 무서운 것인가를 설명해준 뒤 차비를 주어 고향으로 내려가게 했습니다.

■ 중풍 및 고혈압 치료

▶ 부친의 중풍 치료 :

나는 뇌졸중(腦卒中) 치료에 특히 관심이 많습니다. 침 몇 대의 단방치료로 의식을 회복시켜 준 사람도 많습니다. 그렇게 된 데에는 내가 한의사 면허증을 딴 뒤에 첫 번째 중풍환자가 바로 아버지였다는 것과 무관하지 않을 것입니다. 대학을 졸업하고 고향에 왔다는 얘기는 앞에서 했지만, 아버지의 병을 고쳤다는 얘기는 하지 않았습니다.

아버지는 내가 집으로 돌아오기 전부터 중풍으로 누워 계셨습니다. 집안의 가장이 몸져누워 있으니 집안 사정이 말이 아니었습니다. 나는 정성을 다해 침과 뜸으로 아버지의 중풍을 치료하기 시작했습니다. 고치지 못하리라고 믿고 있던 당신의 병환이 아들의 손에 의해 차도가 있자 아버지와 어머니는 대견하신 모양이었습니다. 그도 그럴 것이 벌써 용하다는 의사를 여기저기 찾아가 치료를 받아 보셨으나 별 효과를 얻지 못하셨던 것입니다. 아버지의 차도는 한 달 정도 집중치료를 받으면서 밖으로 나와 거닐 수 있을 정도로 좋아졌습니다. 그러자 집안의 분위기도 예전처럼 다시 밝아졌습니다.

개업을 하더라도 고향에서 하라시던 아버지가, 대구에 나가 개업을 해도 좋다고 허락을 해주신 것도 따지고 보면 내 침뜸 기술을 어느 정도 신뢰하셨기 때문입니다. 사실 나는 아버지의 병환 치료를 함으로써 학교에서 배운 치료법을 임상 실험했다고 볼 수 있습니다. 천연두 예방 접종약을 만들었으나 어느 누구도 그 약의 효능을 믿으려 하지 않자, 아들에게 직접 약을 투여해 예방약의 효능을 증명해 보였던 제너의 이야기와 비교해 볼 수 있지 않을까요.

아버지를 치료하면서 얻은 소중한 경험은 지금도 내게 큰 가르침이 되고 있는데, 그것은 한방에 있어서 어떠한 질환의 환자이던 간에 치료하는 사람의 열과 성의가 치료기술 못지않게 중요하며, 꼭 낫고야 말겠다는 환자의 정신적 자세 또한 약제 몇 십 첩을 먹는 것보다 더 효과가 있을 수도 있다는 것입니다. 때문에 나는 요즘도 환자가 오면 아무리 바빠도 사진(四診)은 꼭 거칩니다.

환자가 감기 몸살을 앓으니 그 약을 지어달라고 해도 나는 꼭 진맥을 하고서야 약을 처방합니다. 감기 몸살을 앓고 있다는 걸 모르는 사람은 없을 것입니다. 하지만 만에 하나 감기 몸살이 아닌 병으로 비슷한 증세를 보였다고 생각해 보세요. 환자의 요구대로 감기 몸살 약을 지어주고 치료비를 받는 쪽이야 손해 볼 것이 없지만, 그 환자는 경제적 손실은 물론이고 오랫동안 고통에 시달릴 것이며, 자칫하면 목숨을 잃을 수도 있는 것입니다.

아버지의 병을 치료하면서 내가 또 얻은 게 있다면, 질병 치료에 대한 자신감이었습니다. 솔직히 말해 처음 치료를 하면서 나는 불안에 떨고 있었습니다. 과연 내가 내린 처방대로 치료를 할 경우, 아버지의 병이 나을 것인가 하는 것 때문이었습니다. 그러나 치료를 시작한지 한 달 만에 아버지께서 문밖출입을 할 정도로 병이 호전되자 그 불안감은 엄청난 자신감으로 변했던 것입니다.

▶ 외국인 중풍 치료 :

[질병 치료의] 자신감은 대구에서 개업을 하면서 더욱 커졌습니다. 자신이 있다는 것은 적극적인 걸 말합니다. 때문에 나는 적극적으로 환자를 치료할 수 있었던 것입니다. 그런지 얼마 안가 '중풍 귀신'이라는 별명을 얻었습니다. 소문이 계속 나면서 전국에서 환자들이 밀려들었고 심지어는 외국인 환자도 찾아왔습니다.

재일교포이면서 한시를 잘 짓던 분은 몇 년째 못쓰던 오른쪽 팔을 침 몇 대로 고쳐주자 벌린 입을 다물지 못했습니다. 또 한 번은 국적이 각기 다른 중풍 환자 세 사람이 입원한 적이 있었습니다. 나는 한의사로서의 명예를 걸고 그들을 치료해야 했습니다. 한국인은 모 극장의 사장이었습니다. 그리고 미국인 환자는 메카디라는 이름의 미8군 고문관이었습니다. 또 '기무라 곤도'라는 일본인도 있었습니다. 그는 재력이 든든해 일본에서 치료를 받다가 안 되자 포기를 했는데 내가 중풍 치료를 잘한다는 소문을 듣고 찾아온 것이었습니다. 어느 한분도 결코 소홀히 할 수 없었습니다. 그들의 신분이 그랬고 또 그들을 바라보고 있는 눈이 그러했습니다. 자칫하다가는 그동안 중풍 귀신으로 불리던 명성이 하루 아침에 땅으로 떨어질 판국이었습니다.

이들 세 명은 오랫동안이나 중풍에 시달려 왔다고 했습니다. 병을 고쳐보려고 대만에까지 가 유명한 한의사 진존인(陳存仁)에게 치료를 받았지만, 고치지 못했다는 것입니다. 그러니 내 각오는 더욱 새로워질 수밖에 없었습니다. 나는 며칠 동안 그들 세 명의 환자에게 집중적으로 침을 놓았습니다. 그 결과 가장 먼저 병을 고친 사람은 한국인이었습니다. 두 번째는 미국인이었는데, 그는 마비되었던 오른쪽 팔로 내 손을 잡고 흔들면서 '땡큐!'를 연발하며 퇴원했습니다. 이제 남은 환자는 일본인이었습니다. 그러나 그도 며칠 지나지 않아 일어났습니다. 그가 일어나자 근무를 하던 병원 직원들이 모두 환호성을 질렀습니다. 일본의 병원도, 중국의 한의사도 고치지 못한 중풍을 내가 고친 것입니다.

▶ 고혈압 치료 :

우리 병원에는 고혈압 환자도 많이 찾아오는 편이었습니다. 그것은 침 몇 대 맞고 고혈압을 고쳤다는 거짓말 같은 소문이 퍼졌기 때문입니다. 그래서 한동안은 병원 옆에 있는 여관의 방이 모자라 환자들이 민박하는 일들도 많았습니다. 한 번은 대구 비산동에 사는 이동춘이라는 사람이 찾아왔습니다. 5일 전부터 갑자기 말을 못하게 되니 얼마나 답답하겠어요? 그건 당해 보지 않은 사람은 모를 것입니다. 그가 갑자기 말을 못하자 그의 부인은 그를 데리고 병원을 전전했지만, 전혀 효험을 보지 못했다고 합니다. 그렇게 되자 환자가 걸핏하면 화를 내 간병하기도 지쳐있었는데, 우연히 택시를 탔다가 택시 기사로부터 제한한의원이 용하다는 소리를 듣고 왔다는 것입니다.

나는 환자에게 침을 놓은 뒤 약 네 첩을 지어주었습니다. 그리고 효과가 있으면 다시 오고, 효과가 없으면 나로서도 더 이상 치료방법이 없다고 말해 주었습니다. 그런데 이틀째 되는 날 오후에 웬 남자가 진찰실로 들어왔습니다. 그러더니 갑자기 외치는 것이었습니다. "선생님! 제가 누군지 알아보겠습니꺼?" 나는 보긴 봤던 사람인데, 언제 치료를 했든가 속으로 떠올려 보려고 애썼습니다. 그러자 그는 답답해 못 견디겠다는 듯이 말했습니다. "지가 엊그제 말을 못해서 왔던 이동춘입니더!" 그러고는 진찰실 바닥에서 내게 큰절을 하는 것이었습니다. 나도 그만큼이나 기뻤습니다. 나는 그를 일으켜 세웠습니다. "당분간은 무리하면 안 됩니다. 이젠 말을 하게 되셨다니 정말 기쁩니다." 그가 돌아가고 나서도 나는 한동안 기쁜 마음을 가눌 수 없었습니다.

■ 불임증과 간질병, 수전증 치료

▶여성 불임증 치료 :

중풍 못지않게 내가 치료에 자신을 갖고 있는 건 여성 불임증 치료였습니다. 박사학위 논문도 바로 여성 불임증 치료에 관한 것이었습니다. 어느 날 결혼한 지 7년이 넘도록 수태를 못한다는 젊은 부인이 친정 어머니와 함께 찾아왔습니다. 얘기를 들어보니 임신을 못하는 게 아니라, 임신을 했다가 두서너 달을 넘기지 못하고 유산을 한다는 것이었습니다. 습관성 유산이었습니다. 그녀의 친정어머니가 말하기를 딸을 좋은 집에 시집을 보내 마음 푹 놓고 있었는데, 그만 딸애가 애를 낳지 못하니 사돈을 뵐 면목이 없다는 것이었습니다. 나는 우선 두 사람을 위로한 후에 앞으로 몇 개월간 계속적으로 한약을 장기 복용할 수 있겠느냐는 것과 정기적으로 병원으로 와 진맥을 받을 수 있냐고 물었습니다. 그러자 모녀는 출산만 할 수 있다면 몇 개월이 아니라 몇 년이라도 그렇게 할 수 있다고 다짐하는 것이었습니다.

나는 치료를 하기 시작했습니다. 그로부터 1년 뒤 그녀는 옥동자를 순산했습니다. 그 젊은 부인이 누구 집 며느리라고 밝히면 알 만한 사람은 다 알 것 같아 신상에 대해서는 밝히지 않겠습니다. 나는 요즈음도 간혹 사교모임 같은 곳에서 그녀를 만나곤 합니다.

오래 전의 얘기입니다. 한 번은 여러 사람과 함께 칵테일파티를 하는 자리에서 그 부인을 만난 적이 있었습니다. 인사를 하기에 달리 할 말도 없고 해서 물었습니다. "어린 애 잘 크지요?" "그 애가 어떤 애인데 잘 안 크겠습니까? 선생님이 만들어준 아이 아닙니까?" 그때 나와 부인의 주위에 있던 몇몇 친구들이 그 말을 들은 모양이었습니다.

그 후 모임에 나가 친구들을 만날 때마다 고약한 농담을 하는 것이었습니다. "선생님이 아이를 만들어 주셨는데 잘 안 클 리가 있나요?" 처음엔 나도 웃어넘기다가 자꾸만 이야기가 길어지는 바람에 정색을 하고 해명 아닌 해명을 해야 했습니다. 그러나 소용이 없었습니다. 내가 정색을 하는 것을 본 친구들은 오히려 더욱 더 나를 놀려댔던 것입니다. 거기다가 친구들에게 소문이 퍼져 내가 나가는 모임에서는 으레 그 얘기가 나왔습니다.

아무리 농담이라도 그런 이야기기가 좋을 것이 없습니다. 이렇게 소문이 퍼져나가다가는 그 부인은 물론이고 부군의 귀에도 들어가게 될 것이고 그렇게 된다면 전후 사정이야 어찌 되었건 민망하게 될 것이 아닌가요. 그렇게 생각한 나는 모임에 나갔다가 그 얘기만 나오면 정색을 하고 일의 자초지종을 설명했습니다. 내가 워낙에 정색을 하고 설명을 하자 그 후로는 친구들은 다시 그 얘기를 입에 담지 않았습니다.

▶ 간질병 소녀에게 시침(施鍼) :

개업을 앞둔 날 부탁했던 간판이 도착했습니다. 간판이 바로 달릴 수 있도록 나는 길 건너편으로 가서 위치가 맞았는지 봐주고 있었습니다. 그런데 그때 큰 길을 걸어오고 있던 열대여섯 살 먹은 소녀가 갑자기 쓰러 졌습니다. 나와의 거리는 몇 미터 되지 않았습니다. 순식간에 사람들이 모여들었습니다. 무슨 일인가 싶어 나도 달려갔습니다. 소녀는 눈을 하얗게 치뜨고 입에 거품을 물고 있었다. 둘러선 사람들은 호기심에 구경만 할 뿐이었다.

나는 구경꾼들을 헤치고 안으로 들어갔습니다. 소녀의 손목을 잡고 진맥을 했습니다. 간질이었습니다. 나는 다시 집으로 달려가 침통을 챙겨가지고 뛰어갔습니다. 그리고 소녀의 귀문(鬼門) 13혈(穴)에 침을 꽂았습니다. 그러자 소녀는 정신을 차리고 일어났습니다. 모여 섰던 사람들의 입에서 누가 먼저랄 것도 없이 탄성이 쏟아져 나왔습니다. 소녀는 정신을 차리고 사방을 휘둘러보더니 얼른 옷매무새를 고치고 얼굴을 붉히며 고맙다는 인사도 없이 골목 안을 향해 달음질을 쳤습니다.

▶ 수전증 치료 :

어느 날, 이규호 교육부장관을 만날 기회가 찾아왔습니다. 그 날은 서울 홍은동 병원에서 진료하는 날이었습니다. 그런데 이 장관의 비서가 찾아와 특진 시간을 약속해 달라는 것이었습니다. 얘기를 들어본즉, 이 장관이 독일에서 유학을 하던 시절 고생을 많이 하여 손끝이 떨리는 가벼운 수전증 증세가 있다는 것이었습니다. 박사 학위를 받고 귀국해 국내의 유명한 병원은 다 찾아가 보았으나, 제대로 완치가 안 되더라는 것이었습니다. 증상이 생활을 못할 정도는 아니어서 더 이상 악화되지 않도록 신경을 쓰고 있었는데, 문교부 장관을 맡으면서 연일 격무에 시달리다 보니 그 증세가 점점 더 심해지더라는 것이었습니다.

나는 흔쾌히 진료시간을 약속했습니다. 그리고 이 장관을 진료했습니다. 우선 진맥을 하고 치료하기 시작하였습니다. 그런 내 치료방법을 보면서 이 장관은 그 효과에 대해 반신반의하는 눈치였습니다. 몇 주일의 치료가 진행되자 이 장관의 태도가 달라지기 시작했습니다. 이 장관은 손을 쥐었다 폈다 해보더니 탄성을 지르는 것이었습니다. "이럴 수가!" 나는 좀 나은 것 같냐고 물었습니다. "떨림이 완전히 멈춘 건 아니지만, 치료받기 전보다는 훨씬 손을 움직이기가 편해졌고 떨리는 것도 덜한 것 같소." 이 장관은 내 단골환자가 되었습니다. 그는 한의사인 나에게 치료를 받으면서 한방의학의 신비성에 매료되고 있는 것 같았습니다. 이래서 백번 듣는 것 보다는 한번 경험해보는 것이 낫다고 하는 모양이었습니다.

▶ 양의사 연고자들의 치료 :

한의학에서는 좀처럼 몸에 칼을 대지 않습니다. 반면 서양의학에서는 사람 몸에 칼을 댑니다. 한의학에서 칼을 대지 않고 치료하는 것을 보고 서양의학에서는 "그것도 의술이냐?"고 조소하는 사람들이 많습니다. 이러한 사람들을 나는 여러 번 코가 납작해지도록 해준 적이 있습니다.

국제 라이온스대회에 한국 대표단의 일원으로 참여했다가 유럽 관광길에 신장결석으로 괴로워하는 회원을 침 몇 대로 거짓말처럼 치료한 적이 있습니다. 그때 회원 중에는 의사가 많았는데, 그 중 한사람이 내 침술에 감탄을 하더니 귀국 후에 아들을 치료해 달라고 나를 찾아온 적이 있었습니다. 병명은 유행성 근육통이었다. 이를테면 관절염 비슷한 병이었습니다. 나는 침 몇 대로 그 의사의 아들을 치료해 주었습니다.

또 대구에서 이름만 대면 알 수 있는 이름난 의사의 친척이 우리 병원에 입원해 있었던 적도 있습니다. 그는 하체 전신마비 증세로 혼자서는 기동도 제대로 못하는 중증 환자였습니다. 전국에 이름난 병원을 모조리 찾아다니며 치료를 받았지만, 효과가 없었다고 했습니다. 그래서 속는 셈 치고 마지막으로 우리 병원을 찾아왔다는 것입니다.

나는 그 환자를 침술과 뜸으로 일주일 만에 다리를 움직일 수 있도록 치료해 주었습니다. 며칠 뒤에는 혼자 일어나더니 조금씩 발걸음을 떼어

놓을 수 있게 되었습니다. 비록 불안한 자세였지만 뒤뚱거리며 걸으면서 환자는 자신도 믿기지 않는지 다리를 만져보고 꼬집어보는 것이었습니다. 그 환자는 한 달 만에 완치되어 퇴원했습니다. 그는 들어올 때 업혀서 왔다가 퇴원할 때는 혼자서 걸어 나갔습니다. 그러면서 그는 내게 이 은혜는 평생 잊지 않겠다고 몇 번이고 말하면서 머리를 조아렸습니다.

경북지역 원로 한의사들의
의업(醫業)과 삶

중풍 치료 전문의, 제일한의원 정태호

4대에 걸친 사상체질의학 전문의, 영천한의원 최종식

3대 한의(韓醫) 가업 계승자, 성림한의원 조의제

중풍 치료 전문의,
제일한의원 정태호

-1925년 생-

．
．
．

인터뷰 후기

　·

　·

　원로 한의사 정태호와의 첫 만남은 2007년 7월 11일 영천 방문 두 번째 날이었다. 그는 영천에서 현업에 종사하는 한의사 중 최고령자다. 1차 영천 방문에서는 구술자보다 호적 나이가 3세 아래인 최종식(1928년생, 영천한의원)을 만났었다. 일전 구술자는 면담 가능성을 타진하는 전화 통화에서 '바쁘다'는 이유로 부정적인 반응을 보였었다. 첫 번째 영천 방문에서는 이런 이유와 함께 먼저 다른 구술자를 면담하느라 시간이 부족하여 그를 만나지 못했었다.

　첫 대면에서 연구자는 연로자에 대한 예의를 갖춘다는 의미에서 큰절을 올렸다. 이러한 예의 갖춤이 다소 호의적인 영향을 미쳤는지 연구자의 방문 목적을 어느 정도 이해하면서 면담에 응해주었다. 아직 래포(rapport) 형성이 부족하여 경계하는 눈치도 없지 않았지만, 2배수로 용량을 늘인 80분짜리 MD용량이 다하도록 160분 동안이나 면담은 순조로웠다. 다변가는 아니었지만, 질문의 기본 사항들에 대해서는 비교적 진솔하게 답해주었다.

　두 번째 면담은 동 년 7월 21일(토)에 이루어졌다. 연구자가 하루 전에 전화로 방문 의사를 밝히자, 이번에는 흔쾌히 수락했다. 2차면담에서는 1차면담 때 부족했던 내용을 중심으로 상세한 구술이 필요한 부분은 보완하고 누락 부분에 대해서는 추가로 질문했다. 13명의 구술자들 중 처음으로 앨범 열람도 가능했다. 앨범 속에는 한의사 시험 대비를 위해 1953년부터 2년 동안 한의학을 공부했던 대구 동양의학전문학원(동양의학원) 졸업사진(1955. 3. 27)을 비롯하여 경북한의사회 속리산 법주사 야유회

(1966. 9. 5)와 안동 도산서원 야유회(1960년대), 대구 해동친목계 야유회, 영천 한의사회 모임 결성 후의 해인사 야유회(1976. 5. 10) 등 지역 한의학계의 역사를 함의하고 있는 귀중한 사진자료들이 들어 있었다. 이 외에도 빛바랜 결혼사진(1948)과 한의원 건물 준공 및 입주 기념, 가족 소풍, 칠순잔치 기념 등과 같은 가족생활 관련 사진들도 있었다. 연구자는 이상의 사진들을 디지털카메라로 접사하고 사진 내용에 대한 구술자의 기억도 채록했다.

동 년 7월 26일(목)에 실시한 세 번째 면담은 디지털카메라로 접사했던 사진자료의 화질을 보완할 목적으로 이루어졌다. 사정을 이야기하자, 구술자는 흔쾌히 이상의 사진들을 빌려주어 스캔할 수 있었다. 아울러서 그 동안의 조사내용 중 불명확한 사실들도 확인하였다.

연보
· 1925년 - 경북 군위 출생
· 1938년 - 대구 이사
· 1941년 - 한의원 근무(경북 고령)
· 1943년 - 대구 치과의원 근무
· 1953년 - 2년 간 대구 동양의학전문학원 수학
· 1961년 - 한의사 면허 취득, 대구 봉덕동 제일한의원 개원
· 1974년 - 제일한의원 영천 이전
· 2007년 - 경북 영천시 금노동 제일한의원 운영 중

■ 10대에 한의원, 치과의원 근무

내 나이가 만으로는 82세이고, 실제로는 83세입니다. 본적지는 대구로 되어 있습니다만, 태어난 곳은 경북 군위입니다. 군위읍에서 태어나서 거기서 우리 선친께서 공무원이라서 군위군청으로 전근을 갔지요. 그 관계로 거기서 태어나서 요새 같으면 초등학교 다니다가 또다시 인근 효령초등학교로 갔어요. 그곳으로 아버지가 전근 갔기 때문입니다. 일제시대니까 보통학교지요. 군위읍에 학교가 있고, 면 소재지에는 1개씩 있었어요. 그러다가 대구 와가지고 한동안 무직으로 계시면서 형편이 상당히 어려워가지고요. 아버지가 공무원 하다가 딴 사업, 양계장 하다가 실패해가지고 생계조차 어려워지는 경우도 있었어요. 내가 대구로 14세 때 왔지요.

할아버지는 내가 아주 어릴 때 돌아가셔서 큰 기억이 없어요. 부친도 상당히 일찍, 40대에 돌아가셨어요. 요즘 봐서는 간경화 증세로요. 그때 내가 20대였고, 동생들도 줄줄이 있었지요. 막내는 세 살인가 되었지요. 내가 장남으로서 소년가장 택이었지요. 부친은 공직에 계셨지만, 할아버지는 그저 남의 토지 경작하는, 소작하고 그랬지요.

어려서 서당에 들어가서 한학을 공부했습니다. 보통학교 들어가기 전에요. 밑에 동생은 공직에 있다가 일찍이 심장마비로 죽었어요. 제일 밑에 동생은 학교 교장으로 있다가 정년퇴직 했지요. 대학에서 법학 공부했는데, 교사 자격 따가지고 교직에 들어갔지요. 내가 공부를 시켰어요. 올해 70세입니다. 막내 택이지요. 여동생 둘이 살아있고, 하나는 2년 전에 죽었어요.

대구로 와서는 중학교 들어가야 되는데, 가지도 못하고 독학을 한 택이지요. 한의학 공부도 학교도 못 가고 독학을 해가지고……누가 말해줘서 시골에 가 가지고 심부름이나 하고 이러다가 한의학 접하게 되었지요.

대구 들어오기 전부터 한의원에 일하러 들어갔지요. 근무했던 한의원 상호는 기억이 안나요. 거기 잠깐 있다가 안 되어가지고 대구로 나왔습니다.

그 때부터 곧바로 한의학에 입문한 것도 아니고, 또 딴 데 취직해 있다가……그래서 인제 한의학에 입문한 거는 대구 동양의학전문학원에 댕기면서지요. 거기 나오고부터 한의사 검정시험 봤지요. 또 국가시험 봐가지고요.

맨 첫 개업은 내가 대구 봉산동에서 했어요. 대구 봉산동에 집이 있었거든요. 그 때가 1961년도이지 싶어요. [5.16] 군사혁명 전에 개업했지 싶어요. 거기서 몇 년 하다가 딴 데로, [중구] 태평로1가로 옮겼지요. 대구전매공사 건너편 무슨 초등학교 부근이지요. 거기로 옮겨가서 몇 년간 하다가 50세 무렵 여기 영천으로 왔어요. 한의사 면허는 30대에 취득했고요.

내가 한의사가 되겠다는 것 때문에 그리로 가게 된 거는 아니고요. 누가 소개를 해줘가지고 취직을 하다 보니 한의원에 간 거지요. 보통학교 졸업하고 대구에서 중학교 검정 본다고 집에서 몇 년간 독학을 했지요. 그러다가 한의원에 취직한 거지요. 17세쯤 되겠지요. [경북] 고령에 있던 한 한의원에 갔어요. 여기서 2년 정도 일을 했습니다. 당시에는 원래 그런 데 들어가면 청소하고 약을 썰이고 그리 하지요. 조제하는 거는 못했죠. 아직까지 그런 단계가 안 되었으니까요.

한의원에는 당시 내 혼자 일했어요. 시골에 한의원이라 해보았자 쪼매한데. 약 썰고 볶고 그런 거 좀 배웠지요. 그때까지는 약성(藥性)에 대해서는 아직까지 크게 아는 게 없었고요. 약성에 대해 어떻게 한다는 거. 그리고 물에 담갔다가 기름을 빼고 말려서 썰고 볶는 거를 이렇게 한다는 그 정도 배웠지요. 법제(法劑) 방법이지요. 천궁(川芎) 같은 거는 쌀뜨물에 담가두었다가 기름 다 빼고 썰어가지고 건조해가지고 약으로 쓰지요. 그냥 쓰면 머리가 아프고 이래 가지고 안 되거든요. 그러므로 기름을 빼야지요. 볶는 것도 덮어놓고 모두 볶는 게 아니고요. 그 사람 체질에 따라 약성을 구해가지고 쓰지요. 볶아가지고 써야 될 거는 볶아서 쓰고, 그냥 쓸 거는 그냥 쓰고요. 법제 범위가 상당히 넓어요. 어떤 경우는 아이 오줌에 약재를 담구기도 해요. 소금물에 담구기도 하고요. 처방 공부는 못했어요. 약성 같은 거는 『동의보감』 기초를 조금 읽었지만, 학원에 들어가면서부터 기초부터 모두 배운 거지요. 한의원에서는 일을 하면서 실물 정도를 조금 배운 정도지요.

그 당시에는 그런 데 대해서 내가 [한의사] 이 분한테 사사해가지고 무엇을 하겠다는 생각(목적의식)이 없어놓으니까 그저 시키는 대로 하고 그런 거지요. 당시에는 일한 데 대한 보수도 없었어요. 그저 뭐 거기서 먹고 자고 용돈이나 얻어 쓰고요. 명절 때 옷 한 벌 얻어 입고 그런 정도였어요.

내 형제가 3남 3녀이고, 그 중에서 내가 장남이지요. 밑에 동생들이 쭉 있지요. 그저 보고 듣고, 선생님이 환자 치료하는 거 대충 보고 듣고 그런 정도지요. 뒤에 가서는 약도 좀 짓고 그랬지만. 당시에는 모두 첩약(貼藥)까지 싸서 주었지요. 근무는 시간을 정해 놓은 거는 아니고 아침에 일어나면 청소하고 그런 거지요. 그때는 아직 일제시대였지요.

2년 마치고 19세쯤에 대구로 나왔어요. 대구 동양의학전문학원 들어갈 때는 약 30세 가까이 되어서지요. 해방되고 한의사 면허시험도 정착되고요. 내가 30대 때지요. 한의원 나와서는 또 딴 데 취직했어요. 한의학 공부를 계속한 거는 아니지요. 생활이 좀 곤궁하니까 월급을 좀 많이 주는 딴 데로 들어갔지요. 아직까지 일제시대인데, 치과의원으로 들어갔어요. 일본사람이 운영하던 곳이지요. 대구 동성로(東城路)에요.

한의사 시험이 처음 실시된 게 1952년도일 겁니다. 치과의원 들어가서도 뭐 청소하고. 그 당시에는 본떠서 치아를 만드는 걸 치과 기공이라 했어요. 그거 해가지고 생활에 많은 보탬이 되었지요. [근무] 초기에는 아직 결혼을 안했지만, 곧 결혼을 했어요.

일제시대 대구 동성로에서 치과의원 일할 때는 급료가 엔(¥)으로 지급되었어요. 요즘 같으면 30만~50만 원 정도 될 겁니다. (생각에 잠기며) 쌀로 환산한다면 얼마나 될까요? 이렇게 내가 벌어가지고 동생들 치송도 하고, 집에 생계도 보태고요.

당시에도 동성로가 제일 중앙통이었어요. 제일 발전이 되었지요. 그때는 대구백화점도 없었고, 기네마(キネマ) 극장은 있었지요. 지금의 한일극장이지요. [당시 주요 건물 중] 기네마 말고는 지금 남아있는 게 없어요. 향촌동은 당시 전부 술집이었지요. 그때 북성로(北城路)인데, 거기 미나까이(みなかい) 백화점이 유명했지요. 반월당(半月堂)에는 백화점이 없었고요.

치과의원에 당시 여자 간호사는 없었어요. 한의원이나 한약방에도 마찬가지였지요. 당시에는 여성들이 취직 잘 안했어요. 치과의원에서 내가 오랫동안 일했어요. 거기서 내가 치과의사 검정시험도 봤어요. 검정시험 보는 도중에 한의사 하려고 마음먹었어요. 치과대학 안 나온 경우에는 검정시험 쳤거든요. 서울 가서 1부, 2부 해서 치과시험 쳤지요. 이때는 물론 해방 이후지요. 시험이 어려웠어요. 그래서 떨어졌어요.

■ 광복 전후 시기와 6.25전쟁 경험

일제 징용 대상에 해당되었는데, 그때 몸이 안 좋아가지고 징용장을 받지는 못했어요. 일제 때 신체검사에서 병종(丙種) 등급을 받아가지고 군에 못 갔어요. 그때는 뭐 우리들보다 나이 적은 사람들도 군에 갔고, 나는 신체검사에서 병종 받아가지고 안 갔지요. 그렇지만 완전 면제는 안 되고요. 몇 년 지나가지고 회복되면 인자 다시 검사해 가지고 결과에 따르는 거지요.

그때는 대구에서 치과의원 근무 중이었습니다. 그때 내가 대명동 거기 살았으니까 신체검사는 지금 남산초등학교 교실에서 받았습니다. 그때 내 몸이 좀 많이 안 좋았거든요. 체중도 미달이고. 당시 갑종(甲種) 받은 사람들은 군에 갔어요. 전쟁 중이므로 모두 전쟁터로 갔겠지요. 나는 당시 귀도 안 좋았습니다. 그래서 안 갔어요.

나는 을축(乙丑)생입니다. 갑자(甲子)생은 1924년생이고요. 나는 1925년 12월 2일생입니다. 영천한의원[1] 저기는 1926년생, 아니고 1928년생입니다. [징병 하던] 제일 시초에는 갑자, 을축생이 군에 가잖아요. 그때 갑자생이 대부분 많이 해당되었어요. 그래서 '묻지 마라, 갑자생'이라는 말도 생긴 것 같아요. 나는 병종 받고 1년 정도 있다가 해방되어 버렸으므로 그냥 넘어갔지요. 재검사 같은 거는 안 받았어요. 1944년도에 첫 신체검사 받고 난 이후에요.

대구에는 해방 이듬해 10.1사건도 있었어요. 그 때는 경찰서 같은 데도 폭도들이 들어가서 순경들을 몽둥이로 패고 그랬어요. 주동세력은 전부 빨갱이들이지요. 평상시에는 선량한 시민인데, 돌변해가지고 주로 경찰서 습격하고, 원한관계에 있는 경우 "저거 누가 악질이다." 캐가지고 잡아다가 패고 뭐 그랬지요.

6.25전쟁 때는 잡아가고 할 땐데, 길 가다가 잡혀가고 이럴 때 아닙니까? 그때는 내가 의료요원으로 해가지고⋯⋯대략 병원에서 근무했던 사람들을 뽑아가지고 피난지 같은 데서 전염병 같은 거 예방도 해주고, 소독약도 뿌려주고 이런 데 차출되어가지고 댕겼지요. 의료요원 완장 줘가지고 팔에 붙이고도 다녔는데, 그러면 안 잡아가거든요. 그걸 댕기면서 군을 면했지요.

그건 관에서 해라 캐가지고 했지요. 대구시내 같으면 자기가 지원해가

1 최종식 영천한의원 원장.

지고 나가고 이랬지요. 나도 지원했지요. 치과의원 근무 중에요. 그때는 시내 곳곳에 피난민도 많고. 이(蝨)도 많고 그랬으므로 소독약, 디디티 (DDT) 같은 거 뿌려주고 그랬거든요. 모여가지고 피난지에……나는 그 때 [경북] 청도에 가서 트럭 뒤에 사람들 태워가지고 피난민들 집결되어 있는 데 소독 같은 거 해주고 그랬지요. 당시 우리 같은 사람들은 [경북] 도에 명단이 올라가 있었지요. 언제 나오라 카면 나와야 되고 그랬지요. 집에 있으면서요. 말하자면 군 복무 택이지요. 전쟁이 일어나고서부터 해 가지고 약 1년 정도 했어요.

그때는 뭐 청도 하고 대구지역에서 주로 활동했지요. 대구에서는 피난 안 갔잖아요. 대구로 피난 온 사람들은 전부 자기 친척들 집으로 들어가 서 빈방 같은 데 얻어 살았지요. 피난민 수용소에는 피난민 모여가지고 하코방(판잣집) 이런 거 지어가지고 있었지요. 대명동, 비산동, 신암동 등 지에 있었지요. 그런 곳에 가서 옷 벗어라 캐가지고 디디티 등 소독약 뿌 려주곤 했어요. 주로 이런 일을 했지요. 주로 피난민들 거주 지역에 가서 요. 전투지역에는 군인 위생병들이 담당했지요.

우리 일은 위험하진 않았어요. 매일 다닌 것도 아니고, 1주일에 한 번 꼴로 다녔어요. 나오라면 나가고 했어요. 당시에는 모두 뭐 참 배급받아 가지고 밥도 옳게 먹을 게 있겠어요? 콩깻묵 같은 거, 알랑미(安南米) 같 은 거……당시 내 집은 대명동이었는데, 남산초등학교 그 위에 성당 그 쪽 뒤에서 살았지요. [전세가] 한참 어려울 때는 피난가려고 준비 다해놓 고 못 갔어요. 당시 인민군이 낙동강까지 와서 막 폭격하고 그랬잖아요. 만일 낙동강을 건너왔더라면 정말 어떻게 되었겠어요? 대구에도 일부 지 역에서는 피난가기도 했을 거예요. 실제로 인민군들이 강 건너 고령에까 지 왔었지요.

■ 아내의 뇌막염 치료와 한의학 입문

그런데 인제 그때 우리 집사람이……내가 결혼해가지고 있었는데, 그때 일반 양의(洋醫)들은 뇌막염이라고 진단했는데 한방으로서는 상한(傷寒)이라 카거든요. 상한은 열이 극도로 올라가서 머리가 아프고 구토하고 그러는데. 경북대학병원 거기 갔더니만, 척추 액을 빼가지고 사람을 뭐 못살게 해요. 검사한다면서요. 그래도 안돼요. 그래가지고 거기서 2일 정도 있으면서도 안 되어가지고, 내가 그때 한의학 여기 관심을 가지고 있던 때이므로 한약을 한의사한테 가서 조제해가지고 병원에 입원해 있는 상태에서 투약했어요. 집에서 약을 달여다가 주었지요. 그래가지고 그 후에 차츰 나아가지고 퇴원했어요.

양의는 뇌막염이라고 하는데 암만 해도 열이 안 내려요. 관장을 해야 되는 건데, 안 하고 주사만 놓고 그래요. 그래서 한약을 먹고 설사를 쫙 해버리니까 열이 내렸지요. 그때부터 내가 한의학을 시작한 거지요. 동기가 되었지요. 한의학을 공부해야 되겠다는 결심 같은 것 있잖아요?

그때 여하튼 열이 극도로 오르니까 처방이 인제 설사를 시키는 건데, 대황(大黃)이 많이 들어가고. 열을 확 내리려고 하니 그걸 위주로 한 처방인데, 한의원에 가서 그 처방을 해 돌라고 상의를 했던 거지요. '이러이러한데 어떤 처방을 해야 되겠느냐?'고요. 그래서 거기서 약을 조제해가지고, 그 약을 먹고 나아가지고……2~3첩 쓰고 나서 퇴원해가지고 집에서 약을 계속 썼지요. 병원에는 2~3일간 있었지요. 검사한다고요. 이게 내가 한의학에 입문한 직접적 계기가 되었지요. 당시 나는 30대였을 겁니다. 딸도 하나 낳고요. 이때부터 한의서를 잡고 공부도 했지요.

치과의원에서는 약 10년 정도 근무했어요. 집사람 병을 한방으로 낫게 한 후부터 비로소 한의학 공부를 시작했지요. 곧바로 동양의학전문학원에 등록했어요. 치과의사 시험 보던 것은 그만 두고 학원에 등록했지요.

치과의원에서 일은 계속하면서 밤에 학원에 다닌 거지요. 내가 등록할 때 학원은 1년 남짓 전부터 이미 개원해 있었던 것 같아요. 학원 동기들이 여럿 있기는 한데, 이름은 잘 기억나지 않아요. 물론 6.25 전쟁 끝난 후 이지요. 1953년 정도 된 것 같네요. 학원 입학하던 때가요. 지금은 거의 다 죽었지만, 당시 한 50여 명 같이 공부했어요. 대남한의원 원장이던 여원현(呂元鉉) 씨 그 사람이 학원 만들었는데 강의도 하고요.

이 학원에서 2년 공부했어요. 특과하고 일반과 구분은 없었어요. 기초를 배웠지요. 내과, 상한, 부인과도 좀 배웠고. 한의사 시험 준비 과정이랄까? 약물, 생리, 해부도 공부했어요. 오후 6시 무렵부터 시작해서 밤 9시, 10시 되어야 마쳤어요. 매일처럼 하루 서너 시간씩 공부했지요. 일요일은 안하고요. 개업의들이 선생님이었는데, 지금은 다 돌아가시고. 옛날 하던 게 기억이 안나요. 나이도 나이고, 옛날 했던 게 생각이 자꾸 희미해져요. 뭐 내가 특별한 것도 없고.

■ 한의사 시험과 대구 봉덕동 한의원 개원

동양의학전문학원 2년 마치고 곧바로 시험 봤지요. 1955년쯤 될 겁니다. 근~데 그때 한 번에 다 안 되고, 몇 년 쉬다가 그래 봐가지고 됐지요. 검정시험 끝나고 국가시험 보는 사이에 상당히 몇 년 끌었어요. 국가시험은 한 번에 다 되었는데, 검정시험은 보다가 또 쉬었다가 자꾸 보고 이렇게 해놓으니까요. 일하면서 하니 잘 안되었어요. 4~5년가량 끌었을 걸요.

1부 시험은 기초의학이고요. 2부는 실제 환자 처방 내고 그런 거지요. 국가시험은 인제 내과, 외과, 침구도 있고. 기초의학은 생리, 해부, 약물, 침구 등이지요. 그때 한 번 시험에 각 5, 6과목씩 되었어요. 시험이 상당히 어려웠어요. 시초에는 응시자도 상당히 많았고, 우리 할 때도 한 번에 200여 명씩 되었어요. 지방에서는 모두 서울로 가서 시험 쳤지요. 그때는 시험 하루 전날 서울 가서 여관에 자고 시험 쳤어요.

60점 이상 되어야 합격되었어요. 그 이하는 과락이지요. 기초시험은 과목당 하고, 국가시험은 전 과목이 한꺼번에 되어야 했지요. 이것도 과목당 40점 이하 되면 안 되고, 또 총점 평균도 60점 이상이 되어야 했어요. 검정시험은 5과목인 경우, 가령 그 중 2과목이 떨어지면, 다음에 칠 때 떨어진 과목만 시험 치면 되었어요. 제일 어려웠던 것은 약물이고, 해부가 또 어려웠어요. 해부학은 양방 과목이지만, 신체 기본 구조는 알아야지요. 나는 약물과 해부 과목에서 한 번씩 떨어졌어요.

시험 유형은 객관식과 서술식 위주였어요. ○×식은 없었어요. 처방 문제도 나오지요. 예를 들어, '십전대보탕(十全大補湯)이면 어떤 처방이 되느냐?' 하는 것을 쓰라는 식이지요. 국가시험 칠 때는 2, 3일 전에 서울 올라가서 여관에 있으면서 시험 치는 것에 대해서 집중적으로 공부했지요. 시험 치고 나니, 체중이 2kg 내지 3kg이나 줄어들 정도였습니다. 밤에 잠도 거의 자지 않고 준비했어요. 그렇게 해서 됐지요. 시험 쳤던 장소는 잘 생각나지 않아요.

1961년도엔가 면허가 나왔을 겁니다. 36세나 37세나 되었지요. 이 무렵은 아이들이 거의 출생했습니다. 면허증 받을 때의 기분은 정말 좋았어요. 집사람을 한약으로 치료하고 나서 공부해서 면허증 얻기까지 약 10년 정도 걸렸을까요? 8년?

검정고시 출신 한의사 모임인 행우회(杏友會) 회원이었어요. 대구 조경제 이런 사람들 하고 같이 했어요. 내가 가입하던 몇 년 전부터 조직되어 있었지만, 나는 뒤에 중간에 들어갔습니다. 1961년 개업한 후 2~3년 지나서 들어갔지요. 회원은 20여 명 정도 되었어요. 한 달에 한 번 모여 친목 다지는 거지요. 그저 친목 도모하는 기고, 뭐……회비도 내고, 저녁에 밥도 먹고, 때로는 놀러도 가고요. 회원 경조사 생기면 회에서 부조도 하고, 개인적으로도 서로 오가고요.

학술토론 같은 거는 별로 없었어요. 본래 취지는 그런 쪽이었는데 서로 바쁘다보니까. 검정 출신들은 그거고요. 1년에 한 번씩 전체 한의사 회의가 있었어요. 대남약방 여원현 씨는 중간에……시험 칠 때는 하다가 안 되어가지고 학교 나왔지요. 경희대 전신이지요. 그 사람이 학원 경영할 때는 한의사 자격 가지고 있었지요.

면허증 받고나서는 치과의원 사표 내고 [중구] 봉산동에 곧바로 한의원을 열었습니다. 우리 주택에서 했으므로 방세 걱정은 할 필요가 없었어요. 비록 쪼만한 집이었지만요.

예전에는 집에서 주로 했기 때문에 한의원 개업식 같은 것도 없었어요. 그때는 어디 환자라도 있나요? 떡이나 술 등 음식 장만해서 손님 초대하여 대접하고 그런 것도 없었어요. 그냥 간판 걸어놓고 한 거지요. 나는 내 집이므로 한의원 위치 정하는 그런 거는 개의치 않았어요. 이 집을 지을 때도요.

그때는 뭐 약장하고 약재 구입하고. 약장은 지금까지 쓰고 있어요. 의료 기구는 그 당시는 뭐 별로 없었어요. 중간에 가다가 하나 사 가지고 했지만, 개원하는데 별로 뭐 애로는 없었어요. 침(鍼)하고 청진기 정도지요. 첩약 했으므로 약탕기도 들일 필요가 없었습니다. 침도 개업할 때 구입했어요.

대구에서는 13~14년 정도 했어요. 내가 50살 되어가지고 이곳으로 왔으니까요. 약재는 대구 약전골목 건재상회로부터 구입했습니다. 전화 주문하면 가져다주었어요. 원형 약재는 집에서 정제해 썼고요. 초기에는 혼자서 약도 썰고 법제 하고 다 했습니다. 초창기에는 환자도 별로 없었으니까요. 집사람이 조금씩 도와주고요. 몇 년 뒤에는 종업원을 뒀어요. 내 밑에서 종업원 하면서 배워서 한의업으로 나간 제자는 없어요.

약장(1961년 제작)

약재는 초창기에도 필요한 것 전화하면 약전골목 건재(乾材)약방에서 자전차로 가져다주었어요. 약전골목 건재상에 직접 가서 또 구입하는 것도 있고. 당시 업소에 전화는 있었지요. 그때는 인자 비닐도 없었고, 그냥 누런 종이봉지에 넣어가지고 오고. 그 당시에 처음에 개업할 때는 그저 조금씩 사니까, 한 근씩 두 근씩 사니까 거기서 썰어놓은 것도 사고 안 그러면 집에서도 약재를 썰고. 썰어놓은 것은 약재 가격이 조금 비쌌지요.

당시 약전골목에는 일정하게 거래처를 정해두었다기보다는 몇 군데서 거래했지요. 당시 약전골목에 규모가 좀 컸던 건재약방으로는 류판학의 남성약업사, 노시하의 일선당한약방 등 몇 군데가 있었지요. 나는 당시 활신한약방에서 약을 좀 많이 가져다 썼어요. 원형 약재는 모두 직접 썰어서 사용했어요. 봉산동 있을 때 채약자(採藥者)들이 약을 팔려고 한의원으로 직접 오지는 않았어요. 대부분 약전골목으로 갔겠지요.

대구 있을 때는 종업원 없이 혼자 했어요. 영천에 와서 데렸지요. 그때 여자, 남자 각 1명씩 고용했어요. 남자 종업원은 약 썰고 법제하는 등 주로 힘든 일을 했어요. 여자 종업원은 약 조제하고 환자 접수하는 그런 일을 했지요. 내 처방전을 보고 약을 짓지요.

[영천] 여기 와서도 채약자들이 가지고 들어오는 거는 잘 사지 않았어요. '건재상으로 가보라.'고 하면서 돌려보냈지요. 우리는 조금씩 사는데, 한 두름씩 몇 십 근씩 가져왔으니까요. 물론 몇 근씩 조금씩 가져오는 사

람들도 간혹 오긴 했지만, 거래하는 데가 있는데 싸다고 해서 사기도 그렇고. 또 가격도 모르고 그래서 안 샀어요.

내가 처음으로 영천에 올 무렵에도 여기 건재상회가 있었어요. 그래서 여기 오고부터는 대구 약전골목보다는 주로 여기서 약재를 조달했어요. 주로 건재상에서 약을 가져오는데, 좋은 걸 가져오라고 하지만 때로는 좀 질이 떨어지는 것도 있고. 여기서는 모두 직접 가져다 줘요. 품질이 많이 안 좋은 경우에는 좋은 것으로 바꿔달라고도 해요. 우리는 많이 안 쓰니까 그저 열 근 정도로 주문하고. 많이 쓰는 약재는 한 번에 스무 근 정도 씩 주문해요. 약재 구입대금은 한 달 기준으로 모아가지고 지불합니다.

종업원은 2명 이상은 안 썼어요. 또 일도 많이 없고요. 한약재 규격제도가 실시되고부터는 약 쓰는 일이 많이 줄어들었으므로 남자 종업원이 필요 없게 되었지요. 이전에는 남자 종업원이 있었지만요. 종업원 월급은 그때 뭐 한 30만원 되었다가 뒤에는 50만원, 최근에는 70만원 정도 돼요.

여름에는 약에 좀이 일고 그러지요. 그러므로 햇볕에 자주 말려야 합니다. 관리 잘 못하면 약을 버리게 됩니다. 잘 건조시켜 봉지에 넣어 보관한 거는 그런대로 괜찮은데, 그냥 놔두어가지고 습기 차고 이런 거는 안 좋지요. 여름철에 방풍, 백지, 당귀 이런 약은 벌레가 제일 잘 먹어요. 이런 약은 관리를 아주 잘해야 됩니다.

■ 경북 영천 이전과 한의업 활동

영천 처음 들어와서는 완산동에서 세 얻어 했지요. 현재 농협 바로 옆 자리입니다. 여기로 집을 지어 옮긴 지가 올해 22년쨉니다. 1985년 무렵이지요. 3층 건물인데, 2층과 3층은 여관이고요. 우리 살림집은 1층 여기 뒤쪽입니다. 나는 사회활동은 별로 안했어요. 권유받기도 했지만 안 들어

갔어요. 한때 대한한의사회 경북지회 영천분회장을 하면서 영천 직장 새마을협의회 회장을 하긴 했어요. 그때 한의사 무료진료 등을 좀 열심히 했던 공로로 보건사회부 장관 표창장까지 받긴 했지만요. 또 젊었을 때 라이온스클럽에도 가입했지만, 리더로서 역할은 안했어요.

내 기력 다할 때까지 한의업을 계속할 예정이지만, 몇 해나 또 할지는 모르겠어요. 영천 와서 친구 사귄 거는 별로 없어요. 한의사 중 나이 많은 사람들 몇이 모인 적도 있어요. 4, 5명 정도요. 그저 친목 다지러 모였지요. 모임 이름 같은 것도 없고. 예전에는 월 1회씩 만나 저녁 먹고 경조사에도 참여하고 그렇게 했는데, 지금은 안 해요. 둘 밖에 안 남았는데요. 저기 영천한의원하고요.

약재는 대부분 영천 약을 씁니다. 예전에는 원형약재를 가져와서 여기서 모두 썰고 법제하고 그랬지요. 일하는 아이들이 2명 있어가지고 일을 다 했지요. 내 혼자서 한의원 일을 본지는 4, 5년 정도 되었어요. 꾸준히 근무해온 간호사가 결혼 때문에 나갔는데, 다시 들어오는 아이들은 몇 달 있다가 또 나가버리고 해서 그냥 나 혼자 하고 있어요. 남자 종업원에서 여자 종업원으로 바뀐 시기는 약 30년 정도 되지요. 영천 와서는 남자 1명, 여자 1명씩 고용했습니다. 약을 썰이거나 법제 등 좀 힘든 일은 남자가 하고, 약 짓고 손님 응대하고 치료비 수납하는 등 좀 수월한 일은 여자 간호사가 하고요.

대략 환자들이 약 복용 같은 것도 우리는 인근 지방보다는 주로 먼 거리에서 오는 환자들이 많기 때문에, 원칙적으로 침구를 직접 하면서 약물도 투입하고 입원을 시켜가지고 그렇게 해야 되겠지만, 멀리서 오는 경우는 그렇게 하지 못하거든요. 진찰하고 침 맞고 처방 받아가지고 가서 그약을 복용하고 그래야만 또 올 수 있고 그러니. 그러므로 완치하는 거는 힘들어요.[2] 중간에 하다가 그만두어 버리고요. 몇 달씩 입원해 가지고 치

---

2 완치되는 과정 및 그 여부를 직접 확인하기 어렵다는 의미로 해석된다.

료를 받으면 완치되는 걸 볼 수 있는데, 이런 식으로 하는 경우에는 약을 복용하다가 조금 나으면 그만두어 버리고 그러잖아요? 나한테 치료받고 나았다고 찾아와서 인사하거나 전화를 하는 그런 분들이 더러 있지요. 일일이 기억은 못 하지마는요. 그런 사람이 몇이 있어요.

몇 년 된 일인데, 시골 사람이요, 저녁에 와가지고 곧 넘어가고 그랬는데, 하도 급해가지고 침 치료하고 약도 여기서 처방 내어가지고 달여서 먹이기도 하고요. 하도 캐사서요. 집에 가지도 않고 밤을 샜는데, 아침에 일어나 보니 그만 그 사람이 없어져 버렸어요. 치료비도 안주고요. 급한 증상이 낫아 놓으니까 나간 거지요. 자기들이 미안하기도 하니까 살짝 나가버렸어요. 그 뒤에 인사하려 한 번은 와야 하는데, 안 왔어요. 중풍으로 의식불명 상태였지요. 의식 찾아가지고……업혀서 왔던 사람이 그래 밤 사이에 그래가지고 나가버렸어요. 환자 나이는 50세쯤 되었어요. 의식도 없는 사람이 왔다가 아침에 자기 발로 걸어서 나갔으니까요.

시골이라도 치료비가 없어서 곡식을 가져오고 그렇지는 않았어요. 여기 지방 사람보다는 원거리에서 사람들이 많이 왔지요. 소문을 듣고 오는 거지요. 대구, 부산을 비롯해서 주로 경남 사람들이 많았지요. 마산 등지에서 많이 왔어요. 영천에 중풍 카는 기 좀 유명했어요. 여기 와서 치료받아 나은 사람들이 주위 환자를 많이 보내고 그랬지요.

젊었을 때는 건강하니까 특별히 신경을 안 썼지요. 나이 많아서는 과식하지 않고, 아침마다 뒷동산에 가서 산책하는 정도지요. 여기 집 짓고부터는 계속해서 해왔지요. 약 20여 년 동안 해왔을 겁니다.

우리는 아침 9시부터 시작해서 겨울에는 오후 6시, 여름철에는 7시까지 문을 엽니다. 옛날에는 일요일도 없이 일을 했지만, 이후에는 한 달에 1~2회씩은 쉬었던 것 같아요. 일요일을 정해서 그러기보다는 15일, 30일 이런 식으로 정해서 놀았어요. 대구서는 일요일 날 거의 쉬었어요. 여기 와서는 건물 구조상 병원 출입문으로 통과해서 다니므로 일요일에도 항시 문이 열려 있지요. 환자가 오면 일요일에도 받아주고 그래 왔어요. 물론 종업원들은 놀게 해야지요. 거의 매주 일요일마다 쉬었어요.

요즘은 먼 데서 오는 사람들은 진료 예약을 전화로 합니다. 먼 데서 와서 헛걸음해서는 안 되므로 전화로 예약을 합니다. 시내서는 그렇지 않지만요. 요새는 곳곳에 병원이 있으니까, 여기까지 온다는 것이 여간 어려운 일이 아니거든요. 차도 있어야 하고, 환자 수송하려면 아래 대 아이들이 시간이 있어야 데려올 수 있으므로 토·일요일을 이용하려는 사람이 많지요. 외지 손님도 예전보다 많이 줄어들었어요. 곳곳에 병원이 있고, 요새 기름 값 비싸지요. 그러니까 특수한 사람은, 꼭 와야 될 사람은 모르지만, 여기까지 오기가 어렵지요. 소개해 주어가지고 오는 사람이 오지요.

한의업을 해오면서 가끔 뿌듯한 보람이 들 때도 있어요. 환자 병을 치료해주고 낫게 했을 때지요. 반면 처방을 옳게 했는데도, 인자 약을 먹어도 별로 효과가 없다는 이야기를 하는 사람들을 접할 때는 마음에 다소간 스트레스를 받아요. 여태까지 큰 어려움을 겪은 일은 없었어요. 나는 침을 많이 안 하므로, 잘 못되는 그런 일도 없고요.

취미는 뭐 요즘 외부에 안 나가니까……옛날에는 여행가는 것을 즐기고 좋아했는데. 대구 있을 때는 더러 일요일 되면 나가고 이랬는데, 여기 와서는 별로 그렇게 못했어요. 손님이 많아서라기보다는 애들도 일요일 되면 댕기러 오지요. 전에는 일요일마다 오다가, 기름 값도 비싼데, 2주일마다 한 번씩 오라고 했어요. 자녀들은 모두 대구에 있어요.

대구에서 여행 다닐 때는 대개 친구들하고 같이 다녔지요. 한의사 모임은 아니고 이웃해서 거주하던 주민들 간의 모임이 있었어요. 연배가 비슷한 사람들 하고요. 주로 하루 만에 갔다 오는 여행이지요. 처음에는 낚시도 2~3년 해보았어요. 그런데 너무 지루해가지고 계속해서는 안 했어요. 특별한 운동은 안 하고, 그저 산책하는 정도였지요. 바둑이나 장기 등 잡기도 없어요.

■ 중풍(中風) 치료와 가미서경탕 처방

　우리 집에는 중풍 위주로 하기 때문에 제일 많이 쓰이는 게 소엽(蘇葉), 백지(白芷), 오약(烏藥), 예지(豫知), 갈근(葛根), 목과(木果)⋯⋯또 당귀(當歸), 천궁(川芎), 백작약(白芍藥), 백복령(白茯笭), 감초(甘草)⋯⋯그 정도가 가장 많이 쓰이지요.

　이 중 당귀는 보혈제니까 중풍으로 상당히 기력이 약해져 있는 사람들에게 좋고, 오약이나 예지 등의 혈액순환제가 들어가고, 소엽과 백지는 기혈을 조정하는 것이고, 머리 아프다는 사람에게는 백지가 많이 쓰이지요. 목과는 신경통에 좋고, 갈근은 발한(發汗)도 되고, 천궁도 기혈 조정에 쓰이지요. 백작약과 백복령은 혈압을 조절하여 낮추는 효과가 있지요. 고혈압은 양증(陽症)이 강하므로 낮추어야 하지요. 감초는 약 성분을 조절하여 온화하게 해줍니다. 여러 가지 성분을 원만하게 조절하지요. 약 독성을 조절하지요. 약성이 독한 것을 완화시켜주고. 이런 약들이 우리한테는 주로 많이 들어가지요.

　당귀는 신(身)과 미(尾)가 주로 쓰이는데, 신이 보혈작용을 하고 미는 신경계통에 신경통 등에 많이 쓰이지요. 중풍 약으로 같이 섞어서 쓰는데, 꼬리만 하는 것도 있고, 사정에 따라서 조금씩 다르게 쓰지요. 같은 약재라도 부위에 따라 약성이 조금씩 다르니까요. 여하튼 한약은 연구하면 할수록 더 복잡하지요. 한의학은 알면 알수록 그 범위가 넓어져요.

　(중풍을 예방하는 '가미소풍산' 처방전을 가리키며) 이 처방전은 내가 원안을 만들어가지고 인쇄소에다 의뢰해서 만든 겁니다. '진료부'지요 이는 한의원마다 조금씩 양식이 달라요. 어떤 집에는 의료보험용으로 만든 양식을 쓰기도 하고요. 진료부에는 성명, 연령, 성별, 직업, 주소와 연락처 등 기본적으로 기재해야 할 항목들이 있고 또 발병 시점과 진료일자, 혈압, 대소변 상태도 알아야 되지요. 그리고 기존의 주된 병증(既往病)과

중요 호소 사항(主訴), 추정되는 병명(假病名)을 기록하고 마지막으로 처방 내용(處方箋)을 적습니다.

(2007년 7월 20일 내왕했던 환자의 처방전을 바라보며) 이 분은 옛날 울산 살았는데, 그 당시 여기 와서 약을 먹었었지요. 현재 서울에 살고 있습니다만, 이번에 울산 댕기려 내려왔다가 다시 나한테로 와서 처방을 받았어요. 주로 손발이 저리고 해서 혹시나 중풍이라도 올까 싶어가지고 예방 차원에서 약을 지어갔어요. 처방 이름은 '가미서경탕'(加味舒經湯)입니다. 한의서에 처방이 있기는 하지만, 내가 가미했으므로 내용은 똑같지 않아요. 소엽(蘇葉), 백지(白芷), 오약(烏藥), 예지(豫知), 목과(木果), 갈근(葛根), 창출(蒼朮), 진피(陳皮), 당귀(當歸), 천궁(川芎), 백작약(白芍藥), 백복령(白茯苓), 원육(元肉), 황기(黃芪) 각 한 돈(錢), 홍화(紅花), 건강(乾薑), 감초(甘草) 각 오 푼(分) 등으로 모두 열일곱 가지입니다.

이 처방은 현재 손발이 저리고 경련이 일어나고 가끔 가다가 어지럽고 심장도 좀 약하고 수족에 힘이 없는 증상에 대한 약입니다. 이것도 풍증(風症)인데, 인자 소엽과 백지는 풍(風)을……두풍증(頭風症)에 머리 아프고 하는 데 쓰고요. 오약과 예지는 혈액순환을 시키는 것이고, 목과나 갈근 같은 거는 손발이 저리는 현상과 해갈(解渴)시키는 데 해당되지요. 창출과 진피는 위장에 해당되는 것이고, 당귀와 천궁은 보혈제로서 몸이 허약한 사람들에게 쓰이지요. 원육이나 황기, 백작약, 백복령 등이 그렇지요. 여기까지는 약의 양이 각 한 돈씩입니다. 홍화는 활혈(活血), 즉 혈을 활기 있게 만들지요. 건강은 따뜻하게 하지요. 손발이 저리고 하는 데 따시게 하는 약입니다. 감초는 약재들을 순화시켜 주지요. 전부 다 화해, 조화시켜 줍니다. 여기까지 각 5푼씩 들어갑니다.

'우' 자는 달인 약을 우편으로 부쳐준다는 표시입니다. 진찰 받아 처방을 해놓고 기다릴 수 없으니까, 우리가 택배로 부쳐줘야 되지요. '二十' 숫자는 한 제(劑) 스무 첩(貼)이라는 의미입니다. '간삼조이(干三棗二)'는

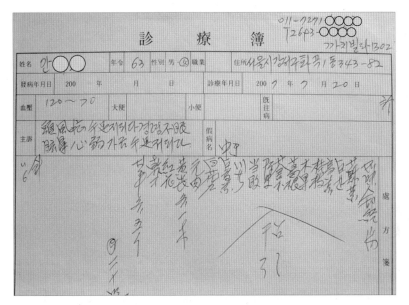

가미서경탕(加味徐經湯) 처방전

'생강 3쪽과 대추 2개'라는 뜻이고요. 대추는 약성을 완화시키는 것이고, 생강은 대략 독성 같은 걸 제거하는 데 씁니다. 당귀 같은 보약제가 들어갈 때는 대추가 들어가야 합니다. 여러 가지 약재들을 원활하게 조화시키는 것입니다.

　이 처방전을 받은 안○○ 씨는 환자와 의사로 만난 사람이지요. 친인척이 아닙니다. 그래도 필요할 때는 꼭 날 찾아옵니다. 이런 분들이 더러 있어요. 여기서 약을 먹고 효과를 본 사람들은 딴 데 가지 않고 필요하면 꼭 여기로 옵니다. 또 자기가 소개해서 다른 사람들까지 데려 옵니다. 자기 가족들은 물론이고요. 따라서 이게 곧 영업 전략의 일종이고 고객관리 방법 택이지요. 옛날에는 참 멀리서도 찾아오곤 했는데, 요즘은 전국 각처에 골목마다 병원이 얼마나 많습니까? 이런 사람들도 울산에서 다녔지만, 1년에 1~2회는 꼭 오지요. 양방 드나들듯이 그렇게는 못 오거든요.

시내에서 침 맞으러 오는 사람들은 하루 걸러서 좀 자주 올 수 있습니다만, 이런 사람들은 그저 1년에 한두 번씩만 오지 자주 못 오거든요. 필요할 때 딴 곳에 가지 않고 꼭 나한테 오므로 '단골'이라 봐야겠지요. 환자가 전국적으로 있다고 봐야지요.

우리는 실제로 환자들이 주로 중풍 때문에 오지요. 전에는 양방에 가서 안 되어 가지고 오는 사람도 있었지만요. 옛날에는 중풍이 오면 곧바로 여기 와서 처방 받아가지고 가는 사람이 많았지만, 요즘은 거리가 멀고 한 데는 여기까지 오기 전에 가까운 데 먼저 가지요. 곳곳에 한방병원이 있으니까요. 그러므로 하다가하다가 안 되어가지고 소문 들어가지고 여기로 오는 정도지요. 지금은 옛날에 비해 환자들이 많이 줄어들었어요.

제일 손님이 많을 때는 1990년도 전후였지요. 내가 60대, 70대였습니다. 대부분은 중풍환자들이었어요. 외지에서 주로 많이 와요. 영천 가까이는 각처에서도 오지만, 외지에서는 주로 부산, 마산, 함안 이런 데서 많이 왔어요. 물론 대구에서도 많이 왔어요. 영천시내에는 그런 환자가 가끔 있지 많지 않았어요. 당시 가장 많은 환자가 올 때는 하루에 열대여섯 정도 되었어요. 평균적으로는 하루 5, 6명씩이었고요. 옛날에 약을 직접 싸고 할 때는 하루 열댓 명씩 오면 하루 종일 붙어 일을 해야 했지요. 요즘처럼 약을 [자동 약탕기에] 달이고 나서부터는 좀 수월해졌어요. 옛날처럼 약을 첩지(貼紙)에다 싸고 할 때는 우리 집 약제실이 공간이 좁아 좀 애를 먹곤 했어요. 한 제 스무 첩 약을 지어 싸려고 하면 아무리 빨리 싼다고 해도 최소한 30분은 걸리지요. 약재 무게를 일일이 달아가지고 지어야 하니까요. 하지만 작근하는 것도 일단 숙달이 되면 대략 손으로 약을 집어만 보아도 어느 정도 맞게 돼요. 일일이 무게를 달 수는 없잖아요? 옛날 중풍 약은 모두 첩약을 지어 갔어요.

그때 전성기에 그랬지만, 차츰 환자들이 줄어들고. 한의원도 그때는 이 부근에 영천한의원하고 둘 밖에 없었어요. 하지만 지금은 금로동 이 부근만 해도 열 곳이나 됩니다.[3] 젊은 사람들은 주로 침놓은 것, 물리치료 이런 거 위주로 해서 의료보험 쪽으로 하지만, 우리는 그게 안 되니까 약재로 해가지고 한 사람이 오든지 두 사람이 오든지 그걸 가지고 해나가지요.

첩약을 싸지 않은 시점은 15~16년 전쯤 될 겁니다. 1990년대 초 정도로 보면 되겠지요. 자동약탕기 보급과 관련되는 시점이지요. 한의원에서는 이로 인해 일거리가 많이 줄어들었어요. 1990년대 중반부터는 또 한약재 규격화가 실시됨으로써 약을 쓰는 일이 또 많이 줄어들었습니다. 이로 인해 남자 종업원의 일거리가 특히 많이 줄어들었어요. 지금은 한의원에 남자 종업원이 거의 없습니다.

요즘은 환자들이 별로 없어요. 겨우 현상유지 밖에 안 돼요. 나는 그만 둘라고 하는데, 그만 둘라니 이후 소일하기가 참 어려울 듯해서요. 나이가 있으니 자꾸 외부로 여행하기도 어렵고. 그래서 그냥 이래가지고 환자가 하루에 하나 오든지 둘이 오든지 그냥 앉아가지고 소일하는 거지요. 앞으로 2년 정도 더 할까 모르겠어요. 집을 세내어 주고 대구로도 나갈까 그런 생각도 하고 있습니다. 대구로 나간다면 그냥 치워버리고 나가야지요. 가만히 있을라 카니 또 그렇고. 환자가 하나, 둘이 오더라도 환자 오는 그것으로 소일하고 있는 게 낫지 않겠나 그런 생각도 들고요. 몇 안 되더라도 나를 알고 찾아오는 사람들을 고려해야 하는 그런 부분도 좀은 있지요.

여기 자주 오는 사람들, 여기 아니면 딴 데 가지 않는 사람들 중에 약 몇 번 안 써가지고 병이 낫고 하는 사람들도 가끔 있어요. 중풍 초기 환자들이지요. 손발이 약간 떨리면서 힘이 없고, 혈압도 높고 이런 증상들이 있어가지고요. 보통 약을 한두 제 자시고, 또 혹시 그럴라 싶으면 또

---

3 지방도나 고속도로에 인접한 금로동 3거리 일대에는 반경 50여 미터 이내에 오래된 영천, 제일, 성림한의원을 비롯하여 송정, 대원, 박철우, 누가, 본초당, 영풍, 영동 등 10여 개소의 한의원이 밀집해 있다. 이는 도로여건 외에 시외버스터미널이 인접해 있어 외지 방문객의 접근성이 좋기 때문이다.

오고요. 중풍 초기 증상에서는 내 약을 쓰고 효험을 더러 봤어요. 연령대로 보면 60대, 70대에 중풍 증상이 많이 와요.

심한 상태에서 오면 약을 써도 소용이 없어요. 좀 가볍게 온 사람들은 약을 써서 보행에 큰 지장이 없게 댕기기도 하지만, 반신불수가 되어 수족을 옳게 못 쓰는 사람들은 치료해도 회복이 어려워요. 그런 사람들은 재발이 안 되도록 예방하고 이렇게 하는 수밖에 없어요.

중풍 초기 증세로는 대략 수족이 저려오고……보통 혈압이 높은 사람들이 잘 오므로 혈압 조절해야 합니다. 당뇨 증세 있는 사람들도 가능성이 크고, 어지럽고 그런 사람들도요. (연구자가 가족의 증상을 예로 들며, "뒷골이 댕기는 거는 왜 그렇습니까? 목이나 어깨가 많이 아프다가 그런 증상이 나타나던데요?"라고 묻자) 혈압으로 오는 수도 있고, 경추(頸椎) 여기에 혈이 많이 뭉쳐가지고 혈액순환이 잘 안 되어 가지고 그런 수도 있어요. 이런 경우에는 혈액순환을 돕는 약을 써야 됩니다.

비방 카는 거는 없고, 인제 환자 체질에 맞는 처방이라야 되지. 비방이라는 거는 있을 수 없지요. 근~데 이상한 게…… 나는 이 처방이 이 사람 체질과 병에 틀림없이 알맞다고 해서 처방했는데도 안 되는 수도 있고. 또 이 처방은 안 맞는데 그 처방을 해서 되는 수도 있고, 효력을 보는 수도 있고. 그런 수도 있어요.

이건 옳게 파악을 못한 거겠지요. 그 사람 체질하고 처방하고 옳게 파악을 못해가지고 인제 그런 게 안 있었겠나 그렇지 싶어요. 여하튼 영천 와서는 인자 내가 중풍 환자들을 많이 치료했지요. 중풍은 주로 혈압이 높아가지고 생기지요. 혈관이 경색되어가지고 오는 경우가 많고, 뇌출혈도 있고요. 이런 경우에는 혈액을 잘 소통되게 치료하지요. 또 신경통 환자도 많이 치료했지요.

■ 한의학의 특징과 진단법

한의학의 특징으로는 만성병 치료에 적합하다는 거지요. 급성은 오지
도 안하고. (조금 전의 방문 환자를 거론하며) 급한 것 해봐야 아까 것처
럼 허리 다쳐서 오는 경우라든가 다리 삐어 가지고 와서 주로 침구 치료
하는 쪽이고. 주로 약물 복용해가지고 하는 거는 만성병 환자들이 많이
오잖아요. 한방은 중풍이라든가 하는 만성병을 치료하는 데 효험을 나타
내는 장점이 있지요.

지금 젊은 한의사들은 물론 양방에 대해서도 공부 많이 하고 연구도
많이 하고 특수한 것도 많이 하고 그러는데, 우리는 그런 걸 별로 연구하
는 것도 없고요. 옛날 뭐 고방(古方) 그것만 가지고 하니 범위가 상당히
좁지요. 진찰 같은 것도 요새 젊은 사람들은 기계를 가지고 환자를 좀 현
혹시킨다고 할까요. 그런 점이 좀 많이 있는데, 우리는 옛날 뭐 고방으로
전부 진맥하고, 환자 문진(問診)하고, 이런 걸 종합해 가지고 진단을 내리
는 건데. 기계를 사용하면 정확도가 그렇게 높지를 안 해요. 우리는 순전
히 경험방으로 하지요. 환자를 원체 여럿이를 봐왔으니까요. 양방에서는
전부 기계로 하지 않습니까? 우리는 그렇게 못하니까, 환자의 현재 병증
하고 과거 앓았던 병력(病歷), 그 사람의 신체 체질 같은 거 감정하고, 맥
(脈)으로써 강약을 보고 이래가지고 종합해서 처방을 내리지요.

환자들은 아무래도 기계로 진찰하는 걸 믿게 되지요. 믿기 쉽지요. 우
리처럼 그냥 맥으로만 보고 하는 것보다는 기계로 하면요. 예전에도 환자
가 와서 어느 한의원에 가니 기계로 비추어가지고 무슨 병이라고 카더라
하는 것처럼요. 믿음이 가도록 하거든요. 우리처럼 그냥 진맥해서 하는
것보다는 기계로 하는 게 환자에게 믿음을 더 주는 거지요.

환자가 오면 우선 맥을 짚고, 배가 아프다고 하면 복진(腹診)도 하고요.
간이 붓고 부종이 심하면 간 부위가 축 쳐져가지고 만지키지요. 그리고

위장도 소화가 안 되어가지고 팽팽하면 눌러보아 알 수가 있지요. 위염이나 위궤양 같은 것도 눌러봐서 대략 촉진(觸診)으로 알 수가 있지요. 심장도 물론 청진기를 대보지만, 만져보면 대충 알지요. 위장의 경우 눌러봐도 이상이 없으면 별 반응이 없거든요. 그런데 염증이라도 있으면 아프다는 반응이 있지요.

체질 감정은 용모, 그 사람의 특이한 신체 생김새에 주목하지요. 원칙적으로 하려면 체질 감정이 굉장히 어려운데. 그 사람이 좋아하는 음식이라든지 성격도 알아야지요. 온화하다든가 급하다든가 등등. 급한 경우는 양증(陽症)에 속하지요. 나는 사상의학을 별로 안하지만, 하는 사람들은 약물 처방도 체질에 따라서 다르게 합니다. 일반적으로보다는 좀 더 세밀하게 합니다. 사상[의학]을 전문적으로 하지는 않더라도 한의학에서는 공통적으로 참고하지요. 대략 사람을 보면 그 사람의 행동이나 성격 등을 알지요. 용모 등을 보면 대략 성격이 온화한지 어떤지를 알게 되지요. 체격이 비대하면 태음(太陰) 쪽이 많고. 한국 사람들은 태음 쪽이 80% 정도를 차지해요.

관형찰색(觀形察色)도 하지요. '형'(形)은 생김새고, 색깔(色)은 얼굴색이 노랗다든가 검다든가 그런 데 따라 병증을 판단하는 거지요. 맥은 그것만으로는 병증을 완전하게 볼 수 있는 게 아니고요. 맥이 약하냐 활발하냐, 1분에 뛰는 맥박 수가 어떠냐를 보지요. 아주 맥이 쇠하고 맥박이 없는 사람은 빈혈기가 많고 심장이 약하지요. 맥이 아주 활발한 경우는 혈압이 높은 사람이지요. 저혈압은 맥이 약한 경우이지요. 맥에 대해서는 한의사 시험에도 나왔지요.[4]

침(鍼)은 선생한테 배운 것도 아니고 책을 보고 습득하고 그랬지요. 대구 있을 때 동양의학전문학원에서 좀 배웠지요. 실습도 좀 했고요. 하지만

---

4 이 과정에서 연구자가 손을 내밀며 혈압상태를 점검해 달라고 요청하자, 손목의 맥을 짚은 다음 '정상'으로 판정해 주었다.

세부터 내가 환자를 보기 시작했어요. 동양의약대학은 1954년도에 입학했고요. 물론 당시에는 이미 결혼도 했었지요. 21세에 결혼했습니다.

내 형제자매는 위로 누나가 네 분 계셔요. 내가 다섯 번째 막내이고 아들이 나 혼자밖에 없지요. 내 아래 대에는 3남 2녀가 났어요. 위로 장남, 차남, 삼남 아들이고. 그 밑으로 딸 둘입니다. 큰 아들과 차남은 인천과 미국에서 모두 의료업에 종사합니다. 셋째도 미국에서 회사원으로 살아요. 사상체질 의학을 이미 2명의 아들에게 전승시켰습니다. 아들들에게 환자를 맞아 시침하는 모습을 곁에서 살펴보게 하면서 기본 원리들을 설명해 주는 방식으로 가르쳤습니다.

예전에는 일을 거들던 종업원들이 이곳을 더러 거쳐 나갔지만, 아무에게도 침술은 가르쳐주지 않았어요. 그래서 나에겐 제자가 없어요. 그런데 가르쳐 주어도 모릅니다.[7]

■ 동양의약대학 수학과 사상의학 공부

나는 1958년 동양의약대학 졸업 후 동 년 4월 응시한 한의사 면허시험에서 떨어졌습니다. 왜냐하면 생계유지를 위한 환자 진료에 많은 시간을 투입했으므로 시험 준비에 다소 소홀한 때문이었죠. 이로 인해 다음 해 시험 준비를 위해서는 응시 3개월 전부터 인근의 절에 들어가 숙식을 해결하면서 관련 의서들을 모조리 외우는 방법으로 대비를 철저히 했어요. 대학 졸업하고 이듬해인 1959년 6월 한의사 면허를 취득할 수 있었죠.

---

7 침술이 배우기가 어렵다는 말인지, 아니면 종업원들이 배울 의지가 없거나 혹은 사제관계를 형성할 정도의 인연이 닿지 않아서인지, 고유의 가전비법(家傳秘法)을 의도적으로 유포하고 싶지 않아서 그런지 진의를 파악할 수 없었다. 이에 대한 분명한 답을 요구하는 질문에 대해서는 더 깊은 대답을 하지 않았기 때문이다.

대구 약전골목 경일한의원의 서정학(1932년생)과는 동기생입니다. 옛날 대구 봉산동에 있던 제한한의원 원장이던 청도 출신의 변정환은 1년 선배가 됩니다. 변 원장은 현재 대구한의대 총장으로 있지요. 대구한의대와 한방병원도 만들었지요.

질병 치료를 위해서는 우선 환자의 병을 정확히 짚어내야 합니다. 한방은 맥진(脈診)을 통해 눈에 보이지 않는 것까지 알아낼 수 있는 장점을 갖죠. 양방은 과학적인 기계 시스템에 많이 의존합니다. 최근 젊은 한의사들도 차츰 기계에 의존하는 경향이 있는데, 이는 오감(五感) 진단 능력이 부족하기 때문이죠. 한의학은 오랜 경험에서 터득된 오감 진단과 침구술 등 손에 의한 치료가 위주죠. 그리고 공부만 잘 되어 있다면 이게 보다 정확합니다.

나는 사상의학을 공부했어요. 윗대로부터 대대로 전승되어 온 겁니다. 병을 정확하게 진단하고 정치하게 치료하기 위해서는 체질감별에 의한 사상의학설을 따르지요. 사람은 체질에 따라 시침(施鍼) 부위와 약재 사용 방식도 다릅니다. 이는 오랜 임상경험과 독습, 연구개발 등을 통해 체득함으로써 가능합니다. 사상의술을 익히기 위해 서울에서 개업해 있던 이병행 선생으로부터 개인적으로 혹은 여러 사람들과 함께 배우기도 했어요. 물론 상응하는 수업료를 지불하고 배웠죠. 때로는 사상의학회 등 관련 학회에도 참여하여 교육 프로그램을 통해 익히기도 했죠. 이병행 선생은 때때로 이러한 학회에 출강하여 전수해주었습니다.

■ 사상의학과 가전(家傳) 침술서 『비침록(秘鍼錄)』

사상의학은 범위가 넓어서 다 말할 수가 없어요. 태양인(太陽人), 태음인(太陰人), 소음인(少陰人), 소양인(少陽人) 4가지 체질이 있어요. 그 중에서 또 1체질, 2체질이 있습니다. 그러므로 팔상(八象)체질이지요. 8가지 체질에 따라 각기 특징이 다르지요. 그기에 따라 처방도 모두 다르고요. 환자가 찾아오면 먼저 체질이 무엇인지를 파악하지요. 맥을 보고, 체형을 보고 종합해서 판단하지요. 두 가지만 봐도 판단 가능해요. 예를 들어, 태음인 1체질은 변비증이 있고, 2체질은 대변이 묽고 그래요. 변(便) 상태도 보고, 맥박도 보고, 체형도 보고 종합해서 판정하지요. 변 상태는 세부로 들어가서 체질을 구분하는 하나의 기준

『동의사상 금낭보결
(東醫四象 錦囊寶訣)』

이 되지요. 체질은 타고나는 거예요. 유전적이지요. 선대로부터 타고나는 거지요.

병 걸리는 것도 선대의 특성을 이어받는 부분도 있어요. 체질 파악이 되면 그에 따라 처방이 다르게 나오지요. 치료해 보면, 침을 놓아보면 사상체질 요법이 맞다는 걸 알게 돼요. 치료가 되니까요. 침을 놓으면 환자에게서 느낌이 와요. 통증이 덜하고 몸이 더 부드럽고 그렇지요. 환자가 느끼지요. 또 물어보고. 눈이 맑아지고, 잘 보이고, 호흡이 좋아지고요. 그래서 치료가 되는 걸 알지요. 사상체질의학을 모친에게서 배운 거지요. 당시에도 사상체질 하는 사람이 상당했지만, 유명한 사람은 그렇게 많지 않았어요.

우리 어머니가 89세에 돌아가셨어요. 돌아가시기 전에는 계속 의업을 하셨어요. 몇 년 동안은 못했지만요. 연세가 많아 80세가 넘으면 잘 못해요. 생전에 중국사람, 일본 사람들이 많이 왔었어요. 사상체질 의학 서적

이 어디 있나? (책장으로부터 고서 한권을 꺼내 보이며) 『동의사상 금낭보결(東醫四象 錦囊寶訣)』입니다. 이 책 속에는 사상변론, 사상경험, 사상구결 등등의 항목들이 기록되어 있어요. 물론 사상체질에 따른 병의 처방 내용도 있지요.

이 책은 오래되었습니다. 아버지가 보시던 책입니다. 내가 물러 받은 것이지요. 이걸 내가 봐 왔어요. 옛날에는 책이 없으니까, [붓으로 쓴 후] 전부 이렇게 프린트로 인쇄했지요. 태양인, 태음인 소양인, 소음인 모두 있어요. 형모(形貌), 장부(腸腑), 성정(性情), 병증(病症) 등이 체질을 구분하는 기준들이지요. (한 부분을 가리키며) 이건 황달(黃疸) 병을 치료하는 내용이지요. '통치(痛治)'란 치료방법을 말하지요. 그 밑에는 처방 내용이 나와 있고요. 같은 병이라도 체질에 따라 치료방법이 다르게 되어 있지요. 모두 달라요.

(『금낭보결』책 속에 끼여 있는 침구 관련 소책자를 가리키며) 이건 침 놓는 거지요. 『류곡비법일본침전서(柳谷秘法一本針傳書)』라 되어 있지요. '일본(一本)'이라는 말은 딱 한번만 시침한다는 겁니다. 소위 '일침(一鍼)'이라는 거지요. (다른 의서를 가리키며) 또 이건 뜸[灸] 놓는 거지요. 『애밀(艾蜜)』이라 되어 있네요. 이 외에도 내가 공부했던 사상체질 관련 책들이 많이 있어요. 이건 소양인 방(方) 13방이지요. 이건 소양인에 대해서 관련되는 병들을 어떻게 치료한다는 것입니다. 이건 소음인 방인데, 42방으로 되어 있지요. 사상체질은 주로 이 책으로 공부했어요. 태음인은 18 방이고요. 반면 태양인에 속하는 사람은 드물어요. 그래서 처방도 많지 않아요. 소음인이 비율로 봐서 가장 많아요. 요거는 태양인에 대한 건데, 태양인의 모양, 장부, 성격 등으로 되어 있습니다. 태양인은 처방이 얼마 안 돼요. 태양인은 약을 몇 가지 못 써요.

이 책(『금낭보결』)은 사상의학을 연구한 어느 분이 자신의 경험방을 이렇게 체계적으로 모아놓은 것이지요. 그래서 '필자보험방(筆者保驗方)'

으로 되어 있지요. 이 책을 지은 사람이 가지고 있던 처방들이지요. 아~ 여기 있네요. 태양인은 '오가피탕'……오가피, 송절, 목과 등등의 약재가 들어가지요. 오가피탕은 태양인에게 밖에 못 써요. 『금낭보결』 책은 간행 시기가 단기 4294년(四二九四년, 1961) 인쇄로 되어 있네요.

『비침록(秘鍼錄)』

(책장 속에서 『비침록(秘鍼錄) 전집(全集)』이라는 오래된 또 다른 책 한 권을 들어 보이며) 이것도 사상의학과 관련한 침놓는 책입니다. 옛날에는 모두 이렇게 만들었어요. 전부 써 가지고 이렇게 했어요. 이것도 체질에 따라 침놓는 방법이 모두 다르지요. '오행(五行) 도표'도 있고요. 또 '팔절풍'…… 옛날에는 모두 이렇게 만들었지요. 어머니한테 물러 받은 것인데, 이전에 우리 아버지가 보던 책입니다. 이 『비침록(秘鍼錄)』은 우리 아버지가 직접 만들었습니다. 말하자면 가전(家傳) 침술방법을 적은 것이지요. 예전에는 이런 책이 많이 있었는데, 많이 없어졌어요. 이건 아버지가 손수 썼던 것으로서 아버지 경험을 기록한 거지요. 모두 처방입니다. '대두온'(大頭溫)이니 '대소변 불통'이니 이런 내용은 모두 병의 증상을 말합니다. 내가 이런 책들을 많이 잃어버렸어요. 이런 것도 다 병명이지요. 병에 치료하는 방법이지요. '욕치'…… 이런 거 다 읽으려면 힘들어요. 나는 읽어보면 다 알 수 있지요.

■ 생활 근거지 이동과 경북 영천 정착, 무료진료

본적은 경남 거창입니다. 경남 거창군 남하면(南下面) 무릉리(武陵里)

1083번지. 하지만 저는 인천에서 출생하여 성장했어요. 1958년 3월 동양의학대학을 졸업했지요. 오늘날의 경희대 한의과대학 전신입니다. 1958년 12월 3일 침구학, 경혈학, 해부학, 생리학, 병리학, 진단학, 세균학 등의 침구에 관한 학리 및 실시기능 전 과정을 수료하고, 일본 특허대학(特許大學) 이사에 선임됐습니다. 1959년 6월에는 한의사 면허를 취득했고요. 해를 넘긴 1960년 2월 5일 서울 영등포구 신풍동(新豊洞)에 한의원을 최초 개업했습니다.

1963년 10월 31일까지 6개월간은 서울대학교 의과대학에서 공의(公醫) 교육을 수료했죠. 이후 거창 남하면 무릉리 고향에서 1965년 11월까지 2년 동안 공의로 근무했습니다. 경남 거창에서 2년간 공의 하기 전에 서울대 의과대학에서 6개월 동안 교육을 받았어요. 양의(洋醫) 쪽 교육인데 주로 내과를 많이 받았어요. 보수교육이지요. 월급 받고 공의를 했지요.

정부에서 만들어 놓은 진료소가 있었어요. 환자에게 진료비는 받되, 일반 병원보다 좀 싸게 받았지요. 공의가 무의촌에 하나씩 갔으니까. 면 단위로 갔지요. 1명씩요. 공의진료소에는 다른 직원은 없었어요. 주사 놓고 수술하고 다 했어요. 양방만 했는데, 한방 쪽은 내 개인적으로 했어요. 물론 약장까지 갖추고요. 같은 공간에서 같이 했어요. 한방은 별도지요. 한방은 내 개인적으로 한 거지요. 정부에서는 양방 쪽으로 시술하라고 했던 거지요. 한방치료는 사람들이 알고 찾아오지요. 내가 한의사라는 걸 알고요. 이 경우에는 내 개인적인 수입이 되지요. 그때 공의 월급이 면장 월급정도 되었어요. 그런데 얼마 안 돼요.

양방 치료 환자가 많았는데, 한방 쪽으로는 중병 환자, 오래된 환자 약 지어주고 침놓고 해서 치료했지요. 이때 내 한방 의술을 상당히 알렸어요. 당시 내 한의술을 알고 있었던 사람들이 이후 여기 정착한 후 더러 찾아오기도 했어요. 공의 근무가 끝나자마자, 1965년 1월1~1971년 9월까지는 서울에서 개업했지요. 내가 경주 최가 아닙니까? 내 선대 고향이 경주니까 경주로 왔었는데, 여기서 4년(1971.9~1975.5) 동안 개원하였지요. 또 포항이 좋다고 해서 포항으로 가서 용흥2동에서 1975년 5월부터 1976년 2월까지 운영했어요. 1976년 2월부터는 경북 영천으로 와서 주남동, 금노동 등지에서 지금까지 32년째 개원 중입니다.

포항에 있을 때 영천에 환자가 많이 온다고 해서 영천으로 나를 데려왔지요. 이름은 잊어버렸지만, 그 분이 자꾸 "영천이 좋다. 영천에 환자가 많다."고 하면서 오라고 하대요. 그래서 왔지요. 그래서 내가 병을 잘 고치니까……. 영천에서 온 환자들이 날 찾아와서 나보고 영천으로 오라대요. "좋은 기술 두고서……" 카면서 영천으로 오라 했어요. 치료 받아 잘 나으니까 좋다고 영천으로 오라고 했어요. 보통 지역과 장소를 옮기는 것은 환자를 많이 보기 위해서지요.

오지 무의촌에서 무료진료 봉사도 줄곧 해왔습니다. 의료혜택을 받기 어려운 지역의 사람들에 대한 봉사지요. 무료진료는 포항에서 한의원을 운영할 때부터 시작하여 영천으로 이설한 후부터 본격적으로 했습니다. 1975년 10월 28일 강원도 춘천시의 무의촌에서 무료진료 실시했죠. 1976년 8월 17엘에는 충남 아산군 온양시의 무의촌 새마을에서 무료진료를 했습니다. 1976년 9월 6일에는 경북 영일군 구룡포 극빈자 129명에 대한 무료진료를 하고, 1977년 2월 21일에는 경북 영일군 효자동 천주교 양로원에서 노인들에게 무료진료를 실시했어요. 1977년 5월 1일에는 경북 포항시 노인학교 158명을 대상으로 노인들에 대한 무료진료를 실시했습니다. 당해에는 대한침구학원에도 제6회로 수료했습니다.

이러한 무료진료 봉사활동으로 각계 여러 기관과 단체로부터 감사장, 표창장도 많이 받았습니다. (웃으면서) 사회적으로 칭찬 듣기 위한 일이 아닌데도… 경북도지사, 내무부장관, 포항시장, 영천시장, 포항경찰서장, 포항특전사령관, 대한한의사회 등 많아요. (한의원 내 벽면을 가리키며) 저기에도 걸려 있지만, 치료 받고 병을 고친 환자들이나 그 가족들로부터도 고맙다는 감사장을 여러 번 받기도 했습니다. 대표적으로는 1989년 11월 6일인데요. 경남 창녕군 대지면 효정리 성순경 씨가 팔, 다리가 마비되어 제가 처방한 한약을 복용하고 완치되어 감사장을 보내왔었지요. 다음은 이런 내용들을 차례대로 정리한 것입니다.

1976.9.23   : 무의촌 새마을 무료진료로 경북도지사 감사장
1976.8.17   : 대한한의사회 감사장
1976.10.21 : 경찰의 날을 맞이하여 포항경찰서장 감사장
1978.3.29   : 총력안보에 기여한 공으로 포항특전사령관 표창장
1979.2.19   : 포항시 방위협의회장(포항시장) 표창장
1984.4   : 영천시 방위협의회장(영천시장) 감사장
1985.9.10   : 새마을운동에 협조한 공으로 정석모 내무부장관 표창장
1987.8.15   : 불우 이웃을 위해 봉사한 공으로 정관용 내무부장관 표
              창장
1987.12.5   : 지역사회에 봉사한 공로로 이상배 경북지사 표창장
1998.12.31 : 지역사회 범죄 예방 공로로 김태정 검찰총장 표창장
2000.3   : 자연 보호에 기여한 공으로 자연보호 중앙협의회 표창장
2000.10.23 : 경상북도지사로부터 자랑스런 도민상 수상

제 자랑 같은 이야기지만, 50대에는 무료진료 외에도 지역사회를 위한 봉사활동도 좀 해왔습니다. 1987년 7월 15일에는 대구지검으로부터 소년 범 선도 보호 및 재범 방지 선도위원으로 위촉됐어요. 1988년 3월에는 영천시 자연보호협의회 자문위원으로, 그리고 1992년 9월 1일에는 법무부로부터 범죄자 선도와 지역사회 범죄 예방을 위한 보호위원으로 위촉됐습니다. 1999년 7월 27일에는 경찰 공무원들의 모임인 영천 경우회(警友會) 자문위원으로 위촉되기도 했어요.

■ 중풍(中風) 치료 전문의, 인술 실천의 증거

지금까지 더러 사회사업에도 참여했어요. 무의촌 무료진료를 비롯하여 개인 혹은 단체로 곡식이나 이불 등을 구입하여 저소득층에 전달하기도 했죠. (웃으면서) 예전에는 시골에 돈 없는 사람들이 많아 병을 치료해주고도 돈을 받지 못하는 사례도 많았습니다. 다음의 두 가지 치료 사례가 특히 기억에 남습니다.

하나는 어떤 처녀가 양방으로는 도저히 치료가 안 될 뿐만 아니라 어떤 병인지 그 원인조차 알 수 없는 상태에서 저한테로 왔던 사례입니다. 엉덩이 부분에 엄청난 통증을 느끼는 환자였습니다. 잠을 이룰 수 없을 정도로 통증이 심했어요. 그래서 항문 부위를 기구로 벌린 상태에서 내부의 농(膿)한 부분을 절개했지요. 그러자 엄청난 양의 고름이 외부로 배출되었습니다. 피고름이 3일 동안이나 멎지 않고 계속 나왔습니다. 심한 통증으로 계속 잠을 못 이루던 환자는 시술 후 그대로 잠에 떨어졌습니다. 그녀는 이후 지속적인 치료를 통해 완치됐습니다.

두 번째는 과거 중환자의 왕진을 많이 다닐 때의 이야기입니다. 왕진은 서울에서도 했고 여기 와서도 했는데, 각 처를 다 다녔어요. 지금은 왕진와 달라는 사람이 별로 없는데, 이제는 나이가 많아 힘이 달려서 안돼요. 옛날에는 가마 타고 왕진 다녔어요. 차가 없을 때는요. 인력거지요. 왕진을 의뢰한 집에서 그걸 보내지요. 기차 나온 후에는 먼 거리로 기차 타고 다녔어요. 일본이나 미국까지 왕진가기도 했어요. 중풍환자 때문에요. 이들 나라로 가는 데는 움직이는 비용에다가 진료비까지 모두 주지요.

그 중 한 분야는 출산 왕진입니다. 산부인과 부문도 함께 보았기 때문이죠. 어떤 산모가 출산이 어려워 왕진을 의뢰했습니다. 아이를 낳기도 전에 엄청난 양의 출혈을 했어요. 그래서 링거를 꽂은 후 우선 지혈제를 썼습니다. 그런 다음 출산기구를 이용하여 뱃속의 아이를 무사히 들어냈습니다.

나는 지금까지 중풍(中風) 환자를 많이 치료해 왔습니다. 중풍을 잘 치료한다는 소문이 나서 경향 각 처로부터 환자들이 찾아왔어요. (벽면의 액자를 가리키며) 저런 감사장은 나한테 치료를 받고 효험을 보았던 여러 환자들이 직접 보내온 것들입니다. 부산과 대구를 비롯하여 경남 사천과 거창, 창녕 등지로부터 보내온 것입니다. 이들 감사장은 한의원 치료실과 원장실 벽에 다 걸려 있죠. 병으로 겪은 고통을 걷어내고 새로운 삶을 살게 되면서 느낀 고마움을 표현했다고나 할까요. (웃으면서) 이럴 때 의사로서의 보람을 많이 느낍니다.

▶ 최종식 선생님께! 1982년 8월 20일 오전 7시경 기침(起寢) 시에 팔다리가 완전히 마비되고 눈도 비뚤고 입도 비뚤어서 언어가 불명하니, 이는 안 죽으면 병신이 된다는 난치 중풍이라는 병으로 고통을 받던 중, 천우신조로 귀 원(院)에 내원(來院)하야 선생님의 탁월한 의술로 2개월 여에 완치되어 우금(于今) 7개 성상에 재발이 전무합니다. 이는 저의 생명의 은인으로 생각되어 이 감사장을 드립니다.
    1989년 11월 16일 경남 창녕군 대지면 효정리 성순경(成淳慶) 근정(謹呈)

▶ 귀하는 본인이 언어 장애로 반신불수의 무서운 중풍 병으로 고생하던 중 1979년 9월 8일 귀 한의원을 찾아 귀하가 처방 조제하신 약을 복용하였던 바, 이렇게 완전히 회복하게 되었음을 일생의 최대의 영광으로 느낍니다. 이는 오직 귀하의 뛰어나신 의술 및 처방 조제의 결과라 느낍니다. 이에 귀하의 고매하신 은덕에 한없는 감사를 드립니다.
    1979년 9월 25일 부산시 남구 망미동 593-2번지 이을득(李乙得)

▶ 본인은 언어 장애와 수족을 못 쓰는 반신불수의 중풍으로 신음하던 중, 1979년 3월 10일경 귀 한의원을 찾아왔던 바, 귀하가 성심

껏 처방 조제하신 약을 20일 간 복용한 후 원 상태로 완쾌하여 지금
은 활동에 자유로이 임하게 되었음을 본인으로서는 일생을 통하여
가장 큰 보람으로 느끼며, 본인의 생명을 구해주신 귀하의 그 탁월하
신 요법과 의술의 덕분이라고 사료되어 그 정성에 본인은 진심으로
뜨거운 감사를 드립니다.
　1979년 9월 24일 경남 사천시 서포면 금진리 36-9 손조문

　▶ 본인은 중풍으로 수년간 고생하다가 가정사정이 극빈한 탓으
로 귀 병원에서 무료치료를 받아오던 중 지금은 완치되어 건전한 삶
을 누리고 있습니다. 이는 귀하의 고매하신 의술(醫術)의 덕분이라
사료하옵고, 그 은혜에 진심으로 감사를 드립니다.
　1980년 4월 14일 대구시 중구 덕산동 42번지 덕산시장운영회 최
석준(崔錫俊)

　▶ 본인이 중풍으로 인하여 1979년 9월 28일 귀 한의원을 방문하
여 귀하의 탁월하신 의술과 경이적으로 처방 조제하신 약을 복용한
후 언어 장애, 두뇌의 불 명쾌 등등의 병세에서 완전히 원상으로 회
복되어 이제 건전한 삶을 누리게 되었음을 보람으로 느꼈으며, 이렇
게 완치시켜 주신 은혜에 무한한 감사를 드립니다.
　1979년 9월 26일 부산직할시 동래구 동상동 12-24 한학용

　▶ 귀하는 본인의 자친(慈親)이 중풍 병으로 1978년 4월 1일부터
귀 한의원에서 처방 조제하신 약을 수차 복용한 결과 상당한 효력을
얻었으므로, 이는 귀하의 고매하신 요법과 처방의 덕분임에 귀하의
높으신 은덕에 충심으로 감사를 드립니다.
　1978년 4월 29일 대구시 서구 평리동 833 박용한

감사장(대구)　　　　감사장(경남 창녕)　　　　감사장(대구)

■ 최종식 한의사의 침(鍼) 시술 관찰기

　연구자가 구술자의 이력서를 들고 인근 세무사 사무실로 복사하러 간 사이 간밤 침대에서 떨어져 목을 다친 40대 남성 환자가 내원하여 침을 맞고 있었다. 환자는 목에 파스를 붙이고 출근했지만, 더 이상 견디기 어려워 부인과 함께 한의원을 찾았다. 일하던 중이어서 그런지 손에는 기름때가 그대로 묻어 있었다.

　구술자는 먼저 환자의 체질을 판단했다. 사상체질의학에서는 침 시술 방식도 체질에 따라 다르기 때문이다. 그는 태음인(太陰人)이었다. 구술자는 먼저 약간 가는 '특수침'을 가지고 족부에 시침했다. 동시에 손목 부위에도 시침했다. 침을 해당 경혈에 꽂은 다음 자극을 보다 깊이 전달할 요량으로 빙글빙글 회전시켰다. 그러다가 이번에는 침을 손끝으로 튕기기도 했다. 강한 침 자극 때문인지, 침을 회전시키자 환자는 아픈 듯 신음 소리를 냈다. 이런 방식으로 수족 부위 위주로 시침한 후, "시간이 좀 지나야 한다."면서 점심 식사를 하기 위해 2층 집으로 올라갔다.

　그 사이 한의원 내부공간을 살펴보았다. 영천한의원 공간은 진료실을 겸한 원장실과 탕제실, 제약실, 환자 대기실, 치료실 등으로 구성되어 있다. 치료실에는 다른 한의원과는 차이 나게 5, 6개의 환자용 베드가 넓은 공간에 배치되어 있다. 이는 한꺼번에 치료해야 할 여러 명의 환자가 방문하는 것에 대비하기 위한 것으로 판단되었다. 제약실은 자물쇠로 잠겨 있다.

제약실 내부에는 커다란 약장과 제약 탁자가 넓은 공간을 차지한다. 주위로는 약 절구와 약 석두, 약 채, 약병, 유리 약통 등 여러 가지 기물들이 놓여있다. 연구자는 구술자가 산제(散劑)를 가지고 나온 뒤에도 한동안 남아서 관련 기물들을 관찰하고 촬영하였다. 제약실 한쪽 내벽에는 복조리가 걸려 있다. 구술자는 '태내 천주교인'이지만, 제액구복(除厄求福)을 비는 민간신앙의 표징도 있었다. 그는 조상 대대로 천주교를 신봉해 왔다고 했다. 진료실 내부에도 성모 마리아상과 관련 문구를 담은 액자가 걸려 있다.

점심 식사 후 구술자는 환자의 수족에 꽂아놓았던 침을 동일한 방법으로 돌리고 튕기면서 다시 한 번 더 자극을 주었다가 뽑았다. 다음에는 누워있던 환자를 일으켜 앉힌 상태에서 이전보다 좀 더 굵을 뿐만 아니라 침두(鍼頭)에 돌기가 있는 침을 환자의 머리에다 놓았다. 목 부분을 더듬어 경혈을 짚더니 정수리 부위에다 놓았다. 그런 다음 침의 돌기 부분을 손톱으로 긁었다. 마지막으로는 코 밑에다 간단한 방법으로 시침했다. 2, 3단계 시침은 비교적 짧은 시간 안에 이루어졌다. 그런 다음 환자에게 목을 앞뒤좌우로 움직여 보라고 했다. 환자가 병원을 들어설 때는 목이 아파 움직일 수조차 없었지만, 침 몇 대로 정상으로 되돌린 구술자의 침술에 경의를 표했다.

구술자는 환자를 치료용 베드로부터 상담용 의자 앞으로 불러 앉힌 다음, 탕약 복용을 권하며 배변 상태를 질문했다. 그러면서 관련 처방을 확인할 요량으로 책상 서랍 속에서 손바닥 크기만 한 작은 처방서(處方書) 한 권을 꺼내 뒤적였다. 책상 위에 올리지 않고 서랍 속에 그대로 둔 채로 처방서를 살폈다. 내용은 자필 기록물이 아니라 인쇄된 상태였다. 합당한 처방 내용을 찾아 내용을 진료부에 기록했다.

구술자는 환자에게 완치 도달과 재발 방지를 위해 약간의 탕약(湯藥) 복용을 권유했다. 관련 탕약 가격은 25만원이었다. 그러자 환자는 "아이가 셋이나 있어 경제 사정상 고가의 탕약은 복용하기 곤란하다."고 대답했다. 그러자 구술자는 10만원 대의 약간 낮은 환약(丸藥) 복용을 권했다. 환자는 이번에도 동일한 반응을 보였다. 구술자는 환자에게 권했던 탕제와 환제 처방이 어려워지자, 최종적으로는 약가가 가장 싼 산제를 처방했다. 가루약은 제약실에 이미 제조된 상태로 보관되어 있었다. 구술자는 약가가 더 낮은 산제를 권유하며 침 시술비 25,000원을 더하여 3만 2천원을 청구했다.

환자가 떠난 다음, 연구자는 시침과정에 대해 몇 가지를 질문했다. 상이한 두 종류의 침에 대해 먼저 질문했다. '특수침'이라면서 침의 이름을 말해주었지만, 녹음이 안 된 상태이고 발음이 정확하지 못해 적을 수 없었다. 1단계 시침용의 가늘고 긴 침은 '사상체질' 침으로서 식사를 잘 못하므로 '밥을 잘 먹게 하는' 효과를 낸다고 했다. 그 다음 단계로 목 아픈데를 치료했다고 대답했다.

연구자가 다시 질문했다. "침을 놓은 후 돌리거나 튕기고 또 침두 부위를 손톱으로 긁는 이유는 무엇 때문입니까?" 라고. 이에 대해 구술자는 한마디로 '술법(術法)'이라고만 대답했다. 연구자는 속으로 '자신만의 특수한 침술 비법을 말하는구나.' 라고 생각하며, 보다 구체적인 설명을 부탁했다. 그러자 그는 시술자인 자신의 내부 기(氣)를 환자에게 보내기 위한 동작, 즉 '득기(得氣)'라고 답했다. 환자로 하여금 침을 매개로 사람(시술자)과 외계 물질의 기를 받아 정체된 기혈의 흐름을 원상태로 되돌림으로써 병을 치유하도록 유도하는 것으로 이해했다. 어렴풋이 이해는 되었지만, 그래도 자세한 설명을 듣고 싶었다. 반복적인 질문에 그는 빙그레

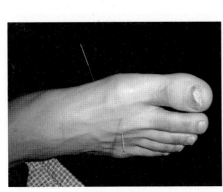

족부 시침   시침 모습

웃으며, "그럼, 의서 공부를 해야지."라고 답할 뿐이었다.

　연구자가 침술 효과에 대해 다소 놀라는 반응을 보이자, 구술자는 이전의 침술 임상경험 한 가지를 들려주며 기억에 떠오르는 '과거의 경험'으로부터 시술의 힌트를 얻어 '현재의 치료' 과정에 적용시켰다고 대답했다. 다음은 과거의 유사 증상으로 치료했던 사례이다.

　과거 어느 날 5세의 어린아이가 내원했다. 그 아이도 앞의 환자와 흡사하게 잠을 자던 중 목을 다쳐 고개를 들 수조차 없는 상태로 찾아왔다. 고개를 들 수 없었으므로 물이나 밥조차 먹을 수도 없었다. 왜냐하면 고개를 들 수 있어야 식도를 열어 밥을 먹을 수 있는데, 그러지 못해 음식물을 입 안으로 넣을 수가 없기 때문이다. 상태가 그러하니 당연히 말할 수조차 없었다. 아이는 아파서 계속 눈물만 흘릴 뿐이었다. 구술자는 3일 동안 계속 침을 놓았다. 드디어 아이는 목이 트여 울음을 터뜨렸다.

3대 한의(韓醫) 가업 계승자,
성림한의원 조의제

−1937년 생−

·
·
·

인터뷰 후기

80세(1928년생) 이상의 이른바 '긴급 구술자' 중심으로 연구를 진행시켜 나간다는 본래 취지에 의하면, 조의제는 1937년생으로서 연구대상에 포함되지 않는다. 연구 시점인 2007년에는 71세였기 때문이다. 하지만 대구지역의 경우에도 80세 이상의 유효구술자는 6명밖에 되지 않아 지역과 연령대를 확장시킬 필요성이 제기되었다. 따라서 영천지역의 80대 구술자 2명과 70대 구술자 1명을 추가하였다.

성림한의원의 조의제 한의사는 비교적 일찍부터 한의대에 진학하여 과도기 한의학을 전승해 왔을 뿐만 아니라 영천지역에서 가장 먼저 한의업의 터전을 일구었다는 점에서 주요 자료제보자(key informant)로 선정되었다. 그는 1957년 경희대 한의과대학 전신이었던 동양의약대학에 입학하여 1961년 졸업과 동시에 한의사 면허를 취득하고 곧바로 영천에서 성림한의원을 개원했다. 특히 그는 조부와 부의 가업을 이어받아 3대째 한의업을 이어오고 있는 우리나라의 대표적인 한의(韓醫) 가업 전승자 중의 한사람이다.

구술자와의 1차면담은 2007년 7월 5일 이루어졌다. 강마른 체구에 깐깐한 성격이었지만, 연구자의 방문의도를 충분히 이해하고 46년의 한의업 인생에 대해 자세하게 이야기해주었다. 연구자는 80분짜리 MD용량이 다하는 것조차 모를 정도로 그의 이야기에 몰두하였다. 1차면담은 MD용량 부족으로 출생과 성장과정, 가업계승 양상, 한의학 입문 동기와 기술·지식 전승, 개업과정 등에 대해서만 구술을 받았을 수 있었다.

2차면담은 동 년 7월 21일 오전 10시 반부터 시작하여 점심까지 걸러

가면서 오후 3시까지 이어졌다. 구술자는 간간이 찾아오는 환자를 진료했고, 연구자는 진료과정을 관찰했다. 1차면담에서 채록하지 못했던 개업, 약재 조달과 관리, 인력 운용, 고객관리 등 한의원 운영과정 전반에 대해 이야기를 나누었다. 진료방식과 치료사례, 모임과 사회관계, 여가와 취미, 한의업 계승 등에 대해서도 이야기를 들었다.

연보
·1937년 - 경상북도 청송군 현동면 창양 출생
·1952년 - 대구 대성중·고교 수학
·1961년 - 동양의약대학 졸업
·1961년 - 경북 영천시 성림한의원 개원
·2007년 - 경북 영천시 금노동 성림한의원 운영 중

■ 할아버지 대부터 3대 한의업 계승

경남 함안이 본(本)입니다. '제'(濟) 자 항렬입니다. 1937년생입니다. 71
세이고 주민등록상으로는 만 70세입니다.[8] 태어난 곳은 경상북도 청송군
현동면 창양입니다. 저희들은 일제시대 보통학교 공부를 조금 해보았습
니다. 고향에서 태어나가지고 보통학교 졸업하고 대구로 가면 큰 유학하
는 거 아닙니까? 시골 벽지에서 대구로 가기도 참 어렵지요. 그 당시 우
리 같은 나이에 더 큰 데까지 가는 사람도 있지만, 대구 정도 간다 그래
도 여간 가정에 경제적인 여유가 있어야 유학할 수 있는 게 아닙니까? 저
희는 그래가지고 쭉 객지생활을 했습니다. 대구에 있는 대성중·고를 졸
업한 후 서울 경희대 한의대(동양의약대학)로 진학했지요.

저희는 집에 조부님 대부터 한의학을 하기 시작했어요. 그 위로부터는
어떻게 했는지는 모르겠고요. 조부님 얼굴을 모르니까요. 아버님도 한의
업을 이어받아 했습니다. 그래서 제가 한의학을 했습니다. 한의학 입문의
동기는 위에 어른들이 하셨기 때문에 가업 계승도 있지만 어른들의 요구
에 의해서지요. 제 처음의 희망은 예술을 좀 해볼까 하는 마음이었어요.
집에 인자 가친께서 한약을 받았고, 자기도 뭔가 계승해야겠다는……누
구나 그런 게 있잖습니까? 제 자신도 그런 게 있습니다만, 계승해야겠다
는 어른의 명령이랄까 포부랄까요.

우리는 다형제인데, 15남매입니다. 좀 많습니다. 전·후처에서 낳았지
요. 위에 어머님이 일찍 돌아가셨는데, 거기서 열 남매 낳으시고, 그 뒤에
어머님이 다시 오셔가지고 또 낳으셨지요. 그래도 좀 많지요. 제가 위에
서 일곱째입니다. 위에 형이 6명 있어서 아들 10명 중에 일곱째 택이지

---

8 인터뷰 시점인 2007년 기준이므로 2016년 현재는 80세이다.

요. 제 위에 아들도 있고, 딸도 있고요. 10남 5녀입니다. 그 중에 제가 일곱째이지요.

그런데 우리가 다형제인데, 위에 두 번째 형님이 의대를 나왔습니다. 아실런지 모르겠지만, 해방되던 해에 대구 반야월(半夜月) 하고 동촌에서 열차 충돌사건이 있었습니다. 그래서 당시 몇 년도인지 모르겠습니다만, 대구 역사에 나와 있습니다. 그 당시 해방되고 질서가 어지럽기도 하지만, 타이밍이 안 맞았겠지요. 동촌에서 보낸 열차하고, 반야월에서 보낸 열차하고 타이밍이 안 맞았는 모양입니다. 중간에서 올라와가지고 서로 얽혀버렸으니까(부딪혀버렸으니까) 얼마나 큰 인명 피해가 있었겠습니까? 대단했다는데요.

우리는 당시 어려가지고 잘 모르지만, 그때 형님은 경북대학교 병원에 외과 전공의로 있었답니다. 닥터지요. 그 날이 일요일인가 토요일인가 그랬는데, 그때 자기 집이 삼덕동 거기 병원 근처에 있었어요. 바로 불렀는 모양이라요. 오라고 해놓으니 와서 혼자서 부상자들 상처를 막 깁고 집도를 하고 다 했답니다. 당시 막 부상자들을 싣고 왔겠지요. 당시에는 동산병원하고 경북대학병원 2개밖에 없었지요. 많은 부상자들을 꿰매고 끊어내고 그랬지요. 그로 인해 과로라 할까요. 너무 충격적인 장면과 상황에서……형님이 신체도 좋고 아주 거인이고 인물도 좋고 그랬는데, 몇 백 명을 무리하게 치료하다 보니. 과로에 지쳐가지고 약 보름 만에 돌아갔어요. 고열이 와가지고 열을 처리하지 못해서 돌아갔다고 그래요. 당시 결혼도 했는데 조카는 아직 안 낳았어요, 30대 전후였던가 봐요. 그것은 일종의 전설과도 같은 이야기인데.

그래서 아버지가 "의사는 할 게 못된다. 어쨌든 내가 하는 여기서 의업은 선을 끊어야 하겠다. 도저히 안 되겠다."고 마음먹었어요. 그런 일을 당해놓으니, 옛말처럼 '찬물에 데면 냉수에도 데이는' 줄 알고 "내 자식은 의료인 절대 안 만든다."는 각오를 했지요. 위에 많은 내 형님들도 공부도 좀 잘 했는 사람도 있고 또 좀 못 했는 사람도 있고 그랬는데……
아버지는 전혀 의대 가라는 소리를 안 했어요.

죽은 형님은 5년제 경북중학교에 다녔는데, 계속 1등을 했어요. 그래
가지고 경북의대 외과 전문의로 나왔는데. 그래가지고 아버지는 거기 실
패해 놓으니까 인제 자식들도 전부 그런 데는 선호를 안 하더라고요. 나
는 어릴 때니까요. 우린 그런 걸 잘 모르지요. 형님들도 이제 그런 데를
안 하고 전부 공직으로 나가고, 심지어는 교사로도 나갔지요. 하지만 의
대 같은 데는 전혀 생각을 안 하더라고요. 그래 가지고 제가 어떻게 해가
지고 한의학을 해보겠다고 하는 거를 표현해 보았지만, 처음에는 어려웠
지요.

제가 한의학을 하게 된 동기는 집에 아버지가 한약을 하고 있으므로
만날 보는 게 그거니까 방학 때마다 만날 약을 썰어주고 거들어 드리지
요. 내가 취미보다는 아버지를 위해서 그런 거지요. 약도 썰어드리고 또
우리 한약에서 이를 법제(法劑)라 캐요. 볶아주고 찧어주고 삶아주고 하
는 거, 이런 거를 거들다 보니까 자연적으로 그런 데 취미가 좀 들더라고
요. 그래서 아버지한테 제안을 해보았어요. "아버지! 제가 그거 한번 배
워보면 안되겠어요?"라고 했지요. 그러니까 아버지는 대번에 "그런 거 필
요 없어!" 이러시더라고요. 그래서 나는 "안하면 되지요." 캤어요.

이후로는 나도 더 이상 하겠다는 말을 하지 않았어요. 그러다가 어느
시기에 가니까, 이런 거 저런 거 또 알게 되고 하니까……고등학교 댕길
무렵이었지요. "아버지! 내가 한의대 가면 안 되겠습니까?" 캤지요. 그러
니까 아버지는 또다시 "야! 임마. 한의대 가서 뭘 해. 학교가 대구에도 없
고, 서울밖에 없는데, 낯선 데 서울 놈들 모두 깍쟁이야. 가지마라."고 했
어요. 그래서 나도 치워버렸어요. 그 뒤에 다시 내가 그걸 재론해 보았어
요. 인제는 아버지가 한약방에 관한 일을 나에게 자꾸 시켜요. 제가 뭐든
지 하면 잘 해드리니까요. 딴 동생들이나 형님들은 시켜보면 좀 하다가

내팽개쳐버리거나 목욕 가버리고 뭐 귀찮아가지고 불러도 안 오고 그랬는데, 저는 끝까지 시키는 걸 모두 해드렸어요. 뭔가 관심 있게 해드렸든가 봐요.

그래가지고 조금 있다가 재론을 해봤어요. "아버지! 거기 한번 입학을 해보고 싶은데요." 했지요. 그러니까 아버지가 이번에는 "거기 취미 있나?" 캐요. "뭐 한번 해보면 되겠지요."라고 하니, "그거 어려운데……너 한문 많이 아나?" 해요. 그래서 "배우면 되겠지요." 라고 대답했죠. 그 당시에는 뭣이라도 안 그렇습니까? "하면 되지." 카는 포부로 한 거지요. 드디어 "그래 한번 해봐라." 카는 그런 언질을 한번 적극적이지는 않더라도 약간은……프로테지(%)는 낮지만 가능성 있는 반응을 보여주더라고요. 그때부터 '한번 해봐야겠다.' 카는 생각을 하게 되었어요. 그 길로 가겠다는 것을요. 동기는 이렇지요.

■ 동양의약대학(東洋醫藥大學) 입학과 한의학 공부

경희대학이 그 당시에는 4년제였지요. 당시에는 약대, 한의대, 치대가 모두 4년제였고, 의대만 6년제였어요. 거기 입학한 때가 1957년도인데, 고등학교를 졸업했으니까 19세쯤 되었어요. 중·고등은 대구에서 했고요. 그래가지고 한의대로 들어갔지요. 당시 서울 안암동에 학교가 있었습니다. 시험은 어려웠지만 제 나름대로는 강습소도 많이 다니고 공부도 조금 했지요. 시골 놈이 학교로 들어가기는 해가지고 어른의 가업을 잇게 되었지요.

대학 가 가지고 공부를 해보니까 참 어렵더라고요. 일반으로 우리가 배우는 거는 뭐 영 없는 거지요. 거의 새로운 공부를 해야지요. 한의학이라는 그것 자체가 틀리거든요. 한문 모르면 또 안 되지요. 인제 우리가 집에 어른들이 전부 한학을 하고 그랬으니까 남보다는 조금은 더 [한학 기초공부는] 했다고 봐야지요. 내가 딴 형제들보다는 한문을 조금 더 알았어요. 아버지가 약을 하니까, "뭐 가져오너라." 카면……예를 들면, 감초(甘草) 같으면 딴 사람은 못 읽어도 나는 빨리 터득을 했잖아요. '감초' 카면 글씨를 보고 빨리 가져오니까요. 그래서 딴 사람은 못 익혀도 저는 빨리 익히게 된 거는 학교 들어가기 전에 아버지를 보조했다는 게 큰 역할을 했다고 봐야지요. 약재 이름과 성상(性狀), 약성 등은 저절로 터득되지요. 틀림없는 얘기지요.

약 가지 수가 상당히 많잖습니까? 많은데 저거를 터득할라 카면 일일이 남의 것을 봐가지고는 잘 기억하기가 힘듭니다. 실물이 참 중요하더만요. 처음에 개척하려고 하니 참 어렵더라고요. 특히 또 우리 한약 글씨는 모두 '풀 초'(艸) 변입니다. 일반 사회의 용어 글씨하고는 틀립니다. 전부 어렵습니다. 일반 한문 가지고 시(詩) 지어 놓았는 거는 읽을 수 있는데 저거는 못 읽어요. 보통 한문 좀 안다는 사람도요. "뭐가 어렵노? 나는 한시가 더 어려운데." 카지요. 그러면서 "저 글씨는 처음 보는 기다."라고 해요. 일반 사회인들하고 대화를 할 때요. 그럴 수밖에 없는 게요. 한약은 약 이름이고, 일반은 천자문에 있는 글자지요. 대개 안 그렇습니까? 천자문은 대개 우리들 나이쯤 되면 웬만하면 가정에서 '하늘 천(天), 따 지(地), 검을 현(玄), 누럴 황(黃)~' 하면서 다 외웁니다. 저희들도 어른들 앞에서 외웠거든요. 지금은 잘 모르는 게 많습니다만, 그걸 외워야 밥도 주고 용돈도 엿 사 묵으라 카면서 주고요.

한의학 용어는 사회에서 쓰는 글씨가 거의 없습니다. 그러니 새로 공부를 해야 하는데, 저는 하마(이미) 어른한테서 했기 때문에 쓸 줄은 몰라도 글을 보면, '아~ 저거는 감초 할 때 감(甘) 자다.' 카는 걸 알지요. 눈에 익어져 있기 때문에요. 보지 않고 쓸 줄은 모르지요. 아직 한문이 능통하지는 못했으니까요. 보면 '아~ 이거는 감초다, 이거는 인삼이다.' 라고 알지요. 자세히는 몰라도요. 이런 정도라도 알고 들어가니까, 학교 가서 좀 쉽더라고요. 그러니까 인제 우리 한방에서는 이걸 '본초학'(本草學)이라 하지요. 약물학(藥物學)을 본초학이라고도 해요. 처방(處方)은 약 구성체를 말하고요.

본초는 약 자체의 대의적 이름, 성명이지요. 많은 약을 1년에 못 가르치지요. 예를 들면, 1학년에는 100종, 2학년에는 300종, 3학년 때는 몇 종 해서 마스트 할라 하면 몇 백종으로 다 나오지요. 본초학은 '약 이름이거고 맛이 어떻다, 어느 용도에 쓰인다, 어떻게 자란다.'는 이런 게 본초학이죠. 예를 들면, 인삼은 언제쯤 재배하고, 언제 심고, 어떻게 채취하고, 꽃은 어떻게 피고, 꽃과 열매는 어떻고, 잎은 다섯 개인가, 언제 채취해가지고 어떻게 [껍질을] 긁어서 건조시킨다든지 그런 게 자세하게 나오지요. 요런 게 나오지요. 그거 안 배우면 못하지요. 본초학에 그렇게 되어 있어요. 그러니까 한 교수가 요것만 가르치지요. 이걸 다 가르쳐 버리면 거의 다 익어가는 거지요. 약을 다 알아버리면 익어지는 건데, 아직도 이걸 다 몰라요.

한방에서는 풀 '초'(草) 자 들어가는 초두(艹) 글씨가 ⅔를 차지해요. 이게 식물성이고요 그 다음에 동물이 약간을 차지하고. 그 다음이 광물, 제일 적은 게 광물이지요. 약 20% 되지요. 동물이 약 4%, 식물이 약 60%를 각각 차지해요. 나머지는 기타 잡종이지요.

처음에 본과 1학년으로 들어가면, 첫째 인제 한문도 있고, 영어, 철학, 그 담에 인제 내과, 외과……교양과목은 일반 대학과 똑 같습니다. 단 한문은 인제 교양과목으로 들어가고. 영어와 독일어도 들어가는 경우가 있고. 약초 이름이 영어나 독일어로 나오는 것도 있거든요. 외국서적으로 보도록 하기 위해 독일어도 가르쳤나 봐요. 중국어가 참 어럽데요. 그 다음에는 외과, 내과, 해부학, 화학……생리화학 그거는 양의학이든 한의학이든 기본이지요. 2학년까지 이걸 하고요. 3학년부터는 인자 교양과목은 떨어지고 내과부터 외과, 산부인과, 그 다음에 본초학과 침구학……상한 (傷寒)이라 카는 거는 내과에 속하는데, 1·2·3으로 갈라지지요. 상한은 그 자체가 내과학입니다. 내과는 인자 1~5까지 구분되어 있어요. 저자에 따라서 좀 틀려요. 중국의 장중경(張仲景)이 대표적인 상한론자이지요. '상한'이란 '차가운 데 상한 병'이라는 뜻이지요. 오늘은 '기온이 습하고 덥고 무지그리하다.'는 이게 상한론입니다. 감기가 바로 상한병입니다. '바람에 상했다' 혹은 '추위에 상했다' 이 말이지요.

상한론 자체가 기온 변화에 의해서 인체가 고장 난 것이지요. 내과에서 굉장히 중요합니다. 이와 관련한 병이 상당히 많으므로 상한에 대한 공부를 많이 해야 합니다. 1~5까지 구분되어 있는데, 1학년은 상한론 1, 2학년은 상한론 2와 상한론 3……이런 식으로 학년이 올라가면서 세부적으로 차츰 깊이 있게 들어가지요. 내과에도 이렇게 많이 나누어 놓았어요. 상한론과 또 온병(溫病)이라는 것도 있지요. 더울 '온'(溫) 자, 이건 열병이지요. 상한론은 차가운 병인 반면, 이거는 더운 병이지요. 열병이지요. 예를 들어 요즘으로 말하자면, 장티푸스 같은 것이지요. 아마 그런 병이 아니겠나 싶어요. 이것도 내과 질환입니다. 장티푸스도 해방될 때 막 쓸었습니다. 우리 쪼매할 때 이웃집에도 못 들어갔습니다. 새끼줄 가지고 문에다가 걸쳐 놓았습니다. 들어가지도 말고 오지도 마라는 거지요. 해방되던 이듬해든가 그 땝니다. 그때 나는 1, 2학년 땐데 우리는 학교도 못 갔습니다. 그때 우리는 원체 시골이 되어가지고 그런 병은 없었는데. 대구 같은 대도시에 불결하고 공기 나쁘고 물 나쁘고 이런 데서 생긴 병이지요. 전염성도 빠르고요. 우리 고향 같은 시골에는 공기 좋고 집마다 뚝뚝 떨어져 사는 데는 없었어요.

교수들 존함이 지금은 모두 고인 되었어요. 박호풍 선생은 그때 학장이었어요. 이 양반이 진짜 한의학의 대선배입니다. 전공은 상한론 내과인데, 저서도 많고요. 저희들은 직접 강의는 안 들어도……한 학기 들어 봤는데 기가 막힙니다. 책도 안 보고, 가져오지도 않고요. 출석부만 가져옵니다. 출석도 자기가 안 불러요. 학생으로 하여금 일어서서 자기 이름 대보라고 하고 조교가 매기지요. 채인식 선생한테도 내과 공부 배웠어요. 경북 상주가 고향입니다. 아들도 인하대학 교수입니다. 당시 이 양반들 나이가 70세 정도 되었어요. 김장헌 선생도 내과였어요. 내과가 1, 2, 3, 4, 5까지 있으니까 교수진이 많지요. 내과도 범위가 다 있어요. 몇 학년까지 어디까지 가르쳐야 된다는 규정이 있지요. 내과에도 부인과, 소아과 등으로 나누어지니까요. 양의(洋醫)처럼 소아과가 완전히 독립되어 있는 것이 아니지요.

우리 한방에서는 이거 모르면 이거 못하게 되어 있고, 이것 못하면 이것도 못하게 되어 있듯이 모두 연결되어 있어요. 이런 식으로 구성되어 있는 게 『동의보감(東醫寶鑑)』이거든요. 『동의보감』이 생긴 게 바로 그런 그거든요. 요즘은 대학이 생김으로써 과를 나누어 놓아서 그렇지, 사실 한사람 해도 모두 가르칠 것입니다. 김장헌, 박호풍 같은 사람도 『동의보감』 같은 걸 끝까지 외우고 있었습니다. 책 없이 수업을 할 정도로요. 처음 들어가면 우리를 위협 줍니다. "책 덮어!" 그러고는 자기도 눈을 감고 『동의보감』을 목차부터 외워 나갑니다. '목차 1 뭐 뭐 뭐……' 하면서 쭉 읽어나가다가 '내상문 제1권'……쭈~욱 ……'2권……' 그 다음에 '처방……' 하면서요. 우리는 놀라버렸습니다. '내가 『동의보감』 이미 다 외우고 있으니, 너희들은 잔소리 마라.'는 식이지요. 그러고는 강의 시작합니다. 그러니 아무리 질문해 봐도 일사천리로 다 답할 수 있다는 거지요. 그만큼 그 사람들이 연구를 참 많이 했지요. 특히 박호풍 씨는 예전에 어의(御醫)의 가족이죠. 자기 선조인가, 아버지가 어의였다는 걸로 알고 있습니다.

물론 원전도 공부해야지요. 당시 교재 중 일부는 가지고 있긴 했지마는, 왔다 갔다 하다 보니 어디 가버렸는지 모르겠어요. 그 당시에는 사정을 아시겠지만, 인쇄판이 없었어요. 전부 등사 프린트 판입니다. 그걸 해서 책을 만든 것이기 때문에 종이 질이 안 좋아 오랫동안 보관이 어려웠습니다. 한지는 종이가 좋지마는 프린트를 하기가 힘들고 또 그만한 양도 적고요.

부속 한방병원이라고요, 안암동 병원이 있었는데, 거기서는 실습을 합니다. 하고 싶은 사람은 하되, 저 같은 사람은 많이 안 해도 되었어요. 집에서 했기 때문이지요. 방학 때 가면 아버지가 임상하니까, 실습을 안 시킵니까? 대학 방학을 40일, 50일 동안 하니까 그 동안에 만날 실습하지 않습니까? 꼼짝도 못합니다. 약을 썰어드려야 하고, 조제도 해야 되고, 환자 오면 제가 [첩약을 싸서] 보따리로 싸 드려야 되고요. 이런 걸 하다 보니까 환한 거지요.

■ 부친의 인술 실천과 선대로부터의 전승

아버님은 [경북] 청송 고향에 계시고 저 혼자만 서울에 올라가서 하숙했습니다. 학술 연구하신다고 하니 얘기를 드렸습니다만, 집에 어른이 원래 약업을 해서 돈을 벌인 게 아니고 조부님 대부터 내려오는 재물이 있었습니다. 그래서 어른은 다복하게 지냈습니다. 한약은 거의 서비스 하는 차원에서, 요새 말하면, 완전히 봉사하는 식으로 했습니다. 12세 아래로는 전혀 약값을, 돈은 안 받았습니다. 12세 아래로는 어떤 병이라도 한약 가지고 치료하는 데는요. 그 당시까지만 해도 한약이 일반화 되어 있어서……양의(洋醫)는 귀하니까 일본 놈들 와가지고 했고 이런 건데, 그것마저 해방되어 가지고 철수해버렸고. 지금처럼 보건소가 있었던 것도 아니어서 완전히 무의촌이었습니다. 말하자면, 어른은 요즘 말로 하면 봉사가 앞섰든가 봐요. 12세 아래로는 전혀 돈을 안 받았어요. 무료로 치료해

주었지요. 무슨 뜻으로 그랬는지는 몰라도 자기가 뭐 어데 요새처럼 정치를 하겠다든지, 군수나 면장을 해야겠다는 그런 게 아니고 순수하게 의사로서, 한의학도로서 12세 아래로는 무료로 치료해 주었지요. 뭐~ 보약재도 무료, 아픈 약도 무료로 해주었지요. 나이를 물어봐서 "열두 살 먹었습니다." 카면, "응. 그래. 그라면 이 약 가져가가 먹어봐라." 카지요. "약값은 얼마고?" 카면, "필요 없다." 캤지요.

옛날 시골은 무의면(無醫面)이었기 때문에 한 곳으로 몇 개 면의 사람들(환자들)이 오게 되잖아요. 그런데 의사가 없잖아요. 선대는 의생(醫生) 허가로서 한 거지요. 요새로 말하자면, 한약방이라 했지요. 한의사는 아니더라도, 그때는 한의사 제도가 없었으니까요. 그때는 '의생' 카고 그래가지고 약을 팔도록 했지요. 그 당시 세금도 내었을 테고, 당시 어른은 소위 '명의'로 이름이 났어요. 청송군 전체는 '조약국'이라는 명성이 높았어요. 부친 성이 '조'(趙)가니까 '조약국'이라 불렀지요. 존함은 '불꽃병'(炳)' 자, 심을 '식(植)' 자였지요. 조병식. 집에 어른이 제가 알기로는 주로 부인병에 조예가 깊고 또 좋은 처방이 있었다고 봅니다.

저희 집에 어른은 제가 본 거는 아닙니다만, 조부님한테 한의학을 터득한 후 일본에 가서 연수라고 하기는 좀 그렇고, 조금 배워가지고 왔다고 해요. 그 다음에 자기 사업을 위해 평양으로 가서 조금 계셨어요. 대지주를 하고 계시니까 그런 연고로 곡식을 평양으로 실어가서 팔았대요. 여기서 거두어가지고 대구에서 기차로 실어다가 평양으로 가서 팔았다고 들었습니다. 젊은 시절에 그런 사업을 했다는 거지요.

그리고 중년 하반기부터이겠지요. 그때부터는 의료업에 신경을 써서 '앞으로 없는 집 아이들을 구제해야 되겠다.' 카는 생각을 한 것 같아요. 우리 조부님은 돈을 벌어가지고 독립군에 자금을 김구 선생한테로 보냈다고도 해요. 우리가 독립유공자 후손입니다. 그 당시에 돈(독립자금)을 좀 많이 내놓았다고 하던데. 그래서 아버지가 쌀을 거두어가지고, 곡수를 다 해가지고는 평양에 가 가지고 [거기서 팔았던 돈이] 아마도 그기로(독립자금으로) 사라졌는가 봐요. 지금 가만히 이해를 해보니까요. 당시 조부님이 살아계셨고, 78세로 돌아가셨습니다. 우리 아버지 말로는, 조부님이 아주 효자였대요. 부친은 68세로 작고했어요. 옛날 어른들은 50대만 되어도 큰 어른으로 쳤지요. 환갑 지냈다면 아주 고령으로 취급했으므로 수(壽)를 누리신 거죠.

침(鍼)은 집에서 어른이 많이 안 했어요. 주로 약으로 처방 내어서 환자를 다루었기 때문에 침은 조금 했어도 많이 안 했어요. 약방 일은 방학되면 주로 제가 하지요. 처방 하고 이런 진료행위는 안 해도요. 약을 수치(修治)한다든지, 구입해온 약을 썰어가지고 약장 서랍에 넣는다든지, 처방전을 보고 약을 짓는다든지 뭐 이런 거는 제가 다 하지요.

약재 조달은 여기서 대구약령시로 직접 약을 사러 갔습니다. 버스를 이용했어요. 버스는 오전과 오후 각 한 차례씩 밖에 운행 안했어요. 방학 때는 주로 그걸 많이 했지요. "무슨 약, 무슨 약 사가지고 오너라." 카지요. 썰어놓은 약이 아닌 원형 약재 그대로를요. 짝띠기 약이지요. 100근씩입니다. 대나무로 엮은 상자를 이만하게 만들었는데, 그기에 넣어 논게 한 짝입니다. 한 짝이 바로 100근입니다. 옛날에는 '짝'을 100근이라 했습니다. 그거 '짝' 카는 게 요즘은 도량형기가 변화되어가지고……대구약령시에 시장을 보이는 날이 있잖아요? 매일은 안 보여도 5일장 처럼요. 지금의 약령시장입니다. 거기 장 보이는 날은 매번 필히 갑니다. 외지에서 들어오는 약, 그 당시에는 우리나라에 안 나는 약이 있잖아요? 감초도 안 나오고. 그런 약도 샀지요.

방학 때마다 부친 밑에서 이렇게 한 게 오늘날 제가 이걸 이렇게 잇게 되었다고 봐야지요. 집에 어른은 옥호도 없고요, '조약국'으로 불리었어요, 아까 말씀드렸듯이, 집에 어른이 대지주였어요. 상속을 많이 받았지요. 청송에서는 첫째 갈 정도로요. 의술은 윗대부터 배워가지고 어떤 포부인지는 몰라도……제가 알기로는 12세 이하는 무료로 치료해 주었다고 해요. 의업을 하는 끝까지요. 지금 우리 고향에서 저한테 오시는 분들 중에는 나이가 우리보다 좀 높은 분들 오시면, "집에 가친께서는 아이들은 무조건 무료로 치료해주어 가지고 참~ 우리 아이 쟤가 원장님 어른한테 죽는 거 다 고쳤습니다."고 이야기합니다. 그런 이야기 들었을 때 우리는 참 흐뭇하더라고요. 흐뭇한데 봉사를 얼마를 했는지 통계를 내보지 않아도 제가 알기로는 12세 이하로는 거의 100% 무료로 치료해 주었어요.

비방(秘方)은 조부님이 사용하시던 걸 어른이 얼마나 전수 받았는지를 잘 몰라요. 아까도 애기했듯이, 어른이 부인병과 소아병에 약을 잘 썼다고 했거든요. 제가 알기는요. 저에게도 어른이 썼던 처방이 있지요. 그 당시 제가 모두 봤으니까요. "요거는 비방이니까 간수를 잘해라." 카는 그런 말은 안했지만, 환자들이 오는 걸 보면 그런 파트(part, 부류)가 오거든요. 누구 집에 잘 보는 파트가 있지요. 양의들도 그렇죠. 내과에도 다양한 분야가 있잖아요? 위장 같으면 대구에도 '누가 잘 본다.'는 이게 있듯이, 한방에도 있습니다.

부친 밑에서 종사했으므로 저절로 전승이 되지요. '요거는 잘 듣는구나. 이거는 그런 거구나.' 하면서 자기가 남겨둔 책도 있지만, 책 볼 필요 없이 제가 그 당시에 좀 했기 때문에 그런 걸 보고 또 내가 외워가지고 있으니까요. 또 그 당시에는 대학 댕기는 과정이니까 다 익어가는 과일이 지 않습니까? 딱 보면 다 알죠. 자기가 전수 안 해주어도, 안 가르쳐 줄라고 해도 제가 처방전을 보고 만날 약을 지었으니까요. 한의대에서 배운 이론지식 위에다가 발전시키고, 모자라는 것은 더욱 보충했지요. 이게 바로 선대로부터의 한의학 지식과 기술을 전승하는 메커니즘이지요. 모체는 바로 그런 거지요.

어른 때와 조부님 때가 시대가 틀리잖아요? 당시에는 고기를 안 먹던 때고, 지금은 고기를 일상으로 먹지 않습니까? 그런 것부터 벌써 레벨 차이가 나죠. 체질 차이도 나고 또 건강 차이도 나고. 그런 때 사람들은 배추와 나물만 먹고 살았는데, 요즘은 모두 육식, 고기를 많이 먹는 시대잖아요? 그런 데 대해서는 현재 저희들이 [옛날 처방에다] 가감을 해야 됩니다. 그런데 조금은 틀리지만, 원래의 기본은 변할 수 없지요.

■ 무언으로 전승되는 부친의 임상 경험방,
『비방록(秘方錄)』

부친의 임상 경험방도 200여 종 됩니다. 어른이 했는 경험방들이 어느 저서에서 받아가지고 어떻게 했는지 그거는 제가 안 들었기 때문에 모르겠고, 활용했다는 처방에 대해서는 자기 독방(獨方)도 있을 것이고. 예를 들면, 자기가 연구를 했는 것도 있을 거고 임상한 것도 있을 거고. 또 그렇지 않으면 딴 저서에 의해가지고 거기에다 가감 했는 거 살을 붙이고 이래 가지고 하는 등 다양한 것이 있지 않겠습니까?

어떤 것이든 본인이 자필로 써 놓은 것이지요. 옛날에는 모두 손으로 썼지요. 이 『비방록(秘方錄)』이 지금은 남아있지 않습니다. 6.25전쟁 때 불타버렸습니다. 이런 부친의 처방들이 기록으로 남아있지는 않지만, 대충 활용 가능한 처방만은 제가 알고 있습니다. 그런 처방들 중 지금 현재 시대적으로 안 맞는 처방들이 많습니다. 그 당시 하고 지금 하고요. 그 당시에는 우리나라에 당뇨가 없었습니다. 당뇨병은 양의들도 그렇게 말하지만 '한국성 당뇨'라 그라잖습니까? 그러니 옛날에는 당뇨도 없었습니다.

제가 한창 개업해 있을 때였던 30여 년 전에는 당뇨가 없었습니다. 어쩌다가 한명씩 있었습니다. 이것도 선천적으로 내려오는 당뇨였지요. 요즘은 선천이고 후천이고가 없습니다. 누구나 다 있습니다. 그래서 이거는

'사회적인 병' 혹은 '한국성 당뇨'라 하지요. 그럴 때는 내가 아버지 처방을 적용하는 데 상당한 애로를 갖는다 이 말입니다. 그러니 예전에는 당뇨가 없던 사람이 요즘에는 당뇨가 있다는 거지요.

시대에 따라 병도 로테이션 합니다. 옛날에 장질부사 카는 게 호열자(虎烈刺) 아닙니까? 그게 우리 해방될 때 창궐했습니다. 우리나라에요. 그때는 남의 집에도 못 갔습니다. 1948년 이때 아닙니까. 그때는 진짜 참말로 영양실조 와가지고 허약하고 가난한 사람들 막 쓸었습니다. 그때 보리죽 먹는데 어떻게 살겠습니까? 호열자가 창궐할 때는 해방되고 얼마 안될 땐데, 우리나라가 참 기아에 허덕일 때가 아닙니까?

지금은 그때의 백 곱이나 넘지요. 영상상태가요. 천 곱도 더 될 겁니다. 백 곱만 된다 하더라도 대단한 겁니다. 어제만 해도 어떤 학교에 급식을 해가지고 어쩌고 카데요. 우리가 참 경제도 좋고 잘 먹고 그러니까 그게 퍼뜩 전염이 안 되어 그렇지, 외국에 뭐 아~레께 월남인가 설사 병 걸린 사람을 분리 수용한다고 그러던데 그게 전부 그런 병 아닙니까? 그 당시에는 세균이 막 나가는 게 아닙니까? 지금은 생활수준도 좋고, 화장실도 좋고 그렇죠.

옛날에는 또 결핵환자가 얼마나 많았습니까? 우리가 개원하기 이전에 도요. 대선 출마한 이명박 씨도 결핵으로 인해 기관지 확장증이 있었다고 안 카든가요. 그 사람이 60대지만, 당시에만 해도 미개국가에 결핵환자가 많지 않습니까? 옛날 우리 어릴 때도 이웃 일가친척 되는 사람들이 전부 결핵으로 죽었는데요. 결핵 많았어요. 못 먹어서 생기는 병 아닙니까? 우리 한방에서도 '노찰'이라고 하지 않습니까? 지금은 취급하지 않아요. 그거는 전염병이므로 보건소에서 관리하지요. 실제로 그거는 화학요법이 더 잘 들어요. 우리 한약은 장기 복용이 곤란하니까요. 보건소에 등록만 하면 약이 공짜로 나오잖아요.

지금으로 보면, 옛날에 약 효과가 더 좋았다고 봐야지요. 실제로 옛날에는 자연산이 90% 이상 사용됐지요. 옛날 부친이 남긴 처방이 지금 잘 듣지 않는 것은 내 스스로가 그것으로 임상경험 하지 않은 것도 있고요. 실제로 그렇지요. 내가 임상 안 해본 이상 다른 분이 아무리 좋은 처방을 남겨 놓았던들 그대로는 활용하기가 어렵지요.

약재 차이는 물론 있겠지요. 그 당시에 감초나 인삼은 지금도 마찬가지로 감초이고 인삼인데요. 약재 변화가 아니고, 시대적 변화, 체질의 변화가 커다란 원인 중의 하나지요. 그 당시에는 보리밥 먹고 풀만 먹을 때 아닙니까? 지금은 거의 100% 식사 내용이 틀리지 않습니까? 뭐 고기 먹지요. 영양가 좋은 음식 먹지요. 그때하고 얼마나 차이가 납니까? 요즘 얼마나 영양가 있는 음식 먹습니까? 그러니 그때 하고 차이가 얼마나 납니까? 처방도 달라야지요. 또 약도 달라야지요. 그때는 약도 좋았지마는 또 사회 환자들이 먹는 영양가 측면에서 얼마나 차이가 많습니까?

아까도 얘기했지만, 아버지가 자필로 남긴 처방이 200여 종 넘지만, 그 책자가 있었는데. 『비방록(秘方錄)』이라고요. 그런데 6.25 전쟁 때 모두 소실되어 버렸어요. 폭격에 의해 불타버려 없지요. 참 아까운 책자이지요. 그렇게 되어버렸기 때문에 뚜렷하게 책으로 되어 있는 게 남아있지 않습니다. 그저 내가 방학 때 집에 오면, 집에 어른이 구두로 한 것을 내가 볼펜으로 기록하면 했지, 쓰고 또 알아듣게끔 이래가지고 그랬지, 책자로 남겨진 것은 없습니다. 지금 내가 사용하고 있는 처방들이 그런 것들이지요.

부친이 남긴 처방들 중 일부는 내가 체득(體得) 전승해오고 있습니다. 하지만 아버지가 남기신 비방이 지금 원형 그대로는 활용되기 어렵습니다. 왜냐하면 첫째, 옛날과 지금에 있어서 질병의 종류라든가 사람들의 체질 차이가 크기 때문입니다. 시대 차이, 체질 차이가 크지요. 둘째로는 아버지가 하셨던 임상경험의 결과가 어떻게 지금 나한테 그대로 적용되겠어요? 안 됩니다. 비록 처방 내용은 전승되더라도 그게 1단계, 2단계,

3단계로 들어가면 안 되거든요. 1차 투약해서 부작용도 생길 수 있거든요. 그럴 때 2단계로 어떻게 처방해야 한다는 내용이 안 되어 있지요. 그런 임상내용이 세세하게 기록되어 있지 않아요. 물론 '이럴 때 어떤다.'라는 가미 내용이 있긴 하지만, 사람에 따라 처방 내용이 각기 다르므로 그게 불가능하지요. 처방 내용만 있지, 단계별·사례별로 자세하게 안 되어 있어요. 설령 되어 있더라도 내가 직접 임상경험 해보지 않으면 어렵습니다. 일부 비방에 대해서는 응용해서 활용하고 있습니다.

■ 한의사 면허 취득과 성림한의원 개원

한의대 졸업은 1961년도입니다. 졸업 당해 연도에 국가고시 시험 칩니다. 100% 합격은 안 됩니다. 우리 동기 중에서도 낙오자가 4, 5명은 됐습니다. 보통 한 학년에 60명이 공부합니다. 도중에 생활고 등으로 못 나오는 사람도 있지요. 아마도 제 동기가 그때 60명 모두 다 응시 못했을 겁니다. 등록금 못 내어 졸업 못한 사람, 그 담에 사정이 있어가지고 졸업 못한 사람 이런 거 합치면 58명 정도 응시했을 것입니다. 그 중에서 낙오가 4, 5명 됩니다. 졸업생은 세 번까지 응시자격을 줍니다. 하지만 세 번 모두 안 되면, 한의사 못하지요. 세 번 해도 모두 안 된 경우도 있어요. 제 동기인데, 지금 목사 하고 있습니다. 저하고 하숙도 같이 했는데, 부산 아이인데. 가~는 안 되어가지고 목사 합니다. 가~는 암만 시험 쳐도 안돼요. 학교 공부는 잘 하는데, 시험 치면 안 돼요. 목사도 신학대학 가야 해요. 그기는 대번에 목사 돼서 나오데요.

한의사 면허 따고 경북 영천에다 곧바로 개업했지요. 지금 이 장소는 아니고 영천군청 근처지요. 예전에는 거기가 번화가입니다. 나는 청송이 고향이고 대구에서 중·고등학교를 다녔지만, 대학 졸업 후에는 영천에다 첫 개업했습니다.

영천에 온 동기는요. 국회의원 권중동 씨라고 있습니다. 권씨는 초대 국방부 장관도 하고, 뭐 하여튼 법무부 장관도 하고 다양하게 했는데, 이 양반이 몇 선 의원입니다. 영천서 태어나서 영천서 국회의원 5대인가 아주 장기로 했어요. 대학은 일본 조도전대학 법과를 했습니다. 아주 유명한 분이죠. 그 당시에 개업은 인제 그 어른이 이곳에 오면 아직 개업의가 없으니까 안 괜찮겠나 하는 자문 정도를 해주었지요. 물질적으로나 그분 힘에 의지해서 바라는 것은 전혀 없고, 자기가 이룬 [정치 연고] 지역이므로 그런 데를 개업지로 선택하면 좋지 않겠나 싶어 왔지요.

이 사람 부인이 우리 집안 대소가입니다. 우리 집안 조(趙)가입니다. 우리 아버지 항렬입니다. 그 연고로 우리 아버지가 여기 한번 가보라고 하더라고요. 그 당시 국방부 장관 시절인데, 장관실에 한번 찾아가봤어요. 대학졸업 무렵이었지요. 가보니까 영천군민이 모두 무슨 부탁하려고 가득 와있었어요. 집에 따라가니까 가정집 집무실에요. 군민들이 무엇을 부탁하려고 많이 왔어요. 가니까 그 고모 되는 사람이 "너그 아부지, 오빠가 위장병 잘 고쳤다. 너 그 화제(和劑) 잘 아나?" 캐요. 그래서 "내가 약을 다 지었는데 왜 몰라요." 캤지요. 그러니까 "내 속이 따갑고 뭐……" 이래요. 인제 알고 보니 위궤양이라요. "병원에서 주는 약을 먹어도 안 낫는다. 너 전에 집에서 하던 그 화제 모르나?" 캐요. "왜요. 다 알지요." 카니, "그러면 그 약 한 제 지어 오너라. 잘 왔다. 지어오면 내 돈 줄게." 캐요. "돈은 나중에 주세요. 내 약 지어 올게요." 캤지요.

그래가지고 실습과정의 일환으로 해서 부속병원에 가서 그 약을 지어 왔어요. 약은 전부 에이 플러스 아닙니까? 틀림없는 거지요. 학생들 실습하는 데는 가짜 약을 가져다 놓지를 못하는 것 아닙니까? 그래서 일부러 거기로 갔거든요. 종로에 가도 되는데, 거기 가서 허가 맡아서 실습하는 걸로 해가지고 지어왔지요. 약값만 주면 되니까요. 그래서 약을 가지고

장관실로 갔지요. 집은 효자동이라서 찾기가 힘들고요. "돈이 얼마냐?" 그래서 "실습 택으로 가져왔으니 그냥 드세요." 캤지요. 그런데 그때 30만원을 주었어요. 지금 택으로 하면 엄청 큰돈이지요. 거의 50년이나 전이니까요. 그걸 한 제 먹고 얼마 있다가 전화가 왔어요. 국방부 장관 비서가 왔어요. 아지매가 데려오라고 하더래요. 약 다 먹고 병도 좀 괜찮다면서 진맥도 다시 해보고 더 먹어야 하면 다시 처방을 해주라고 한다면서요. 그래서 가니까, 아지매가 "이제 쓰리던 것도 나았고, 와~ 오빠 약 처방이 참 좋으네. 약 한 제 더 지어주라."고 했어요. 그래서 한 제 더 지어드렸어요. 이제 완전히 나았지요.

그런 계기로 해서 이후 장관이 "너 개업 어디다 하려고 하니?" 물어봤어요. "내 가라는 데 갈래?" 캐요. 장관님이요. "어딘데요?" 카니까, "영천이지. 내 표 주는 사람에게만 피알(PR)이 되어도 너 퍼뜩 부자가 돼." 라고 말했어요. "내 지역구에 가거라. 그러면 군수에게 전화해 놓을께." 캐요. 그래서 "가지요." 캤는데, 당장 장관이 군수에게 전화를 해가지고, "처조카가 영천 개업을 준비하는데 집이라도 한군데 알아봐 줘라."고 했대요. 그때는 "돈이라기보다는 피알이 안 되겠나. 기반 잡는 데 큰 도움이 될 것이다."라고 생각했어요. 저는 당초 대구를 목표로 했어요. 대구에는 고향 사람도 많고 친인척들도 많고 학교 동기들도 많이 있어서요.

한 달쯤 있다 영천에 와서 군수를 찾아가 보았어요. 그러니 군수가 "내무과장에게 이야기해 놓았는데 찾아가 보라."고 했어요. 그래서 가니까 과장이 군청 인근에다 사무실을 하나 봐두었어요. 그래서 개업했는데, 개업 날 군수까지 왔어요. 그 덕으로 여기에 왔는데, 그게 내가 영천으로 오게 된 동기였어요.

1961년 한의사 면허 받자마자 영천 이곳에서 47년 동안 줄곧 하고 있습니다. 딴 데 갈 데가 있어야요. 현재 여기는 두 번째 개업지지요. 본데 영천군청 뒤에 개업하고 있었는데, 거기는 조금 후진 데라서 여기가 조금 번화가다 해서 옮겼지요. 1979년도에 이 건물을 지어가지고 여기로 온 겁니다. 유산 받았는 것도 있고, 대부도 좀 내고, 벌인 것도 좀 보태고 다양한 방도로 해서 왔지요.

개업장소 위치나 택일 등에 대해 우리는 원래 그런 걸 신봉하지도 않고, 점포도 그 당시에는 요즘처럼 많은 것도 아닙니다. 요즘은 점포를 임대도 하고, 건물 지어가지고 기다리는 사람도 있고 많잖습니까? 그 당시에는 점포가 아니고 가정집이었어요. 도로변 가정집이었지요. 그것을 제가 전세 낸 거지요. 개업 날짜 택일도 별로 중요시하지 않았어요. 당시에는 나이도 어렸을 뿐만 아니라, 사정이 사정인 만큼 요즘 건물처럼 그냥 들어갈 수 있도록 모두 되어있는 게 아니라 수리를 해서 들어가야 되고, 의료기관 개설에 필요한 진료실과 환자 대기실 평수 등도 고려해야지요. 이런 조건들에 준하는 건물을 찾으려고 하면 얻기가 어려우니까. 실제로 그만한 조건의 건물을 얻기가 좀 어렵지요. 그 시절은 그 시절대로 비싸고 요즘은 요즘대로 또 비싸지 않습니까? 처음 와가지고 했으니까요. 주변의 상권 형성도 모르고, 잘 될런지 못 될런지 그것도 모르고 그래서 일단은 시작을 해본거지요. 그래가지고 많은 애로도 있었고요. 개업하자마자 대번에 문전성시가 딱 됩니까? 오랜 세월이 가면서 경험도 얻고 또 알림이 되고 그러면서 된 거지요. 개업 시 초청장 발송이라든지 음식 장만해서 대접하고 그런 것도 안했습니다.

여기 와서는 집을 지었기 때문에 입택(入宅)이라고요. 어느 집이든 그러듯이 소위 '집들이'라고 하잖습니까? 우리는 당시 집을 지었으므로 입택 겸 이전 개업한 거지요. 그때는 손님들 오시면 커피 한 잔 드리고 방명록 기록하고 그저 그렇게 한 거지요. 초청장 발송은 하지 않았어요. 이전개업은 어차피 팜프릿 내어야 안 됩니까? 안내를 다 하잖아요? 30년 전이니까 지방에 신문이 있었겠습니까? 이전 개업했으므로 커피, 술 한 잔 드리려고 하니까 송편정도는 장만해야지요. 초청한 거는 없고, 이전했다 카는 정도 알리는 거지요, 내 업소가 저 건너 있다가 왔기 때문에 그런 사실 정도 써 붙였기 때문에 모두 선전은 되었다고 봐야지요. 영천은 옛날 읍 소재지였으므로 붙인 거 하루 동안만 봐도 모두 선전되어 버리잖습니까? '성림한의원이 저기서 여기로 오는구나.' 라는 걸 모두 알아차리지요. 물론 부모형제들, 가까운 친지 분들도 오지요. 또 가까운 동료 한의사들은 체면상 와 보지요. 그 사람들 개업하면 답례로 나도 가보지요. 선물은 보통 화분 정도지요. 이게 제일 쉽잖아요.

■ 개업 초기 어려움, 인술(仁術)과 상술(商術)

그런데 이게~ 한의원을 안 알아준다는 거 아닙니까? 당시 영천에는 한의원이 하나도 없었어요. 전부 한약방이고요. 내가 '한의원'이라고 써 붙이니까, 손님이라고는 가랑개미도 없어요. '와! 큰일 났다. 이게 웬 일이냐?' 생각돼요. 손님이 없을 때는 반드시 반성을 해봐야 되지요. 쪼매 있으니까 내한테로 주사 맞으러 와요. "왜 오느냐?" 카니, "이곳은 주사 맞는 곳이 아닌가요? '의원'이라 써 붙여놓았지 않았어요?" 캐요. 그때는 페니실린, 진통제가 마약 아닙니까? 그때는 시중에서 진통제 그거는 얼마든지 삽니다. 이런 걸 맞으러 와요. "내가 허리를 다쳐 통증이 있어서 이걸 가져 왔는데, 좀 맞으러 왔어요." 카면서 신약방에서 약을 사가지고요. "내가 어디 염증이 있는데, 마이싱 한방 놓아 주세요." 카지요. 그래서 "여기서는 이런 거 놓는 데가 아닙니다."고 하면, "그러면 왜 '의원'이라고 써 붙여 놨는데요?" 캐요. 그래서 "여기는 한의원입니다." 카니까, "아~ 그래요. 한의원이 뭡니까?" 캐요. 그러 카는 판이라, 야~ 참! 이거 한 사람 한 사람 모두 개척할라 하니 너무너무 힘이 들었어요. 그래서 '안 되겠다.' 싶어서 '이런 것도 하는 방법이 있다.'고 이렇게 생각하며,

'그러면 내가 홍보를 해야 되겠다.' 싶어 가지고 '성림한의원' 간판 그 밑에다가 '한약방'이라고 크게 써 붙였어요. 같이 써 붙였어요. 그러자 그 다음 날부터 한약 지으려 오더라고요. 나 이거 참! 역경을 디더온 소리입니다.

한의원 간판은 지우면 안 됩니다. 개원한지 1년 정도 될 무렵이었지요. 개원한지 1년 동안은 정말 고전을 했습니다. 밑에다가 커다랗게 '한약방'이라고 써 붙였지요. '한약방'이라고 써 붙이니까, 한약 지으러 와요. 감기약, 배 아픈 데도 오고, 신경통에도 오고요. 그래서 내가 비로소 약 판 돈을 구경하기 시작했어요. '야~ 이거 참 한의학에 대한 인식이 이렇게 낮구나. 역시 대도시로 나가야 되는구나. 대구로 나가야겠다.'고 생각하며 보따리를 싸볼까 말까 했지요. 그러면서도 '인제 대구로 나가서 되겠나? 어렵지 않겠나?' 이런 갈등을 했지요. 그래서 그 무렵부터 저녁마다 대구로 나가서 선배들 개업해 있던 곳으로 가서 시장조사를 해보았어요. 대구에도 잘 되는 집은 잘 하고, 죽 쑤는 집은 죽 쑤고 그렇더라고요. '와~ 이거 기술 차인가?'라고도 생각했어요.

대구한의대 총장 변정환 씨 아세요? 청도 이서 출신이지요. 우리보다 1년 선배입니다. 그 양반이 대구 중앙통에 제(한)한의원9을 개업해 있었어요. 거기 가 봐도 손님이 가랑개미도 없었어요. 그래가지고 그 사람도 안 되어 가지고 "죽겠다." 카더라고요. 그래가지고 건디다 건디다 안 되어 가지고, 지금의 봉산동으로 옮겼지요. 그 이후에는 문전 성시라요. 지금 제한한의원 장소가 옛날 경북대학교 사대부중 담 옆입니다. 본래 숯 창고였대요. 거기서 장작하고 숯을 팔았지요. 그게 우리 고향 사람 겁니다. 남정식 씨라고요. 거기로 와가지고 문전성씨를 이루었지요. 그래가지고 참 오늘날 대구한의대를 일구기도 했잖아요. 대구 사정을 보고는, '와~ 이거 대구는 가서 되는 사람은 되고, 안 되는 사람은 안 되는

---

9 처음에는 '제한의원'이다가 후에 '제한한의원'으로 바꾸었다.

데……내가 가서는 안 되는구나. 지인이 있다고 해서 되는 것도 아니다. 친인척이 있다고 해도 되는 게 아니다. 이거는 뭔가 자기의 리더십(leadership)이나 뭔가 실력이 있어야 된다.'는 사실을 깨달았지요. '아~ 뭔가 환자에게 베푸는 게 있어야 된다. 기술이라든지, 안 그러면 노하우가 있어야 된다.'고 생각됐어요.

'그러면 과연 노하우가 뭔가? 오로지 의사는 기술이다.'는 생각도 해왔어요. 하지만 의사는 기술만 있어도 안 돼요. 그럼 뭐냐? 이게 들어야 돼요. 말…… 말…… 상술(商術), 쉽게 말하자면 장사하는 사람들처럼 상술이 필요하다는 거지요. 우리는 인술(仁術)이 필요한데. 실력은 이미 주어진 거고, 그 다음에 환자를 오게끔 하는 거는……실력이 물론 있어야 되겠지만, 실력이 암만 있더라도 안 오는 집은 또 안 오더라고요. 그게 뭐냐? 말을 잘해야 되는 거지요. 환자에게 자신의 병에 대한 이해를 잘 시키는 능력이지요. 쉽게 말하면, 선생님 같은 분들은 강의를 잘해야 하는 것과 같은 이치지요. 아무리 많이 알고 있더라도 강의를 못하면 별 볼일이 없지요.

환자의 병에 대한 소상한 이해……의사라면 국문학처럼 시 잘 외우는 그런 게 아니라, 병에 대한 거지요. '당신이 어떻게 어떻게 아팠다.' 이런 것을 잘해야 안 되나 하는 거지요. 그런데 우리 의료인들에게는 장사하는 사람들처럼 '술'(術)이라고 할 수 있지요. 의술도 일종의 '술'이지요. 그런 게 있더라고요. 그러니 노하우만 있어도 되는 게 아니더라 이겁니다. 그래서 제가 많이 연구해 봤어요. 왜 손님들이 안 오는가를요. 내가 배웠던 한의대 우리 교수 한 분 중에는……아까 채인식 선생이라고 했지요? 이 사람이 서울 청량리역 건너편에다 개업을 했어요. 자기 아들도 거기서 조금 떨어진 곳에다 개업했지요. 그런데 교수쯤 되면 손님이 버글버글하겠죠? 누구라도 많이 아니까 교수하잖아요? 실력이 있어야 교수하지요. 그래 개업을 뚝 했지요. 학교를 그만두고요. 하지만 웬걸요. 손님이 없어요.

전형적인 학자풍으로 그 분은 '술'이 부족했어요. 결국 영업이 안 되어 나중에 그만두게 되었어요. 아들은 잘 했지만요.

■ 약재 조달과 관리의 노하우

약재는 보통 저희들 할 때는 대구 약전골목 가면 건재 도매상이 많잖습니까? 거기와 주로 상거래 했죠. 영천에는 그 당시에 약 상회가 없잖았습니까? 대구에 가면 되고, 전화 하면 약을 부쳐주고 그랬지요. 영천에 약전거리가 조성된 거는 몇 년 안 됩니다. 하지만 현재는 신개척이 되므로 물량이 상당히 많아요. 대구는 점포가 비싸지만, 영천은 아직까지 싸잖아요. 그러니 그 사람들이 영천으로 많이 와서 하잖아요. 매약상(賣藥商)에 대한 조건이 영천이 좋다 그런 거는 그분들의 소관이므로 잘 모르겠습니다만, 여하튼 영천은 시골에서 가깝고 교통의 요지이기도 하지요. 이런 관계로 영천의 한약상들이 잘 되고 있지 않나 생각됩니다.

당시 대구에 약을 매입할 때 대충 전화통화도 해서 주문하고, 또 우리가 볼 일이 있을 때는 직접 가서 사오기도 했지요. 보통으로는 전화해 놓으면 무슨 약은 얼마, 뭐는 얼마, 몇 근(斤)……요즘 전부 그램(g)으로 하지만, 옛날에는 모두 '근'이지요. '몇 근 보내라. 뭐 어떻게 해주라.' 카면, 그 사람들도 장사니까 틀림없이 가져다주지요. 직접 버스를 이용해서 부치고, 소화물로 부치고 그랬지요. 요즘 택배지만, 예전에는 소화물이지요. 적은 양은 버스로 부치면 우리가 받는 걸로 했지요. '몇 시에 부쳤다.'고 하면 우리가 정류장에 나가서 가져오곤 했지요. 소화물 운송은 직접 집에까지 왔습니다. 적은 양은 버스로 부치고요. 더 적은 양은 저녁에 우리가 가서 사 오고요.

단골이기보다는 가보면 이 집 저 집……약전골목에 건재약방이

쪽~ 있잖아요? 가보고 첫째 가격보다는 약이 맞으면 구입하는 거지요. 질이 좋다든지, 약이 깨끗하다든지, 예를 들어, 정선이 잘 되어 있다든지 그러면 아무 집이든지 사는 거지요. 거래하는 업소가 고정되어 있다기보다는 그때그때 봐서 비교해보고 어느 약재가 더 좋은가를 보고 사지요. 가격은 대동소이합니다. 요즘 주유소에 값이 비슷하게 정해져 있듯이, 뭐가 얼마다 하면 이집 저집 대충 비슷해요. 그러므로 품질이……약이 얼마나 좋은가, 얼마나 정선되어 있는가 그런 문제지요. 그런 점을 보고 택하지요. 직접 약을 봐야지요. 직접 제가 가서 사가지고 오고 그랬지요.

이제는 대구 약전골목 약재는 쓰지 않습니다. 이제는 영천이 더 활성화 되고 있대요. 영천 건재상들 말을 들어보면, 외지에서 거의 영천으로 건재(乾材)를 사러 온답니다. 나도 1960년대 초기에는 전적으로 대구 약전골목 약을 썼지만요. 대구 약전골목은 이조시대부터 상당한 규모로 약재가 집산되었던 것으로 이야기 되지요. 하지만 사회 환경의 변화로 인해 지역에 약재가 모두 있으니까, 자연산이든 재배산이든 외국산이든지 모든 것이 이곳 상인들한테 전화만 하면 송달됩니다. 그러니 교통도 불편한데, 대구까지 갈 필요가 있습니까? 20여 년 전부터 그렇지요.

1985년 무렵부터는 대구 약전골목 하고는 거래를 안 해 왔습니다. 영천에서 약재 조달이 충분히 가능했으니까요. 대구보다도 더 활성화되어 있기 때문이지요. 또한 엄밀히 따지고 보면, 대구보다도 영천이 가격 면에서 더 낫더라고요. 왜냐하면 대구로 가면 교통비가 더 들지요. 또 부치는 운송비도 있고요. 또 대구에서는 아무리 빨리 부치더라도 몇 시간이 걸려야 되잖아요. 그런데 여기는 곧바로 가져다주므로 공급이 빠르다는 이점도 있지요. 약재 정선도 좋습니다. 물론 대구에도 그렇게 해서 보내지만요. 따라서 굳이 대구까지 가서 약재를 구해올 필요가 없지요. 또한 여기서 전화해 놓으면 모든 약재를 다 구해다 줍니다. 자기네한테 없는 거를 대구 가든지 서울 가든지 그거는 모르겠지만, 여하튼 "A약을 구해

주라."고 하면, "예! 알겠습니다." 하면서 구해다 주지요.

옛날 대구에서 약을 구해다 쓸 때는 전화하면 수시로 되니까, 많고 적고 간에 모두 배달이 됩니다. 그거는 옛날이나 지금이나 한가지입니다. 어쨌든 이십 수 년 전부터는 영천시장이 활성화가 되어 있기 때문에 그때부터는 여기서 구해다 씁니다.

우리가 개업하던 예전(1960년대~1970년대)에는 원형과 변형(절단) 약재가 반반 정도였습니다. 그때는 절단 기계가 발달이 안 되었어요. 그때는 기계가 있어도 정밀도가 낮아 썰어놓으면 부스러기도 많고요. 요즘은 그런 게 들어오면 안 되니까 깨끗하게 들어옵니다. 원형 약재보다 절단된 게 들어오면 가격이 좀 더 비싸지요. 물론 감량문제가 있으니까요. 변형되어 가지고 들어오는 것은 거의 다 깨끗하게 바로 쓸 수 있도록 들어오므로 손을 안대도 되고요. 하지만 원형 그대로 들어오면 저희들이 할 일이 많습니다. 씻어야 되고 말려야 되고 또 썰어야 되고, 또 나쁜 것은 분리해서 버려야 되고 이런 일이 많지요. 원형 약재도 건조되어 들어오는데, 우리가 절단해야 되지요.

대구처럼 좀 멀리 가서 구입하는 경우는 지금 영천에서 구입하는 경우와 비교해 볼 때 1회 구입량에 좀 차이가 나지요. 대구에 가면, 여기서 한 근 600g 살 거를 200~300g이라도 더 사야 운임 상에서도 덕을 보고 또 며칠간이라도 약을 사지 않아도 되니까요. 약이 떨어지면 안 되지요. 그래서 대구 같은 데 가면 좀 더 많이 사 오지요. 여기서 한 근 살 것 같으면, 대구에서는 2배, 3배 정도는 더 많이 사오지요. 영천에서는 사용하다 떨어지면 그때마다 주문하지요. 때로는 우리가 직접 가서 사오기도 하지요. 단골 건재상회도 있지요. 단골 되면 '이 집에는 어떤 약을 쓴다.'든지 '이렇게 해서 가져다주면 안 된다.' 카는 걸 알지요. 가격은 단골의 경우 조금 차이도 있겠지요. 약가는 시내니까 구입 때마다 곧바로 돈을 지불해요. 몇 백 근씩 사는 것이 아니고, 서너 너덧 근씩.

요즘은 포장 단위로 하기 때문에 많이 가져다 놓을 필요가 없습니다. 자리도 비좁고 한데. 하루 이틀 사이에 약가가 주가처럼 오르락내리락 하는 것도 아니니까요. 올라 보았자 조금 오르고 그렇지, 완전히 품귀상태가 생기거나 약이 떨어져가지고 가격이 폭등되거나 그런 현상이 좀 드물어요. 1년을 두고 보아서요. 그런 일이 적기 때문에 굳이 많은 약재를 구입해 둘 필요가 없어요.

우리 한약재는 많이 가져다 놓으면 벌레가 먹습니다. 또 변질도 되고요. 이렇게 되면 감량도 나오고. 한약은 벌레 먹으면 못 쓰지 않습니까? 그러므로 많이 자져다 놓으면 좋지 않아요. 많이 보관해야 될 약도 있고 적게 보관해야 할 약도 있으므로 약재에 따라서 다르지요. 풀잎 같은 약은 이만해 봤자 몇 근이 안 됩니다. 그런 거는 많이 가져다 놓아도 벌레가 안 먹고 변질도 안 되고 그렇지만요. 변질되는 것은 많이 가져다 놓으면 손해 봅니다. 보통 약을 쓰는 정도에 따라 다릅니다. 하루에도 처방에 따라서 약이 들어가는 양이 다르므로 구비해 두는 약의 양도 다릅니다. 많이 쓰게 되는 처방은 약재를 많이 구비해 놓지요. 한 근 두 근 약을 사려 자주 왔다 갔다 할 수 없잖습니까? 아무리 시내지만요. 그런 것은 몇십 근씩 사전에 조금 더 많이 구비해 놓고, 많이 안 쓰는 것은 그냥 몇 근정도 씩만 구비해 놓지요.

보통 한약재로 많이 쓴다 카면, 사물탕(四物湯)이라 카는 4가지 약이 있지요. 말하자면, 당귀, 천궁, 백작약, 숙지황(熟地黃) 등이지요. 이게 우리 한방에서 기본 약재들입니다. 여기에 플러스 플러스해서 자꾸 올라가면 처방이 틀려지게 됩니다. 여기서부터 자꾸 올라가게 됩니다. 여기에다 무엇을 가미하면 뭐가 되고 카는 게 있는데, 이렇듯 방제학(方劑學)에 기본이 있습니다. 주로 이런 약이 기본적으로 많이 쓰입니다. 옛날부터 아이들에게 많이 써온 보약입니다. 여기서 2개 더 들어가면 육미지황탕(六味地黃湯)이고, 또 팔물탕(八物湯), 십전대보탕(十全大補湯) 그렇게 되지요.

모두 보약제지요. 여기에다 다른 것을 가미해서 뭐를 더하고 하면 처방 이름이 또 다르게 나오지요.

벌레가 많이 먹는 대표적인 약은…… 한약은 대부분 벌레가 다 먹습니다. 좀 덜 먹는 것은 뿌리 같은 종류이지요. 주로 잘 먹는 것은 백지, 당귀, 방풍(防風) 등이지요. 단 맛 때문인지는 몰라도, 여하튼 도라지(길경) 같은 것도 여름에 그냥 놓아두면 나중에 껍데기만 남습니다. 여름에 벌레가 가장 많이 듭니다. 날이 따뜻하고 우기로 있다가 습기가 많아져서 햇볕이 났다 이렇게 되면 벌레가 많이 생깁니다.

특별한 방지법은 없습니다. 다만 우리가 할 수 있는 일은 햇볕에다 약재를 자주 건조시키는 것입니다. 아니면 냉장고에 넣는 일입니다. 요즘은 냉장고가 흔하므로 벌레가 잘 먹는 약재는 냉장실에 넣어 보관합니다. 예전에 냉장고가 없을 때는 햇볕 날 때마다 수시로 내다 말렸다가 들났다가 그렇게 했지요. 특히 여름철에 한약 관리하려면 엄청나게 곤란했습니다. 약이 한두 가지 같으면 문제가 없지만, 최소한 100종 내외를 관리해야 하니까요. 말려야 되고 또 들라야 되고 또 우기가 되면 눅눅하게 되거든요. 그러면 벌레가 생깁니다. 햇볕에 내다 보여야 돼요. 장마가 끝나면 약을 전부 내다 말려야 됩니다. 그래야만 벌레가 조금이라도 적게 먹습니다.

햇볕 건조나 냉장 보관 외에는 방법이 없습니다. 안 그러면 비닐봉지로 진공 포장해야 됩니다. 그런 것은 한의원에……진공 포장기가 일정하지 않아요. 그러니 사실은 어렵습니다. 그거는 주로 한약재 도매상에서 합니다. 굳이 한의원에서 그런 기계를 들여다 놓고 포장할 필요가 없습니다. 그만치 약재를 많이 구비할 필요가 없거든요. 시골 같으면 모르지만요. 교통도 좋으므로 다 해 놓은 것, 벌레 안 먹은 것, 양질의 약재를 살 수 있잖아요. 비닐이니까 실물상태를 보고 구입할 수 있잖아요?

법제(法劑)를 해놓아도 벌레 먹습니다. 벌레는 습기가 있으면 생기는가 봐요. 비닐을 봉해놓아도 벌레가 일기도 하거든요. 이럴 때는 아주 난

감한데 이럴 때도 많습니다. 어디에 놓아두었는지 모르고 있다가 나중에 들쳐보면 약이 껍데기만 남아있는 경우도 있어요. 벌레 똥 밖에 없습니다. 쓰고 싶어도 못 씁니다. 버려야 합니다. 수시로 약을 들여다보고 관리해야 합니다. 종업원들이 옥상에다 수시로 약을 내다 말리고 그럽니다.

■ 약재 감별의 중요성, 자연산과 재배산

우리 한의학에서는 약의 식별이 처방에 못지않을 정도로 중요합니다. 약의 진가에 대한 그걸 모르게 되면 한약에 대한 저게 안 되지요. 그게 가장 중요합니다. 약재가 요즘은 불량품이 좀 돌아다니지만, 옛날에는 대충은 정선되어 있었습니다. 예를 들어, 감초 같으면 틀림없었지요. 요즘처럼 속이고 뭐 '이런 기고 저런 기다.' 카는 게 그 당시에는 별로 없었어요. 예를 들어, 약의 굵기 차이라든지 그 다음에 모양새라든지 뭐 이런 게 있지 않습니까? 우리가 보기에 뭐 좀 더 좋은 거, 이쁜 거……약을 이쁘다고 하는 게 좀 어패가 있지마는 생긴 게 좀 더 쭉쭉 빠졌다든지, 그 다음에 인제 근(根)이, 뿌리가 잘은 거보다는 좀 더 긴 게 더 좋다 그런 거지요. 길이가 인제……예를 들면, 뿌리가 깊이 내려가지고 자랐는 거라든지. 잘은 거보다는 긴 게 낫지 않겠습니까? 그런 거, 년도 수, 예를 들면, 1년 된 거 하고 2년 된 것이 틀리잖습니까?

그런 식별 능력이 아까 말씀드린 것처럼 어쩌면 처방 못지않게 중요하다는 것이지요. 이런 것들이 한약으로 봐서는 양질의 약재라고 볼 수 있지요. 즉 좋은 약이 처방의 효력을 좋게 한다는 거지요. 병을 잘 고치고 못 고친다는 것보다는……그것은 일단 처방 구성에 따라서 틀리지마는, 약의 품질이 양호하다는 것은 효력을 빨리 볼 수 있다는 증인이지요. 역으로 이야기 하면 처방을 아무리 잘 내더라도 약재의 질이 떨어지면 효력이 좀 떨어진다는 거지요. 그건 아주 기본적인, 상식적인 이야기지요. 우리 음식물도 그렇지요. 쌀이 아무리 보기에 좋아도 질이 안 좋으면, 예를 들어, 쌀이 햇볕을 봐버렸다든지 그러면 밥을 했을 때, 즉 푸석푸석하게 밥이 된 거 하고 반들반들하게 된 거 하고 먹어보면 틀리잖아요? 마찬가지로 약도 그렇지요. 그만큼 약재의 품질이 중요합니다.

수많은 약재를 판별하기가 물론 어렵습니다. 어렵긴 한데, 저희들도 약물학을 전공으로 하는 것도 아니고, 다만 우리 한의원에서 약을 쓰는 가지 수가 몇 천 종류, 몇 백 종류가 아닙니다. 많이 쓰는 게 수십 종에 속하지요. 100여 종은 조금 넘습니다만, 신농(神農)씨가 『본초학(本草學)』에 정해놓은 수록된 약은 몇 천 종류가 되잖아요? 심지어 쌀도 약이잖아요. 쌀, 청좁쌀, 대두(大豆)……등등 모두가 한약입니다. 우리가 먹고 있는 게 모두 한약입니다. 먹는 음식이 약이고, 약이 모두 음식입니다. '식약동원 (食藥同源)'이라는 말이 여기서 나왔지요. 한국에서 우리가 먹는 거는 거의 다 식물성이면서 약이면서 음식이잖아요? 그 중에서 좀 더 구분해서 '이건 약이다. 이건 음식이다.' 라는 거지요. 원래 신농 본초학에는 그게 모두 약입니다.

제가 학교 다닐 때 본초학을 했다고 하지마는, 어른 밑에서 익혔던 게 오히려 더 많은 부분에서 약재 내용을 잘 구분할 수 있는 계기가 되었다고 봐요. 이거는 좋고 나쁘고, 이거는 무슨 약이라 카는 것에 대해서요. 요즘 젊은 한의사들은 약을 절단해 오면……예를 들어, 감초(甘草)를 절단해서 섞어놓으면 잘 모릅니다. 이걸 변형을 시켜가지고 들여오면 잘 구분 못합니다. 그리고 인제 비슷한 약이 많습니다. 우리 한약에는 당귀, 강활(羌活) 뭐 이런 거는 거의 같습니다. 절단해 놓으면 몰라요. 저희들도 냄새 맡아보지 않으면 잘 모릅니다. 모양이나 실물 가져다 놓으면 거의 같습니다. 그러므로 싹을 본다든지, 냄새를 맡아 본다든지 하지요. 강활, 당귀는 거의 같아요. 냄새 같은 것도 자기가 경험이 없으면 모르지요. 싹

(뿌리, 모양)을 보고 '아~ 이런 거다.'고 구별할 수 있지마는요. 마찬가지로 한약재를 구분하는 데도 많은 식견이 필요합니다. 식별능력이 없으면 비슷한 약재를 구분 못하는 경우도 많습니다.

(당귀, 강활 두 가지 실물을 보며) 이 정도는 기본으로 알아두어야 합니다. 이렇게 구분해서 가져오니까 그렇지만, 섞어서 가져오면 구분이 어렵습니다. 썰어 놓은 외형은 똑 같아요. 두 가지는 실물도 똑 같아요. 혼동하는 수도 있어요. (두 종류의 약장 서랍을 통째로 가져와서 비교·확인 시켜주면서) 냄새는 달라요. 조금 진한 게 강활이고, 순한 거는 당귑니다. 그런데 뿌리는 똑 같잖아요. 당귀는 보혈제로 많이 쓰이고, 강활은 피를 돌리는 데, 활혈제(活血劑)로 많이 쓰입니다. 뭐 비슷한 약이 많아요. 그 다음에 백지(白芷) 같은 약도 비슷합니다. 당귀 하고 거의 같아요. 백지는 두통이나 통증 있는 데 쓰입니다.

강활과 당귀(절단)

강활과 당귀(원형, 꼬리)

당귀와 강활
(절단, 약장 서랍)

약을 주문할 때 질이 나쁜 게 오면, 우리가 되돌려 보내 바꿔주라고 말합니다. "이거는 요번에 안 좋은데 바꾸어 달라." 그러면, 바꾸어 줘요. 그래야 거래를 하지요. 믿고 거래하는 사이니까요. 환수해가지고 갑니다. 두 말 없이 바꾸어 줍니다. 내일을 위해서요. 오늘 안 바꾸어주면, 거래가 안 되잖아요. 계속해서 거래를 해보고, 계속해서 약재가 불량하게 들어온다든지, 약재를 속여가지고 판다든지 이런다면 우리로서는 환자를 관리

하는 입장에서 약재가 교환이 안 된다거나 그러면 안 되므로 계속 그렇게 하면 거래가 끊어질 수밖에 없지요. 일반 시중의 물건도 마찬가지지만, 특히 약은 정선된 거 아니면 저는 쓰지 않습니다. 사실 그게 맞는 말이고요. 그렇지만 의자(醫子)가 얼마나 정선된 거를 쓰나 안 쓰나 하는 것은 개인의 마음에 달렸지만, 그 측정은 할 수 없어도 거의 양질의 약을 쓴다고 봅니다.

이거는 표가 납니다. 많이 해본 사람들은, 한약을 취급해본 사람들은 그 정도는 다 구분합니다. 자연적으로 알게 됩니다. 들에나 밭에 재배하는 거하고 자연산하고는 구분이 됩니다. 그 당시에는 거의 다 채약해 가지고 오는 분들이 많아요. 캐어가지고 한의원으로 와서 "이거 사실라냐?"고 하면서요. 요즘도 시골에서 약을 캐다가 가져오는 사람이 더러 있어요. 자연산 약을 가져오지요. 원형 약재를 건조시켜 가지고 오지요. 때로는 생 걸 그냥 가져오기도 하지만요. 영천뿐만 아니라 지역에 따라서 생산되는 약은 거의 비슷합니다. 인위적으로 밭에다 심어 생산하는 것을 재배약이라 해요. 우리가 보통 약을 써보면 자연산 약이, 산에서 자란다든지 밭 언저리 이런 데서 생산한 거는 약성이 강하고 효력이 좀 더 좋아요. 임상해본 결과는 그래요. 그런데 항간에는 별 차이가 없다고 하지만, 우리가 봤을 때는 차이가 있는 것 같아요. 요즘은 자연생이 좀 드무니까요(귀하니까요). 자연생은 양이 국한되니까요. 당귀나 강활 같은 거는 인제 산에는 거의 없습니다. 이러니 안 쓸 수가 없지요. 재배한 약재를요. 외국산 것들도 마찬가지입니다. 우리나라에 생산이 안 되거든요. 우리나라에 생산 안 되는 약이 많습니다. 이런 거는 수입 약재에 의존해야지요. 기후조건이 안 맞아 가지고 또 안 되는가 봐요.

우리나라에 나지 않는 약재는 외국산 약재라도 안 쓰면 안 되지요. 안 나는 것도 많습니다. 예를 들면, 감초는 우리나라가 주 생산지가 아니지요. 외국산 아니면 안 되지요. 계지(桂枝)라는 약도 중국 지방에서 나지요.

이 산천 저 산천에도 모두 성장해서 외국까지 공급할 수 있는 약은 많이 없습니다. 자급자족 정도는 가능해도 외국까지 수출할 정도로 고루고루 분포하지는 않습니다.

■ 한의원 종사 인력과 고객 관리

예전이나 지금이나 간호조무사 채용해야 되고, 또 사무장도 데려야지요. 사무장으로 남자 한사람이 있어야 하지요. 한의원의 일, 업무 내용은 시대에 따라 조금씩 달라져 왔어요. 옛날에는 사무장 카면, 약 관리를 포함하여 전체적으로 일을 다 해왔어요. 심지어는 조수 일까지 해야 되고요. 보조 역할이지요. 환자 차트도 만드는 등 간호원을 대신하는 일이지요. 다양하게 해야 되지요.

약 썰이는 기계가 없을 때는 약도 물론 썰어야죠. 그럴 때는 저녁에 저까지 약을 썰었지요. 저녁에 썰어놓아야만 내일 쓸 수 있지요. 이렇게 원형 상태로 약이 들어오므로 내일 써야 하는 거는 오늘 모두 절단해야 합니다. 절단하는 것은 밤에, 당일 업무 끝나고 난 뒤에 내일 쓸 걸 오늘 준비해야지요. 대목 때는 더 바쁘게 준비해야 합니다.

종사원이 많을 때는 4명까지 썼어요. 손님이 많고 안 많고 간에 종업원이 4명 정도는 있어야 됩니다. 아가씨가 2명 있어야 되고, 사무장 1명하고 그 다음에 청소라든지 뒷받침하는 사람이 1명 더 있어야 되지요. 지금도 그렇게 있으면 좋겠지만, 요즘 인력난이고 또 코스트(cost, 비용) 문제도 있고요. 요즘 다 잘 안 되는데, 인력만 많아 놓으면 수지타산이 안되겠지요. 그러므로 인력을 줄여가지고 두 사람이 할 걸 한 사람이 하게되고 그러지요. 마음으로도 구조조정을 해야지요.

물리치료는 별로 안합니다. 주로 침하고 약재로 치료하지요. 나이 때문인지는 몰라도요. 또 체력이 딸려도 물리치료는 못합니다. 그러니 젊은 사람 아니면 못합니다. 지금 우리 한의원에는 간호조무사 아가씨 1명하고 사무장 1명하고 2명이 종사합니다. 인척관계는 아닙니다. 인척관계로는 종업원을 잘 안 둡니다. 옛날에는 더러 그렇게도 했습니다. 의술이나 약을 배워 이 분야로 진출하도록 하기 위해서요. 옛날에는 한의원에 5년 이상 근무하면 한약종상(韓藥種商) 시험 칠 자격을 부여했지요. 그러므로 한약종상 허가를 받을 필요성에서 근무도 했고, 또 더러는 [경력 확인을 위해] 싸인 받으러 오기도 했어요. 시험 칠 때가 되어서요. 그런 필요성 때문에 한의원에 근무하려는 경우도 있었고, 실제로 여러 가지 이유로 한의원에 입사해놓고 보니 완전히 자신의 직업이 되는 경우도 있지요. 지금은 한약종상 제도가 없어졌어요. 내 밑에 근무하면서 경력 쌓고, 약을 배워 한약종상이나 건재상회 등으로 전국적으로 진출해 나간 아이들도 더러 있어요.

저는 뭐 고객관리에 대해서는 남보다 차원 높게 하는 거는 없습니다. 첫째, 친절이 아니겠나 싶어요. 나도 병원에 가보니까, 몇 달 기다려가지고 3분 진찰하니. 내가 겪어본 나머지잖아요? 전들 어디 아프지 않습니까. 중이 제 머리 못 깎는다고요. 저도 종합병원 가보지마는, 가면 아주 허무해요. '야~ 이 사람들 어떻게 이렇게 해가지고 환자를 고치느냐?' 이런 생각이 들기도 해요. 그걸 느낄 때가 상당히 많아요. 가보니까 "어디 아픕니까?" 이래서, "나 이래서 왔습니다." 카면, "피 빼 가지고 오세요." 해요. "그러지요." 카지요. 가라는 데 가야 되지 않습니까? 차트 (chart)를 하나 주대요. 그러면 피 빼 가지고 옵니다. 기다리라 하지요. 그러면 들어오라고 하지요. 그래서 들어가고 나오는 그 시간을 확인해보니, 딱 보니 2분 8초라요. 2분 8초에 끝나는 기라요. "선생님! 뭐 했습니까?" 카니, "진찰 다 했다."고 캐요. 그래서 내가 교수한테 "문진도 안 하시고……" 이랬어요. 그러니까 모두 다 했대요. 그러면서 "처방받아 가라."

고 해요. 자세한 설명도 없어요. 모두 네트워크 다 되어 있으니까, 각종 검사 자료가 밑에서 올라오는가 봐요. 컴퓨터로 보더니만, "염증이 좀 있어 그러는데 백혈구가 조금 나옵니다. 염증이 있으니까 이 약을 먹으면 나을 겁니다." 이래요. 나으면 되니까, 일단 "약 타서 가겠습니다." 카고 나왔지요. 그런 사례가 있는데, 저는 그런 거를 느꼈기 때문에⋯⋯물론 [한방하고는] 치료방법이 다르겠지요.

우리는 또 틀리잖아요. 저는 환자들에게 어떻게 해가지고 뭔가 납득이 될 수 있도록 설명을 해줘야 되거든요. 그래서 저는 환자들에게 설명이 많습니다. 때로는 비교도 해가면서요. 내가 좀 의심나는 거는 "당신들이 종합병원에 가서 엑스레이(X-ray)도 해보고 뭣이라도 해봐라." 이런 식으로 설명해 주지요. 이렇게 하면, "아~ 그렇구나." 하면서 감동을 합니다. 그런 감동을 했을 때 환자들이 나를 신망할 수 있지 않겠나 싶어가지고 저는 환자 관리를 그런 식으로 좀 더 친절하게 또 정확한 진단이 되도록 노력합니다. 그래서 저는 모르는 것은 모르니까, "좀 더 배워가지고 할 테니까 좀 더 고명하신 의사선생님한테 더 진단을 받아보고 그래도 안 되거들랑 다시 한 번 더 와봐라."고 하지요. 그랬을 때 그 사람들이 꼭 찾아와요. 좋든 안 좋든 꼭 찾아와요. 그래서 "왜 왔느냐?"고 물으면, "원장님 설명하는 것과 일치되었어요. 사진에 꼭 그렇게 나오는데, 나는 그걸 참 감동스럽게 생각했어요. 신약보다는 한약 먹고 싶어서 여기 왔어요. 그러니 한약을 좀 지어주세요." 그래요.

이런 식으로 해주니까, '카더라.' 하는 방송이 또 대단하잖아요? 따라서 그 사람들이 또 이야기를 해가지고, "거기 가봐라. 진찰하면 '알면 알고 모르면 모른다.' 카더라. '모른다.' 카면 '어디 가라.'고 할 것이다." 하지요. 실제로 "내가 어느 병원을 지정해 놓은 것도 아니고, 주변에 있는 큰 병원이나 잘 보는 데 가봐라. 한방은 이럴 것이고, 양방은 이럴 것이다."고 이런 걸 상세히 설명하니까, 사람들이 좋아하더라고요. 이래서 저

회는 그런 식으로 하고요. 또 환자 관리 문제에 대해서는 환자 하나 오면 제가 아는 대로 손발 다 움직거립니다. 해가지고 내가 알고 있는 것을 환자에게 전달해주지요. 그래가지고 여기 진료 받겠다고 하면 진료해드리고, 그렇지 않고 "더 알아보고 오겠습니다." 카면, "그래라."면서 그런 식으로 하지요.

예전부터 찾아오는 단골 분들은 옛날 저한테 와서 '덕을 본 사람들'이지요. 덕을 보고 또 예를 들면, 그 집 부모를 고쳐주었다든지 그 다음에 가족 중에 어느 사람이 이 약 쓰고 저 약 쓰다가 안 되어 나한테 와서 고친 사람들, 이런 사람들이 단골로 오지요. 쭉 대(代)를 이어 오게 되어 있어요. 내가 뭐 '오라. 오지 마라.'고 하지 안 해도 그 사람들은 자기네들이 스스로 찾아오지요. 특별히 이들을 관리하는 방법은 없습니다.

이 사람들이 일단 오면 더욱 친절하게 해주고, 약도 좀 더 좋은 거를 그리고 그람(g) 수도 좀 더 넣어주고 싶고, 반면에 또 좀 더 정성껏 해주고 싶은 마음이 들더라고요. 그렇게 하다 보면 그 사람들이 영원한 고객이 되고 또 주변에 저를 피알도 해주고 그러대요. 또 단골로 오게 되면 보람도 있어야 되기 때문에 약가도 좀 싸게 해줍니다. 내가 수입 좀 덜 보면 되지 않느냐 그런 식이지요. 천원 이득 볼 거면 이 사람들한테는 구백 원정도만 보면 되지 않느냐 하는 식으로 하지요.

과거 채인식 선생의 '고객관리 미숙'에 대한 내용은 어디서 들었던 이야기지요. 학생들 가르치면서 여담으로 했던 이야기인 듯해요. 채 선생님이 "나는 개업을 해도 안 돼. 내 자식은 잘 되는데……교수 이거 소용없더라."고 해요. 이 말이 바로 그 얘기지요. 개업한 한의원 문을 닫아버리고 교수로 전념하시다가 돌아가셨어요. 그 교수님은 아주 인자하시고, 학식도 참 높으셨어요. 아주 좋으신 분인데, 영업 면에서는 좀 안 되었는가 봐요. 의료지식 이면에 환자를 좀 더 잘 리더하는 게 개업 면에서는 중요하지 않겠나 싶어요.

■ 한의학의 4진법(四診法)

제가 진맥하고 제 나름대로 기계도 대보고 혈압도 재보고, 예를 들고 그렇게 하지 않겠습니까? 그런데 뭐 외과학적인 기계사용은 안 하니까. 제가 여기서 재론할 필요는 없겠지만, 한방의학적인 진단방법으로 할 수 있는 문진(問診) … 그 다음에 등등 한방적으로 하는 거나 양방적으로 하는 거 다 있잖아요? 맥진(脈診) 하고 두들겨 보고. 이래보고 거기서 의심나는 것이 있다든가 하면 양방으로 가서 현대의학적인 의과학적 진단을 한번 받아보라고 하지요. 하지만 "이거는 확고하다. 이런 정도라면 우리 한방의학적으로도 충분히 되겠다." 하는 사람들은 내가 일러주면 저거들이 진료를 부탁하는 거지요.

이런 식으로 자세하게 진료를 하다 보면 최소한 10분 이상은 초과되지요. 어떤 환자들은 지엽다(지루하다)고도 하지만, 저는 환자가 내가 알고 있는 지식이라도 알고 가라는 식으로 하니까 환자들에게 좀 호감이 가는 것 같아요. 그러므로 어떤 경우에는 진료 시간이 30분 되는 경우도 있고, 적어도 15분 정도는 돼요. 양방으로 가면 뒤에 사람이 많이 밀리니까, 이해도 가더라고요. 하루 수백 명씩 종일토록 하려고 하면 3분도 사실 길다고 보겠더라고요. 그 사람들은 의과학적으로 하니까, 엑스레이 진단 됐지요. 피검사, 요(오줌)검사 다 되어 있잖아요. 이러니까 의사는 별로 할 게 없더라고요. 우리는 기계가 없으니까, 의사에게는 가능한 시간 절약 시스템이 없잖아요? 양의사들은 밑에서, 검사실에서 검사해가지고 원장실로 모두 띄워주니까 거기서 모두 보고, "이래 되었습니다, 저래 되었습니다." 카면서 벌써 진단이 다 났잖아요? 그러므로 그 사람들은 짧은 시간에 많은 환자를 볼 수 있잖아요?

저희들은 그런 기계도 없을뿐더러 혼자서 모든 걸 다해야 되고요. 간호사들이 혈압 재어주는 거, 조금 더 한다 해도 열 재어주는 거 정도지

요. 그렇지만 저희들은 두들겨 봐야 되고, 뭐 과거 병력사(病歷史)를 물어
봐야 되고. 안 물어보고 어떻게 압니까? 또 맥(脈)도 보아야 되고요. 문진
다음에는 복진(腹診) 아닙니까? 타진(打診) 아닙니까? 두드려 봐야지요. 복
진도 필수적으로 해야 합니다. 맥에 안 나타나는 증상도 복진으로 알 수
있으니까요. 한방에서 할 수 있는 진료방식의 스케줄입니다. 전통적으로
옛날부터 해온 망진, 맥진, 문진, 촉진(觸診), 타진(打診)……이런 걸로 해
온 거지요. 기계 검사에 의존하는 양방과 차이나는 것이지요.

이런 식으로 해줌으로써 느끼는 게 있지 않겠습니까? 사람인 이상 다
느끼잖아요? 저도 아까 말했지만, 병원에 갔을 때 좀 더 친절하게 해주니
까, "옛날에 이랬지요? 저랬지요?" 카니까, 기분이 좋더라고요. '아~ 내
기분도 이렇는데, 나도 환자한테 그런 기분 느끼도록 해주면 안 되겠나?'
하는 생각으로 해줍니다. 고객들에게 달력을 부쳐준다든가, 생일날 카드
보낸다든가 하는 것은 홍보와 관련되지요. 환자 관리라 카는 것은 환자가
일단 와야 되는 것이지요. 달력은 오래 전 개업 시초에는 상호(商號) 선전
목적으로 한번 해보았어요. 저는 피알(PR)을 잘 안합니다. 전화번호부 이
런 데도 잘 안 냅니다. 어떤 때는 친구들이 "전화번호부에 이름이라도 있
어야 찾아오지." 카지만, 그것 보고 찾아오는 환자는 별로 없습니다. 사실
은요.

■ 한의학의 통합적 특성과 소아과 치료 사례

환자 관리는 저는 그렇게 합니다. 평생 동안 의업을 하다보면 나름대
로 어느 부분에 관심이 더 가서 치율(治率)이 높은 특화된 영역이 그런
게 있긴 있는데, 우리 한방에는 전문이 없잖아요? 다 해야 되니까요. 양
병원처럼 외과 전문이다, 내과 전문이다, 디스크 전문이다 카는 이런 게

우리 한방에는 없습니다. 자기 나름대로 '나는 무슨 병에 주로 권위가 있다.'든지, '나는 어떤 병에 좀 임상해보니까 잘 듣더라.' 카는……또 뭐 우리 같은 경우에는 '어른들이 약을 써가지고 내려오는 거는 이런 거다.'라는 이런 정도이지, 뭐 뚜렷하게 예를 들어, 어떤 목적 하나가 위장만으로 전문으로 보는 게 아니라는 거지요. 설령 위장 전문으로 보더라도 역시 딴 병 또한 우리 한방적으로는 봐야 되거든요. 그런 게 우리 한의원으로서는 조금 아쉬운 점도 있지요. 과(科)가 구분이 안 되어 있지요. 양방에 비하면 단점이라고도 할 수 있지요. 일부에서는 단점으로 봐야 되지요. 우리 한방은 양방처럼 의과학적으로 구분이 안 되어 있거든요. 그러니 전반적으로 다 해야 되거든요.

우리 한방의학적으로 봤을 때는 모든 게 구분이 안 되지요. 왜 그러냐 하면 모든 게 연관되어 있으니까요. 예를 들어, 위장은 어디 딴 데 있습니까? 집 어디에다 놓아두고 있는 게 아니잖아요? 그러니 사람 몸에 들어서는 그기에 연관되는……쉽게 말하자면, 소화기 계통이라든지, 순환계 등 모두 연결이 되어 있지요. 따라서 하나의 병이라도 통합적인 관점에서 바라본다는 점에서는 한방의학적인 측면에서 좋은 점이라고 봐야지요. 같이 보아야 되니까요.

저희들은 아까도 말씀드렸다시피, 집에 어른이 위장하고 중풍 계통에 주로 잘 봤다고 했습니다. 집에 어른이 12세 아래로는 치료비를 안 받았다고 말씀했잖습니까? 그거는 곧 아이들 소아(小兒) 관련 병이 아닙니까? 12세 아래로는 전부 다 소아 관련 병 아닙니까? 그래서인지는 몰라도 제가 소아병을 좀 더 잘 봅니다. 그런데 요즘은 한의원에 소아들이 안 옵니다. 왜 그러냐 하면, 약을 못 먹잖아요? 약이 쓰고. 아이들은 아무리 달아도 약이라면 거부합니다.

우리 인간이란 누구라도 약이라면 거부합니다. 아무리 인삼, 녹용이라도 약이라면 아이들은 거부합니다. 어른들은 인삼, 녹용이라 카면 눈이 퍼뜩 뜨이고 '이거 몸에 좋은 거다.'라고 알지만요. 하지만 아이들은 '이거 먹으면 건강하고 공부도 잘 한다.'고 해도 안 먹으려고 해요. 그래서 일반적으로 아이들은 우리들 한의원에는 잘 안 옵니다. 하지만 저희한테는 많이 옵니다. 간단한 약, 그저 가루약 한 봉지로서 해결해주어 버리니까요. 가루약 그게 있는데. 아이들은 환약(丸藥)은 못 씹잖습니까? 가루약을 조금 주는데. 아이들은 그것도 안 먹으려고 해요. 산제(散劑)니까 물에 타서 먹이지요. 이거는 집에 어른이 직접 만든 겁니다. 임상했던 것이지요. 저희도 그대로 따라서 합니다. 선대로부터 내려온 비방(秘方) 택입니다.

그 처방은 그걸 내가 다 외우고 있지요. 그걸 내가 지금 하고 있으니까요. 그건 집에 어른 때부터 제가 또 했고요. 보통 아이들 병은 소화기 계통입니다. 소화만 잘 되면, 아이들은 밥만 잘 먹으면 해결이 다 돼요. 아이들이 무슨 고장이 있겠습니까? 금방 나온 기계가 뭐가 안 좋겠어요. 모두 에이 플러스입니다. 물론 선천적인 유전병도 있겠지마는 보통 보면 97.98%는 에이 플러스 아닙니까? 고장이 없습니다. 무슨 고장이 있느냐? 단 소화기 계통의 병입니다. 간단해요. 제가 해보니 간단해요. 그 다음에는 놀라고, 경기(驚氣) 하고 뭐 이런 거는 부대적인 병이지요. 감기 이거는 뭐 어른도 있고 아이도 있는 것이고요. 그거는 공통 병이지만요. 주로 아이들 병은 소화기 계통이 고장이 납니다. 왜? 아이들은 음식 절제를 못 하잖아요? 맛있으면 끌어먹어야 되지요. 소화기 여기는 어떻게 될지라도. 성할 때는요. 고장이 나면 안 먹지마는요. 아이들은 고장 나면 반드시 안 먹어요. 그러면 '아~ 여기 고장 났구나.' 생각되지요.

소(牛) 말 못하는 거, 소 병 어떻게 보겠어요. 소병은 전부 소화기 계통입니다. 그래서 소병은 발뒤축에다 피 빼어버리면 대번에 낫습니다. 수의사들 그렇게 하지요. 사람도 병이 나면요. 질병 분류에 따라 좀 다르지만요. 소아들은 뻔합니다. 아이들은 기계가 모두 에이 플러스에 속하는데, 고장이 있어 봤자 뭐가 있겠어요. 유전적인 것이라든지 외과적인 증상이 아닌 이상은 전부 자체 고장입니다. 그럼 뭐냐? 그건 내상(內傷)이라 합니다. 내상에서 온 거다. 그럼 내상이 뭐냐? 그건 위장병이라는 거지요. 위에 체했거나 소화불량증 등 뭔가 이런 데서 오지 않겠느냐는 거지요. 그계통만 다스리면 됩니다. 오바이트 하고 넘어가고 이런 아이들은 치료해주고 "내일 한 번 더 오세요." 해서 오면, "괜찮지요?" 카면, "괜찮습니다." 캐가지고 "인제 집에 가이소." 하면 그냥 집에 갑니다.

저한테 치료받은 사람들 특별히 기억나는 거는 없고요. 그런데 환자들이 와가지고 "아이고! 야~가 이만할 때 원장님이 살렸습니다." 캐요. 그럴 때면 "아~ 그래요." 카지요. 그런데 이젠 이런 아이들도 커서 내가 말을 못 놓지요. 벌써 30대, 40대 되는데요. 모친 되는 사람이나 아버지나 가족들이 함께 와가지고, "아이고! 야~요. 금방 낳아가지고 새파랗게 죽어버려 가지고 원장님이 안 고쳤습니까?"라고 말하지요. 그러면 "아~ 그래요." 카지요. 40년이나 지난 세월이니까 어떻게 치료했는지는 기억해낼 수 없지요. 그런 말을 들을 때면 흐뭇한 마음이 들지요.

보통 환자들이 오면 약을 지어가지고 집에 가잖아요? 요즘 양방에도 일반 개인 의원들은 입원실이 없으니까 집에 가서 약을 먹어보고 오잖아요? 우린 보통 일주일분씩 "먹어보고 오너라." 카면, 먹어보고 오지요. 그럴 때면 내가 의도했던 진료의 목표가 달성되어서 오는 거지요. 그러면 그기에 준한 계속적인 치료를 더듬어 가면 완치라는 목표가 나오겠지요. 양의사들처럼 환자를 목전에 놔두고, 입원시켜 놓고 못하는 게 아쉽지요. 그런 여건도 안 되어 있으니까요. 그런 점이 우리 한의학적으로는 좀 부족하고 어렵지요.

■ 버스와 비행기 속에서 빼든 침(鍼)

저는 직업 의식해서 어떤 모임이든 안 합니다. 직업의식으로 그 모임에 참여해야 되겠다는 생각은 지금 이 시간까지도 없습니다. 절대로 사업목적으로 내가 그기 들어가서 홍보도 하고 내 얼굴도 보여주고, 자기 업소 자랑도 하고 싶어가지고 들어가는 사람 많지마는 저는 그런 것 없습니다. 물론 모두 자기 자랑해야 되겠지만, 저 자신이 특이합니다. 저는 병원 안의 이 자리에서는 진료 이야기도 하고 환자 이야기도 하고 모든 이야기도 하지만, 나가면 절대 이야기 안 합니다. 절대로 내가 한의사라는 이야기도 안 할뿐더러, 약에 대한 이야기도 안 하고. 저기 아픈 사람이 있더라도 저는 묵묵하게 볼 뿐이지, 절대로 "내가 봐 줄 거마." 카지 않습니다. 다만 예외가 딱 한 가지 있습니다.

1977년도입니다. 고속버스를 타고 서울 올라가던 도중 승객 한사람이 그냥 넘어갑니다. 통증이 있어가지고 오바이트도 하고요. 운전기사가 버스를 도로가에 세워두고 마이크로 가지고 "혹시 의사나 약사 선생님이 없습니까?" 캐요. 아무도 일어서지 않길래, 내가 일어서서 "내가 병을 좀 보는 사람인데 왜 그렇습니까?" 했지요. 그런데 이 사람이 추풍령에서 고구마를 먹고 급체한 거라요. 사람이 그냥 넘어가요. 그런데 거기서 대전까지도 1시간 넘게 걸리는 거리지요.

당시 내가 의사 신분증도 안 가졌고요. 고속버스 기사가 책임 때문에 봐달라고도 못하잖아요? 그래서 "내가 소위 한의사인데, 봐 줄까?" 하니까, 환자는 혼자 탔기 때문에 나를 붙잡고 어떻게 좀 해달라고 하지요. 그런데 운전기사가 호응을 안 하더라고요. 신분증도 없고, 아는 사람도 아니고, 생긴 것도 당시 젊고 하니까 '이게 무슨 의산가?' 카는 불신도 생기는 것 같고. 내가 기분이 좀 그렇더라고요. 그래도 나는 "내가 책임질 테니까 내가 봐줄게. 저 사람 넘어간다." 카면서 운전사한테 말했지요. 그런데도 운전기사는 "조금만 있으면 대전 들어갑니다." 캐요. 그런데 환자는 나를 붙들고 "어떻게 해 달라."고 애원해요. 그래서 뺀 침(옷 뺀 침)을 머리에다 문질렀지요. 독이 있을까 싶어가지고요. 응급치료를 하기 위해서요.

우리 한방에서는 침으로 응급조치하는 방법이 있어요. 거기다가 지압도 했지요. 그렇게 하니까 고구마 이런 게 왈칵 올라와요. 와와 토해 올려내요. 그러니 막 기도(氣道)도가 막히는 듯 하면서 숨도 못 쉬고 통증이 대단했지요. 이렇게 뺀 침으로 구급치료를 해가지고 일단 안정을 시켰지요. 그러니 "아이고! 인제 살았습니다." 캐요.

또 한 번은 서울 가는 비행기 속에서 그런 일이 있었어요. 그 때는 의사가 한분이 있었어요. 의사가 처리를 했는데, 환자 본인이 "여기 혹시 한의사는 없습니까?" 캐요. 기내 방송도 했어요. 그래서 제가 앞으로 갔어요. 신분증이 없다고 하니까, 그기는 고급이라 가지고 나를 더 믿지를 않지요. 들어보니 심장에 이상이 있다고 했어요. 그 환자가 옛날에 한의사한테 덕을 본 일이 있었는가 봐요. 그래서 한의사를 원한다고 했어요. 물으니 협심증이라 했어요. 양의사한테 지압을 받고 해서 좀 풀리기도 했지만, 따는 거 좀 해주면 안 되느냐고 했어요. 나는 침도 없고 또 기내에 의사도 있고 해서. 나는 "의료도구도 없고 또 방법이 없으니까, 그기를 손으로 꽉 눌러가지고 서울까지 가이소." 캤어요. 그러면서 "만일 서울에서 나를 원한다면 어떻게 해서든지 봐드릴 수 있습니다."라고 말했어요. "서울에 가면 어느 한의원이든지 들어가서 해주겠다."고 했지요.

그 사람은 일선에, 철원인가 어디 아들 군대 면회 간대요. 그러니 가는 도중에 혹시나 잘못되면 위험하다고 하면서 한방요법을 받고 가야 되겠다고 했어요. 그래서 서울에 내려 남대문로인가 그기에 있는 한의원에 들어갔지요. 종업원에게 "내 관등성명을 원장을 통해 이 사람에게 좀 알려주고 싶다."고 말했지요. 그래가지고 원장을 만났어요. 나보다 한참 후배였어요. 자초지종을 이야기한 다음 내가 누구인지 확인 좀 해주도록 부탁했어요. 또 거기서 침을 하나 빌려가지고 밖으로 나와서 침을 놓아주었어요. 그런 다음 그 사람에게 "청심원(淸心元)을 하나 사 가지고 가다가 급하면 먹어라."고 일러 주었어요. 이 일로 그 사람하고는 줄곧 연락하며 지냈어요. 안동 어디 사는 사람입니다.

■ 동양의약대학 동문회와 한의사회 영천분회

이야기가 조금 빗나갔지만, 저는 제 업을 상업적으로 하는 계(契)는 절대 안 해왔습니다. 내가 한의원 밖에 있을 때 "내가 아픈데 좀 봐 도." 카면, "우리 집에 오너라. 내가 거기에 있을 때 원장이지, 밖에서는 당신이나 나나 평범한 회원 아이가?" 카면서 절대로 응하지 않습니다. 요즘 99%가 자기 자랑 아닙니까? 자기 피알(PR) 시대 아닙니까? 저는 업소를 위해서, 예를 들어, 성림한의원을 위해서는 절대로 어떤 계모임이나 단체에 참여를 안 해왔습니다. 한의사회 모임에는 기본적으로 가입해야 하는 거고요. 그 다음에 사회생활을 해나가는 모임에서는 한의원에 대해서 절대 내가 거기 감으로써 약을 한 제라도 더 팔겠다거나 환자 유치를 더 하겠다는 등의 생각은 배제합니다.

또 한의사들끼리의 계 형식의 비공식적인 모임은 없습니다만, 우리들 경희대 한의대 기(期) 동문모임은 있지요. 예전에는 동양의약대학입니다만, 지금은 경희대 동문 모임이라 합니다. 대구 있는 사람까지 합쳐서 9회 졸업생 모임이지요. 내가 대구로 나갑니다. 대구와 경상북도에 7명 정도 있습니다. 대구 약전골목의 경일한의원 서정학 씨는 우리보다 2년 선배입니다. 그 사람 참 찬찬합니다. 경북고 출신이지요. 세 사람 있다가 이젠 둘이 있지요. 남산한의원의 윤배영이가 있고, 이 사람도 사회생활 많이 합니다. 또 남덕한의원 정명호 씨라고요. 작고한 분은 정기준 씨라고 이 양반하고 형제지간입니다. 정제한의원 했는데, 형제가 동기라요. 형제간 이라도 형이 동생하고 같이 학교 다녔어요. 이들 아버지는 계성학교 뒤편에서 영험한의원을 운영했는데 옛날부터 유명했잖아요? '정약국'이라고 유명했습니다.

이 모임은 특별한 이름도 없이 그저 '동기회'라고 했지요. 1년에 언제 모이자는, 주기적으로 만난다는 것도 없고 큰 일 있으면 다 모이고, 그렇지 않은 경우 '우리 한번 모이자.' 카면 또 모이고 그랬어요. 전에는 1년에 봄, 가을로 한 번씩 만났습니다만, 요새는 나이도 있고 또 기동력도 떨어지고 하니까 만나는 것도 좀 그렇지요. 옛날에는 1년에 두 번씩 만나서 여담도 하고 이랬습니다. 모일 때는 회비도 냈지만, 모아가지고 그날그날 경비로 다 썼어요. 경조사 생기면 개인적으로 부조하고요. 나이 차이가 많은 경우도 있지만, 나 하고 몇 명은 거의 동갑입니다.

한의사회 영천분회도 있습니다만, 이것도 한의사들 공식 모임이지요. 또 우리 고향사람 모임도 있습니다. 향우회지요. 남자들만 월 1회 모여왔지요. 고향사람들한테 안 가면, '뭐 뺏뺏하다.'고 하므로 꼭 가야 합니다. 지역 사람들 간에 모이는 친목회도 있습니다. 나이 관계없이 친목을 위한 모임입니다. 연령도 비슷하고, 사회생활하면서 같은……정치적으로 말하자면, 같은 노선, 같이 이해도 하고 같이 즐겨줄 수 있는 그런 사람들이지요. 쉽게 말하면, 친구들이지요. 딴 목적은 없고, 일종의 친목계지요. 13명입니다. 전부 70세 넘었어요. 수십 년이나 되어 오래 전부터 있었습니다. 월 1회 모이는데, 회비도 1만원씩 모으고 경조사에도 상호 참여하고요. 전에는 회비를 좀 더 냈습니다만, "돈 많으면 뭐 하노?" 카면서, 그날그날 먹고 말자 카면서 음식 값 정도만 냅니다.

중고등학교 동창 모임은 없어요. 졸업 후 내가 서울로 가버렸으므로 동창들도 누군지 모릅니다. 대구 대성중·고등학교 다녔어요. 뒤에 재단이 부실해가지고 학교가 없어져 버렸어요.

■ 여가와 취미생활, 건강관리

종교생활은 별로 안 합니다. 종교생활 해나갈 시간도 없고요. 어른들은 옛날에 모두 불교 아닙니까? 종교에는 별로 마음이 없습니다.

딴 거는 없고, 관광지로 드라이브하는 걸 좋아합니다. 가족들하고 다녔는데, 요즘은 주로 부인하고요. 또 친구들하고도 더러 같이 가기도 하고요. 저는 일요일이나 되면 해변으로 가지요. 동해나 서해, 남해 등지로 가서 바람 쏘이고 오지요. 휴일에요. 하루 중 환자가 안 오는 시간대에는 아무 생각 없이 그냥 쉽니다.

운동은 제가 체약해가지고 별로 하는 거는 없고, 정구나 골프 친다든지 그런 거는 해본 게 별로 없어요. 바둑이나 장기 등 잡기도 별로 없어요. 옛날 학교 다닐 때는 음악을 좀 해봤어요. 그것도 학교가 바뀌는 바람에 그냥 치워버렸어요.

악기만 좀 다루어 봤지요. 아코디언을 좀 해봤어요. 그 당시에는 요즘처럼 다양한 악기가 없었습니다. 아코디언은 고등학교 다닐 때 만졌지요. 아코디언도 아주 귀했어요. 일본제인 야마하를 가지고 있었는데. 이것도 일본에서 나와 가지고 오래된 것인데, 수리한 거 이런 거 사용했습니다. 하나 소장했었습니다. 취미가 있어가지고 한번 소장해봤습니다. 대학교 1, 2학년까지는 내가 그걸 좀 다루었습니다. 악기 손 놓은 지 너무 오래 되어가지고 지금은 안돼요. 그 당시 그걸 팔아버렸어요. 돈도 아쉽고 해서요. 당시 그걸 대구악기사에서 샀는데. 기껏 해보았자 기타 정도였지요. 악기가 정말 귀했어요. 그때는 기타도 귀했어요. 바이올린 같은 거는 더 귀했지요. 악기점은 옛날에 경북여고에서 반월당 가는 그 쪽하고 중앙통, 중앙파출소 있는 그런 곳에 좀 있었어요.

술은 전혀 못합니다. 저는 건강관리는 특별히 하는 거는 없고요. 음식은 소식(小食)주의를 실천해오고 있어요. 소식을 하다 보니, 음식을 좀 정선된 것을 먹지요. 일반 아무 데나 가 가지고 먹지를 않습니다. 적게 먹더라도 영양 가치 있는 거를요. 그러니까 가족들이 좀 꼬꾸랍다고(까다롭다고) 그럽니다. 소식을 하다 보니까요. 영양 가치 없는 걸 소식하면 안 되잖아요? 영양 가치 있는 걸 자꾸 찾다 보니까 음식이 너무 까다롭다 하지요. '이게 가족들에게는 애 먹이는 건데……'라는 생각도 해요. 뒤에 만일 내가 자식들에게 얻어먹게 되는 형편이 되면, '영감쟁이! 저거 참 문제다.' 카는 생각도 들어요. 그러므로 옛날부터 '악질 부부라도 효자 자식보다 낫다.' 라는 그런 말도 있다시피, 부인을 건강하도록 돌봐야 되겠다는 맘도 들지요. 음식이 첫째 까다롭다 보니까, 행동하기가 좀 그렇대요. 이제는 좀 많이 개정했어요. 이거는 선천적이어서 음식이 만일 안 맞으면 안 먹었대요. 형수들한테 물어보면, 그렇게 했대요. 원체 소식을 하다보니까 밥을 많이 못 먹죠.

■ 한의업에 대한 전망과 발전방향

내 자녀들 중 의료계통으로 일하는 사람은 없습니다. 애들이 한의학을 할라는 소리도 안 하고 또 취미도 없고 그래서 안 합니다. 저희도 부모가 하라 캐 가지고 하긴 했지만, 애들한테 그런 요구를 하니까 취미가 없대요. 내 입장에서만 하길 바랐지만, 그게 안 그런가 봐요. 그래서 저는 후계자가 없습니다. 손자는 아직 현재 학교 하니까, 나중에는 모르겠고요. 자녀들이 당대 안 하니까, 자기 아이들에게 권유하지를 않지요. 자기가 취미가 없으면 자식들에게도 취미가 없거든요. 또 한의과대학 문턱이 엄청 높기 때문에 아이들 입학하는 과정도 여간 수재가 아니고는 못 들어 가잖아요? 그러니까 그런 기피성도 있고요. 내 자녀들은 한의대 응시도 아예 안 할라 그랬어요. 대신 사위가 한의대 졸업해가지고 하고 있어요. 사위는 서울대학 나와 가지고 사회에 취직해 있다가 다시 대구한의대 시험 쳐가지고 공부해서 개원해 있어요. 지금 서울에서 하고 있습니다. 사위는 하나니까요. 3남 1녀입니다. 딸은 위에서 두 번째입니다. 아까 여기 있던 아이가 장남입니다. 끝에 또 아들이 둘입니다. 사위가 머리도 좋고 서울대학에서도 우수하게 나왔고요.

어떨란가 두고 봐야겠지만, 제가 현재 생각하는 바로는 의료인들은 인자 우리 얘기로서는 거의 종점에 와 있지 않겠나 하는 것입니다. 앞으로는 큰 전망이 없다 이 말입니다. 물론 없던 병도 자꾸 생겨나서 수요가 더 크게 늘어납니다만, 의료인들이 자기 밥 먹을 정도는 안 되겠습니까마는. 어차피 남을 고쳐주면 돈이 생기니까요. 하지만 막대한 자본이 필요하고요. 병원 하나 차리려고 하면 적은 양 가지고 안 됩니다. 6년이라는 과정을 밟아야 하고, 그것만 해가지고 대번에 됩니까? 남이 모르는 세월이 흘러야 되고, 또 양의학적 측면으로 봐서 전문의 따야 되고. 그러니까 인제 의사가 돈 벌어가지고 고급생활, 즉 돈을 벌어가지고 치부를 해가지고 잘 살겠다는 개념은 끝났다 봐야지요.

의료 환경이 완전히 바뀌었지요. 지금은 의료보험이 되니까, 투명성이 확고하고요. 인제는 국가에 세금도 정확하게 내야 하고요. 환자도 진료를 받으면 투명성이 있는 무엇인가를 받으려고 애를 쓰고요. 쉽게 말해 영수증이 필요하지요. 요즘은 우리가 약을 해도 카드제도가 정착되어 가지고 모두들 카드를 사용하기 때문에 정확합니다. 요즘보다 더 정확하게 하려면 그건 정말 억지지요. 인제는 뭐 어~리하게(분명하지 않게) 하면 안 됩니다. 투명하게 하는 대신 정부에서 공과를 인정하고 이래가지고 의사가 살 수 있도록 해줘야 되지, 옛날처럼 '너는 몇 프로(%) 내라, 너는 몇 %

내라.'는 식으로 그래서는 안 되는 시절이지요.

한의학의 장단점은 아까 이야기했다시피, 우리 한의학은 의과학적으로 치료가 안 되기 때문에, 이런 게 좀 아쉽다는 것이고요. 그 다음에 한의학적인 전통적인 것으로 할라 하면 지금과 같은 것이고, 조금 더 시대 변천에 맞추어 하려고 하면 의과학적인 것과 접목이 되면 좋겠다 싶어요. 예를 들어, 요(尿) 검사라든지 혈액검사라든지 당뇨검사라든지 지금도 일부에 대해서는 저희들도 합니다만, 그런 차원을 떠나서 의사가 의과학적인 것을 했을 때 우리 한방하고 접목이 될 수 있는 부분이 안 있겠습니까? 현재 양의사들이 하고 있는 것을 하겠다는 것이 아니고, 한의학과 양의학적인 접목 그런 걸 했으면 안 되겠나, 필요하지 않겠나 싶어요.

앞으로 한의학의 발전이 이루어지려고 하면요. 첫째, 국가에서 배려를 해야 합니다. 아무리 한의학도들이 앞서 보았자, 맹~ 채 바퀴 돌듯이 하므로 그게 한계입니다. 법의 테두리에서 큰물에 놀아야 되지, 소극적으로 테두리 우물 안에 놀아 보았자 그게 그것 밖에 안 됩니다. 이래 봐도 동(東)이고 저래 봐도 동이라 보았자 발전성이 없습니다.

우리 한의학이 수천 년 전부터 있었다는 게 역사적으로 증명하고, 또 허준(許俊) 같은 분들이 금세기 사람이 아니잖아요? 그 사람들이 하마(이미) 한의학을 우리 체질에 맞게끔 우리 의학이라고, 동양의학이라고 하면서, 우리 선조들이 그걸 먹고 오늘날까지 살아오면서 질병을 치료해 왔잖아요? 그때는 서양의학이 와가지고 주사를 맞으면서 병을 고친 게 아니잖아요? 초근목피를 먹고 오늘날까지 병을 고치면서 살아왔잖아요? 오늘날 사실 또 한의학이 존재하고 있고요.

법적으로 보면, 국가 차원에서 본다면, 한의학이 국가에 기여 받은 게 별로 없습니다. 예산 편성 면에서만 보더라도 한의학이 양의학 만큼만 정부 차원에서 인정받는다면, 또 연구비도 대어주고 국제 세미나 가는 데도 지원해 주는 등 뒷받침만 해준다면 우수한 의학이 탄생되리라 봅니다. 옛날 『동의보감』 이상의 의학이 발전되리라 봅니다. 지금도 양질의 처방이 많이 나옵니다. 비만치료라든가 무슨 크리닉이라든지 등등 요즘 피부병이나 난치 질환 이런 거 사회적으로도 한방이 많은 공헌을 하고 있습니다.

국가 차원에서 이런 걸 좀 더 넓은 차원에서 배려해가지고 교수들한테 연구비를 많이 주고 또 개업의라든지 또 민간요법이라든지, 우리 한방에서 옛날부터 전해 내려오는 전통 처방이라든지 이런 데 정부 차원에서 지원해가지고 배려해 준다면, 많은 사람들의 고통을 덜어줄 수 있는 길을 열 수도 있습니다. 그러니 우리 사람들이 참 복된 나라에 살고 있다고 봅니다.

우리나라는 의료가 이원화되어 있잖습니까? 딴 나라는 일원화되어 있습니다. 환자들의 선택이 얼마나 좋습니까? 한방 가고 싶으면 한의원 가지요, 양방 가고 싶으면 또 갈 수 있지요. 얼마나 좋습니까? 외국 같은 데는 한의원 가고 싶어도 이런 제도가 없어 못 갑니다. 일본 같은 경우 있다 하더라도 자기가 일부 소유하고 있는 관련 지식으로서 치료해 주고 이렇지, 우리처럼 한의가 별도로 있고 또 양의가 별도로 있는 것이 아니거든요.

그런데 엄밀히 따지고 보면, 환자들이 진료를 선택하기가 참 좋다고 봅니다. 양의에 안 되면 한의에 갈 수도 있지요. 의료가 일원화 되어 있다면 만약에 양의에 가서 안 되었을 때는 갈 데가 없잖습니까? 종점 아닙니까? 그러므로 끝까지 양의만 믿어야 되고요. 반대로 한의만 있는 경우, 한의학 쪽으로 해보고 안 될 경우 딴 데 갈 데가 없잖습니까? 그러므로 우리나라 사람들은 참말로 복된 곳에 살고 있다고 봅니다. 저는 이 점에 대해 한의사의 한사람으로서 그렇게 생각합니다. 그러므로 국가에서 한의 측을 양방만큼만 밀어준다면 균형발전이 이루어져 이원화된 우리나라 의료체계의 시너지 효과를 극대화할 수 있다고 봅니다.

지금까지는 양쪽 간에 시소의 차이가 있지만, 만약 정부에서 한의학을 육성 발전시켜가지고……물론 요즘도 한방특구니 우수 한약재 연구니 많이 하고 있는데요. 이 보다도 더 많이 배려해가지고 전국의 교수들에게 더 많은 연구비를 지원해서 연구하도록 해야 됩니다. 현재 우리 한방에서 암에 대한 처방도 조만간 나올 것 같습니다. 면역체계를 갖춘 처방이요. 지금 우리 한의학 교수들이 많은 연구를 하고 있어요. 그런 분들에게 지원한다면 우수한 연구논문 뿐만 아니라, 우수한 임상경험이라든지 우수한 약제(한방제제)가 신생되리라 봅니다. 저는 이런 면이 앞으로 우리 한의학의 발전 여부를 좌우하리라 봅니다.

어쨌든 우리 한방의학이 낙후되어 있는 것만은 사실입니다. 1946년도엔가 한의학 관련법이 제정되었지만, 사실 여태까지 큰 발전이 없어요. 만약에 양의 일변도가 아니고 양방과 한방 양방적으로 발전되어 왔더라면, 아마도 지금 한의학이 엄청난 발전을 해서 환자에게 기여하는 공이 양방과 동등한 수준으로까지 도달했으리라 봅니다. 지금은 양방 위주로 의료편성이 그렇게 되어 있지요. 양방은 의료 종사인력 숫자도 많은데 비해 우리 한방은 수도 적을 뿐만 아니라, 역사도 짧잖습니까? 원 역사는 훨씬 길지마는요. 우리 한국에서 각광을 받은 것은 1946년에 법이 제정됨으로써 이루어졌지요. 그 이전의 일정 때는 강압에 의해 한의학이 말살되었잖아요? 한의학이 끊어져 버렸잖아요? 그래서 오늘날 큰 발전이 없게 되었다고 저는 그렇게 생각합니다.

■ 직업으로서의 한의사, 장점과 단점

개개인의 관점이 있지마는, 저는 그걸 구분하기보다는 제가 한의사가 되었다는 걸 하나의 주어진 운명이라 봐요. 그 다음에 의료업을 하면서 느낀 거는요. 꺼지는 생명을 구했다고 볼 때, '참말로 참된 보람이다. 이거는 나의 전생에 주어진 사명이다.' 이런 걸 생각할 때는 하루가 즐겁고요. 반면 하루가 즐겁지 않을 때는 환자가 없을 때라든지 그 다음에 잡(雜) 마음먹을 때는 '왜 내가 이래야 되나? 왜 내가 이런 걸 해서 남은 놀러가고 좋은 구경 가고, 외국도 가고 하는데······나도 남에게 맡겨놓고 좀 자유스럽게 살고 싶다.'는 비관적인 생각을 하기도 해요.

오너(owner)가 되면 남에게 맡길 수도 있잖아요? 하지만 우리는 오너가 그렇게 할 수가 없잖아요? 업주가 별도로 있었으면 있었지, 환자의 오너는 나라야 된다 이 말입니다. 그러니 제3자가 할 수 없는 거 아닙니까? 예를 들어, 의사의 경영이 있다고 할지라도, 같은 의사가 2명이나 3명이 있다 할지라도 오너는 나이다 이 말입니다. 경제적인 오너가 별도로 있다 할지라도요. 그러니 종합병원 같은 데는 재단 오너는 별도로 있잖아요? 진료의 오너도 또 별도로 있다시피요. 그러니까 진료의 목적으로 있을 때는 가만히 생각해 보면, '아~ 이거는 내게 주어진 사명이다. 사명은 충실히 이행해야 된다.'고 생각해요.

그래서 저는 기본 목표가 있습니다. 돈 벌겠다는 목적보다는 저는 '인'(仁)이다. 딴 것 없다. '인'이다. '인' 자는 '사람 인'(人) 자 하고 '어질 인' 자 두 개 있습니다. 집의 어른 말씀입니다. "너는 의원이 되면, 즉 한 의사가 되면 뭐가 되어야 하냐면 '인간'이 돼야 한다. '사람으로서의 인간'이 아니라, '어질 인' 자의 인간이 돼야 한다."고 이렇게 이야기하셨거든요. "어! 이거 무슨 말씀인가? 사람이 '사람 인' 자지, '어질 인' 자 인간이 어디 있나?"고 하면서, 그런 말을 뒤에 가만히 생각해 봤어요. 이제 어른이 없으니까, 그 말이 문득문득 생각이 나지요. "아~ 이래서 아버지가 이런 말씀을 하셨구나."라고요.

환자가 들어오면 사람으로 봐서는 안 된다는 거지요. 사람으로 보면 오만가지 욕심이 다 생긴다 이겁니다. "저 사람 돈도 뺏어야 되겠고, 저 사람한테 약도 팔아먹어야 되겠고, 또 그 다음에 돈 벌어가지고 내가 치부해야 되겠고.” (자기 머리를 가리키며) 이런 게 여기에 이 안에 들어가면 옳은 의원이 안 된다는 말이지요. 그러면 뭐냐? 그러므로 “환자를 ‘인’(仁)으로 대해가지고 네 앞에 앉혀라. 그러려면 네가 뭐가 되어야 하나? 너도 인이다. 그것을 명심하고 있으면 주어진 목적 달성을 할 것이고, 너도 자식 낳고 다 할 것이다. 밥 먹고 지낼 기고. 그런데 더 이상 그카면(욕심 부리면) 안 된다.”는 거지요. 환자를 사람으로 보면 안 되고, ‘아～ 인(仁)이 들어오는구나.’ 이런 식으로 보라고 하더라고요. 그 참 어려운 철학 이야기를 하시더라고요. 내가 젊었을 때는 그런 게 생각이 안 잡히더라고요. 한두 살씩 나이도 먹고, 어른도 고인이 되고 뭐 이래가지고 차츰차츰 생각해보니까, ‘아～ 이게 바로 그거구나.’ 라는 생각이 들어요. 이때 바로 아버지가 말씀하신 깨달음이 오더라고요. 내 나름대로 깨달은 두 가지 사실이요.

그래서 환자에게 내가 늘 잔소리를 좀 하고 싶어도요. ‘아～ 아버지가 이런 말씀을 하셨는데, 내가 왜 환자에게 기분 나쁘게 말해야 되겠느냐?’ 카면서, 대번에 마음속에 쑥 넣어버립니다. 왜 우리 사람이 살다보면, 환자에게 신경질도 납니다. 환자가 따지지요. 누구 말마따나 배는 고프지요. 신경질도 나지요. 피로하기도 하지요. 막 골치 아파 죽겠는데, 환자들이 따지면서 막 어쩌고저쩌고 뭐 카거든요. “누구 집에는 가니까 뭐 어떻게 해주고, 누구 집에는 쉽도록 해서 어쩌고저쩌고…….” 와 가지고 온갖 소리를 합니다. 이런 일이 많습니다.

그럴 때 저는 한 바퀴 뇌를, 생각을 돌려봅니다. ‘아～ 내가 이 사람한테 신경질 낼 필요가 없구나. 자기가 답답해가지고 나한테 왔는데, 궁극적으로는 너도 답답하고 나도 답답하다 그거니까, 굳이 환자를 밉다고 할 필요가 있겠느냐?’ 이렇게 생각하면서 마음을 또 돌려봅니다. 그래서 완화된 언어로 대해주고, 잘 치담아(격려해) 주고 그래줍니다. 그랬을 때 자꾸 문득문득 생각이 나요. ‘아～ 이래서 내가 스트레스를 해소할 수 있는 길이 바로 이거구나.'라는 생각을 하지요. 그렇게 대하니까, 조금 마음이 편하더라 이겁니다. 이게 나의 완전한 철학이라기보다는, '그게 맞는 말이구나. 아~ 그렇구나.' 라고 수긍하지요. 이게 하나의 깨달음이지요. '사람을 어질게 대해야 모든 게 이루어지는구나.' 저는 그렇게 생각하고 일상에 실천하려고 합니다.

■ 성림한의원의 한방 물증

▶ 왕진(往診)용 가방 :

예전에는요, 시골을 포함하여 주로 영천 관내로 왕진을 많이 다녔어요. 영천의 모든 곳을 다니다시피 했지요. 초기에는 자전차를 이용하는 사람도 있었어요. 저는 자동차를 구입할 형편이 아직 안 되었기 때문에 오토바이를 구입해서 다녔어요. 그 다음에 자동차를 구입했지요. [왕진은] 기동력이 없으면 안 되잖아요? 내가 걸어가고 버스 타고 오면 여기(한의원)가 전부 공백이 되잖아요. 기동력이 있어야 왕진이 가능합니다. 기동력이 없으면 왕진을 어떻게 다닙니까? 환자는 주야가 없지요. 밤에라도 환자가 생기면 가야지요. 그런 때 안 가면 그 다음부터는 손님이 떨어집니다. 잠자는 도중에도 손님이 오면 또 문 열어줘야 됩니다. 부르면 가야지요. 아시다시피 우리 한방에는 응급환자를 비교적 안 하잖아요? 안 하므로 괜찮은데, 양의 쪽은 안 가면 안 되지요.

왕진가방에는 침, 혈압기, 청진기 등의 의료 기구를 넣어 다니지요. (낡은 가죽 왕진가방을 가리키며) 이거는 내 아버지가 개업 직후 기념으로 사주신 것입니다. 오래 되었지요. 물론 지금은 왕진을 안 다니므로 쓰이지 않습니다. 버리지 않고 보관하는 이유는 아버지가 사주신 물건이기 때문이지요. (가방 안에 '친도한의원(親導漢醫院)'이라 쓰인 글자를 가리키

며) 내가 개업하며 처음으로 만
든 상호인데, 아버지가 한약업
사이니까 '아버지가 지도해 주
는 거다.' 라는 의미가 있지요.
그런데 한의원 이름이 일반인들
에게 쉽게 기억되지 않는다고
생각해서 바꿨어요. '성림한의
원'으로요. 작명가에게 의뢰해
서 지었어요.

왕진가방(1961년 구입)

▶ 한의사 면허증 :

저거는 1974년도에 갱신된 면허증입니다. 처음 것은 졸업장 비슷하게
나왔어요. 갱신된 저거는 당시 처음으로 보건사회부에서 마이크로필름으
로 일률적으로 만든 거지요. 최초의 면허증은 졸업장처럼 만든 인쇄물이
지요. 상장이나 졸업장처럼 규모가 컸습니다. 이거는 다른 나라에서는 몇
십 년 전에 하던 것을 처음 도입해서 할 때 우리도 이렇게 했지요. 처음
거는 갱신할 때 보사부에 모두 반납했습니다.

▶ 약재 캐비넷 :

거기는 약재를 넣어두었어요. 인삼이나 독·극약 등 중요한 약재를요.
특히 독·극약은 철두철미하게 보관해야 합니다. 하지만 요즘은 별로 쓰
지 않으니까, 되도록이면 그런 거 없애버립니다. 옛날에는 그렇게 다 하
라고 했어요. '독약', '극약' 글씨를 써 붙인 별도의 보관 약통을 구비하
라 했어요. 요즘은 찾는 사람이 거의 없어요.

▶ 한방 액자 :

'~청산은 말없이 살라하네.~' 월북 시인 정지용의 시구를 누가 적은 겁니다. 어느 손님이 가져다주어 걸어놓은 건데. 말도 좋고 또 우리 의료인에게 좀 맞아 들어가는 것도 같고 해서 걸어두지요.

▶ 의료 기구 :

의료 기구에는 소독 기구, 침 소독 통, 의료기구 함, 물리치료기, 흡각기, 진료용 베드, 침, 청진기 등이 있습니다.

▶ 얼기미/약채 :

초기   약채   약 얼기미

이들은 약 부스러기를 걸러내는 물건들입니다. 얼기미가 약채보다 더 세망(細網)입니다.

▶ 법제용 초기(炒器) :

후라이팬 모양의 수동식과 참깨 볶는 기계 같은 자동식이 있어요. 후자는 1회 100근 이상씩 많은 량을 볶는 데 쓰이죠. 후자는 1회 작업 시 먼저 기계를 불로 약 1시간 이상씩 미리 달구어야 해요. 여러 가지 약재들을 각기 다른 방법으로 법제를 해서 사용하는데, 공력이 많이 들어갑니다.

▶ 약 반디기 :

나무로 제작된 소형 약재 그릇으로 탁상용 약저울로 약을 작근할 때 사용합니다. 약재가 바닥에 떨어지는 걸 방지하거나 작근한 약재를 담아 운반하기도 하지요.

참고문헌 및 구술자료 목록

문헌자료

김도형, 『근대 대구경북 49인』, 혜안, 1999.

김종덕 외, 『이제마 평전』, 한국방송출판(주), 2002.

대구광역시한의사회, 『大邱廣域市韓醫師會五十年史』, 2004

대한한의사협회, 『2004회원명부』, 2004.

대한한의사협회, 『會館建立史』, 2006.

변정환, 『아직도 쉼표를 찍을 수 없다』, 행림출판, 1992.

변정환, 『일흔 새벽-변정환의 삶 이야기-』, 도서출판 솔, 2002.

변정환, 『자연의 길, 사람의 길』, 도솔출판사, 2003.

신동원, "1910년대 일제의 보건의료정책", 『韓國文化』 제30집, 2002.

정지천, 『조선시대 왕들은 어떻게 병을 고쳤을까』, 중앙생활사, 2007.

조경제, 『내고향 감삼골-조경제산문집-』, 황토, 1999.

구술자료(음원 목록)

김천호(1924년생, 일맥한의원) 구술, 2007년 3월 20일. (3-05LH20032007김
　　　천호001)

김천호(1924년생, 일맥한의원) 구술, 2007년 3월 27일. (3-5LH27032007김천
　　　호001)

김천호(1924년생, 일맥한의원) 구술, 2007년 3월 28일. (3-05LH28032007김
　　　천호001)

김천호(1924년생, 일맥한의원) 구술, 2007년 4월 5일. (3-05LH05042007김천

호001)

배만근(1926년생, 삼성한의원) 구술, 2007년 7월 14일. (3-05LH14072007배
　　만근001)

배만근(1926년생, 삼성한의원) 구술, 2007년 7월 14일. (3-05LH14072007배
　　만근002)

변정환(1932년생, 제한한의원) 구술, 2007년 4월 23일. (3-05LH23042007변
　　정환001)

서남수(1931년생, 동인한의원) 구술, 2007년 4월 18일. (3-05LH18042007서
　　남수001)

서남수(1931년생, 동인한의원) 구술, 2007년 8월 29일. (3-05LH29082007서
　　남수001)

신상호(1919년생, 인교한의원) 구술. 2007년 4월 7일.(3-05LH07042007신상
　　호001)

신상호(1919년생, 인교한의원) 구술. 2007년 6월 26일. (3-05LH26062007신
　　상호001)

윤판경(1912년생, 동강한의원) 구술. 2007년 4월 18일.(3-05LH18042007윤
　　판경001)

정태호(1925년생, 제일한의원) 구술, 2007년 7월 5일. (3-05LH05072007정태
　　호001)

정태호(1925년생, 제일한의원) 구술, 2007년 7월 5일. (3-05LH05072007정태
　　호002)

정태호(1925년생, 제일한의원) 구술, 2007년 7월 21일. (3-05LH21072007정
　　태호001)

조경제(1922년생, 홍생한의원) 구술. 2007년 3월 29일. (3-05LH29032007조
　　경제001)

조경제(1922년생, 홍생한의원) 구술. 2007년 7월 3일. (3-05LH03072007조경
　　제001)

조의제(1937년생, 성림한의원) 구술, 2007년 7월 5일. (3-05LH05072007조의
　　제001)

조의제(1937년생, 성림한의원) 구술, 2007년 7월 21일. (3-05LH21072007조
　　의제001)
조의제(1937년생, 성림한의원) 구술, 2007년 7월 21일. (3-05LH21072007조
　　의제002)
조의제(1937년생, 성림한의원) 구술, 2007년 7월 21일. (3-05LH21072007조
　　의제003)
최종식(1928년생, 영천한의원) 구술, 2007년 6월 11일. (3-05LH11062007최
　　종식001)
최종식(1928년생, 영천한의원) 구술, 2007년 7월 5일. (3-05LH05072007최종
　　식001)

　[* 3-구술자료 / 05-대구경북 지역 / LH-생애사 / 20032007-일월년(인
터뷰 일자) / 김천호-구술자 / 001-첫 번째 자료목록]]

찾아보기

― 가

― 나

― 다

― 자

― 차